한 권으로 끝내는
글로벌셀러
아마존 판매 실전 바이블

아마존셀러의 실제 창업 절차 그대로
글로벌셀링 전 과정을 순서대로 담았다!

한 권으로 끝내는

글로벌셀러 아마존 판매 실전 바이블

아마존셀러의 실제 창업 절차 그대로 글로벌셀링 전 과정을 순서대로 담았다!

초판 1쇄 발행 • 2019년 12월 25일

초판 2쇄 발행 • 2020년 06월 25일

지은이 • 최진태

펴낸이 • 김병성

펴낸곳 • 앤써북

출판등록 • 제382-2012-00007호

주소 • 경기도 고양시 일산 서구 가좌동 565번지

전화 • 070-8877-4177

FAX • 031-919-9852

정가 • 25,000원

ISBN • 979-11-85553-59-7 13000

도서문의 • 앤써북 http://answerbook.co.kr

앤써북은 독자 여러분의 의견에 항상 귀기울이고 있습니다.

Preface
머리말

이 책은 아마존 글로벌 셀링에 대하여 초급 과정부터 중급과정까지의 내용을 담고 있으며 고급 과정인 amazon B2B(Business Price) 확장 및 PL(Private Label) 상품 제작에 대한 내용도 일부 소개하였습니다. 또한, 아마존 정책에 대한 내용도 수록하였기 때문에 정책을 몰라서 계정이 정지되는 일이 없도록 중요한 사항들을 정리하였습니다.

이 책은 다음과 같이 구성되어 있습니다.

Chapter 01에서는 아마존에 대한 설명과 판매자 정책, 상품 판매 수수료 등에 대해 소개합니다.
Chapter 02에서는 아마존 및 페이오니아, 월드퍼스트 회원가입과 셀러 센트럴(Seller Central) 각 메뉴에 대해 살펴보고 카테고리 승인, 브랜드 승인, 아마존 시장 조사 방법, 아이템 소싱에 대해 소개합니다.
Chapter 03에서는 아마존 상품 등록 전 준비사항과 상품 등록 방식인 Sell yours와 Add a Product에 대해 설명하고 각 상품 등록 방식에 따라 매출을 올릴 수 있는 전략에 대해 소개합니다.
Chapter 04에서는 상품 등록 후 운영 및 관리하는 방법에 대해 설명하고 셀러 직접 배송(FBM/MFN) 주문 처리 방법, 수출신고 방법, FBA 상품 발송 방법, 주문 취소 및 환불, 반품 처리 및 클레임 처리, 판매대금 정산 및 인출 방법 등에 대해 소개합니다.
Chapter 05에서는 아마존 내부 프로그램을 활용한 마케팅 방법과 보고서 (Reports) 활용하기 등에 대해 소개합니다.
Chapter 06에서는 아마존 계정 정지 해결하기 및 POA(행동 계획서) 작성 방법 등에 대해 소개합니다.
Chapter 07에서는 B2B(Business Price) 확장 및 PL(Private Label) 상품 제작을 통한 나만의 브랜드 만들기와 국제 상표권 등록, Amazon brand registry, 아마존 유럽 및 일본 시장 진출 등에 대해 소개합니다.
Chapter 08에서는 아마존 셀러가 납부해야 하는 세금과 관련된 세무 내용과 부가가치세 환급 등에 대해 소개합니다.

이 책의 구성은 10년 동안 글로벌 셀링(amazon 및 ebay)에 대해 강의를 해오며 느낀 점과 아마존 운영대행을 해오며 겪은 경험, 강의를 수강하신 분들의 의견을 기초로 하여 구성하였으며 셀러 분들이 문의해주신 내용들을 추가하여 집필하게 되었습니다.
이 책을 통해 아마존에 진출하시려는 분들과 현직에서 셀러로 활동하는 분들에게 도움이 되었으면 좋겠습니다. 많은 분들의 성공적인 아마존 사업을 응원합니다.

끝으로 이 책을 집필할 수 있게 격려와 도움을 주신 주식회사 리머스 김가린 대표이사, 최진호 부장, 책 집필에 대해 추천해 주신 서울IT직업전문학교 이상헌 학교장님, 아마존 코리아 정길수, 성현석, 송한얼 매니저님, 페이오니아 김지영, 백주리 매니저님, 월드퍼스트의 최형렬 총괄님, DHL코리아 서진영, 송윤근 과장님 등 모든 분들께 감사의 말씀을 전합니다.

최진태

Recommendation

선생님으로서의 저자는 아주 뛰어난 교수자입니다. 수강생의 눈높이에 맞추고 사람을 존중하며, 수업 목표에 도달하게 하는 탁월한 역량을 가지고 있습니다. 수년간의 글로벌 판매 실무와 교육 현장의 경험을 바탕으로 한 실전서의 출간을 기쁘게 생각합니다. 그리고 누구보다 바쁘게 열정적으로 살며, 글로벌판매 분야의 가장 따뜻한 전문가이기에 더욱 힘찬 응원을 보냅니다.

이상헌 직업교육전문가, 서울IT직업전문학교 대표

해외 진출을 원하신다면, 무서운 속도로 성장하고 있는 아마존 로켓에 당장 올라 타야 할 때입니다. 이 책은 아마존 셀러로 성공하고 싶다면 반드시 읽어야 할 알짜배기 콘텐츠를 담고 있습니다. 또한 다년간 아마존 글로벌 셀링 교육을 전담하고 성공 사례를 일구어 낸 지은이는 이 책에 현장의 노하우를 그대로 녹여냈습니다.

김지영 페이오니아 매니저

저자는 아마존, 이베이의 성공셀러로서 채득한 실전 판매 노하우를 바탕으로, 글로벌 셀링 아카데미를 운영하며 수 많은 성공 셀러를 양성해오고 있는 스타강사입니다. 그 동안 오프라인 강의에서만 접할 수 있었던 알짜 정보와 실전노하우를 이 한 권에 담아냈습니다. 저자가 제시하는 8단계의 절차를 한 단계 한 단계 따라가다 보면 여러분도 어느새 성공한 글로벌 셀러가 되어 있을 것입니다.

백주리 페이오니아 매니저

새로운 도전에 나설 때 시간을 단축할 수 있는 가장 좋은 방법은 좋은 선생님을 만나는 것이라고 생각합니다. 실제 아마존 판매 사업을 통해 얻은 경험과 역량을 체계적이고 일목요연하게 정리한 이 책은 아마존 판매를 준비하는 수많은 분들에게 최고의 선생님이 될 것입니다.

최형렬 월드퍼스트 총괄

아마존 셀러로서 성공을 하고 싶다면, 꼭 한 번 읽어 봐야 할 실용서이다. 창업에서부터 판매, 관리까지 지도를 보듯 한 눈에 파악 할 수 있습니다. 지금까지 아마존 셀러로의 창업이 막막하기만 했다면, 이 책은 등대와도 같은 역할을 하게 될 것입니다.

최현웅 DHL 코리아 팀장

이 책은 두루뭉술한 실무 교재가 아닌 아마존 판매에 필요한 A to Z를 종합적으로 학습할 수 있는 실무 기반의 교과서입니다. 이 책을 통해 글로벌 최대 마켓인 아마존을 완벽하게 활용할 것이고, 이를 통해 진정한 글로벌 핫셀러로 거듭나실 것이라 자신합니다.

이중원 「혼자서도 할 수 있는 알리바바 도소매 해외직구」 저자, 셀러노트 대표

2013년 10월 최진태 강사님과 처음 인연을 맺어 강사님의 친절한 설명과 전해주시는 노하우를 바탕으로 현재는 아마존과 이베이를 통해 억대연봉으로 발전했습니다. 여러모로 신경 써 주시고 지도해주신 최진태 강사님께 항상 감사 드리며 앞으로 이 책을 통해 많은 분들이 글로벌 TOP 셀러로 성공하시길 간절히 바랍니다.

이경택 아마존 & 이베이 셀러

이 책은 전세계 1위 온라인 전자상거래 오픈마켓인 아마존판매에 대한 단순한 지식 전달을 위한 가이드가 아닙니다. 저자는 국내 최고의 Cross-Border Seller로 자신의 오랜 시간 겪은 시행착오와 성공한 경험을 국내 예비 창업자와 기존 셀러들에게 아낌없이 소개하였습니다. 국내에서 이정도 수준의 책을 만나 볼 수 있다는 것에 독자로서 감사할 따름입니다

육민환 아마존 & 이베이 셀러

Contents

목 차

Contents

목 차

Contents

목 차

Contents

목 차

Chapter
02

아마존 글로벌 셀러 가입하기

Contents

목 차

Contents
목 차

Contents

목 차

Contents

목 차

Chapter 03

아마존 상품 등록하기

Contents

목 차

Chapter 04

아마존 상품 운영/관리하기

Contents

목 차

Contents
목 차

Contents

목 차

Chapter 05

광고 및 홍보하기

Contents

목 차

Contents

목 차

Contents
목 차

Chapter 08

아마존 세무 신고하기

아마존 제대로
이해하고 준비하기

01 _ 아마존은 레드 오션일까? 블루 오션일까?

아마존 판매를 시작하려는 기업이나 개인의 경우 가장 먼저 떠오르는 생각이 "이제 아마존을 시작해도 늦지 않았을까?"라는 의문점일 것입니다. 과연 현재의 아마존 시장은 레드오션(Red Ocean)일까요? 아니면, 블루오션(Blue Ocean)일까요? 우선, 아마존에 대해 살펴보도록 하겠습니다.

1 _ 아마존의 시장 점유율

1-1 아마존이 진출한 국가

아마존은 North America, Europe, Asia & Australasia 등 총 13개의 국가에 마켓플레이스를 운영하고 있고, 189개 국가에서 3억 명 이상의 구매 고객을 보유하고 있으며 전 세계 175개 이상의 주문처리 센터(FBA, Fulfillment By Amazon)에서 185개 이상의 국가로 상품을 배송하고 있는 전 세계 1위의 e-commerce 기업입니다.

1-2 아마존닷컴의 글로벌 사이트 방문 순위는?

아마존은 Alexa(인터넷 사이트별 트래픽 조사 기관, https://www.alexa.com)에서 2019년에 발표한 자료에 따르면 미국, 캐나다, 일본, 영국, 프랑스, 독일, 스페인, 이탈리아 8개국에서 아마존이 e-commerce 웹사이트 부분 중 1위를 차지할 정도로 많은 사람들이 아마존에 방문합니다. 미국 소비자의 경우 41%가 아마존에서 검색 후 아마존에서 구매하고, 28%가 구글에서 검색 후 아마존에서 구매를 합니다. 미국 고객들은 상품에 대한 정보와 리뷰를 보기 위해서 아마존에 방문하고 한 달 안에 구매를 한 고객이 3억 명이 넘으며 월간 총 방문자 수가 1억 8천 명 이상입니다.

SEP 2019

THE TOP 10 SITES ON THE SHOPPING CATEGORY
ALEXA'S RANKING OF THE SHOPPING CATEGORY, RANKED BY COMBINATION OF DAILY VISITORS AND PAGE VIEWS

#	Site	Daily Time on Site	Daily Pageviews per Visitor	% of Traffic From Search
1	Amazon.com	8:44	8.84	21.50%
2	Netflix.com	2:38	2.49	12.10%
3	Ebay.com	9:06	7.22	16.30%
4	Amazon.co.uk	5:26	5.81	22.00%
5	Walmart.com	4:33	4.43	31.40%
6	Etsy.com	8:31	6.09	21.60%
7	Bestbuy.com	3:32	4.2	28.90%
8	Ikea.com	7:48	7.36	24.10%
9	Homedepot.com	5:12	4.51	44.40%
10	Store.steampowered.com	3:33	3	12.70%

1-3 아마존의 미국 시장 점유율은?

아마존은 2019년 1분기에 $29 billion(290억 달러)의 매출을 달성하였으며 2019년 2분기에는 $31 billion(310억 달러)의 매출을 달성하였습니다. 미국 전자상거래 시장 추정치를 말할 때 가장 많이 인용되는 이마케터(EMarketer)는 아마존이 2019년에 온라인 상거래의 37.7%를 차지할 것으로 예상하고 있으며 이는 미국 전체 소매 지출 중 4%의 시장 점유율을 차지하는 비율입니다.

또한, 제프 베조스 아마존 CEO는 2019년 4월 주주들에게 서한을 보내 아마존이 직접 제품을 매입하여 판매하는 사업과 비교해, 아마존 입점 셀러들이 아마존에서 판매한 총매출이 차지하는 비율을 공개한 바 있습니다. 아마존 입점 셀러들의 매출이 전체 매출의 3%(1999년)에서 58%(2018년)로 크게 성장했다고 보고 하였습니다.

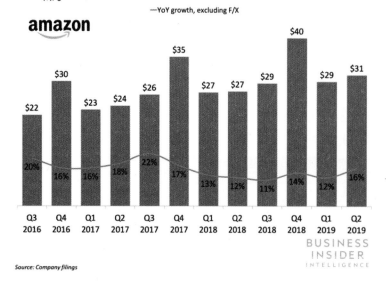

Amazon Online Stores Net Sales
Billions ($), global

—YoY growth, excluding F/X

Source: Company filings

BUSINESS INSIDER INTELLIGENCE

1-4 아마존은 퍼플오션(Purple Ocean)이다

퍼플오션(Purple Ocean)이란? 레드오션(red ocean, 경쟁 시장)과 블루오션(blue ocean, 미개척 시장)의 합성어로 포화 상태의 치열한 경쟁이 펼쳐지는 기존의 시장(레드오션)에서 새로운 아이디어나 기술 등을 적용함으로써 자신만의 새로운 시장(블루오션)을 만든다는 의미로 발상의 전환을 통하여 새로운 가치의 시장을 만드는 것을 의미합니다.

아래의 2가지 상품의 경우가 발상을 전환하여 "이런 상품도 팔 수 있다"라는 대표적인 예를 보여주는 상품일 것입니다. 즉, 퍼플오션을 만들어 냈다고 할 수 있습니다.

1) 아마존에서 판매하는 돌솥 뚝배기

돌솥 뚝배기의 경우 미국 유튜버가 올린 돌솥비빔밥 요리 영상을 통해 미국 소비자들에게 알려지게 되면서 흔히 말하는 대박이 난 상품입니다. 현재는 많은 구매자들이 돌솥 뚝배기를 사용해 요리한 리뷰를 남기며 더욱 많이 알려지고 있는 상품입니다.

2) 아마존에서 판매하는 호미

호미에 대한 이야기는 많은 뉴스를 통해 알고 계실 내용입니다. 한국에서는 밭농사를 할 때 사용되던 호미가 미국 소비자들에게는 정원을 가꾸는 용도로 사용되면서 호평을 받고 있는 상품입니다.

전 세계 아마존 판매자들의 경쟁 속에서도 발상의 전환을 통해 새로운 시장을 형성해 나간다면 아마존 글로벌 셀링에서의 레드오션(Red Ocean)은 없을 것입니다.

2 _ 아마존은 현재 진행형

2017년 미국의 전자 상거래 소매 시장에서 아마존의 시장 점유율은 37%였으며 이는 2021년까지 크게 증가할 것으로 예상됩니다. Statista.com 발표에 따르면 아마존의 시장 점유율은 2021년에는 전체의 50%를 차지할 것으로 예상된다고 발표했습니다.

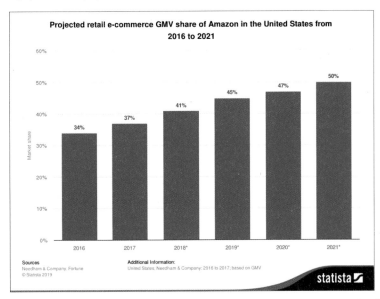

2-1 아마존의 전자 상거래 지배력

아마존은 미국의 주요 온라인 소매 업체로서 고객에게 광범위한 쇼핑 상품과 서비스를 제공합니다. 고객 지출을 늘리기 위한 무기 중 하나는 무료배송 및 빠른 배송 옵션과 스트리밍 음악 및 비디오를 포함하는 구독 멤버십인 Amazon Prime입니다. 2018년 12월 기준 미국 아마존 고객의 62%가 아마존 프라임 회원이었습니다. 프라임 회원은 매년 플랫폼에서 비프라임 회원의 두 배 이상을 소비하는 활발한 쇼핑객이기 때문에 이는 아마존의 회사 성공과 관련이 있습니다. Amazon Prime 회원의 가장 인기 있는 쇼핑 카테고리는 전자제품, 의류, 가정 및 주방용품입니다.

또한, 2018년 12월 아마존 발표 자료를 보면 프라임 회원이 비프라임 회원보다 연간 주문수가 24번으로 비프라임 회원보다 11번 이상 주문을 했다고 합니다.

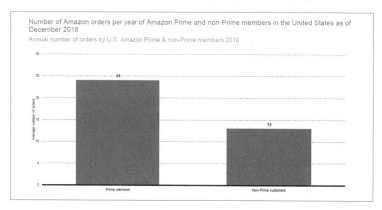

2-2 아마존 프라임데이(Prime Day)

2015년 아마존은 아마존 창립 20주년을 기념하기 위해 유료 회원전용 쇼핑 이벤트인 프라임데이를 시작했습니다. 프라임데이 독점 이벤트는 회사의 가장 큰 쇼핑일 중 하나로 자리 잡았으며 전통적인 휴일 쇼핑 이벤트인 블랙 프라이데이(Black Friday)와 사이버 먼데이(Cyber Monday's)와도 비교할 만큼 쇼핑 이벤트로 자리 잡았습니다. 2019년 7월 15일에서 16일까지 진행된 프라임데이 매출은 2018년도 블랙 프라이데이와 사이버먼데이 매출의 합산치를 넘어선 것으로 발표했습니다.

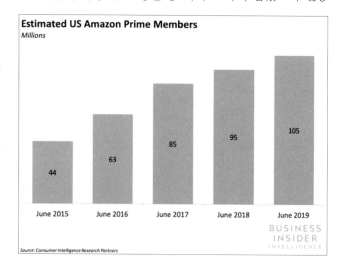

3 _ 아마존의 경쟁사는?

Global e-commerce 기업 중 아마존의 경쟁사는 당연 ebay(https://www.ebay.com/)이 일 것입니다.

Salehoo(https://www.salehoo.com/ education/selling-on-ebay-amazon) 발표 자료에 따르면 아마존은 미국 내 전자 상거래 매출의 약 50%를 차지하고 있으며 이베이는 10% 미만을 차지하는 것으로 발표했습니다. 또한, 아마존은 3억 1천3백만 이상의 활성 사용자와 250만 명의 판매자를 보유하고 있으며 이베이는 약 1억 8천만 명의 사용자와 2,500만 명의 판매자를 보유하고 있습니다.

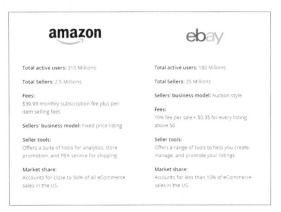

3-1 아마존 vs 이베이 마켓플레이스 비교

아마존과 이베이의 가장 큰 차이점이라면 판매 방식에 있습니다. 아마존은 고정가(Fixed Price) 형식으로 판매가 이루어지지만 경매를 기반으로 시작한 이베이의 경우 경매(Auction) 형식이 주를 이루고 있는 것이 가장 큰 차이점이라 할 수 있습니다.

	amazon	ebay
진출국가	13개국	42개국
판매자	Global(기업/개인)	Global(기업/개인)
판매 접근성	다소 어려움	상대적으로 쉬움
구매자	Global	Global
상품 노출 방식	Product 중심	Seller 중심
판매 방식	고정가	경매/고정가
상품 등록 수수료	없음(10만개 이후 발생)	있음
상품 판매 수수료	있음	있음
Review 방식	Product 기준	Seller 기준
광고 형태	있음	있음
Fulfillment Center	있음	없음
Mobille App	있음	있음
수수료 결제 방법	신용카드/결제대금	신용카드/Paypal
판매대금 정산	Payoneer/Worldtirst	Paypal
판매대금 지급방식	판매국가별 환으로 지급	원화 환전 지급

3-2 아마존 vs 이베이 수수료 등의 비교

아마존과 이베이의 수수료 비교 중 가장 큰 차이점은 플랫폼 사용료와 상품 등록 수수료라고 할 수 있습니다. 아마존의 경우 Professional 셀러의 경우 플랫폼 사용료로 매월 $39.99를 납부하여야 하는데 이베이는 플랫폼 사용료가 없는 반면 상품 등록 수수료가 50개까지는 무료이나 50개 이상의 상품을 등록하면 51개부터 $0.30이 발생한다는 점에 있습니다.

플랫폼 명칭	amazon	ebay
플랫폼 사용표	Professional / 월별 USD $ 39.99	없음
상품 등록 수수료	없음(Professional 기준)	50개까지 무료, 51개부터 $0.30
판매 수수료	평균 15% / 카테고리별 상이	평균 10% / 카테고리별 상이
입금 수수료	없음	Paypal 3.9% + $0.30 USD (판매가+배송비*3.9%+$0.30 USD)
대금정산	14일 주기로 정산 (Payoneer 또는 WorldFirst로 입금)	Paypal로 직접 입금 (셀러가 언제든 인출가능)
인출 수수료	Payoneer 1.2% ~ 2% WorldFirst 0.15% ~ 0.5%	Paypal $0.30 USD
스토어 사용료	없음	스토어 (미니샵) 사용료 / 월별 평균 $24.95 (Basic 기준)
배송 대행 수수료(Fulfillment by)	FBA (Fulfillment By Amazon, 상품별 중량 및 사이즈에 따라 상이)	배송 대행 없음

4 _ 아마존 한국 셀러들은?

아마존코리아 발표에 따르면 북미와 서유럽, 아시아 · 태평양 지역에서도 크로스보더 이커머스 (Cross-Border e-comerce)의 시장 규모가 빠른 속도로 증가하는 추세입니다. 북미의 경우 2014년 B2C 크로스보더 이커머스 시장규모는 일반 B2C 이커머스 시장규모의 13% 정도였지만, 2020년에는 19%까지 증가할 것으로 예측됩니다. 또한 서유럽과 아시아 · 태평양 지역의 경우 그보다 높은 32%, 31%까지 그 비중이 늘어날 것으로 예상됩니다. 실제로 아마존의 글로벌 셀러 매출은 전체 아마존 셀러 매출의 1/4을 차지하며, 지난해 아마존 글로벌 셀러의 매출은 50% 이상 증가했습니다.

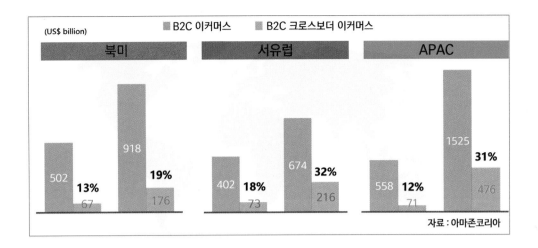

한국 셀러들 또한 이러한 트렌드를 따라가고 있습니다. 한국 무역 협회에 따르면 지난 4년간 한국 무역 규모는 연평균 5%의 성장에 그쳤지만 크로스보더 이커머스의 경우 연평균 45%의 성장률을 기록했습니다. 세계적인 크로스보더 이커머스의 열풍이 한국에도 불고 있는 것입니다.

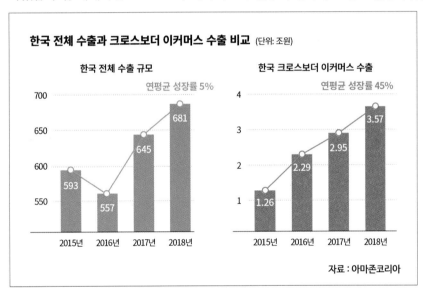

한국의 아마존 셀러들은 K-Beauty, K-Fashion, K-Pop 등의 인기에 힘입어 한국 화장품, 아동 의류, 가방, 스트리트 패션 등을 판매하고 있습니다. K-Pop 아이돌 그룹 중 BTS의 앨범은 아마존 베스트셀러에 들어가 있을 만큼 많은 인기를 얻고 있는 중입니다.

한국 셀러들은 미국을 넘어 유럽/일본 마켓플레이스까지 확장을 하고 있는 추세입니다. 아마존코리아 발표 자료에 따르면 2016년도 매출액 기준으로 한국 셀러들이 판매하는 상품 중 아마존에서 인기 있는 상품은 다음 그림과 같이 의류, 뷰티 등의 상품이 판매가 가장 많은 것으로 발표하였습니다.

▲ 자료 출처 : 아마존 코리아

또한, 페이오니아 발표 자료에 따르면 2019년 1분기 전 세계 이커머스 마켓플레이스에서 한국 셀러의 판매 금액은 전년 동기 대비 17% 증가해 중국, 미국에 이어 3위에 올랐습니다. 중국은 전년 같은 기간 비교해 매출이 22% 늘며 1위를 차지했으며 아시아에서는 일본(6위), 베트남(7위)도 10위 안에 이름을 올렸습니다.

이와 같이 한국의 아마존 셀러들은 전 세계 국경을 온라인으로 넘나드는 크로스보더(cross-border) 이커머스 시장에서 급속도로 성장을 해나가고 있는 중입니다.

02 _ 아마존닷컴 눌러보기

아마존에서 판매를 할 계획이라면 아마존 페이지 구성이 어떻게 되어 있고 검색 결과는 어떤 형태로 나오는지, 상품의 상세 화면에는 어떠한 내용들이 표시되는지 자세히 알고 있어야 상품을 등록할 때에도 중요한 부분들을 놓치지 않고 등록 할 수 있을 것입니다. 이번 장에서는 상품의 검색과 상품을 상세히 보는 방법에 대해 설명하겠습니다.

1 _ 아마존닷컴 메인 페이지 살펴보기

아마존의 검색엔진 A9은 접속자의 위치와 배송 지역에 따라 보이는 화면이 다릅니다. 예를 들어 다음 그림과 같이 한국에서 접속한 접속자의 화면과 미국에서 접속한 접속자의 화면이 서로 다른 것처럼 접속자의 IP주소 또는 배송 주소에 따라 아마존의 메인 화면에 보여지는 상품도 다르고 UI(user interface)도 다르게 보이는 것입니다.

▲ 미국에서 아마존 접속 화면

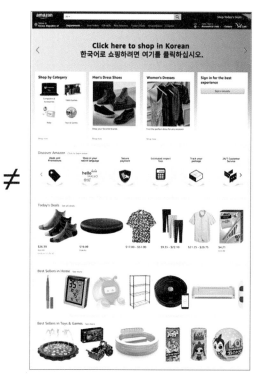

▲ 한국에서 아마존 접속 화면

이렇게 다르게 보여지는 이유는 빠른 배송과 최적의 상품을 보여지게 하는 아마존만의 정책이 숨어 있는 것입니다. 이러한 화면의 차이는 접속자의 검색 결과에서도 반영됩니다.

2 _ 검색한 위치에 따라 검색결과가 다르다

2-1 한국 vs 미국 검색 결과

다음 그림과 같이 한국에서 "양말(Socks)"을 검색(우측화면)한 결과와 미국에서 "양말(Socks)"를 검색(좌측화면)한 결과가 서로 상이하게 나오는 것을 볼 수 있습니다. 이 검색 결과는 미국 달라스 (Dallas) ZIP Code 75247에서 검색한 것과 한국에서 검색한 결과를 비교한 것입니다. 보시는 바와 같이 첫 번째로 보여지고 있는 상품들이 다르며 한국에서 검색한 결과에는 한국으로 배송이 가능한 상품이 검색되지만 미국에서 검색 시에는 미국 내에 배송이 가능한 상품이 포함되어 검색 결과가 나타납니다.

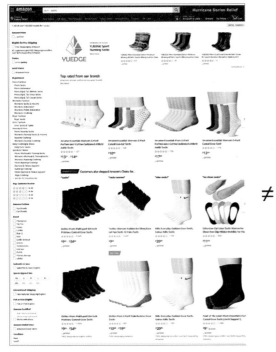 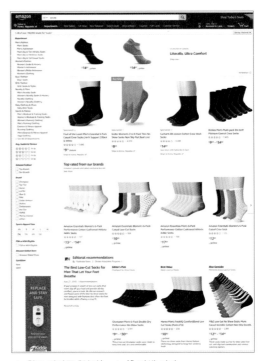

▲미국 아마존 "양말(socks)" 검색 결과   ▲ 한국 아마존 "양말(socks)" 검색 결과

이런 검색결과의 반영에는 판매자가 미국 내 배송만을 할 것인지 해외(미국 외 지역)에도 배송을 할 것인지에 대한 선택에 따라 달라지고 구매자가 아마존에 접속한 접속지역(IP 또는 배송지역)에 따라 검색결과가 반영되는 것입니다.

2-2 아마존 배송 위치 설정하기

아마존에서 배송 위치를 변경하면 앞서서 설명한 것과 같이 검색 결과를 다르게 볼 수 있습니다.

01 아마존에서 배송 지역을 변경하기 위해서는 amazon.com에 접속 후 왼쪽 상단의 [Deliver to Korea, Republic of]을 클릭합니다.

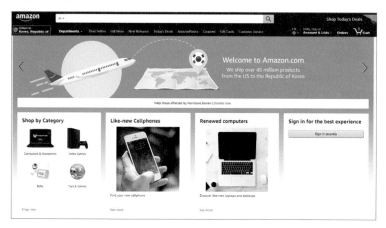

02 미국 우편번호(ZIP Code) 입력 방법은 아래 팝업창 [Choose your location]에서 미국 우편번호를 입력 후 [Apply]를 클릭합니다. 배송할 나라를 선택할 수도 있습니다.

03 미국 우편번호를 입력하면 다음 그림과 같이 아마존 화면이 변경된 것을 확인할 수 있습니다.

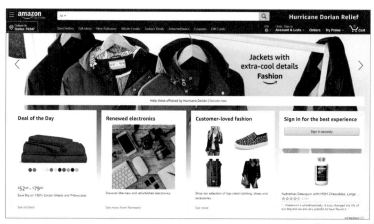

3 _ 검색 결과 화면 살펴보기

이번에는 검색된 결과 화면에 대해 알아보겠습니다. 판매자 입장에서 어느 부분이 광고 영역이고 어느 부분이 자연 검색(SEO) 상품인지를 파악하고 있어야 광고를 진행할 때도 이해가 가기 때문에 각 부분에 대한 영역을 파악하여야 합니다.

❶ 카테고리 : 검색 키워드 "Socks"가 포함된 상품이 있는 카테고리 영역입니다.

❷ 브랜드 헤드라인 광고(Headline search ads) : 미국 상표청에 상표를 등록하고 아마존에 상표를 등록한 판매자가 광고를 할 수 있는 배너 형식의 광고 영역입니다.

❸ 키워드 광고(Sponsored Products) : 판매자가 아마존에서 키워드 광고를 진행 시 노출되는 키워드 광고 영역입니다.

❹ 베스트 상품(Best Seller Products) : 검색 결과 중 판매량이 많은 상품이 노출되는 베스트 상품 영역입니다.

❺ 자연 검색(SEO Products) : 검색 키워드에 따라 자연적으로 검색 결과가 노출되는 자연 검색 영역입니다.

이와 같이 상품이 노출되는 영역들이 나뉘어져 있기 때문에 원하는 위치에 광고 등을 진행하기 위해서는 상품이 노출되는 해당 위치를 알고 있는 것이 도움이 됩니다.

4 _ 상품 상세화면 살펴보기

상품 상세 화면은 각 카테고리마다 보이는 형태에 차이가 있습니다. 예를 들어 양말 상품 상세 페이지의 경우 상품명과 특장점 등이 우측에 배열되어 있고 화장품 카테고리는 다음 그림과 같이 상품명과 특장점이 좌측에 배열되어 있어서 각 영역별로 어떠한 내용들이 표시되는지 상세히 알고 있어야 상품 등록 시 내용을 정확히 입력 할 수 있습니다.

일반 상품 페이지의 디스크립션 부분과 화장품의 블릿포인트 위치가 비슷하기 때문에 헷갈리는 경우가 있으니 다음 그림을 참고하여 일반 카테고리 상품과 화장품 카테고리 상품의 표시 영역이 다르다는 점을 이해하여야 합니다.

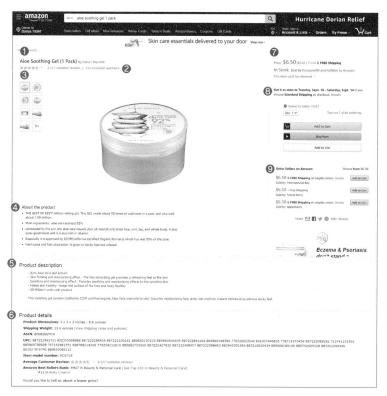

❶ 상품명 및 브랜드 : 판매자가 등록한 상품명 및 브랜드명 영역입니다.

❷ 상품 리뷰 및 Q&A : 구매자가 남긴 상품에 대한 리뷰와 고객의 질문, 판매자의 답변 영역입니다.

❸ 상품 이미지 : 판매자가 상품 등록 시 등록한 상품 이미지가 노출되는 영역입니다.

❹ 상품 특장점 : 판매자가 등록한 상품 특장점 등이 표시되는 영역으로 모바일과 데스크탑에서 상품 설명 부분 중 제일 먼저 노출되는 영역입니다.

❺ 상품 상세 설명 : 판매자가 등록한 상품에 대한 설명 영역입니다.

❻ 상품 무게 및 사이즈 : 판매자가 등록한 상품에 대한 무게 및 사이즈 등이 노출되는 영역으로 ASIN 넘버와 상품의 랭킹(Amazon Best Sellers Rank)도 확인할 수 있습니다.

❼ 상품 가격 및 배송비 : 판매자가 등록한 판매가와 배송비 등이 표시되는 영역으로 Buy box를 차지한 판매자가 노출되는 영역입니다.

❽ 상품 배송 기간 : 고객이 구매를 하면 상품 도착 시기를 예상할 수 있는 배송 기간 노출 영역입니다.

❾ 다른 판매자 및 가격 : 같은 상품을 판매하고 있는 다른 셀러의 정보가 노출되는 영역입니다.

5 _ 상품을 분석해 보자

앞서 설명한 "Aloe Soothing Gel (1 Pack)" 상품에 대해 분석을 해보겠습니다. 명심해야 할 점은 뷰티 카테고리 상품이기 때문에 당연히 카테고리 승인을 받아야 해당 제품을 판매를 할 수 있다는 점입니다. 이 상품의 Title(상품명)은 "Aloe Soothing Gel (1 Pack)"으로 등록되어 있고 브랜드는 "Nature Republic" 입니다. 판매가는 $6.50이고 배송비는 무료입니다.

위 그림 우측 아래의 "Other Sellers on Amazon" 을 확인하면 이 상품을 판매하고 있는 판매자는 총 74 명이나 됩니다. "74 new" 부분을 클릭하면 다음 그림과 같이 동일한 상품을 판매하고 있는 모든 판매자를 확인할 수 있는데 "Seller Information" 아래에는 판매자의 정보가, "Delivery"의 "FULFILLMENT BY AMAZON"은 FBA(아마존 창고에서 발송)에 입고된 상품이라는 정보를 보여 줍니다.

이 상품의 경우 대부분의 판매자가 FBA로 진행을 하고 있기 때문에 FBM(판매자 직접 배송)으로는 매출이나 판매량에 도움이 되지 않을 것 같습니다. 결국 "Aloe Soothing Gel (1 Pack)" 상품은 FBA 를 진행해야만 판매가 가능하다는 첫 번째 결론이 나옵니다.

두 번째 결론으로는 현재 최저 판매가가 $6.50이기 때문에 FBA에 입고하고 판매가를 $6.50로 동일하게 설정하거나 그 이하의 판매가를 설정 해야만 Buy box를 차지할 확률이 높아집니다.

세 번째로 필히 확인하여야 할 점은 고객의 리뷰입니다. 아무리 좋은 상품이라도 리뷰가 없거나 나쁘게 달려 있다면 구매 전환율이 떨어지기 때문에 고객의 리뷰가 그만큼 중요한 부분이라고 할 수 있습니다. 이 상품의 경우 2,129개의 리뷰가 달려 있고 평가 또한 5 stars 중 4.3을 받고 있어 평가가 좋은 상품이므로 판매를 하기에 적절한 상품입니다.

네 번째로 "Amazon Best Sellers Rank" 입니다. "Amazon Best Sellers Rank"란 카테고리별로 판매량과 고객의 리뷰 등을 평가하여 자동으로 매겨지는 상품의 순위입니다. "Product details" 부분에 "Amazon Best Sellers Rank"을 확인하면 이 "Aloe Soothing Gel (1 Pack)" 상품은 대분류 "Beauty & Personal Care" 카테고리에서 836위를 차지하고 있고, 소분류인 "Body Creams" 카테고리에서는 11위를 차지하고 있습니다.

Product details

Product Dimensions: 3 x 3 x 3 inches ; 8.8 ounces

Shipping Weight: 13.6 ounces (View shipping rates and policies)

ASIN: B0080EEMCA

UPC: 887222961711 802300598986 887222288436 887222100141 889650107235 885860540435 887222861264 88586054 885860789698 797142481551 698798214268 779254112615 885860755600 887222427835 887222408957 887222098493 801927976740 889650095112

Item model number: NO3714

Average Customer Review: ★★★★☆ ✓ 2,129 customer reviews

Amazon Best Sellers Rank: #836 in Beauty & Personal Care (See Top 100 in Beauty & Personal Care)
#11 in Body Creams

"#11 in Body Creams" 부분을 클릭하면 "Body Creams" 카테고리 내의 Best Sellers 상품들을 확인할 수 있습니다. 상품 시장 조사 방법에 대해서는 〈Chapter 02 아마존 글로벌 셀러 가입하기 – Lesson 06 아마존 시장 조사 방법〉에서 자세히 다루겠습니다.

결론적으로 지금까지 살펴본 "Aloe Soothing Gel (1 Pack)" 상품은 FBA를 진행하여야 하고 Buy box를 차지해야 한다는 점이 있지만 고객의 리뷰나 랭킹만으로 보았을 때에는 Sell yours(간편 등록 방식)으로 판매하기에는 아주 좋은 상품이라는 결론이 나옵니다.

간혹 아마존닷컴(amazon.com)에 상품을 등록하고 Seller Central에 들어가 계정과 상품이 활성화 상태인 것을 확인한 후 amazon.com에서 상품을 검색하면 상품이 노출되지 않는 경험들을 한 셀러 분들이 많으실 것입니다.

그 이유는 앞서서 설명 드린 바와 같이 배송 위치에 따라 검색 결과가 달라지는 것과 같은 형태입니다. 이런 상황은 판매자가 배송비 설정 시 〈국제배송〉 부분에서 대한민국을 선택하지 않았기 때문에 배송 지역에서 제외되어 등록된 상품이 안 보이는 것입니다.

01 Seller Central에 로그인 후 〈설정〉 – 〈배송설정〉을 클릭합니다.

02 〈배송설정〉에서 [기본값]으로 설정된 배송 템플릿의 기본 템플릿에서 〈템플릿 편집〉을 클릭합니다.

03 하단의 〈국제 배송〉에서 [편집]을 클릭합니다.

04 〈배송 가능 지역 선택〉에서 〈아시아〉 – 〈동아시아〉의 ﹀ 아래 화살표를 클릭하고 [대한민국] 선택 후 [확인]을 클릭합니다. 설정이 완료 되었으면 하단의 [저장] 버튼을 클릭하여 저장합니다.

배송 가능 지역 선택			
☐ 모든 지역			
☐ 유럽	☐ EU 국가﹀	☐ 기타 유럽 국가﹀	
☐ 아시아	☐ 동아시아︿ (3)	☐ 서아시아﹀	☑ 동남 아시아﹀	☐ 중앙아시아﹀
	☐ 중국	☑ 홍콩	☑ 마카오	☑ 일본
	☐ 몽골	☐ 대한민국	☐ 대만	
	☐ 남아시아﹀			
☐ 아메리카 대륙	☐ 북미﹀	☐ 남미﹀	☐ 중앙 아메리카﹀	☐ 카리브해 지역﹀
☐ 아프리카	☐ 동아프리카﹀	☐ 중앙 아프리카﹀	☐ 북아프리카﹀	☐ 남아프리카﹀
	☐ 서아프리카﹀			
☐ 오세아니아	☐ 멜라네시아﹀	☐ 미크로네시아﹀	☐ 폴리네시아﹀	☐ 오스트레일리아 및 ﹀ 뉴질랜드

[취소] [확인]

이렇게 설정 후 최대 15분 후에 다시 검색하면 등록한 상품이 보이기 시작합니다.

TIP 계정에는 이상이 없으나 상품 등록 후 노출이 안 되는 경우

아마존에 판매자 가입 후 상품 등록을 완료하였으나 상품이 노출되지 않는 경우도 있습니다. 계정에는 이상이 없으나 상품 가격 부분에 "Currently unavailable"라는 문구가 적혀 있고 상품 노출이 안 되는 상태는 〈설정〉 – 〈계정 정보〉의 좌측 메뉴 중 〈리스팅 상태〉 – 〈현재 등록 상태〉 부분이 "활성화" 상태인지 확인하시기 바랍니다. 만약 "비활성화" 상태로 표시 된다면 화면 하단의 [지원 요청]을 클릭하여 계정 상태의 "활성화" 변경을 아마존 판매자 지원센터에 요청 하여야 합니다.

03 _ 아마존 진출 가능 국가 살펴보기

아마존에 진출할 계획 중이시라면 판매하려는 상품에 따라 판매할 국가를 선정해야 하는 경우도 있습니다. 예를 들어 한국에서 판매/유통하려는 멀티탭의 경우 미국이나 일본에서는 사용할 수가 없는 플러그 형식이기 때문에 각 나라에 맞는 전압과 플러그 모양 등에 맞는 유럽 국가에 판매를 하여야 합니다.

아마존에 진출할 계획 중이시라면 판매하려는 상품에 따라 판매할 국가를 선정해야 하는 경우도 있습니다. 예를 들어 한국에서 판매/유통하려는 멀티탭의 경우 미국이나 일본에서는 사용할 수가 없는 플러그 형식이기 때문에 각 나라에 맞는 전압과 플러그 모양 등에 맞는 유럽 국가에 판매를 하여야 합니다.

A형	B형	E형	F형	I형	J형	M형
100/110/120V	220/230/240V	220V	220/230/240V	220/230/240V	220/230V	220/230/240V
중국, 필리핀, 일본, 타이, 미국, 캐나다 등	일본, 타이, 타이완, 미국, 캐나다 등	프랑스, 체코, 벨기에, 덴마크 등	인도네시아, 마카오, 이탈리아, 프랑스 등	중국, 오스트레일리아, 뉴질랜드, 아르헨티나 등	스위스, 요르단, 마다가스카르, 르완다 등	싱가포르, 말레이시아, 인도, 네팔, 파키스탄

N형	C형	D형	G형	H형	K형	L형
220/230V	220/230/240V	220/230V	220/230/240V	230V	230V	220/230V
브라질, 남아프리카공화국 등	이탈리아, 마카오, 인도, 네팔, 이라크 등	홍콩, 마카오, 인도, 네팔, 이라크 등	홍콩, 싱가포르, 말레이시아, 베트남 등	이스라엘	방글라데시, 덴마크, 세네갈 등	이탈리아, 칠레, 리비아 등

이와 같이 특정적인 상품이 아니라면 아마존이 진출한 모든 국가에 판매를 해보는 것을 추천합니다.

1 _ 아마존 North America(미국, 캐나다, 멕시코)

아마존 미국은 방문자 수 기준 온라인 상거래 업계 1위 사이트입니다. 충성고객인 아마존 프라임 회원을 포함, 월 방문객 1억 5천만 명 이상의 고객층을 보유하고 있으며 아마존 미국에 판매자로 가입하면 미국, 캐나다, 멕시코 등 3개국에서 판매할 수 있습니다. 우선, 아마존 북미 시장을 대표하는 미국에 대해 알아보겠습니다.

54 Million+
USA Amazon Prime Members

44% of US Household
have Amazon Prime

$143 Billion+
Estimated Value of Amazon Prime Customer Base

2,000,000
Monthly Visits Amazon.com.mx

$1.5 Billion+
Amazon Canada Sales

North American
Marketplaces
✔ Canada
✔ United States
✔ Mexico

$107 Billion+
Net Sales - Amazon USA

$32.7 Billion+
Net Sales Q3 2016

Amazon Marketplaces

North America

United States: Amazon.com

Canada: Amazon.ca

Mexico: Amazon.com.mx

1-1 미국 국가 현황

미합중국
(The United States of America)

- 수도 : 워싱턴(Washington, D.C)
- 면적 : 983만㎢(한반도의 약 45배)
- 행정단위 : 50개의 주(states)와 1개의 특별구(district)
- 인구 : 약 3억 2,717만명 (2018년 기준)
- 인구구성 : 백인(76.6%), 흑인(13.4%), 아시아계(5.8%), 원주민(1.5%), 기타2.7%), Hispanic : 전체 인구의 18.1% (2018년 기준)
- 종교 : 개신교(48.9%), 카톨릭(23%), 몰몬(1.8%), 유대교(2.1%), 이슬람(0.8%), 무교/기타(23.4%)
- 국내총생산(GDP) : 20조 5,130억불(2018년 기준)
- 1인당 GDP : 62,518불(2018년 기준)
- 경제성장률(GDP기준) : 3.1%(2018년 기준)
- 교 역(2018년 기준) : 상품수출 : 1조 6,723억불, 상품수입 : 2조 5,637억불
- 산업구성(2018년 기준) : 서비스(80.2%), 제조업(18.9%), 농업(0.9%)
- FTA 현황 : 한미 FTA 2012.03.15 발효

1-2 미국 주요 쇼핑 시즌

홀리데이	날짜	설명
새해 New Year, New You	1월 1일	새해를 축하하고 기념합니다. 새해가 되면 건강한 라이프스타일을 위한 계획을 세우고 가족과 친구들에게 연하장과 선물을 보내며 인사를 합니다. 인기상품 : 새해 계획과 관련된 개인 건강 용품, 스포츠, 도서, 건강 식품 및 유기농 식품, 다이어트 제품, 인사 카드 등
발렌타인 데이 Valentine's Day	2월 14일	전통적으로는 연인들이 초콜렛을 주고 받는 날이었지만, 연인 뿐만 아니라 가족, 친구, 반려동물과 같이 사랑하는 이들을 위해 선물을 준비합니다. 인기상품 : 초콜렛, 카드, 쥬얼리, 럭셔리 뷰티, 의류 등
성 패트릭 데이 ST. Patricks 's Day	3월 17일	아일랜드를 테마로 한 파티, 음식과 음료로 이 날을 축하합니다. 녹색 의상을 입고 녹색 색상의 음식을 먹습니다. 인기상품 : 티셔츠, 모자, 파티용품, 아일랜드 상징물, 파티선물, 악세서리 등 녹색 아이템.
부활절 Easter	4월 21일	수백만명의 미국인들이 기념하는 종교 행사이며, 봄의 시작과도 관련이 있습니다. 인기상품 : 플라스틱 달걀, 토끼 테마의 아이템, 완구, 작은 선물, 장식품, 종교 상품, 파스텔 톤의 파티 선물 등
어머니의 날 Mother's Day	5월 12일	어머니 또는 어머니와 같은 어르신께 카드나 선물을 보냅니다. 인기상품 : 쥬얼리, 꽃, 초콜렛, 간식 등

아버지의 날 Father's Day	6월 16일	아버지 또는 아버지와 같은 어르신께 카드나 선물을 보냅니다. 인기상품 : 넥타이, 도서, 양말, 향수, 면도기, 스포츠 용품 등
아마존 프라임데이 amazon Prime Day	7월	아마존 프라임데이는 프라임 회원들을 위한 쇼핑 이벤트로서, 아마존의 모든 카테고리에 큰 할인율이 적용됩니다. 고수요/대량 아이템, 할인가 및 프로모션을 제공합니다. 인기상품 : 전체 카테고리 (특히 고가 아이템)
새학기 Back to School	8월	학생들이 신학기를 준비하는 시즌입니다. 인기상품 : 책, 문구류, 필기구, 책가방 등
할로윈데이 Halloween	10월 31일	어린이들에게 사탕을 주고 변장 파티에 참석합니다. 인기상품 : 할로윈 의상, 메이크업 및 악세서리 등
블랙 프라이데이 Black Friday	11월 29일	크리스마스 쇼핑 시즌의 시작을 알리는 날로 파격적인 할인 혜택을 제공합니다. 인기상품 : 전체 카테고리 (주로 고가 아이템)
사이버 먼데이 Cyber Monday	12월 2일	추수감사절 다음 주의 첫번째 월요일로, 온라인 쇼핑몰이 할인 프로모션을 진행하는 쇼핑 이벤트입니다. 인기상품 : 전체 카테고리 (주로 고가 아이템)
크리스마스 Christmas	12월 25일	가족, 친지와 함께 집을 장식하고 선물을 교환하며, 함께 식사를 합니다. 인기상품 : 선물과 관련된 모든 카테고리, 크리스마스 상품/장식, 인사 카드, 양초, 달력, 조명 등

2 _ 아마존 European(영국, 독일, 프랑스, 이탈리아, 스페인)

유럽 시장은 거대한 비즈니스 성장 잠재력을 지닌 블루오션 시장입니다. 아마존 유럽 마켓플레이스에 입점하면 영국, 프랑스, 독일, 스페인, 이탈리아 5개국에 동시 진출할 수 있습니다. 아마존 유럽 FBA는 Pan-European FBA(아마존에서 예상 수요에 따라 재고를 각 나라별로 이동하여 배송 처리), European Fulfillment Network(영국 FBA에 재고를 입고하여 EU 전체 배송처리), Multi-Country Inventory(유럽 각 나라 FBA에 재고를 입고하여 배송처리) 이렇게 3가지 형태의 FBA를 사용할 수 있으며 사용 형태는 판매자가 선택할 수 있습니다. 유럽의 대표 시장인 영국에 대해 알아보겠습니다.

2-1 영국 국가 현황

영국
(The United Kingdom
of Great Britain and
Northern Ireland)

수도 : 런던(London)
면적 : 약 243,610㎢(한반도의 1.1배)
행정단위 : 네 지역(잉글랜드, 스코틀랜드, 북아일랜드, 웨일스)이 서로 다르게 구성
인구 : 6,564만명 (2018년 기준)
인구구성 : 백인(92.1%), 흑인(2%), 인도인(1.8%), 파키스탄인(1.3%), 혼혈(1.2%), 기타(1.6%) (2018년 기준)
종교 : 기독교(59.3%), 이슬람교(4.8%), 힌두교(1.5%), 기타종교(2.1%), 무교(25.1%), 무응답(7.2%)
국내총생산(GDP) : 2조 8,089억불(2018년 기준)
1인당 GDP : 42,260불(2018년 기준)
경제성장률(GDP기준) : 1.4%(2018년 기준)
교 역(2018년 기준) : 상품수출 : 4,827억불, 상품수입 : 6,792억불
산업구성(2018년 기준) : 금융업, 자동차산업, 중공업, 화학산업, IT산업
FTA 현황 : 2019.08.22 한-영 FTA 정식 서명

2-2 영국 주요 쇼핑 시즌

홀리데이	날짜	설명
새해 New Year, New You	1월 1일	영국 해안 주변 곳곳에서는 사람들이 멋진 의상을 입고 무리 지어 차가운 바다로 뛰어듭니다. 새해가 되면 건강한 라이프스타일을 위한 계획을 세우고 가족과 친구들에게 연하장과 선물을 보내며 인사를 합니다. 인기상품 : 행운과 관련된 작은 선물과 아이템, 새해 계획과 관련된 개인 건강 용품, 스포츠, 도서, 건강 식품 및 유기농 식품, 다이어트 제품, 인사 카드 등
발렌타인 데이 Valentine's Day	2월 14일	전통적으로는 연인들이 초콜렛을 주고 받는 날이었지만, 연인 뿐만 아니라 가족, 친구, 반려동물과 같이 사랑하는 이들을 위해 선물을 준비합니다. 인기상품 : 초콜렛, 카드, 쥬얼리, 럭셔리 뷰티, 의류 등
성 패트릭 데이 ST. Patricks 's Day	3월 17일	아일랜드를 테마로 한 파티, 음식과 음료로 이 날을 축하합니다. 녹색 의상을 입고 녹색색상의 음식을 먹습니다. 인기상품 : 티셔츠, 모자, 파티용품, 아일랜드 상징물, 파티선물, 악세서리 등 녹색 아이템.
어머니의 날 Mother's Day	3월 31일	어머니 또는 어머니와 같은 어르신께 카드나 선물을 보냅니다. 인기상품 : 쥬얼리, 꽃, 초콜릿, 간식 등
부활절 Easter	4월 21일	수백만명의 유럽인들이 기념하는 종교 행사이며, 봄의 시작과도 관련이 있습니다. 인기상품 : 플라스틱 달걀, 토끼 테마의 아이템, 완구, 작은 선물, 장식품, 종교 상품, 파스텔 톤의 파티 선물 등
아버지의 날 Father's Day	6월 16일	아버지 또는 아버지와 같은 어르신께 카드나 선물을 보냅니다. 인기상품 : 넥타이, 도서, 양말, 향수, 면도기, 스포츠 용품 등
아마존 프라임데이 amazon Prime Day	7월	아마존 프라임데이는 프라임 회원들을 위한 쇼핑 이벤트로서, 아마존의 모든 카테고리에 큰 할인율이 적용됩니다. 고수요/대량 아이템, 할인가 및 프로모션을 제공하세요. 인기상품 : 전체 카테고리 (특히 고가 아이템)
새학기 Back to School	9월	학생들이 신학기를 준비하는 시즌입니다. 인기상품 : 책, 문구류, 필기구, 책가방 등
할로윈데이 Halloween	10월 31일	어린이들에게 사탕을 주고 변장 파티에 참석하거나 가정집을 방문합니다. 인기상품 : 할로윈 의상, 메이크업 및 악세서리 등
블랙 프라이데이 Black Friday	11월 29일	크리스마스 쇼핑 시즌의 시작을 알리는 날로 파격적인 할인 혜택을 제공합니다. 인기상품 : 전체 카테고리 (주로 고가 아이템)
사이버 먼데이 Cyber Monday	12월 2일	추수감사절 다음 주의 첫번째 월요일로, 온라인 쇼핑몰이 할인 프로모션을 진행하는 쇼핑 이벤트입니다. 인기상품 : 전체 카테고리 (주로 고가 아이템)

크리스마스 Christmas	12월 25일	가족, 친지와 함께 집을 장식하고 선물을 교환하며, 함께 식사를 합니다. 인기상품 : 선물과 관련된 모든 카테고리, 크리스마스 상품/장식, 인사 카드, 양초, 달력, 조명 등
박싱데이 Boxing Day	12월 26일	국경일이자 영국의 연례 할인 행사가 시작되는 날입니다. 이 할인 행사는 보통 크리스마스부터 신년 전야까지 한 주 내내 진행됩니다. 인기상품 : 겨울 의류, 전자제품, 신발, 스포츠 장비, 특히 사냥용품과 같은 각종 고수요 상품 메이크업, 향수, 시계, 귀금속, 할인 표시된 모든 상품

3 _ 아마존 Japan(일본)

일본은 세계에서 3번째로 큰 시장이며, 특히 한국 제품은 2017년 기준 수입액 4위일 정도로 일본에서는 한국 제품이 많은 사랑을 받고 있습니다. 아마존 일본은 일본 내 방문자 수 기준 온라인 상거래 업계 1위 사이트입니다. 또한 일본의 온라인 고객들은 빠르고 편리한 배송에 익숙해져 있으며 FBA 서비스는 전체 물량의 98%를 일본 전역에 당일 배송하고 있습니다.

3-1 일본 국가 현황

일본
(Japan)

수도 : 도쿄(Tokyo)
면적 : 약 37.8만㎢(한반도의 약 1.7배)
행정단위 : 1都(도) 1道(길) 2府(부) 43縣(현) 총 47개
인구 : 1억 2,679만명 (2018년 기준)
인구구성 : 일본인(98.5%), 한국인(0.5%), 중국인(0.4%), 기타(0.6%) (2018년 기준)
종교 : 신도 및 불교(90.2%), 기타(9.8%)
국내총생산(GDP) : 4조 9,709억불(2018년 기준)
1인당 GDP : 3만9,287불(2018년 기준)
경제성장률(GDP기준) : 0.8%(2018년 기준)
교 역(2018년 기준) : 상품수출 : 7,379억불, 상품수입 : 7,480억불
산업구성(2018년 기준) : 자동차(14.9%), 철강(5.4%), 반도체 및 전자부품(5%)
FTA 현황 : 한-중-일 FTA 협상중

3-2 일본 주요 쇼핑 시즌

홀리데이	날짜	설명
새해 New Year, New You	1월 1일	새해를 축하하고 기념합니다. 새해가 되면 건강한 라이프스타일을 위한 계획을 세우고 가족과 친구들에게 연하장과 선물을 보내며 인사를 합니다. 인기상품 : Lucky Bags – 福袋 (높은 할인율에 여러가지 상품으로 구성), 겨울 세일시즌 (높은 할인율로 다양한 상품 판매)
성년의 날	1월 14일	매년 1월 두번째 월요일. 지난해에 20살이 된 사람들을 대상으로 성년이 된 것을 기념하는 공휴일입니다. 인기상품 : 화장품, 헤어 액세서리, 넥타이, 성년의 날 복장에 어울리는 모든 것, 선물등 카드, 쥬얼리, 럭셔리 뷰티, 의류 등
발렌타인 데이	2월 14일	사랑과 우정, 감사함을 표현하기 위해 연인들이 초콜렛 등을 선물하는 날입니다. 인기상품 : 초콜렛, 카드, 쥬얼리, 럭셔리 뷰티, 의류 등
여자 어린이의 날 /히나마쓰리	3월 3일	소녀들의 건강, 성장, 행복, 행운을 기원하는 날. 어린 딸을 둔 가정집에서는 히나닌교 인형을 장식합니다. 인기상품 : 히나 인형, 여자 아이 드레스, 여자 아이들에게 어울리는 선물
새학기/첫출근	4월 1일	새로운 출발로 설레는 시즌입니다. 첫 직장에 입사하거나 초 · 중 · 고 · 대학생들은 새학기를 맞이합니다. 인기상품 : 플라스틱 달걀, 토끼 테마의 아이템, 완구, 작은 선물, 장식품, 종교 상품, 파스텔 톤의 파티 선물 등
골든 위크 (공휴일)	4월 29일~5월 7일	공휴일이 연속적으로 있는 기간이며 보통 이 기간에 여행을 자주 갑니다. 인기상품 : 여행 용품, 디지털 카메라/비디오, 메모리 카드
남자 어린이의 날/ 코도모노히 (공휴일)	5월 5일	모든 아이들의 행복과 어머니를 향한 감사함을 기리기 위해 마련된 날입니다. 인기상품 : 장난감
어머니의 날	5월 12일	어머니 또는 어머니와 같은 어르신께 카드나 선물을 보냅니다. 인기상품 : 쥬얼리, 꽃, 초콜릿, 간식 등
아버지의 날	6월 17일	아버지 또는 아버지와 같은 어르신께 카드나 선물을 보냅니다. 인기상품 : 넥타이, 도서, 양말, 향수, 면도기, 스포츠 용품 등
아마존 프라임데이	7월	아마존 프라임데이는 프라임 회원들을 위한 쇼핑 이벤트로서, 아마존의 모든 카테고리에 큰 할인율이 적용됩니다. 고수요/대량 아이템, 할인가 및 프로모션을 제공하세요. 인기상품 : 전체 카테고리 (특히 고가 아이템)
할로윈데이	10월 31일	어린이들에게 사탕을 주고 변장 파티에 참석하거나 가정집을 방문합니다. 인기상품 : 할로윈 의상, 메이크업 및 악세서리 등
단풍놀이 시즌	11월~12월 초	단풍놀이는 일본에서 인기 있는 행사입니다. 등산과 소풍을 하면서 형형색색의 단풍과 가을 풍경을 즐깁니다 인기상품 : 하이킹 및 트레킹 용품, 디지털 카메라/비디오, 메모리 카드, 여행 용품
블랙 프라이데이	11월 29일	크리스마스 쇼핑 시즌의 시작을 알리는 날로 파격적인 할인 혜택을 제공합니다. 인기상품 : 전체 카테고리 (주로 고가 아이템)
사이버 먼데이	12월 2일	추수감사절 다음 주의 첫번째 월요일로, 온라인 쇼핑몰이 할인 프로모션을 진행 하는 쇼핑 이벤트입니다. 인기상품 : 전체 카테고리 (주로 고가 아이템)
크리스마스	12월 25일	가족, 친지와 함께 집을 장식하고 선물을 교환하며, 함께 식사를 합니다. 인기상품 : 선물과 관련된 모든 카테고리, 크리스마스 상품/장식, 인사 카드, 양초, 달력, 조명 등
연말 대청소 시즌	12월 중순~12월 말	일본에서는 신년 맞이를 위해 연말연시에 집안 대청소를 하는 풍속이 있습니다. 인기상품 : 세제, 스폰지, 고무장갑 등의 집안 청소 용품

4 _ 아마존 Australia(호주)

아마존 호주는 2017년 새로 문을 열었습니다. 호주는 세계 소비시장 10위를 차지하고 있으며 호주 인구의 80.8%가 온라인으로 쇼핑할 만큼 온라인에 익숙한 소비자입니다. 아마존 호주는 아직 발굴되지 않은 블루오션 시장으로 아마존에서도 기대하고 있는 시장입니다.

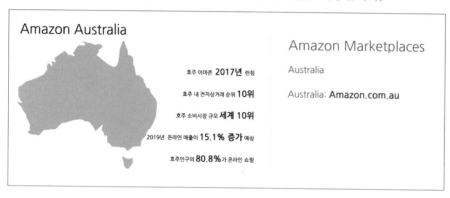

4-1 호주 국가 현황

호주
(Commonwealth of Australia)

수도 : 캔버라(Canberra)
면적 : 769만㎢ (한반도의 35배)
행정단위 : 6개의 주(뉴사우스웨일스, 빅토리아, 퀸즐랜드, 태즈메이니아, 사우스오스트레일리아, 웨스턴 오스트레일리아)와 2개의 준주(노던, 오스트레일리아 수도)로 구성
인구 : 약 2,499만명 (2018년 기준)
인구구성 : 앵글로색슨 80%, 아시아, 원주민(애보리진) 및 기타 20% (2018년 기준)
종교 : 개신교(27.4%), 가톨릭교(25.8%), 동방정교(2.7%), 기타 기독교(7.9%), 불교(2.1%), 이슬람교(1.7%)
국내총생산(GDP) : 1조 3,795억불(2018년 기준)
1인당 GDP : 55,710불(2018년 기준)
경제성장률(GDP기준) : 2.3%(2018년 기준)
교 역(2018년 기준) : 상품수출 : 3,867억 호주불, 상품수입 : 3,765억 호주불
산업구성(2018년 기준) : 1차산업(농업, 광업) 및 3차 산업(금융, 서비스) 비중이 큰 전형적인 선진국형 산업구조, 제조업 취약(GDP의 약 8.6%)
FTA 현황 : 한-호주 FTA 2014.12.12 발효

4-2 호주 주요 쇼핑 시즌

홀리데이	날짜	설명
새해 New Year, New You	1월 1일	새해를 축하하고 기념합니다. 새해가 되면 건강한 라이프스타일을 위한 계획을 세우고 가족과 친구들에게 연하장과 선물을 보내며 인사를 합니다. 인기상품 : 새해 계획과 관련된 개인 건강 용품, 스포츠, 도서, 건강 식품 및 유기농 식품, 다이어트 제품, 인사 카드 등

새학기 Back to School	1월 29일	학생들이 신학기를 준비하는 시즌입니다. 인기상품 : 책, 문구류, 필기구, 책가방 등
오스트레일리아 데이 Australia Day	1월 26일	시드니 코브에 영국 함대가 처음 상륙한 날을 기념하는 호주의 건국 기념일입니다. 현지의 가장 큰 공휴일인 만큼 축제와 불꽃놀이를 비롯한 다양한 스포츠 행사가 진행됩니다. 인기상품 : 쥬얼리, 럭셔리 뷰티, 의류 등
발렌타인 데이 Valentine's Day	2월 14일	전통적으로는 연인들이 초콜렛을 주고 받는 날이었지만, 연인 뿐만 아니라 가족, 친구, 반려동물과 같이 사랑하는 이들을 위해 선물을 준비합니다. 인기상품 : 초콜렛, 카드, 쥬얼리, 럭셔리 뷰티, 의류 등
패트릭 데이 ST. Patricks 's Day	3월 17일	아일랜드를 테마로 한 파티. 음식과 음료로 이 날을 축하합니다. 녹색 의상을 입고 녹색 색상의 음식을 먹습니다. 인기상품 : 티셔츠, 모자, 파티용품, 아일랜드 상징물, 파티선물, 악세서리 등 녹색 아이템.
부활절 Easter	4월 21일	수백만명의 미국인들이 기념하는 종교 행사이며, 봄의 시작과도 관련이 있습니다. 인기상품 : 플라스틱 달걀, 토끼 테마의 아이템, 완구, 작은 선물, 장식품, 종교 상품, 파스텔 톤의 파티 선물 등
어머니의 날 Mother's Day	5월 12일	어머니 또는 어머니와 같은 어르신께 카드나 선물을 보냅니다. 인기상품 : 쥬얼리, 꽃, 초콜릿, 간식 등
아마존 프라임데이 amazon Prime Day	7월	아마존 프라임데이는 프라임 회원들을 위한 쇼핑 이벤트로서, 아마존의 모든 카테고리에 큰 할인율이 적용됩니다. 고수요/대량 아이템, 할인가 및 프로모션을 제공하세요. 인기상품 : 전체 카테고리 (특히 고가 아이템)
아버지의 날	9월 1일	아버지 또는 아버지와 같은 어르신께 카드나 선물을 보냅니다. 인기상품 : 넥타이, 도서, 양말, 향수, 면도기, 스포츠 용품 등
할로윈데이 Halloween	10월 31일	어린이들에게 사탕을 주고 변장 파티에 참석합니다. 인기상품 : 할로윈 의상, 메이크업 및 악세서리 등
블랙 프라이데이 Black Friday	11월 29일	크리스마스 쇼핑 시즌의 시작을 알리는 날로 파격적인 할인 혜택을 제공합니다. 인기상품 : 전체 카테고리 (주로 고가 아이템)
사이버 먼데이 Cyber Monday	12월 2일	추수감사절 다음 주의 첫번째 월요일로, 온라인 쇼핑몰이 할인 프로모션을 진행하는 쇼핑 이벤트입니다. 인기상품 : 전체 카테고리 (주로 고가 아이템)
크리스마스 Christmas	12월 25일	가족, 친지와 함께 집을 장식하고 선물을 교환하며, 함께 식사를 합니다. 인기상품 : 선물과 관련된 모든 카테고리, 크리스마스 상품/장식, 인사 카드, 양초, 달력, 조명 등
박싱 데이 Boxing Day	12월 26일	국경일이자 호주의 연례 할인 행사가 시작되는 날입니다. 이 할인 행사는 보통 크리스마스부터 신년 전야까지 한 주 내내 진행됩니다. 인기상품 : 겨울 의류, 전자제품, 신발, 스포츠 장비, 특히 사냥용품과 같은 각종 고수요 상품 메이크업, 향수, 시계, 귀금속, 할인 표시된 모든 상품

04 _ 아마존의 판매자 정책 이해하기

아마존에 처음 진출해 판매를 하는 판매자들을 보면 아마존에 대한 정확한 정책을 확인하지 않고 판매자 가입이나 상품 등록을 하는 경우가 많습니다. 아마존 판매 시에는 아마존의 정책을 정확히 이해하고 있어야 계정이 정지되는 일을 피할 수 있습니다. 본 Lesson에서 아마존의 모든 정책에 대해 설명하기는 어려우니 저자의 커뮤니티(https://cafe.naver.com/rimerce) 또는 아마존 셀러 도움말 페이지(https://sellercentral.amazon.com/gp/help/help.html/)를 참고하기 바랍니다.

1 _ 아마존 셀러 정책

모든 판매자(이하 "셀러")는 아마존에 상품을 리스팅할 때 다음 정책을 준수해야 합니다. 셀러가 이를 위반하고 금지된 상품을 등록하거나 정책을 위반 시 아마존 계정이 일시 중단될 수 있습니다. 셀러는 해당 정책에 따라 아마존에서 공정하고 정직하게 행동하여 안전한 구매 및 판매 경험을 보장해야 합니다. 모든 셀러는 다음 사항을 준수해야 합니다.

- 아마존과 고객에게 항상 정확한 정보를 제공합니다.
- 아마존이 제공하는 기능이나 서비스를 남용하지 않고 공정하게 행동합니다.
- 다른 셀러, 해당 셀러의 리스팅 또는 평점을 훼손하거나 남용하지 않습니다.
- 고객의 평점, 피드백 및 리뷰에 영향을 미치려 시도하지 않습니다.
- 고객이 원치 않거나 부적절한 커뮤니케이션을 하지 않습니다.
- 구매자–셀러 메시지 서비스가 아닌 다른 방법으로 고객에게 연락하지 않습니다.
- 아마존 판매 프로세스(외부 거래)를 우회하려 시도하지 않습니다.
- 아마존의 승인 없이 둘 이상의 아마존 판매 계정을 운영하지 않습니다.

행동 규범 또는 기타 아마존 정책을 위반할 시 셀러의 계정에 리스팅 취소, 판매 대금 지급 일시 중지 또는 몰수, 판매 자격 박탈 등의 조치가 따를 수 있습니다. 이러한 정책에 대한 자세한 내용은 아래에 나와 있습니다.

1-1 정확한 정보

셀러는 아마존과 고객에게 정확한 정보를 제공해야 하며, 변경 사항이 발생할 경우 해당 정보를 업데이트해야 합니다. 이는 셀러의 비즈니스를 정확히 식별할 수 있는 상호를 사용하고 정확히 해당하는 카테고리에 상품을 리스팅하는 것 등을 의미합니다.

1-2 공정한 행동

셀러는 공정하고 합법적으로 행동해야 하며 아마존이 제공하는 서비스를 남용해서는 안 됩니다. 불공정한 활동의 예는 다음과 같습니다.

❶ 동일한 상품을 대상으로 상세 페이지를 여러 개 생성하거나 불쾌감을 주는 상품 이미지를 게시하는 등 아마존이나 고객에게 오해를 줄 소지가 있거나 부적절한 정보를 제공하는 행위
❷ 판매 순위를 조작(예: 허위 주문이나 셀러가 직접 지불한 주문을 수락)하거나 상품 이름 또는 설명란에 판매 순위에 대한 주장을 제기하는 행위
❸ 주문이 확인된 후 상품 가격을 인상하려 시도하는 행위
❹ 웹 트래픽을 인위적으로 부풀리는 행위(예: 봇 사용 또는 클릭 비용 지불)
❺ 다른 셀러, 다른 셀러의 리스팅 또는 평점을 훼손하려 시도하는 행위
❻ 다른 사람으로 하여금 셀러를 대신하여 아마존의 정책 또는 셀러와 아마존 간의 계약을 위반하는 행동을 하게끔 하는 행위

1-3 평점, 피드백 및 리뷰

셀러는 고객의 평점, 피드백 및 리뷰에 영향을 주거나 부풀리고 시도해서는 안 됩니다. 고객에게 피드백과 리뷰를 남기도록 중립적으로 요청할 수 있지만, 다음과 같은 행동은 할 수 없습니다.

❶ 피드백 또는 리뷰를 제공하거나 삭제하는 대가로 금전이나 쿠폰 또는 무료 상품과 같은 인센티브를 제공하는 행위
❷ 고객에게 긍정적인 리뷰만 작성하도록 요청하거나 리뷰를 삭제 또는 수정하도록 요청하는 행위
❸ 긍정적인 경험을 한 고객에게만 리뷰를 요청하는 행위
❹ 셀러 자신의 상품 또는 경쟁자의 상품에 리뷰를 남기는 행위

1-4 커뮤니케이션

셀러는 고객이 요청하지 않았거나 부적절한 메시지를 보내서는 안 됩니다. 고객과의 모든 커뮤니케이션은 구매자-셀러 메시지 서비스를 통해 이루어져야 하며 주문을 처리하거나 고객 서비스를 제공하는 데 필요합니다. 마케팅 관련 커뮤니케이션은 금지됩니다.

1-5 고객 정보

주문 처리를 위해 주소 또는 전화번호 등의 고객 정보를 수신한 경우 해당 정보는 주문 처리에만 사용할 수 있으며 주문이 완료된 후 삭제해야 합니다. 고객 정보를 사용하여 고객에게 연락하거나(구매자-셀러 메시지 서비스를 통한 경우 제외) 고객 정보를 제3자와 공유해서는 안 됩니다.

1-6 판매 프로세스 우회(외부 거래 유도)

아마존 판매 프로세스를 우회하거나 아마존 고객을 다른 웹사이트로 유도해서는 안 됩니다. 이는 고객을 외부 웹사이트로 초대하거나 다른 장소에서 거래를 완료하기 위한 링크 또는 메시지를 제공해서는 안 됨을 의미합니다.

1-7 여러 개의 아마존 판매 계정

아마존으로부터 승인을 받았으며 둘 이상의 계정을 사용해야 하는 비즈니스상의 타당한 이유가 있는 경우가 아니면 여러 개의 아마존 판매 계정을 운영할 수 없습니다.

2 _ 상품 및 리스팅 정책

아마존에서 판매용으로 제공되는 상품은 모든 법률 및 규정과 아마존 정책을 준수해야 합니다. 불법 및 안전하지 않은 상품 또는 이 페이지에 표시된 기타 제한된 상품(처방전이 있어야 구입 가능한 상품 등)의 판매는 엄격히 금지됩니다.

2-1 제한된 상품

아마존에서 상품을 공급하는 셀러는 상품을 리스팅 하기 전에 아래에 표시된 제한된 상품 도움말 페이지를 신중하게 검토해야 합니다. 이러한 도움말 페이지에 설명된 예는 모든 내용을 포함하지는 않으며, 정보 가이드로만 제공됩니다. 상품이 "허용되는 리스팅의 예"로 표시되는 경우에도 모든 상품 및 리스팅은 준거법 또한 준수해야 합니다. 또한, 제공되는 모든 링크는 정보용으로만 사용되며, 아마존은 이러한 링크에서 제공하는 정보의 정확성을 보증하지 않습니다.

셀러가 법률 또는 아마존 정책에 위배되는 상품(제한된 상품 페이지에 있는 상품 포함)을 공급하는 경우, 아마존은 판매 자격의 즉각적인 일시 중단 또는 박탈, 보상 없이 주문 처리 센터의 재고 폐기, 재고 반품, 비즈니스 관계 단절, 판매 대금의 영구 미지불을 비롯해 적절한 방식으로 시정 조치를 취하게 됩니다. 불법 또는 안전하지 않은 상품을 판매하는 경우에도 형사 및 민사 처벌 등의 법적 조치로 이어질 수 있습니다.

아마존은 규제 기관, 타사 전문가, 벤더 및 셀러와 협력함으로써 불법 및 안전하지 않은 상품을 발견하여 아마존 마켓플레이스에 등록되지 않도록 방지하는 방법을 꾸준히 개선하고 있습니다. 아마존 정책 또는 준거법을 위반하는 리스팅을 발견한 경우 아마존에 연락하기를 통해 신고할 수 있습니다. 아마존은 각 신고를 면밀히 조사하여 적절한 조치를 취할 것입니다.

- 특정 카테고리의 경우 셀러는 해당 카테고리에 상품을 리스팅 하기 전에 아마존의 사전 승인을 받아야 합니다.
- 특정 카테고리의 경우 셀러는 해당 카테고리에 상품을 리스팅 하기 전에 추가 정보 및 보완용 보증 자료를 제공해야 합니다.
- Fulfillment By Amazon(아마존 주문처리 서비스)을 이용하는 셀러는 FBA 상품 제한 사항 페이지에서 FBA 프로그램에 적합하지 않은 상품도 검토해야 합니다.
- 특정 상품들은 캘리포니아 주의 추가 규정 적용 대상입니다.
- 해외 구입이 가능하도록 아이템을 리스팅하려는 경우, 셀러는 리스팅된 아이템이 모든 준거법 및 규정을 준수하는지 적절히 조사하여 확인해야 할 책임이 있습니다.

2-2 제한된 상품 리스트

- 동물 및 동물 관련 상품(수출 불가 품목, 일부 제외)
- 자동차/모터 스포츠(새 타이어, 자동차 배터리 등만 가능)
- 합성 목재 상품(EPA(미국 환경 보호청) 승인 제품만 가능)
- 통화, 동전, 현금 등가물 및 기프트 카드(수집용 동전, 사전 승인 받은 셀러의 기프트 카드만 가능)
- 의약품 및 의약용품(처방전 없이 구매 가능한 제품만 가능)
- 폭발물, 무기 및 관련 아이템(항공 배송 금지 품목)
- 유해물질 및 위험물(수은이 포함되지 않은 배터리 등의 제품만 가능)
- 레이저 상품(승인필요, 일부 품목 제외))
- 락픽 및 도난 장치(복제용 열쇠만 가능)
- 의료 기기 및 악세서리(FDA 등록 제품만 가능, 안경테 등은 제외)
- 살충제 및 살충제 기기(판매 불가)
- 식물, 식물 상품 및 씨앗(판매 불가)
- 감시 장비(도청 및 감청 장비, 몰카 장비 불가)
- 담배 및 관련 상품(판매 불가)

2-3 리스팅 위반 시 제한 사항

아마존 리스팅 정책을 위반한 경우 다음과 같은 조치가 취해질 수 있습니다.

- 리스팅 취소
- 리스팅 자격 제한
- 리스팅 자격 일시 중단
- 리스팅 자격 철회

3 _ 상품 리뷰 정책

아마존은 고객 보호를 위해 고객 리뷰를 조작하려는 시도가 발견될 경우 조치를 즉각적으로 취합니다.

- 즉시 셀러의 아마존 판매 자격 영구 박탈 및 대금 지급 보류
- 모든 상품 리뷰 제거 및 상품에 대한 추가 리뷰 또는 평가 등록 차단
- 아마존의 상품 리스팅 영구 삭제
- 소송 및 민형사 법 집행 기관 신고 등, 셀러를 상대로 한 법적 조치
- 셀러 이름 및 기타 관련 정보 공개

3-1 고객 리뷰 정책 위반 행위

- 셀러가 자사 상품이나 경쟁업체 상품에 대한 리뷰를 게시합니다.
- 셀러가 제3자에게 자사 상품이나 경쟁업체 상품에 대한 리뷰를 남기는 대가로 금전적인 보상, 할인, 무료 상품 또는 기타 보상을 제공합니다. 여기에는 고객 리뷰, 웹사이트 또는 소셜 미디어 그룹을 판매하는 서비스를 사용하는 경우도 포함됩니다.
- 구매자가 리뷰를 작성한 후 셀러가 아마존 결제 수단 이외의 방법을 통한 보상을 포함하여 환불 또는 보상을 제공합니다. 이러한 행위는 아마존의 구매자-셀러 메시지 서비스를 활용하거나, 고객에게 직접 연락을 취하거나, 제3자 서비스, 웹사이트 또는 소셜 미디어 그룹을 이용하는 방식으로 이루어집니다.
- 셀러가 리뷰와 관련해 무료 상품 또는 할인 상품을 제공하는 제3자 서비스를 사용합니다.(예: 셀러가 리뷰를 모니터링할 수 있도록 고객이 아마존 공개 프로필을 등록해야 하는 리뷰 클럽).
- 셀러의 가족이나 직원이 셀러 상품 또는 경쟁업체 상품에 대한 리뷰를 게시합니다.
- 셀러가 리뷰를 남긴 고객에게 리뷰 내용을 바꾸거나 삭제해 달라고 부탁합니다. 이에 대한 대가로 리뷰를 남긴 고객에게 환불이나 기타 보상을 제공하는 경우도 있습니다.
- 셀러가 긍정적인 리뷰는 아마존에 보내고 부정적인 리뷰는 셀러나 다른 피드백 메커니즘에 전달하도록 우회합니다.
- 셀러가 리뷰를 통합하여 리뷰를 조작하고 상품의 별 등급을 높이려는 의도로 상품의 선택사항 관계를 생성합니다.
- 셀러가 상품 포장 또는 배송 박스에 긍정적인 아마존 리뷰를 부탁하는 내용이나 리뷰에 대한 대가를 약속하는 내용을 넣습니다.
- 셀러가 고객 계정을 사용하여 자사 또는 경쟁업체 상품에 대한 리뷰를 남기거나 변경합니다.

3-2 상품 리뷰에 대한 질문과 답변

Q1 구매자에게 상품 리뷰 작성을 장려하려면 어떻게 해야 합니까?

아마존은 구매자에게 리뷰와 피드백을 남길 것을 요청하는 메시지가 담긴 이메일을 자동으로 전송합니다. 셀러는 아무 조치도 취할 필요가 없습니다.

구매자에게 리뷰를 남기도록 요청하기로 결정한 경우 긍정적인 리뷰를 요청하거나 긍정적인 경험을한 구매자에게만 리뷰를 요청하거나 고객의 리뷰를 변경하거나 삭제하도록 요청하거나 리뷰에 영향을 미치려고 시도해서는 안 됩니다. 예를 들어 금전, 기프트 카드, 무료 또는 할인 상품, 환불, 보상이나 향후 혜택에 대한 기타 약속 등 어떤 종류의 보상도 제공할 수 없습니다.

Q2 바우처나 무료 사은품을 제공해도 됩니까?

다음을 포함해 종류에 관계없이 보상을 대가로 게시되는 리뷰에 도움이 되도록 투표하거나 그러한 리뷰를 작성하는 행위가 금지됩니다.

- 결제(금전 또는 기프트 카드)
- 아마존 결제 수단 이외의 방법 사용 등 환불 또는 보상
- 무료 상품
- 경품 행사나 대회 응모
- 이후 구매 시 할인 혜택
- 기타 증정품

Q3 우호적인 리뷰를 상품 설명에 활용해도 됩니까?

리뷰를 작성한 사람이 해당 리뷰에 대한 저작권을 보유합니다. 리뷰에 댓글을 달아 작성자의 허가를 구할 수 있습니다.

Q4 제가 판매 중인 아이템에 대해 직접 상품 리뷰를 써도 됩니까?

아니요. 귀하 또는 귀하의 경쟁자가 판매하는 아이템에 대한 리뷰를 작성할 수 없습니다. 셀러의 가족과 직원 또한 이 요건을 준수하도록 해야 합니다.

Q5 구매자가 아마존이나 저를 통해 구매하지 않은 상품을 리뷰할 수도 있습니까?

예, 구매자가 아마존의 커뮤니티 지침의 자격 기준을 충족하는 경우에 리뷰할 수 있습니다. 해당 구매자는 상품을 구매한 경로와 상관없이 아마존의 모든 상품에 대해 리뷰를 작성할 수 있습니다.

Q6 왜 아직 출시되지 않은 상품에 대한 리뷰가 있습니까?

구매자는 판매용으로 출시된 아이템에 대한 리뷰만 제출할 수 있습니다. 단, 다음과 같은 상품 출시의 경우는 예외입니다.

- DVD 및 블루레이 영화. 극장에서 상영된 영화가 상품으로 출시되기 전에 리뷰를 제출할 수 있습니다. 음악과 비디오 게임은 출시 전에 리뷰할 수 없습니다.
- 도서. 해당 도서가 다른 형식으로 이미 발행된 경우 출시 전 리뷰를 제출할 수 있습니다. 예를 들어 하드커버 도서가 이미 출시된 경우, 페이퍼백 사전 출시 버전에 대한 리뷰가 가능합니다.
- 바인 사전 출시 버전. 바인 리뷰어는 상품이 출시되기 전에 리뷰를 작성할 수 있습니다.

Q7 리뷰를 글로벌 아마존 사이트에 연결할 수 있습니까?

현재로서는 상품 리뷰가 하나의 아마존 사이트에 한정됩니다. 하지만 글로벌 아마존 웹사이트에는 동일 상품에 대한 아마존 홈 마켓플레이스 리뷰를 강조해 보여주는 기능이 있습니다. 리뷰가 강조 표시되더라도 리뷰 개수와 투표수는 글로벌 웹사이트에 대한 총 투표 수에 합산되지 않습니다.

Q8 고객 리뷰와 셀러 피드백의 차이는 무엇입니까?

고객 리뷰는 상품에 대한 의견이고 셀러 피드백은 셀러와 구매 경험에 대한 의견입니다. 고객 리뷰는 셀러 퍼포먼스 메트릭에 영향을 미치지 않으나 셀러 피드백은 셀러 퍼포먼스 메트릭에 영향을 줄 수 있습니다.

Q9 내 상품에 새 리뷰가 등록되면 알 수 있습니까?

아니요. 아마존은 판매하는 상품에 새 리뷰가 게시되는 시점에 셀러에게 알림을 제공하지 않습니다.

Q10 리뷰에 응대해도 됩니까?

리뷰 아래의 의견 버튼을 클릭하여 리뷰에 대한 댓글을 달 수 있습니다. 하나 이상의 구매 내역이 필요합니다. 댓글은 커뮤니티 지침을 준수해야 합니다.

Q11 일정 시간이 지나면 아마존에서 리뷰를 삭제합니까?

아니요. 상품이 아마존에 등록되어 있는 한 리뷰는 계속 표시됩니다. 그러나 아마존 가이드라인에 위배되는 리뷰는 삭제됩니다. 구매자가 자신의 리뷰를 삭제할 수도 있습니다.

Q12 새 모델, 오류 해결 버전, 소프트웨어 업그레이드 등 업그레이드된 상품이 나오면 리뷰가 삭제됩니까?

아니요. 구매자가 입력한 정보는 다른 구매자들에게 유익할 수 있습니다.

Q13 어떤 경우에 리뷰가 삭제됩니까?

아마존 웹사이트에서 리뷰가 삭제되는 이유는 다음과 같습니다.
- 해당 리뷰가 아마존의 커뮤니티 지침과 충돌합니다.

- 해당 리뷰는 리뷰어가 삭제했습니다.
- 아마존이 서로 다른 상품이 동일 상품으로 잘못 리스팅된 것을 발견했습니다. 상품을 나누어 다시 리스팅하면 이러한 상품에 게시된 리뷰도 분리됩니다.
- 아마존이 비정상적인 리뷰 동작을 감지하여 현재 이 아이템에 대한 리뷰를 수락 또는 표시하지 않거나, 아마존 확인 구매 리뷰만 수락 또는 표시합니다.

Q14 합당하지 않으며, 허위 사실에 가까운 부정적 리뷰에 대응하려면 어떻게 해야 합니까?

아마존의 커뮤니티 지침에 위배된다고 판단되는 리뷰를 발견한 경우 리뷰 옆에 있는 남용 신고 링크를 이용해 보고하시기 바랍니다.

Q15 제가 판매하는 상품을 경쟁사 상품과 비교하면서 폄하하는 리뷰를 삭제해주실 수 있습니까?

아니요. 아마존은 구매자에게 상품에 대한 솔직한 의견을 작성해 줄 것을 권합니다. 아마존 가이드라인에 부합하는 리뷰는 삭제하지 않습니다.

Q16 제 상품에 대한 부정적 리뷰를 남긴 구매자를 차단할 수 있습니까?

아니요. 구매자가 상품에 대한 리뷰를 작성하지 못하도록 차단할 수는 없습니다. 아마존 가이드라인에 위배되는 리뷰라고 판단되는 경우 리뷰 옆에 있는 남용 신고 링크를 이용해 신고하시기 바랍니다.

Q17 저 대신 리뷰를 편집해주실 수 있습니까?

아니요. 아마존은 리뷰가 가이드라인에 위배되는지 검토하지만 편집하지 않습니다.

Q18 상품과 관련된 문제가 해결된 후 구매자가 리뷰를 수정할 수 있습니까?

예. 구매자는 언제든 리뷰를 수정할 수 있습니다. 하지만 구매자에게 리뷰를 변경하도록 요청하면 안 됩니다.

Q19 상품과 관련된 문제가 해결된 후 구매자가 부정적인 리뷰를 삭제해야 합니까?

아니요. 결정은 전적으로 구매자의 권한입니다. 구매자에게 리뷰를 변경 또는 제거하도록 요청할 수 없습니다.

Q20 제가 직접 연락할 수 있도록 리뷰 작성자의 이메일 주소를 알려주실 수 있습니까?

아니요. 아마존은 개인 구매자의 정보를 공유하지 않습니다. 리뷰에 대응하고 싶은 경우 댓글을 게시할 수 있습니다. 댓글은 커뮤니티 지침을 준수해야 합니다.

4 _ 배송 정책

직배송 또는 제3자가 귀하 대신 고객 주문을 처리하는 것은 일반적으로 허용됩니다. 집하 배송사를 사용하여 주문을 처리하려는 경우 항상 다음을 충족해야 합니다.

4-1 허용된 직배송의 예

- 귀하가 상품의 신고된 셀러여야 합니다.
- 상품과 관련하여 포함되거나 제공되는 모든 포장 명세서, 송장, 외부 포장 및 기타 정보에 귀하가 해당 상품의 셀러임을 밝혀야 합니다.
- 주문 상품을 배송하기 전 타사 집하 배송사를 식별하는 모든 포장 명세서, 송장, 외부 포장 또는 기타 정보를 제거해야 합니다.
- 고객의 상품 반품을 수령하고 처리하는 책임을 져야 합니다.
- 셀러 약정서의 다른 모든 약관 및 해당 아마존 정책을 준수해야 합니다.

4-2 허용되지 않는 직배송의 예

- 다른 온라인 소매점에서 상품을 구매하여 해당 소매점에서 고객에게 직접 배송.
- 귀하가 아닌 다른 셀러의 이름 또는 연락처 정보가 기재된 포장 명세서, 송장, 외부 포장 또는 기타 정보를 사용한 배송 주문.

위 요건을 준수하지 않으면 판매 자격이 일시 중지되거나 박탈될 수 있습니다.

5 _ FBA(Fulfillment by Amazon) 정책

Fulfillment by Amazon(아마존 주문처리 서비스)에 상품을 리스팅하기 전에 먼저 아마존을 이용해 상품에 대한 주문을 처리하는 경우 셀러에게 적용되는 정책 및 요건을 숙지해야 합니다.

5-1 FBA 정책

1) FBA 리스팅에 대한 고객 피드백

고객은 아마존에서 처리한 주문에 대해 셀러에게 피드백을 남길 수 있습니다. 아마존에서 제공하는 주문 처리 또는 고객 서비스와 관련된 부정적인 피드백은 무시해도 좋습니다.

2) 아마존에서 발주한 주문의 고객 반품

아마존 반품 정책에는 FBA 고객 반품 처리 방법과 아마존에서 수락한 반품에 대해 셀러가 어떤 경우에 일부 또는 전부를 보상받을 수 있는지가 규정되어 있습니다.

3) 멀티 채널 처리 주문에 대한 고객 서비스

멀티 채널 처리 주문의 교환, 환불 및 반품은 셀러가 담당합니다.

4) FBA 손실 및 손상된 재고 보상 정책

셀러는 아마존 협력 배송사에 따른 피해, 주문 처리 센터나 고객 배송 중 발생한 피해 등 아마존의 관리 하에서 손실 또는 손상된 재고에 대해 경우에 따라 일부 또는 전부를 보상받을 수 있습니다.

5-2 FBA 요건

1) FBA 상품 제한 사항

일부 상품은 아마존에서 판매하기 전에 사전 승인을 받아야 합니다. 또한, FBA를 통해 판매가 불가능하거나 특정 요건을 충족해야 FBA에서 판매할 수 있는 특정 상품도 있습니다.

2) 재고 요건

아마존 주문 처리 센터로 배송되는 재고는 라벨 부착, 포장, 재고 배송 요건을 비롯한 특정 요건을 충족해야 합니다.

6 _ 세금 정책

셀러와 아마존 사이에서는 다음과 같은 경우를 제외하고 셀러가 모든 세금을 징수 및 납부할 책임을 갖게 됩니다.

❶ 아마존이 관련법에 따라 셀러를 대신하여 세금을 자동으로 계산, 추심 및 납부하는 경우.

❷ 아마존이 아마존에서 제공하고 셀러가 이용하는 세금 계산 서비스를 통해 셀러를 대신하여 세금 또는 기타 거래 기반 비용을 접수할 것을 명시적으로 동의한 경우.

셀러가 부담하는 모든 수수료에는 모든 판매, 사용 및 이와 유사한 세금이 포함되어 있지 않습니다. 셀러는 해당 금액에 부과되어 지불 가능한 모든 세금을 납부해야 합니다.

아마존에 셀러가 지불하는 모든 금액은 법이 요구하는 대로 어떠한 공제 또는 원천 징수도 수반되지 않아야 합니다. 결제 시 이러한 공제 또는 원천 징수가 필요한 경우 필요한 추가 금액을 지불하여 아마존에서 수령하는 총 금액이 지불해야 하는 지급금과 같아야 합니다.

셀러는 아마존이 세금 적용 여부를 파악할 의무가 없고, 모든 거래에서 발생하는 모든 세금의 추심, 신고 또는 납부 의무가 없다는 사실에 동의합니다. 그러나 조세 당국에서 아마존에 귀하의 세금을 납부할 것을 요구하는 경우 셀러는 아마존이 지불한 금액을 즉시 보상해야 합니다. 상품이 셀러가 선택한 국가 외로 배송되는 경우 상품 수취인이 배송 시 책정된 판매, 상품 및 서비스, 사용, 소비, 수입, 부가 가치 또는 기타 세금 또는 관세와 관련된 금액을 지불해야 할 수 있습니다. 이러한 세금 또는 관세는(있을 경우) 아마존에서 수령하는 판매 수익금에 추가됩니다.

7 _ 각종 프로그램 정책

프로그램 정책은 판매 증진을 위해 파악하고 있어야 하는 내용입니다.

7-1 아마존 셀링 코치

아마존 셀링 코치는 개인 맞춤형 권장 사항을 제공하여 귀하가 아마존에서 성공할 기회를 늘려줍니다(이 기능은 프로페셔널 셀링 플랜을 보유한 셀러가 이용할 수 있습니다).

7-2 가격 책정 및 배송

셀러의 오퍼가 비교 가능한 다른 상품보다 가격 경쟁력이 좋습니까? 배송 인센티브를 제공할 수 있습니까? 경쟁력 있는 가격대를 형성하거나 자동 가격 책정을 설정할 때 경쟁 상품을 조사하여 자동으로 가격을 조정해 바이 박스(Buy box) 획득 가격과 같은 이벤트에 대응합니다. 조사할 때는 배송비를 고려합니다. 대개 구매자는 배송비를 살펴보는데, 배송비는 온라인에서 구매 결정을 내릴 때 가장 큰 영향을 미치는 요소입니다. 재고 관리 페이지를 검토하여 귀하가 제공하는 각 상품의 최저가와 바이 박스(Buy box) 가격을 확인해 보십시오. 자세한 내용은 무료 배송 및 자동 가격 책정을 참조합니다.

7-3 프라임 주문 처리

상품에 Fulfillment By Amazon(아마존 주문처리 서비스)을 사용하면 아마존의 주문 처리 네트워크와 전문성을 활용해 오퍼에 프라임 배송 및 무료 배송 혜택을 적용할 수 있습니다. 아마존 주문 처리 센터로 상품을 보내면 아마존에서 상품을 포장해 구매자에게 배송하고 고객 서비스까지 제공합니다. 자세한 내용은 Fulfillment By Amazon(아마존 주문처리 서비스), SFP(셀러 주문 처리 프라임) 및 아마존 SNL(스몰 앤 라이트 프로그램)을 참조합니다.

7-4 아마존 허브

아마존 허브는 고층 건물부터 정원 스타일의 아파트에 이르기까지 일상적인 패키지 관리를 담당하는 포괄적 솔루션입니다. 허브는 아마존 프라임 멤버십을 요구하지 않으며, 거주자에게 수수료를 부과하지 않습니다.

7-5 프로모션

온라인에서 쇼핑할 때 구매자는 프로모션 오퍼와 관련된 가격 또는 가격 할인율, 무료 배송 등 모든 항목을 살펴봅니다. 아마존은 총 $35 이상의 적합한 아이템 주문에 제공되는 무료 배송 프로모션이 구매 결정에 큰 영향을 준다는 사실을 발견하고, 이를 웹 사이트의 정식 기능으로 구현했습니다. 무료 배송은 구매자가 아마존을 다시 방문하는 이유로 자주 거론됩니다. 귀하 역시 프로모션을 제공하여 구매자에게 좋은 인상을 줄 수 있습니다.

7-6 광고

Sponsored Products 캠페인은 귀하가 아마존에 리스팅한 상품을 홍보하는 데 도움이 되는 광고 서비스입니다. 귀하가 광고할 상품을 선택하고 해당 상품에 키워드를 할당한 다음 클릭당 비용 입찰액을 입력합니다. 아마존 쇼핑객이 귀하의 키워드 중 하나를 검색하면 검색 결과 옆에 귀하의 광고가 표시됩니다. 이 서비스 비용은 아마존 쇼핑객이 광고를 클릭하여 귀하가 오퍼를 리스팅한 상세 페이지로 이동할 경우에만 부과됩니다.

7-7 잘 작성된 상품 상세 내용 및 설명

상품에 관해 설명할 때는 혜택과 주요 기능을 글머리 기호 목록으로 나열합니다. 잘 작성된 상품 설명은 구매자가 해당 상품을 소유 또는 사용하는 모습을 상상하는 데 도움이 됩니다. 상품의 느낌과 사용법, 다양한 혜택이 모두 담긴 정보는 구매자의 구매욕을 높일 수 있습니다.

7-8 선명한 고품질 이미지

선명하고 상세한 고해상도 이미지는 구매자의 상상력을 자극하여 상품을 구매하고 싶게 만듭니다. 또한, 다양한 이미지를 최대한 많이 제공합니다. 많은 상품 카테고리에서 견본 이미지 및 대체 이미지를 포함할 수 있습니다.

7-9 브랜드 강화 페이지

등록된 브랜드 소유자인 경우 고유한 브랜드 스토리와 개선된 이미지, 텍스트 배치를 사용하여 상품의 특징을 다른 방식으로 설명하도록 상품 페이지를 변경할 수 있습니다.

7-10 효과적인 배치

아이템이 귀하가 제공한 정보를 바탕으로 매장의 적절한 영역에 표시됩니까? 일부 구매자는 원하는 상품을 정확히 검색하지만, 카테고리를 통해 찾는 구매자도 있습니다. 따라서 찾아보기를 통해 더 쉽게 찾도록 하려면 상품이 올바른 카테고리로 분류되어 있어야 합니다. 각 카테고리에서 선택의 범위 및 깊이를 살펴보고 아이템이 카테고리 구조에 잘 맞는지 생각해 보십시오.

7-11 고객 서비스

각 주문의 후속 조치에 뛰어난 고객 서비스를 제공하면 최고의 구매 경험을 선사할 수 있습니다. 이렇게 하면 높은 셀러 피드백 평점을 받게 되어 구매자가 상품을 안심하고 구매할 수 있게 됩니다.

7-12 해외 리스팅

세계 각지의 아마존 마켓플레이스에 상품을 리스팅하면 전 세계 수백만 명의 구매자를 즉시 만날 수 있습니다. 해외 마켓플레이스에 처음 진출하는 셀러든 이미 진출한 셀러든, 아마존 글로벌 셀링으로 비즈니스 성장을 도모할 수 있습니다. 아마존은 미국, 캐나다, 멕시코, 영국, 독일, 프랑스, 이탈리아, 스페인, 중국, 일본, 오스트레일리아, 터키, UAE, 인도 등 전 세계에 온라인 마켓플레이스를 두고 있으며, 귀하의 글로벌 마켓플레이스 성공을 돕기 위한 서비스와 도구를 제공합니다.

7-13 해외 구매자를 위한 재고 수출

FBA 수출을 이용하면 아마존에서 적합 상품을 자동으로 수출하도록 준비합니다. FBA 수출은 FBA 에서 제공되는 서비스로 몇 번의 클릭만으로 해외 비즈니스의 성장을 도모할 수 있습니다. 해외 구매자가 주문하면 아마존이 귀하의 재고에서 상품을 선별 및 포장하여 배송합니다. FBA 수출은 상품의 해외 배송을 가로막는 기존의 수많은 장벽을 없애 줍니다.

05 _ 아마존 셀러 가입 전 준비사항

아마존에 셀러로 가입하기 위해서는 정확한 서류 준비와 아마존 플랫폼 사용료, 수수료, FBA 수수료 등의 내용을 파악하고 있어야 문제없이 셀러로 가입이 가능합니다. 특히, 서류가 미비할 경우 가입 단계에서 계정이 정지되는 일이 발생하는 경우가 많으니 정확한 내용을 파악해 두는 것이 중요합니다.

1 _ 아마존 셀러 가입 전 준비사항

아마존 셀러 가입 전 준비사항으로는 2가지 정도를 들 수 있을 것입니다. 첫 번째는 본인 확인을 위한 정확한 서류, 두 번째는 글로벌 셀러의 필수 도구들이라고 할 수 있습니다.

1-1 아마존 셀러 가입 서류 준비

아마존에 제출하는 서류는 모두 컬러 스캔을 하는 것이 좋으며 최근 3개월 이내의 서류를 제출하는 것을 기본으로 하고 있습니다. 서류 준비가 미비하여 제출한 서류가 반려되는 일이 없도록 철저히 준비를 해야 합니다.

만약, 신분확인 단계에서 반려가 되어 아마존에 판매할 수 없다는 메일을 받았다면 다른 이메일 계정을 만들어 다시 진행해 보시길 추천드립니다.

1) 이메일(e-mail)

아마존에 가입하기 위해서는 이메일이 필수 사항입니다. 회원가입 시 등록한 이메일이 곧 로그인하는 ID로 사용되며 아마존에서 판매된 내역이나 고객의 질문, 아마존 공지사항 등의 내용을 이메일로 발송해 줍니다. 기존에 사용하던 이메일 주소보다는 새로 가입한 이메일을 사용하시는 것을 추천드립니다. 기존에 사용하던 이메일을 사용할 경우 아마존에서 온 중요한 메일을 못 보고 지나치는 경우나 삭제해 버리는 경우가 있기 때문에 아마존 관리에 어려움을 겪을 수 있습니다. 가능하면 국내의 이메일 서비스 업체보다는 구글의 Gmail을 사용하는 것을 권장합니다. 이유는 국내의 이메일 서비스의 경우 아마존에서 오는 메일이 스팸 등으로 걸러질 수 있기 때문입니다.

2) 여권(Passport)

아마존 셀러 가입 시 "Seller Identity Verification(신원확인)" 단계에서 필수로 제출해야 하는 서류가 여권입니다. 여권은 셀러의 신분을 확인하는 용도이기 때문에 스마트폰이나 카메라로 촬영을 하지 말고 꼭 컬러 스캔하여야 아마존에서 서류 검토 시 문제없이 통과될 수 있습니다. 아래의 유의 사항을 꼭 확인하시기 바랍니다.

❶ 여권의 첫 번째 장인 "소지인의 서명"란에 서명이 되어 있는지 확인합니다.
❷ 여권의 만료일이 유효한지 확인합니다. 여권이 만료되어 있을 경우 신원확인 단계에서 반려될 수 있습니다.
❸ 그림과 같이 여권의 서명란과 정보란이 모두 보이게 스캔합니다.
❹ 여권 스캔은 컬러로만 스캔합니다.
❺ 스캔 시 모든 정보가 정확히 보여야 합니다.

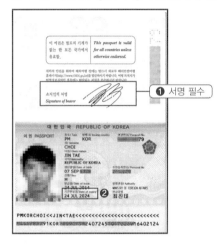

3) 신용카드(Credit Cards)

아마존 이용 수수료 등을 납부하기 위해서는 신용카드를 필수로 등록해야 합니다. 신용카드는 비자나 마스터 카드를 사용하여야 하며 해외에서 사용 가능한 신용카드를 등록해야 합니다. 예를 들어 아마존에서 정산 받을 금액이 있을 경우 각종 수수료를 정산 금액에서 공제하고 판매대금을 수령하면 되지만 아마존에서 정산 받을 금액이 없을 경우에는 각종 수수료를 신용카드로 결제하게 되니 해외에서 사용 가능한 신용카드를 등록하여야 합니다. 법인 사업자의 경우 법인 명의 신용카드를 등록하여야 합니다.

4) 사업자등록증

아마존에 회원가입 시 사업자등록은 반드시 필요하지는 않습니다. 개인(INDIVIDUAL)으로도 판

매를 할 수 있으나 2019년 9월 1일부터 한국 부가가치세
법에 따라 셀러가 지급하는 아마존 글로벌 셀링 서비스 수
수료의 10%(표준 세율)에 해당하는 금액을 부가가치세로 징
수하고 있기 때문에 가능하면 사업자등록을 하고 전문적
(PROFESSIONAL)으로 판매하는 것을 추천합니다. 사업자 등
록을 할 때는 "간이과세자"가 아닌 "일반과세자"로 등록하여야
수출 신고를 하고 영세율을 적용받아 부가세를 환급받을 수 있
습니다. 사업자등록증은 홈택스에서 영문으로 발급받아 컬러
스캔해두는 것이 좋습니다. 영문 사업자등록증에 기재된 영문
주소를 기반으로 아마존에 회원가입을 진행하면 주소 문제로
계정이 정지되는 문제를 미연에 방지할 수 있습니다.

5) 외환 통장

아마존은 월 2회 판매대금을 정산 지급하는데 미국에서 판
매하였을 경우 USD($, 달러)로 영국에서 판매하였을 경우
에는 GBP(£, 파운드)로 판매대금을 정산하여 페이오니아
(Payoneer)나 월드퍼스트(WorldFirst)를 통해 각 나라의 환
으로 판매대금을 지급합니다. 페이오니아(Payoneer)나 월드
퍼스트(WorldFirst)를 통해 대금을 회수할 때 미리 외환 통장
을 등록해 두어야 각 나라의 환으로 환전 수수료 없이 판매대
금을 회수할 수 있습니다.

외환 통장은 거래하고 있는 은행에서 신청하여 발급받을 수
있습니다.

6) 주소 확인용 고지서

주소 확인용 고지서는 필수 준비 사항은 아닙니다. 간혹 아마존에 셀러 가입 시 본인 사업장 혹은 거
주지 주소 확인을 위해 고지서(Utility bill)를 제출하라고 하는 경우 등이 있습니다. 주소지 확인이
안될 경우 계정이 정지될 수 있으니 최근 3개월 이내에 발행된 전기세, 수도세, 전화 요금, 가스 요
금, 신용카드 명세서 등을 이름과 주소가 정확히 나오게 전체를 컬러로 스캔해두는 것이 좋습니다.

제출하는 서류에는 아마존에 가입한 가입자명과 주소가 일치
해야 신원확인이 되니 필요에 따라서는 영문 번역 및 공증을
받는 것이 좋습니다.

7) 은행 계좌 증명서(Bank Statement)

은행 계좌 증명서(Bank Statement)는 회원가입 마지막 단계인 "신원 확인 절차(SIV, Seller Identity Verification)"에서 여권과 함께 제출해야 하는 필수 서류입니다. 가입하신 결제 솔루션 업체인 페이오니아(Payoneer)나 월드퍼스트(WorldFirst)에서 발급받으실 수 있습니다. 발급 방법에 대해서는 "Chapter 02 아마존 글로벌 셀러 가입하기 – Lesson 01 결제 솔루션 선택하기"에서 설명 하겠습니다.

▲ 페이오니아 Bank Statement

▲ 월드퍼스트 Bank Statement

1-2 아마존 셀러 필수 도구

아마존 셀러의 필수 도구로는 상품의 무게와 사이즈를 잴 수 있는 전자저울과 줄자를 들 수 있을 것 입니다. 전자저울을 준비할 때에는 g과 kg을 잴 수 있는 저울을 각각 따로 준비하는 것을 추천하는 데 이유는 직접 배송(FBM/MFN) 때나 FBA(아마존 창고) 발송 시에 따라 g 또는 kg을 정확히 재야

배송비를 줄일 수 있기 때문이고 줄자는 포장을 완료한 박스나 택배 봉투의 사이즈를 K-Packet 또는 DHL 등으로 발송 기준에 맞추기 위함입니다. 줄자는 인치(in)와 센티미터(cm)를 잴 수 있는 것을 추천드립니다.

▲ kg용 저울   ▲ g용 저울   ▲ 줄자

2 _ 아마존 셀러 주의사항

아마존에서 판매를 시작하면 셀러는 주의해야 하는 사항들이 있습니다. 예를 들어 계정 상태(어카운트 헬스, Account Health)에 배송 지연이나 부정적인 피드백, 클레임 등의 비율이 높아질 경우 계정이 정지될 수 있기 때문에 수시로 체크하는 것을 추천합니다.

2-1 계정 상태(어카운트 헬스) 관리

계정 상태는 현재 고객의 피드백, 제품 정책 위반, 배송 성과 등을 아마존에서 평가하여 셀러의 현재 상태를 알려 주는 메뉴입니다. 예를 들어 다음 그림과 같이 배송 지연 비율은 4% 이하를 유지해야 하는데 배송 지연이 4%를 초과한 12.27%가 발생하게 되면 계정이 정지될 수 있기 때문에 주의해야 합니다. 또한, 고객이 셀러를 평가하는 피드백 부분에 부정적인 피드백(Negative feedback) 비율이 높아져도 계정이 정지될 수 있기 때문에 부정적인 피드백은 1% 이하를 유지해야 합니다.

- 부정적인 피드백(Negative feedback) 비율 : 1% 이하 유지
- A-to-Z 보증 청구(A-to-z Guarantee claims) 비율 : 1% 이하 유지
- 차지백 청구(Chargeback claims) 비율 : 1% 이하 유지
- 배송 지연(Late Shipment Rate) 비율 : 4% 이하 유지
- 사전 이행 취소(Pre-fulfillment Cancel Rate) 비율 : 2.5% 이하 유지
- 유효 추적(Valid Tracking Rate) 비율 : 95% 이상 유지
- 제품 정책 위반의 모든 사항은 0개 유지

계정 상태 관리에 대해서는 "Chapter 04 아마존 상품 운영/관리하기 – Lesson 11 Amazon 퍼포먼스 및 피드백 관리"에서 자세히 설명하겠습니다.

2-2 셀러 평점 및 피드백 관리

구매자는 90일 내에 피드백을 남길 수 있으며 60일 내에 이를 삭제할 수 있습니다. 만약 구매자에게 피드백 1점을 받게 되면 판매자의 평가점수가 낮아지고 이 비율이 높아지면 계정이 정지될 수 있습니다. 구매자가 실수 또는 악의로 1점의 피드백 남긴 경우라면 피드백을 삭제를 요청할 수 있는데 아마존 정책에 명시된 기준을 충족하는 경우에만 피드백을 삭제할 수 있습니다.

- 피드백에 외설적 표현이 포함된 경우
- 피드백에 셀러의 신원을 특정할 수 있는 정보가 포함된 경우
- 전체 피드백 내용이 상품 리뷰인 경우
- 전체 피드백 내용이 아마존이 처리한 주문(FBA)에 대한 주문 처리 또는 고객 서비스와 관련된 경우

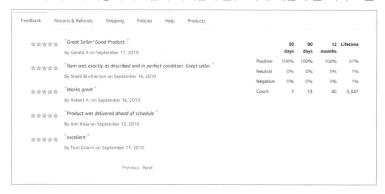

피드백 관리에 대해서는 "Chapter 04 아마존 상품 운영/관리하기 – Lesson 11 Amazon 퍼포먼스 및 피드백 관리"에서 자세히 설명하겠습니다.

2-3 A-to-Z 클레임

A-to-Z 클레임은 FBA가 아닌 판매자가 직접 배송한 주문 건(FBM/MFN)에 대해 구매자가 불만이 있을 경우 클레임을 제기하여 환불을 요청할 수 있습니다. 아마존에서 A-to-Z 클레임에 대해 셀러에게 확인을 요청하면 셀러는 3일 이내에 처리를 해야 합니다. 만약, 기간 안에 처리가 되지 않을 경우 아마존에서 강제로 고객에게 환불하고 셀러의 평가 점수는 하락하여 계정이 정지될 수 있으니 A-to-Z 클레임은 필히 기간 내 처리해야 합니다.

2-4 지불 거절 클레임

지불 거절은 상품 미수령에서부터 신용 카드 무단 사용까지 다양한 이유로 제기될 수 있습니다. 구매자가 은행에 아마존 주문 요금에 대한 이의를 제기하면 청구 분쟁이라고도 하는 지불 거절이 발생하게 되는데 판매자는 지불 거절 클레임이 발생하면 7일 이내에 클레임에 대응해야 합니다. 지불 거절 클레임이 발생하면 즉시 환불 처리하거나 클레임 내용에 답변을 달아 클레임 처리에 대한 의지를 전달해야 합니다. 클레임 처리에 대한 자세한 사항은 "Chapter 04 아마존 상품 운영/관리하기 – Lesson 09 Amazon 판매대금 정산 확인하기"를 참고하시기 바랍니다.

2-5 대가성 상품 리뷰

아마존은 구매자에게 리뷰와 피드백을 남길 것을 요청하는 메시지가 담긴 이메일을 자동으로 전송합니다. 셀러는 아무 조치도 취할 필요가 없습니다. 만약, 구매자에게 리뷰 요청의 메일을 보낼 경우에는 긍정정인 리뷰, 리뷰를 변경하거나 삭제를 요청하는 메시지를 포함하여서는 안 됩니다. 대가를 지불하고 리뷰를 작성하는 행위는 금지되어 있습니다. 대가성 리뷰에 대한 자세한 사항은 아래와 같습니다.

- 금전 또는 기프트 카드 지급
- 아마존 결제 수단 이외의 방법 사용 등 환불 또는 보상
- 무료 상품
- 경품 행사나 대회 응모
- 이후 구매 시 할인 혜택
- 기타 증정품

3 _ 아마존 판매 제한 상품

아마존에서는 판매가 제한된 상품들이 있습니다. 특정 상품의 경우 사전에 승인을 받아야 하는 상품 카테고리가 있으며 처음부터 판매가 금지된 상품도 있습니다. 판매가 금지된 상품의 경우 한국에서 수출로 금지된 품목도 있습니다. 예를 들어 살아있는 동물 또는 상품화되지 않은 생모피의 경우 아마존에서 판매를 금지하는 상품이며 수출 금지 품목으로 규정되어 있습니다.

아마존에서 판매하는 제품은 모든 법률 및 규정, 아마존 정책을 준수해야 합니다. 만약 셀러가 법률 또는 아마존 정책을 위반하는 상품을 공급하는 경우에는 아마존은 셀러에게 즉각적인 계정 정지, 영구 정지, 보상 없이 재고 폐기, 재고 반품, 판매대금 지급 거절 등의 방식으로 제재할 수 있습니다. 또한, 불법적이거나 안전하지 않은 상품을 판매하는 경우에도 형사 및 민사 처벌 등의 법적 조치를 취할 수 있습니다.

3-1 수출 금지 품목

아래의 품목들은 법률로 수출을 금지하고 있는 품목입니다. 예를 들어 HS Code 4302 모피의 경우 수출 요령 내용에 "다음의 것은 수출할 수 없음 ❶ 개의 모피"라고 표시되어 있는 것처럼 개의 모피는 수출할 수 없습니다. 일반적으로 알고 있는 모피 의류 제품이 아니니 착오 없으시길 바랍니다.

HS Code	품목	수출요령
0208	기타의 육과 식용설육(신선 · 냉장 또는 냉동한 것에 한한다)	다음의 것은 수출할 수 없음.
40	고래, 돌고래류(고래목의 포유동물) 및 바다소(바다소목의 포유동물)의 것	❶ 고래고기
0210	육과 식용설육(염장 · 염수장 · 건조 또는 훈제한 것에 한한다) 및 육 또는 설육의 식용의 분과 조분	다음의 것은 수출할 수 없음.
9	기타(육 또는 설육의 분과 조분을 포함한다)	❶ 고래고기
92	고래, 돌고래류(고래목의 포유동물) 및 바다소(바다소목의 포유동물)의 것	
2516	화강암.반암.현무암.사암과 기타 석비용 또는 건축용의 암석	
1	화강암	
11	조상의 것 또는 거칠게 다듬은 것	다음의 것은 수출할 수 없음
12	톱질 또는 기타의 방법으로 단순히 절단 하여 직사각형(정사각형을 포함한다)모양의 블록상 또는 슬랩상으로 한 것.	❶ 자연석
2516. 20	사암	
4301	생모피(모피사용에 적합한 머리부분 · 꼬리부분 · 발부분 및 기타 조각 또는 절단품을 포함하며,제4101호, 제4102호 또는 제4103호에 해당하는 원피를 제외한다)	
80	기타의 모피(전신의 것에 한하며 머리부분 · 꼬리부분 · 발부분의 유무를 불문한다	다음의 것은 수출할 수 없음.
90	머리부분 · 꼬리부분 · 발부분 및 기타의 조각 또는 절단품으로서 모피제품으로 사용에 적합한 것	❶ 개의 생모피
4302	모피(유연처리 또는 완성가공한 것으로서 머리부분 · 꼬리부분 · 발부분 및 기타 조각 또는 절단품을포함하고 조합하지 아니한 것 또는 기타재료를 가하지 않고 조합한 것에 한하며,제4303호의 물품은 제외한다)	다음의 것은 수출할 수 없음.
1	전신모피(조합하지 아니한 것에 한하며 머리부분 · 꼬리부분 · 발부분의 유무를 불문한다)	❶ 개의 모피

	19	기타	
	20	머리부분 · 꼬리부분 · 발부분 및 기타조각 또는 절단품(조합하지 아니한 것에 한한다)	다음의 것은 수출할 수 없음.
	30	전신모피 및 그 조각 또는 절단품(조합한 것에 한한다)	❶ 개의 모피
4303		모피의류 · 의류의 부속품 및 기타 모피제품	
	90	기타	

3-2 아마존에 판매 제한된 상품

아마존에서 판매가 제한된 상품에 대해서는 "Lesson 04 아마존 판매자 정책 이해하기 – 1-아마존 셀러 정책"에서 설명하였기 때문에 착오가 있을 만한 것에 대해 설명하겠습니다. 자세한 사항은 저자의 커뮤니티(https://cafe.naver.com/rimerce) 또는 아마존 셀러 도움말 페이지(https://sellercentral.amazon.com/gp/help/help.html/)를 참고하기 바랍니다.

- 자동차/모터스포츠 : 등록이 필요한 자동차, 교통 신호에 영향을 미치는 상품, 중고 타이어, 레이저 방해 전파 발생기, GPS 방해 전파 발생기 등 무선 통신을 의도적으로 차단 또는 방해하도록 고안된 제품 등
- 통화, 동전, 현금 등가물 및 기프트 카드 : 수집용 동전을 제외한 모조 통화, 위조 동전 및 은행 수표, 채권, 우편환, 은증권, 금증권 등과 같은 지폐, 가치가 $2,000를 초과하는 소매 기프트 카드 등
- 건강 보조 식품 : 보조 식품은 올바르게 설명하고 라벨을 부착해야 하며 아마존 정책에서 금지하지 않은 상품, 포장은 꼭 밀봉 처리할 것, 새 상품만을 판매할 것, 제조업체나 유통 업체에서 매트릭스 코드, 로트 번호 또는 일련번호 등 식별 코드를 포장에 명확하게 표시해야 합니다.
- 냉장 식품 및 냉동 식품 : 냉장 식품, 냉동 식품 및 농산 원료품의 적절한 온도를 유지하는 것은 식품의 안전성과 품질을 보장하는 데 있어 꼭 필요한 사항입니다. 온도가 준수 온도 범위를 벗어나게 되면 오퍼나 표시가 제한되거나 셀러가 일지 중지될 수 있습니다.

식품종류	준수 온도
냉장육	28~41℉
냉장 가금류	28~41℉
냉장 생선 및 갑각류(게, 새우, 랍스터)	32~41℉
냉장 처리된 유제품 또는 액상란	32~41℉
냉장 처리된 식품	32~41℉
모든 냉장된 잘라 놓은 과일, 채소 및 바로 먹을 수 있는 과일 및 채소1	32~41℉
냉장 조개류(조개, 홍합, 가리비, 굴)	32~45℉
냉장 일반 달걀 또는 액상 우유	32~45℉
냉동 식품	〈 10℉
온전한, 잘리지 않은, 바로 먹을 수 있는 농산물2	32~65℉
바나나3	56~64℉

- 귀금속 및 보석류 : 관련 법률에 따라 각인되지 않은 금 또는 은 상품, 귀금속, 보석류, 백랍 업계에 대한 FTC 가이드를 준수하지 않는 상품 등

3-3 주요 국가 수입금지 물품

주요 국가별로 수입이 금지되고 있는 물품들이 있습니다. 자국의 산업을 보호하거나 국가적인 법률 등에 따른 금지된 물품이니 상품을 소싱하고 판매를 진행하기 전에 숙지하는 것이 중요합니다.

- Brazil : 화장품, 도박 용품
- China : 군용장비, 썩기 쉬운 물품
- France : 비타민, 영양제
- Hongkong : 흙 샘플, 군용장비
- Italy : 비행기 표, 공백 수표
- Mexico : 도박 용품(트럼프 카드 등)
- Philippines : 장난감 총, 딱총, 불꽃놀이
- Singapore : 껌, 담배 용품
- Thailand : 도박 용품(트럼프 카드 등)

4 _ PROFESSIONAL vs INDIVIDUAL Seller 이해

아마존에서 셀러로 등록하는 방식은 개인(Individual)과 전문(Professional) 셀러 두 가지 방식이 있습니다. 두 방식의 가장 큰 차이점은 월 아마존 마켓플레이스 사용료인 $39.99을 매달 지급하는 전문셀러와 마켓플레이스 사용료를 지급하지 않는 개인 셀러로 구분할 수 있습니다.

개인 셀러의 경우 월 마켓플레이스 사용료를 지불하는 않는 대신 한 달에 40개 미만의 품목을 판매할 수 있으며 판매수수료도 항목당 $0.99 + 카테고리별 판매 수수료(Referral Fee)를 지불해야 하고, 상품을 등록할 수 있는 카테고리도 제한을 받습니다.

반대로 전문 셀러의 경우 월 마켓플레이스 사용료인 $39.99을 지불하면 상품 등록에 대한 제한이 없으며 별도의 판매수수료 없이 카테고리별 판매 수수료(Referral Fee)만 지불하면 되며, 일부 카테고리의 경우 승인을 받아 판매할 수 있습니다. 카테고리 승인에 대한 자세한 사항은 〈Chapter 02 아마존 글로벌 셀러 가입하기 – Lesson 04 아마존 카테고리 승인〉을 참고하기 바랍니다.

판매 계획 기능	개인 (INDIVIDUAL)	추천 플랜 전문적인 (PROFESSIONAL)
판매자에게 가장 적합한	한 달에 40 개 미만의 품목을 판매 할 계획	한 달에 40 개 이상의 품목을 판매 할 계획
월간 가입비	해당 없음	$ 39.99
판매 수수료	항목 당 $ 0.99 + 추천 수수료 및 가변 마감 수수료	추천 수수료 및 가변 마감 수수료
	개인으로 판매	전문가로 판매

5 _ 아마존 수수료 이해

아마존에서 판매할 때 지불해야 하는 수수료는 아마존 플랫폼 이용료(Professional만 해당), 상품 판매 수수료, 환불 처리 수수료, FBA(Fulfillment By Amazon, 아마존 주문처리 서비스) 수수료 등으로 나눌 수 있습니다. 그 외에도 선택 사항인 FBA 수수료 중 라벨 서비스 수수료, 재고 보관 수수료, 재고 배치 서비스 수수료 등 추가적으로 발생할 수 있는 수수료도 있습니다. 추가 수수료의 자세한 사항은 저자의 커뮤니티(https://cafe.naver.com/rimerce) 또는 아마존 셀러 도움말 페이지(https://sellercentral.amazon.com/gp/help/help.html/)를 참고하기 바랍니다.

5-1 아마존 플랫폼 월 이용료

- 프로페셔널 셀링 플랜: 월 USD 39.99
- 일반 셀링 플랜: 월 이용료 없음(단, 판매된 아이템당 수수료 $0.99 추가 발생)

5-2 상품 판매 수수료

아마존은 상품이 판매되고 나면 지불하게 되는 상품 판매 수수료가 카테고리에 따라 다르게 적용됩니다. 일부 카테고리의 경우 최소 상품 판매 수수료를 적용하기도 하며 상품 가격과 배송료를 포함한 총 판매 가격의 카테고리 수수료 비율로 지급합니다.

카테고리	아마존은 적용 가능한 상품 판매 수수료 비율과 적용 가능한 아이템당 최소 상품 판매 수수료 중 높은 금액을 차감합니다.	
	상품 판매 수수료 비율	적용 가능한 최소 상품 판매 수수료 (별도 공지가 없는 한 아이템당 적용)
아마존 디바이스 악세사리	45%	$0.30
유아 용품(유아 의류 제외)	총 판매 가격이 $10.00 이하인 상품에 대해 8%	$0.30
도서	15%	—
카메라 및 사진	8%	$0.30
휴대폰 기기	8%	$0.30
전자제품	8%	$0.30
전자제품 악세사리	총 판매 가격 중 $100.00 이하 금액에 대해 15% 총 판매 가격 중 $100.00 초과 금액에 대해 8%	$0.30
가구	총 판매 가격 중 $200.00 이하 금액에 대해 15% 총 판매 가격 중 $200.00 초과 금액에 대해 10%. 주 : 매트리스는 가격과 관계없이 15%가 청구됩니다.	$0.30
홈/가든(애완용품 포함)	15%	$0.30

주방용품	15%	$0.30
가전제품	총 판매 가격 중 $300.00 이하 금액에 대해 15%	$0.30
	총 판매 가격 중 $300.00 초과 금액에 대해 8%	
음악	15%	—
악기	15%	$0.30
사무용품	15%	$0.30
아웃도어 용품	15%	$0.30
PC	6%	$0.30
소프트웨어 및 컴퓨터/비디오 게임	15%	—
스포츠(스포츠 관련 수집품 제외)	15%	$0.30
공구/주택 개조 용품	(단, 기본 장비 전동 공구는 12%)	$0.30
완구/게임	15%	$0.30
휴대폰(연락 상태)	8%	$0.30
비디오 및 DVD	15%	—
비디오 게임 콘솔	8%	$0.30
3D 프린팅 상품	12%	$0.30
자동차/모터 스포츠	12%(단, 타이어 및 휠 상품은 10%)	$0.30
화장품	총 판매 가격이 $10.00 이하인 상품에 대해 8% 총 판매 가격이 $10.00 초과인 아이템에 대해 15%	$0.30
의류 및 악세사리	17%	$0.30
수집용 도서	15%	—
기프트 카드	20%	—
식료품 및 고급 식품	총 판매 가격이 $15.00 이하인 상품에 대해 8% 총 판매 가격이 $15.00 초과인 상품에 대해 15%	—
건강/개인 관리 용품 (Personal Care 도구 제외)	총 판매 가격이 $10.00 이하인 상품에 대해 8% 총 판매 가격이 $10.00 초과인 아이템에 대해 15%	$0.30
산업/과학(식료품 서비스 및 청소/ 위생용품 포함)	12%	$0.30
쥬얼리	총 판매 가격 중 $250.00 이하 금액에 대해 20% 총 판매 가격 중 $250.00 초과 금액에 대해 5%	$0.30
여행 가방/여행 관련 악세사리	15%	$0.30
신발, 핸드백, 선글라스	총 판매 가격이 $75.00 이하인 상품에 대해 15% 총 판매 가격이 $75.00 초과인 상품에 대해 18%	$0.30
시계	총 판매 가격 중 $1,500.00 이하 금액에 대해 16% 총 판매 가격 중 $1,500.00 초과 금액에 대해 3%	$0.30
확장 보증, 보호 계획 및 서비스 계약	96%	

5-3 미디어 상품 판매 수수료

미디어 상품이란 도서, DVD, 음반, 소프트웨어, 컴퓨터 및 비디오 게임, 비디오, 비디오 게임 콘솔 및 비디오 게임 액세서리에 대해 상품이 판매될 때마다 $1.80을 추가적으로 지불하게 됩니다.

카테고리	추가 수수료
도서	$1.80
DVD	$1.80
음반	$1.80
소프트웨어	$1.80
컴퓨터 및 비디오 게임	$1.80
비디오	$1.80
비디오 게임 콘솔	$1.80
비디오 게임 액세서리	$1.80

5-4 환불 처리 수수료

아마존에서 판매 중 환불이 발생하는 경우 셀러가 지불한 상품 판매 수수료 금액은 환불해 줍니다. 하지만, 환불 처리 수수료는 제외하고 판매 수수료를 환불하게 됩니다.

내용	수수료
환불 처리 수수료	$5.00 또는 적용되는 상품 판매 수수료의 20% 중 낮은 금액

5-5 FBA(Fulfillment By Amazon, 아마존 주문처리 서비스) 수수료

아마존 FBA 주문처리 수수료는 상품의 크기 및 중량을 기준으로 상품당 고정 수수료를 적용하고 있습니다. 먼저 상품의 크기 등급이 표준인지 또는 크기 초과인지를 확인하고 크기 등급의 기준으로 배송 중량을 계산하여 주문처리 수수료를 측정합니다.

또한, 의류, 스포츠 의류 및 아웃도어 의류 상품의 경우, 상품당 $0.40의 추가 주문 처리 수수료가 부과됩니다.(지갑 및 벨트와 같은 의류 액세서리에는 수수료가 부과되지 않음) 리튬 배터리 및 해당 배터리와 함께 판매되는 아이템의 경우 상품당 $0.11의 추가 주문 처리 수수료가 부과됩니다.

1) 포장된 상품의 크기 등급

포장한 아이템의 최대 중량 및 규격					
상품 크기 등급	중량	가장 긴 면	중간 길이면	가장 짧은 면	길이+둘레
소형 표준 크기	12oz	15인치	12인치	0.75인치	해당사항 없음
대형 표준 크기	20lb	18인치	14인치	8인치	해당사항 없음
소형 크기 초과	70lb	60인치	30인치	해당 사항 없음	130인치
중형 크기 초과	150lb	108인치	해당사항 없음	해당사항 없음	130인치
대형 크기 초과	150lb	108인치	해당사항 없음	해당사항 없음	165인치
특별 크기 초과	150lb 초과	108인치 초과	해당사항 없음	해당사항 없음	165인치 초과

2) 배송 중량에 따른 수수료(2019년 2월 19일 변경 수수료 기준)

크기 등급	배송 중량	패키지 중량	상품당 주문 처리 수수료
소형 표준	10oz(약 283g) 이하	4oz(약 113g)	$2.41
	10~16oz(약 283g~453g)		$2.48
대형 표준	10oz(약 283g) 이하	4oz(약 113g)	$3.19
	10~16oz(약 283g~453g)		$3.28
	1~2lb	4oz(약 113g)	$4.76
	2~3lb	4oz(약 113g)	$5.26
	3lb~20lb	4oz(약 113g)	$5.26 + $0.38/lb(최초 3lb 초과분)
소형 크기 초과	70lb 이하	1lb	$8.26 + $0.38/lb(최초 2lb 초과분)
중형 크기 초과	150lb 이하	1lb	$9.79 + $0.39/lb(최초 2lb 초과분)
대형 크기 초과	150lb 이하	1lb	$75.78 + $0.79/lb(최초 90lb 초과분)
특별 크기 초과	해당 사항 없음	1lb	$137.32 + $0.91/lb(최초 90lb 초과분)

5-6 FBA 월 재고 보관 수수료

월 재고 보관 수수료는 주문 처리 센터에서 재고가 차지하는 공간을 입방 피트로 측정한 일일 평균 부피를 기준으로 부과됩니다. 수수료는 상품의 크기 등급과 연중 시기에 따라 다르고 수수료는 입방 피트를 기준으로 부과되므로, 부피를 감안하면 표준 크기 상품의 전체 보관 수수료는 부피가 큰 상품보다 적습니다. 월별 재고 보관 수수료는 일반적으로 수수료가 적용되는 달의 다음 달 7일부터 15일 사이에 청구됩니다. 예를 들어, 8월의 재고 보관 수수료를 확인하려면 9월 결제 보고서에서 9월 7일-15일의 거래 내역을 확인하면 됩니다.

월	표준 크기	크기 초과
1월~9월	입방 피트당 $0.69	입방 피트당 $0.48
10월~12월	입방 피트당 $2.40	입방 피트당 $1.20

5-7 위험물 FBA 월별 재고 보관 수수료

아마존은 가연성, 부식성 등 유해 물질이 포함된 상품의 경우 FBA 위험물 프로그램을 통해서만 판매할 수 있으며 해당 상품은 특수 취급 및 위험물(유해 물질) 별도 보관이 필요합니다. FBA 위험물 프로그램을 통해 판매된 위험물에 대한 새로운 월별 재고 보관 수수료입니다.

월	표준 크기	크기 초과
1월~9월	세제곱 피트당 $0.99	세제곱 피트당 $0.78
10월~12월	세제곱 피트당 $3.63	세제곱 피트당 $2.43

5-8 FBA 장기 재고 보관 수수료

Fulfillment By Amazon(아마존 주문처리 서비스)에서는 매월 15일에 재고 정리를 실시합니다. 해당일을 기준으로 FBA에 보관된 기간이 365일을 초과하는 재고에는 장기 보관 수수료(세제곱 피트당 $6.90)와 장기 보관 수수료 기본 요금(상품당 $0.15) 중 더 높은 금액이 부과됩니다.

1) 장기 보관 수수료(2019년 2월 19일 변경 수수료 기준)

재고 정리 날짜	365일 넘게 주문 처리 센터에 보관된 아이템
매월 15일	세제곱 피트당 $6.90

2) 상품당 장기 보관 수수료 기본요금

2019년 2월 15일 이전에는 FBA에 365일 넘게 보관된 상품의 기본요금은 $0.50이었습니다. 2019년 2월 15일부터 상품당 기본요금은 $0.15입니다.

재고 정리 날짜	365일 넘게 주문 처리 센터에 보관된 아이템
매월 15일	상품당 $0.15

5-9 FBA 재고 처분 수수료

재고 처분 수수료는 처분되는 아이템마다 부과됩니다. 일반적으로 재고 처분 주문은 영업일 기준 14일 내에 처리되지만, 휴가철(2월, 3월, 8월, 9월)이나 재고 처분 주문이 많은 기간에는 30일(영업일) 이상 걸릴 수도 있습니다. 재고를 폐기하기 위해서는 셀러가 폐기 처리 신청을 해야 재고가 폐기되고 수수료가 청구됩니다.

서비스	표준크기(아이템당)	크기초과(아이템당)
반품	$0.50	$0.60
폐기	$0.15	$0.30

6 _ FBA(Fulfillment by Amazon) VS 직배송(MFN / FBM) 이해

아마존의 배송 형식은 셀러 직접 배송(MFN/FBM)과 FBA(Fulfillment by Amazon) 두 가지 형식이 있습니다.

셀러 직접 배송(MFN/FBM)은 셀러가 판매된 상품을 구매자에게 직접 발송하는 배송 서비스를 말합니다. 셀러 직접 배송의 경우 한국의 우체국 배송 시스템은 K-Packet 또는 EMS를 통해 발송하거나 특송업체인 DHL 등을 통해 고객에게 배송을 하는 서비스로 배송에 대한 관세 및 반품 등 모든 책임을 지며 고객 CS 또한 셀러가 직접 처리하는 형식입니다.

반면, FBA(Fulfillment by Amazon)는 셀러가 일정 재고를 아마존 주문 처리센터(FBA)에 입고시키면 배송 및 고객 CS 등을 아마존에서 처리해 주는 배송 서비스 형식입니다.

두 배송 서비스의 차이점은 아래와 같습니다.

	fulfillment by **Merchant**	fulfillment by **amazon**
배송 관리	Seller(판매자)	Amazon
배송 기간	배송방법에 따라 평균 5~15일	평균 1~2일
배송 운임	상대적으로 높음	상대적으로 낮음(단, FBA 입고까지 비용 발생)
배송 방법	K-Packet, EMS, DHL 등	Amazon에서 처리
C/S 처리	셀러가 직접 처리	아마존에서 처리
반품 처리	반품 라벨 제공 또는 구매자가 발송	아마존 FBA 창고
배송 대행 수수료	배송 대행 없음	상품별 크기 및 중량 기준으로 발생

전문가 한마디! 꼭! 아마존 FBA를 사용해야만 하나요?

아마존 강의나 컨설팅을 나가면 많은 분들이 꼭! FBA를 사용해야 하는지에 대한 부분을 문의하십니다. FBA를 꼭 사용해야 하는 것은 아니며 셀러 직접 배송(MFN/FBM)과 FBA(Fulfillment by Amazon)를 비교해 보면 상대적으로 FBA가 편하고 고객들도 FBA에 입고된 Prime 제품을 선호하는 경우가 많으나, FBA로 진행하기 어렵거나 오히려 수수료가 많이 나오는 상품들이 간혹 있습니다.

예를 들면 자동차 와이퍼(500mm 기준)의 경우 아마존 내에서 저렴한 금액($11~$22.99)에 판매가 되고 있는데 포장이 완료된 가장 긴 면의 길이가 60cm(23.6인치)이기 때문에 FBA 입고 시 "소형 크기 초과"의 크기 등급이 정해지며 주문처리 수수료는 $8.26+$0.38(총$8.64)를 지불 하여야 합니다. 이렇게 발생하는 지불 수수료 때문에 자동차 와이퍼의 경우 직접 배송(FBM/MFN)을 사용하는 경우가 많습니다.

아마존에서도 FBA 사용을 권장하는 것이지 의무 사항은 아닙니다. 판매하려는 상품을 아마존에서 조사해 보고 다른 판매자들이 FBA를 사용하지 않는 경우에는 이유가 있으니 그 이유를 파악하여 진행하는 것을 추천합니다.

아마존 글로벌 셀러 가입하기

01 _ 결제 솔루션 선택하기

아마존에 셀러로써 판매활동을 하면 판매된 대금을 정산 받고 인출하기 위해서 반드시 수취 계좌가 필요합니다. 저자가 처음 아마존을 시작할 때에는 지금과 같은 결제 솔루션 업체가 없었기 때문에 직접 미국에 가서 미국 은행 계좌를 개설해와야 아마존에서 판매를 할 수 있었습니다. 하지만, 지금은 페이오니아 또는 월드퍼스트처럼 해외 가상계좌를 개설해 주는 결제 솔루션 업체가 있기 때문에 미국에 가지 않고도 해외 은행 계좌를 개설 할 수 있습니다.

또한, 아마존 회원가입 시 필요한 Bank Statement(은행 증명서)도 발급을 해주기 때문에 페이오니아나 월드퍼스트에 가입하면 판매대금 회수 및 Bank Statement 발급 등에 관한 모든 사항을 처리할 수 있습니다.

결제 솔루션	Payoneer	WORLDFIRST
가상계좌 지원 국가	미국, 영국, 유럽, 일본, 호주, 캐나다, 일본, 중국 총 7개 국가 가상계좌 계설	미국, 영국, 유럽, 일본, 호주, 캐나다, 일본, 중국 총 7개 국가 가상계좌 계설
수수료	기본 1.2% 적용(인출 금액에 따라 할인 수수료 적용)	최소 0.15%~최대 0.5%(인출 금액에 따라 할인 수수료 적용)
인출 소요 기간	평균 1~2일 소요(영업일 기준, 휴일/공휴일 제외)	평균 3~5일 소요(영업일 기준, 휴일/공휴일 제외)
체크카드 발급	별도 신청시 발급 가능(연회비 발생 및 수수료 증가)	발급 불가
유럽 VAT 납부	납부 가능	납부 가능
이체 가능 통화	원화 및 외화 이체 가능(USD, GBP, EYR, JYP 등)	외화로만 이체 가능
인증 절차	2019년 8월부터 인증 절차 신설	본인 인증 절차 필요
인출 한도	초기 일 $50,000/월 $200,000 인출 제한, 한도 증액 가능	인출 한도 없음

1 _ 페이오니아(Payoneer)

페이오니아는 전 세계 4백만 회원을 보유하고 있으며 150가지 이상의 현지 통화를 지원하는 결제 솔루션 업체로 미국, 영국, 유럽, 일본, 캐나다, 호주 그리고 멕시코 등의 온라인 마켓플레이스로부터 현지 통화로 대금을 바로 수령할 수 있습니다. 또한, 아마존 EU(영국, 독일, 프랑스, 이탈리아, 스페인)에서 FBA를 활용해 판매 시 납부해야 하는 VAT(부가가치세)도 납부할 수 있기 때문에 아마존 셀러들이 가장 많이 사용하고 있는 결제 솔루션 업체입니다. 한국에 페이오니아 코리아(https://www.payoneer.com/ko/)를 운영 중이기 때문에 지원이 필요할 경우 고객 지원센터를 통해 지원을 받을 수 있습니다.

1-1 페이오니아 가입하기

페이오니아 홈페이지에 접속하여 가입을 진행합니다. http://tracking.payoneer.com/SH1WM 페이지에서 회원가입 시 6개월 이내에 $10,000을 Payoneer 계좌로 수취하면 $250을 보상 받을 수 있습니다. 가입 기준은 "회사"를 기준으로 설명하겠습니다.

01 페이오니아(http://tracking.payoneer.com/SH1WM) 홈페이지 접속 후 [가입하고 $250 받기] 클릭합니다.

02 "Payoneer 가입 – 시작하기"에서 [회사]를 선택 후 기본 정보를 입력합니다. 모든 항목은 영문으로 기재하여야 합니다.

❶ [회사]를 선택합니다. 법인 및 개인 사업자 정보는 영문 사업자등록증에 등록된 정보를 기재합니다.

❷ 회사의 영문명을 영문 사업자등록증에 표시된 대로 기재합니다.

❸ * 사업 법인의 종류는 사업자 유형에 맞게 다음 그림을 참고하여 선택합니다.

❹ 회사의 웹사이트가 있을 경우 기재합니다. 선택 입력 사항입니다.

❺ 회사 대표자의 여권 상 이름과 동일하게 영문으로 기재합니다.

❻ 회사 대표자의 여권에 표시된 성을 영문으로 기재합니다.

❼ 페이오니아에 로그인 시 사용할 이메일 주소를 기재합니다. 결제 솔루션의 이메일은 자주 보는 이메일 또는 아마존에 등록한 이메일을 사용하는 것이 좋습니다.

❽ 이메일 주소를 한 번 더 입력합니다.

❾ 달력 모양의 아이콘을 클릭하여 회사 대표자의 생년월일을 선택합니다.

❿ 모든 항목을 기재 후 [다음] 버튼을 클릭합니다.

03 연락처 정보란에 항목별로 기재합니다.

❶ "국가" 선택 란에서 "한국"을 선택합니다.

❷ "사업자 주소" 란에 회사의 주소를 영문 사업자등록증에 나와 있는 대로 기재합니다.

❸ "시" 란에 회사 영문 주소의 도시를 기재합니다.

❹ "우편번호" 란에 회사의 우편번호를 기재합니다.

❺ 등록한 주소와 회사의 법적 주소가 다른 경우에 체크 후 법적 주소를 기재합니다. 앞서 등록한 주소가 맞는다면 선택하지 않습니다.

❻ "전화 유형"에서 "휴대전화"를 선택합니다.

❼ 전화번호 기재 란에 연락 가능한 휴대전화 번호를 기재합니다.

❽ 모든 항목을 입력 후 [다음] 버튼을 클릭합니다.

04 "계정 정보" 항목을 기재합니다.

❶ "사용자 이름"은 페이오니아에서 사용하기 위해 등록한 이메일 주소가 자동으로 들어옵니다.

❷ 페이오니아에서 사용할 비밀번호를 기재합니다. 비밀번호는 최소 7자리 이상이어야 하고 알파벳과 숫자(0~9)가 적어도 하나씩은 포함되어야 합니다.

❸ 등록한 비밀번호를 다시 한번 기재합니다.

❹ 보안 질문을 선택합니다. 이 보안 질문 및 답은 별도로 정리해 두는 것이 좋습니다. 추후 페이오니아 사용 시 필요한 경우가 있습니다.

❺ 보안 질문에 대한 답을 영문으로 기재합니다.

❻ "신분증 발급 국가"에서 한국을 선택합니다.

❼ 회사의 사업자등록번호를 "−" 없이 숫자로만 기재합니다.

❽ 아래 보이는 보안코드를 기재합니다.

❾ 모든 항목을 기재하였다면 [다음] 버튼을 클릭합니다.

05 회사의 외환통장에 대한 정보를 기재합니다.

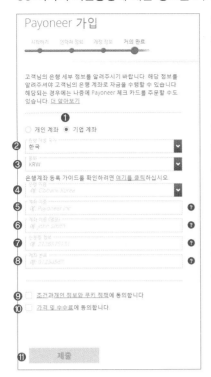

❶ 기업으로 가입 중이므로 "기업 계좌"를 선택합니다.

❷ 은행 개설 국가는 한국을 선택합니다.

❸ 통화는 한화(KRW)을 선택합니다.

❹ 사용할 은행의 영문명을 찾아 선택합니다.

❺ 외환통장에 기재된 한글이름을 기재합니다.

❻ 외환통장에 기재된 영문이름을 기재합니다.

❼ 신분증 정보란에 사업자등록번호를 "–" 없이 기재합니다.

❽ 외환통장의 계좌번호를 입력합니다. 간혹 계좌번호가 14자리 이상일 경우 오류가 발생하는데 일반입출금 통장의 계좌번호를 우선 입력하고 회원가입 완료 후에 수정하면 됩니다.

❾ 조건과 개인 정보와 쿠키 정책에 동의 체크합니다.

❿ 가격 및 수수료에 동의 체크합니다.

⓫ 모든 항목을 입력 하였다면 [다음] 버튼을 클릭합니다.

06 모든 가입 신청이 완료 되었다는 메시지가 보여집니다.

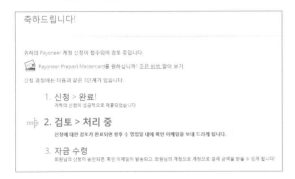

07 등록한 이메일을 확인하면 페이오니아에서 이메일 확인 메시지가 와있는 것을 확인할 수 있습니다. [내 이메일 확인하기]를 클릭합니다.

08 이메일 확인까지 완료 하였다면 페이오니아 로그인 할 수 있습니다. 로그인 후 보안 질문 및 답을 설정 합니다. 차후 자금 인출 및 계정 정보 변경 시 필요하니 별도로 메모해 두는 것이 좋습니다.

❶ 첫 번째 보안 질문을 선택하고 답을 기재합니다.

❷ 두 번째 보안 질문을 선택하고 답을 기재합니다.

❸ 보안 질문과 답을 기재 하였다면 [제출]을 클릭합니다.

1-2 페이오니아 가입 서류 제출

페이오니아에 회원가입을 완료 후에 제출해야 하는 서류는 영문 사업자등록증입니다. 준비한 영문 사업자등록증을 페이오니아에 업로드하면 모든 서류 제출은 완료됩니다. 간혹 페이오니아에서 신분확인을 위한 서류로 다음 그림과 같이 상반신이 보이고 양팔이 보여지게 하며 오른쪽 손에는 "Payoneer"와 년월일이 표시된 종이와 왼쪽 손에는 여권을 들고 촬영한 사진을 보내야 하는 경우도 있으니 참고 하시기 바랍니다.

01 페이오니아에 로그인 합니다. 로그인 후 "인증 센터에 필요한 정보를 제출해 주십시오" 부분의 [지금 제출 하기]를 클릭합니다.

02 계좌 확인을 클릭하여 "회사 확인 문서"를 클릭합니다.

03 검증센터에서 회사 확인 문서 중 사업자등록증을 선택 하고 ❶ "DRAG YOUR FILES HERE OR BROWSE"를 클릭하여 사업자등록증을 업로드 후 ❷ [SUBMIT] 버튼을 클릭합니다.

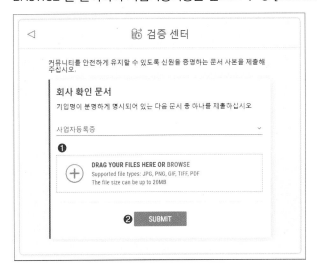

04 사업자등록증 제출이 완료되면 다음 그림과 같이 "SUCCESS!"가 표시됩니다.

05 모든 회원 가입 절차가 완료되어 페이오니아 계정이 활성화된 것을 확인할 수 있습니다.

1-3 페이오니아에 외환계좌 등록

페이오니아에 외환계좌를 등록해 두어야 아마존에서 정산된 판매대금을 인출할 수 있습니다. 이때 외환계좌 1개로 USD, GBP, EUR, JPY 등의 각 환별로 인출 계좌를 등록하는 것이 좋습니다.

01 페이오니아에 로그인 후 [설정] – [은행계좌]를 클릭합니다.

02 외환계좌 등록을 위해 [은행계좌 추가]를 클릭합니다.

03 은행정보 상세 입력란에 세부 정보를 기재합니다.

❶ 은행계좌 유형 선택에서 법인인 경우 [법인용]을 개인사업자인 경우 [개인용]을 선택합니다.

❷ 한국에 있는 은행에서 발행된 외환계좌이므로 은행 국가 선택 란에서 "한국"을 선택합니다.

❸ 은행 계정 통화 선택에서 미국 달러를 받기 위해 "USD"를 선택합니다. 차후 유럽이나 일본 아마존에 진출하면 GBP, EUR, JYP 등의 환을 추가로 선택하여 인출 계좌를 등록 할 수 있습니다.

❹ 모든 사항을 선택하였다면 [다음] 버튼을 클릭합니다.

04 계좌정보 상세 입력 란을 기재합니다.

❶ 외환통장을 발행 받은 은행의 영문명을 선택합니다.

❷ 외환계좌의 예금주명을 영문으로 입력합니다.

❸ 외환계좌번호를 "-" 없이 숫자로만 입력합니다.

❹ 이용 약관에 동의 체크합니다.

❺ 은행 계좌 정보 확인에 동의 체크합니다.

❻ 모든 사항을 기재하였다면 [NEXT] 버튼을 클릭합니다.

05 페이오니아 가입 시 기재한 대표자의 생년월일을 입력 후 Payoneer 비밀번호를 입력합니다. 모든 사항을 입력하였다면 [은행계좌 추가] 버튼을 클릭합니다.

06 은행 계정이 추가된 것을 확인할 수 있습니다. [내 은행 매니저로 돌아가기]를 클릭합니다.

07 현재 페이오니아에서 검토 중인 은행 계좌를 확인할 수 있습니다. 관리하는 은행 계좌 명칭을 작성을 위해 등록한 계좌를 클릭합니다.

08 팝업 창에서 계정 닉네임 부분에 각 환별로 표시를 합니다. 미국 달러를 받는 계좌이니 "USD"로 설정하겠습니다.

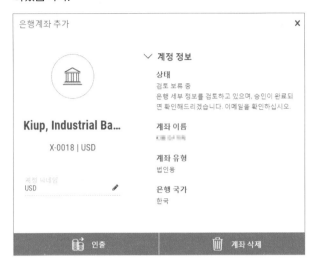

09 최종 계좌 관리명이 변경된 것을 확인할 수 있습니다. 앞으로 인출 시 미국 달러일 경우 "USD" 계좌를 선택 하면 됩니다.

1-4 페이오니아에서 Bank Statement 발급 받기

아마존에 회원가입 시 필수로 제출해야 하는 서류가 Bank Statement(은행 증명서)입니다. 페이오니아 "스토어 매니저" 메뉴를 통해 Bank Statement를 발급 받을 수 있습니다.

Bank Statement 발급 시 주의해야 할 점은 등록하는 마켓플레이스, 스토어 이름, 이메일, 소유자, 주소 등이 모두 아마존 회원가입 시 등록하는 내용과 일치해야 한다는 점입니다. 만약 Bank Statement 발급 후 아마존에 회원 가입 시 등록한 정보와 불일치 할 경우 아마존에서 회원가입 승인을 보류할 수 있으니 주의 하여야 합니다.

01 페이오니아에 로그인 후 [활동] – [스토어 매니저]를 클릭합니다.

02 스토어 매니저에서 [연결] 버튼을 클릭합니다.

03 수령 계좌 선택에서 발행할 계좌를 선택합니다.

❶ 미국 아마존에 제출할 것이기 때문에 "USD"를 선택합니다.

❷ "1-3 페이오니아에 외환계좌 등록"에서 등록한 USD 계좌를 선택합니다.

❸ [다음] 버튼을 클릭합니다.

04 스토어 상세 정보에서 아마존 정보를 입력합니다.

❶ 마켓플레이스 선택에서 "Amazon.com"을 선택합니다.

❷ 아마존에서 사용할 스토어 이름을 입력합니다. 아직 아마존에 회원가입을 안 했으니 사용할 스토어 이름을 우선 입력합니다. 만약 입력한 스토어 명을 아마존에서 사용할 수 없을 시에는 페이오니아에 요청하여 발급 받은 Bank Statement을 삭제하고 아마존에 등록한 스토어 이름을 다시 입력하여 새로 발급 받으면 됩니다.

❸ 관련 이메일은 아마존에 회원가입 시 등록한 이메일 주소를 입력합니다.

❹ 모든 항목을 입력 후 [다음] 버튼을 클릭합니다.

05 계정 명세서 상세 내용에 세부 정보를 기재합니다.

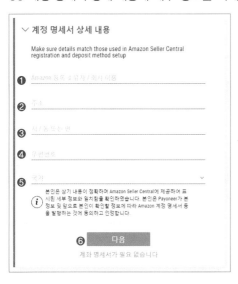

❶ 등록 소유자의 영문 사업자등록증에 기재된 영문 회사명을 기재합니다.

❷ 영문 사업자등록증에 기재된 영문 주소를 기재합니다.

❸ 도시를 기재합니다.

❹ 우편 번호를 기재합니다.

❺ 국가는 "한국"을 선택합니다.

❻ 모든 사항 기재 후 [다음] 버튼을 클릭합니다.

06 [내 상세 정보를 저장하고 나중에 연결하기]를 클릭합니다.

07 스토어가 연결된 것을 확인할 수 있습니다. Bank Statement(은행 증명서) 발급을 위해 [Connect now]를 클릭합니다.

08 팝업 창에서 [Bank Statement 다운로드]를 클릭합니다.

09 최종 발급된 Bank Statement를 다운로드 받아 내용이 이상이 없는지 확인합니다.

2 _ 월드퍼스트(WorldFirst)

월드퍼스트는 2004년 창립 이후 혁신적인 결제 시스템을 통해 국제 무역 종사자 및 전자상거래 사업자에게 서비스를 제공하고 있으며 현재 보유한 활성화 고객은 8만여 명, 연간 거래 규모는 100억 파운드(약15조원)을 초과하고 있는 결제 솔루션 업체입니다. 2019년 2월, 세계 최대 테크핀 기업 앤트 파이낸셜(Ant Financial, 알리바바 그룹 금융기업)과 한 가족이 되면서 글로벌 결제 기업으로 나아가고 있는 글로벌 기업입니다.

월드퍼스트는 USD, GBP, EUR, CAD, JPY 등 총 10개 통화의 해외 가상 계좌를 지원하며 아마존 유럽 판매에 따른 VAT(부가가치세) 납부를 대행하고 있고 2019년 7월 인출 수수료를 업계 최저가로 낮추면서 많은 발전을 거듭하고 있습니다. 월드퍼스트의 지원이 필요할 경우 홈페이지(https://www.worldfirst.com/uk/)나 고객센터로 문의하면 지원을 받을 수 있습니다.

2-1 월드퍼스트 가입하기

월드퍼스트 가입 진행은 모두 영문만 지원하고 있습니다. 각 항목별로 오류 없이 기재 하시기 바랍니다.

01 월드퍼스트 웹사이트(https://www.worldfirst.com/uk/online-sellers/?ID=3840)에 접속합니다. 이 링크로 접속 시 수수료 할인을 추가로 받을 수 있습니다. 화면 중간의 [Open an account]를 클릭합니다.

02 Your details에 기본 정보를 기재합니다.

❶ "Korea, Republic of"를 선택합니다.

❷ 여권 상의 성을 제외한 이름만을 영문으로 기재합니다.

❸ 여권 상에 표시된 성을 영문으로 기재합니다.

❹ 사용할 이메일 주소를 기재합니다. 아마존과 동일한 이메일 주소를 사용하는 것을 추천합니다.

❺ 월드퍼스트 로그인 시 사용할 아이디를 기재합니다.

❻ 비밀번호는 8자 이상 특수문자, 대문자, 소문자를 포함하여 영문으로 기재합니다.

❼ "Korea, Republic of(+82)"를 선택합니다.

❽ 핸드폰 번호를 "−" 없이 숫자로만 기재합니다.

❾ 사용 약관에 동의 체크합니다.

❿ 모든 항목을 기재 하였다면 [Continue] 버튼을 클릭합니다.

03 가입자에 대한 정보를 입력합니다.

❶ Title 부분에서 Mr, Mrs, Ms, Miss, Dr 중 선택합니다.

❷ 앞에서 등록한 이름이 자동으로 들어옵니다.

❸ 중간 이름이 있다면 기재합니다. 선택 사항입니다.

❹ 앞에서 등록한 성이 자동으로 들어옵니다.

❺~❼ 가입자의 생년월일을 선택합니다.

❽ 앞에서 등록한 핸드폰 번호가 자동으로 들어옵니다.

❾ [Continue] 버튼을 클릭합니다.

04 가입자의 주소를 기재합니다.

❶ "Korea, Republic of"가 자동 선택 됩니다.

❷~❹ 가입자의 주소를 영문으로 기재합니다.

❺ 우편 번호를 기재합니다.

❻ [Continue] 버튼을 클릭합니다.

05 회사에 대한 기본 정보를 입력합니다.

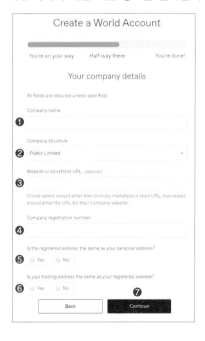

❶ 회사명을 영문 사업자등록증에 나와 있는 영문 회사명을 기재합니다.

❷ 회사 구조는 "Public Limited"를 선택합니다.

❸ 회사 홈페이지가 있을 경우 입력합니다. 선택 사항입니다.

❹ 사업자등록 번호를 숫자로만 기재합니다.

❺ 등록 된 주소가 개인 주소와 동일하면 "Yes"를 선택하고 다를 경우에는 "No"를 선택 하여 주소를 기재합니다.

❻ 실제 주소가 등록한 주소와 같으면 "Yes"를 선택합니다.

❼ [Continue] 버튼을 클릭합니다.

06 가입 인증을 위한 서류를 등록하는 곳입니다. 월드퍼스트 가입을 완료하고 나면 담당 매니저가 이메일 또는 전화로 연락을 합니다. 월드퍼스트 담당 매니저에게 서류를 제출하면 되므로 [Skip] 버튼을 클릭합니다.

07 판매할 상품에 대한 정보와 판매할 곳, 예상 거래 금액 등을 기재합니다.

❶ 판매하려는 상품의 카테고리명을 영문으로 기재합니다. 예를 들어 의류를 판매 예정이면 "Clothing"를 기재합니다.

❷ 이용할 서비스 종류는 "Repatriating overseas earnings(해외로부터 자금 수취)"를 선택합니다.

❸ 자금을 받는 곳은 "Marketplace(마켓플레이스)"를 선택합니다.

❹ 판매할 마켓플레이스는 "Amazon"을 선택합니다.

❺ 송금할 국가는 "Korea, Republic of"를 선택합니다.

❻ 12개월 동안의 예상 매출을 숫자로만 기재합니다.

❼ 인출할 통화는 "USD United States Dollar"를 선택합니다.

❽ 월드퍼스트를 알게 된 경위는 "Other adviser/agent(e.g. agricultural)"를 선택합니다.

❾ 월드퍼스트에서 보내주는 환율 정보, 상품 정보, 프로모션 등의 정보를 받고 싶지 않을 경우 "No, thanks"를 선택하고 받고 싶을 경우 "Yes, show me options"를 선택합니다.

❿ 모든 항목을 선택 하였다면 [All done!]를 클릭합니다.

08 최종적으로 월드퍼스트에 가입 완료된 화면을 확인할 수 있습니다.

월드퍼스트에 가입이 완료되고 나면 이메일로 다음 그림과 같이 확인 메시지가 옵니다.

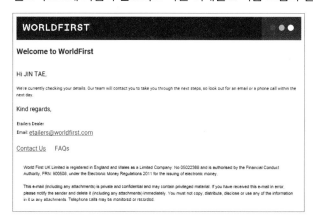

09 추가 진행을 위해 월드퍼스트에 로그인 합니다.

10 보안을 위해 월드퍼스트 로그인 시마다 인증코드를 받기 위해 ❶에 핸드폰 번호를 입력하고 ❷ [Continue] 버튼을 클릭합니다.

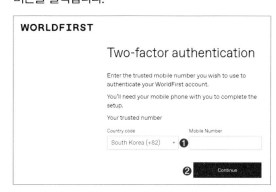

11 등록한 핸드폰으로 발송된 인증코드를 입력하고 [Verify] 버튼을 클릭합니다.

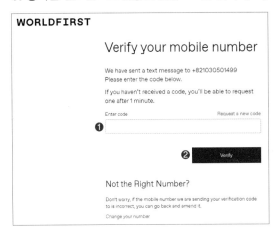

12 월드퍼스트에 로그인 인증절차 등록이 완료 되었습니다.

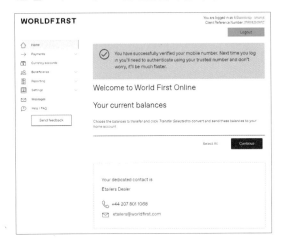

2-2 월드퍼스트 가입 서류 제출

월드퍼스트의 경우 신원확인이 필수로 진행됩니다. 준비해야 하는 서류는 아래의 도표를 참조 바랍니다.

❶ 월드퍼스트 가입 준비 서류

구분	개인	개인사업자	법인
대표자 여권	○	○	(Director(부서장) 서류 대체 가능
거주지 증명서	○	○	(Director(부서장) 서류 대체 가능
영문 사업자 등록증	×	○	○
영문 주주명부	×	×	○
위임장	×	×	○

❷ 대표자 또는 부서장 여권 : 만료되지 않은 컬러 여권 사본

❸ 거주지 증명서(3개월 이내에 발급된 자택 주소지 증명서) : 주민등록등본(한글가능), 전기세, 수도세 등의 고지서, 지방세, 국민건강보험공단 발급 서류, 자동차세 등 이름, 자택 주소, 발급 날짜가 표시된 서류

❹ 영문 주주명부 양식은 계정 가입 후 담당 매니저가 메일로 보내줍니다.

❺ 위임장은 계좌 관리하는 별도 담당자가 있을 시 위임장 및 위임 받은 자의 여권 사본을 제출하여야 합니다.

2-3 월드퍼스트에 외환계좌 등록

아마존에서 정산된 판매 대금을 월드퍼스트를 통해 수취 후 한국의 외환계좌로 인출하기 위해서는 월드퍼스트에 외환 계좌를 등록해야 합니다. 이번 장에서는 월드퍼스트에 외환계좌 등록 방법에 대해 설명하겠습니다.

01 월드퍼스트에 로그인 후 좌측 메뉴 중 [Beneficiaries] – [Create a new beneficiary]을 클릭합니다.

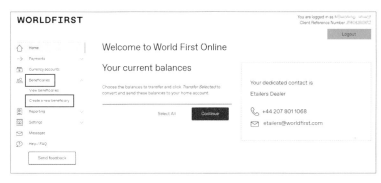

02 수취 계좌에 대한 기본 정보를 선택합니다.

❶ 회사명의 외환계좌를 등록하기 위해 "Company"를 선택합니다.

❷ 계좌 확인에 "Yes" 선택합니다.

❸ 수취한 국가를 "Korea, Republic of"를 선택합니다.

❹ 인출할 통화를 "United States Dollar(USD)"를 선택합니다.

⑤ 계좌 관리 명칭을 입력합니다.

⑥~⑪ 회원가입 시 등록한 주소가 자동으로 기재 됩니다.

⑫ 인출 시마다 확인 이메일을 받을 것인지에 대한 여부는 "Yes" 또는 "No" 원하는 것을 선택합니다.

⑬ [Next] 버튼을 클릭합니다.

03 외환 계좌에 대한 정보를 기재합니다.

❶ "Account number/Bank code"를 선택합니다.

❷ 외환계좌 번호를 기재합니다.

❸ 외환계좌를 발행한 은행의 코드를 아래 표를 참고하여 기재합니다.

은행	코드번호	은행	코드번호
농협	011	우리	020
대구	031	hsbc	054
상호저축	050	국민	044
신협	048	부산	032
제주	035	씨티	027
경남	039	우체국	071
도이치	055	SC 제일	023
새마을	045	기업	003
외환	081	산업	002
하나	081	신한	088
광주	034	전북	037
도쿄	039	수협	007

❹ [Next] 버튼을 클릭합니다.

04 월드퍼스트에 등록한 핸드폰 번호로 전송된 인증코드를 입력하고 [Continue] 버튼을 클릭합니다.

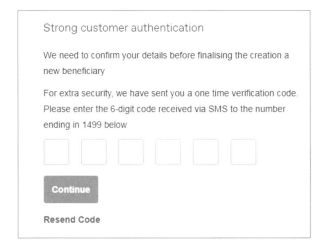

05 외환 계좌가 성공적으로 등록 되었습니다. "Make a Payment"를 클릭합니다.

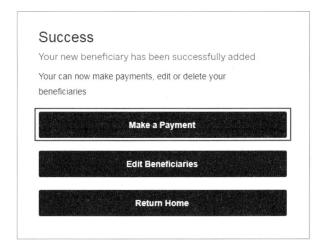

06 등록된 수취 계좌를 확인하고 세부 보기를 클릭합니다.

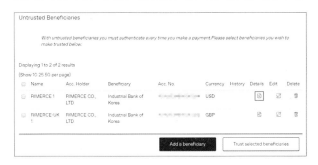

07 등록된 수취 계좌의 세부 정보를 확인합니다.

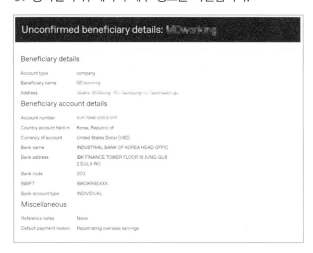

2-4 월드퍼스트에서 Bank Statement 발급 받기

월드퍼스트에 가입을 완료하고 나면 담당 매니저가 배정되며 진행에 필요한 서류 및 Bank Statement 발급에 필요한 내용을 이메일 또는 전화로 안내합니다. 서류 제출이 완료되고 나면 가입 시 기재한 회사명과 주소를 기반으로 Bank Statement를 발급하여 이메일로 발송해 줍니다.

02 _ 아마존의 시장 점유율

이번 장에서는 아마존에 판매자로 가입하는 방법에 대해 설명하겠습니다. 아마존에서 셀러 회원가입 시에는 판매하려는 국가별로 따로 회원 가입을 진행해야 합니다. 예를 들어 미국 아마존에 판매하기 위해서는 미국 아마존에 셀러로서 등록을 해야 하고 유럽 아마존에서 판매를 원할 경우 영국 아마존에 셀러로서 가입을 별도로 진행하여야 합니다. 최근 들어 아마존이 많은 부분을 업데이트 하면서 기존에 전문(Professional) 셀러에게 부과하던 플랫폼 사용료(월$39.99)를 통합하여 미국에서 납부하면 유럽이나 일본에서는 납부하지 않아도 되는 프로모션도 진행 중입니다.

1 _ 아마존의 셀러 등록절차

아마존 셀러 등록 절차는 5단계로 나누어져 있습니다. 여권 및 영문 사업자등록증을 참고하여 기재 사항에 오타나 오류가 없어야 합니다. 최근 들어 아마존 셀러 회원가입 시 신원확인 단계에서 승인이 되지 않고 반려가 되는 경우가 빈번하게 발생하고 있으니 제출하는 서류와 동일하게 기재하고, 검토 후 제출합니다.

1	**2**	**3**	**4**	**5**
Business	Marketplaces	Billing	Store	Verification
1-1 이메일 및 패스워드 등록	2-1 판매 국가 설정	3-1 정산 계좌 등록	4-1 스토어 명 설정	5-1 신용카드 등록
1-2 이메일 인증	2-2 정산 계좌 등록		4-2 UPC 유/무	5-2 신원확인 서류 등록
1-3 비즈니스 정보 입력			4-3 브랜드 소유 여부	5-3 2단계 보안 설정
1-4 휴대폰 인증				5-4 Tax interview

2 _ 아마존 셀러 회원가입

최근 들어 아마존 셀러 회원가입 단계 화면이 자주 변경이 되고 있기 때문에 단계별로 입력해야 하는 사항을 잘 체크해 가며 회원가입을 진행하시기 바랍니다. 본 아마존 셀러 회원가입 설명은 2019년 9월에 업데이트된 회원가입 절차를 반영 하였습니다.

01 회원가입을 위해 아마존 코리아 웹사이트(https://services.amazon.co.kr/)에 접속하고 [아마존 글로벌셀링 시작하기] 버튼을 클릭합니다.

02 [Create your Amazon account] 버튼을 눌러 신규 가입을 진행합니다.

03 신규 가입에 필요한 가입자 이름과 이메일 주소, 로그인 시 사용할 패스워드를 순서대로 기재 후 [Next] 버튼을 클릭합니다.

04 이메일을 열어 아마존에서 보낸 인증코드(OTP)를 확인합니다.

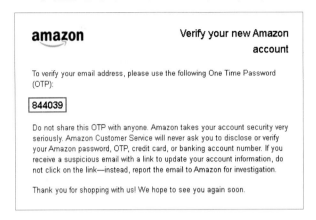

05 인증번호(OTP) 코드를 입력 후 [Verify] 버튼을 클릭합니다.

06 비즈니스 정보를 기재합니다.

❶ 한국에서 사업자등록을 하였기 때문에 "Korea(South)"를 선택합니다.

❷ 사업자 형태를 선택합니다.

❸ *회사명과 사용자 이름을 기재합니다. 이때 "회사명 – 사용자 이름" 형식으로 기재 하여야 합니다. 예를 들어 회사명이 "㈜리머스"이고 사용자가 "최진태"이면 "RIMERCE CO LTD – JINTAE CHOI" 형식으로 기재합니다.

❹ [Agree and continue] 버튼을 클릭합니다.

07 회사 주소 기재 후 휴대폰을 인증 합니다.

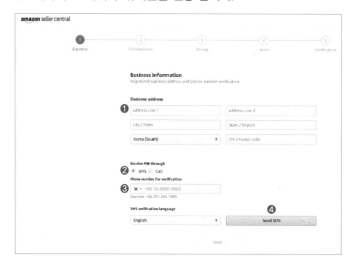

❶ 회사 주소를 영문 사업자등록증에 기재된 형식으로 등록합니다. 이때 등록한 주소는 페이오니아 또는 월 드퍼스트에 등록한 주소와 동일해야 합니다.

❷ 문자로 인증코드를 받기 위해 "SMS"를 선택합니다.

❸ 인증할 휴대폰 번호를 기재합니다.

❹ [Send SMS]를 클릭하여 인증번호를 받습니다.

08 팝업 창에 휴대폰으로 전송된 인증코드를 입력 후 [Verify] 버튼을 클릭합니다.

09 휴대폰 인증이 완료 되었으면 [Next] 버튼을 클릭합니다.

10 판매할 나라를 선택합니다. 현재 아마존에서 프로모션으로 진행되고 있는 월 플랫폼 이용료 통합 서비스입니다. 한 마켓플레이스에서 월 플랫폼 이용료를 지불하면 다른 나라 마켓플레이스에서는 월 플랫폼 이용료를 지불하지 않아도 됩니다. 유럽 또는 일본에 추가로 판매를 원할 경우 유럽과 일본을 추가로 선택합니다.

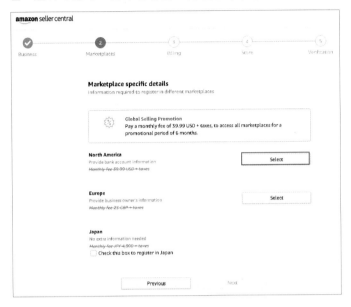

11 아마존 판매대금을 정산 받을 계좌번호를 입력 하는 곳입니다. 페이오니아 또는 월드퍼스트에서 생성된 미국 계좌번호를 입력할 것이기 때문에 "Country"에서 "Korea (South)"가 아닌 "United States"를 선택합니다.

12 "Country"가 "United States"로 변경된 것을 확인합니다.

12-1 페이오니아에서 생성된 미국 계좌 확인을 위해 홈페이지(https://www.payoneer.com/ko/)에 로그인하고 [Global Payment Service]를 클릭합니다.

12-2 페이오니아에 생성된 [USD 수령 계좌]를 클릭합니다.

12-3 아마존에 등록할 수취인명(Account Holder's Name), Routing ABA(9-Digit Routing Number), 계좌번호(Bank Account Number)를 확인합니다.

13-1 월드퍼스트에서 생성된 미국 계좌 확인을 위해 홈페이지(https://www.worldfirst.com/uk/)에 로그인 후 USD 계좌의 세부보기를 클릭합니다.

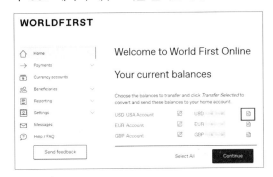

13-2 아마존에 등록할 수취인명(Account Holder's Name), Routing ABA(9-Digit Routing Number), 계좌번호(Bank Account Number)를 확인합니다.

14 페이오니아 또는 월드퍼스트에서 확인한 USD 계좌를 기재합니다.

❶ 수취인명(Account Holder's Name)을 기재합니다.

❷ Routing ABA(9-Digit Routing Number)를 기재합니다.

❸ 계좌번호(Bank Account Number)를 기재합니다.

❹ 한 번 더 계좌번호(Bank Account Number)를 기재합니다.

❺ 사용 동의에 체크합니다.

❻ [Next] 버튼을 클릭합니다.

15 준비한 비자 또는 마스터 카드 정보를 기재합니다.

❶ 카드 번호를 기재합니다.

❷ 카드의 유효기간을 선택합니다.

❸ 카드에 표시된 이름을 기재합니다.

❹ 등록한 주소가 맞는지 확인합니다.

❺ [Next] 버튼을 클릭합니다.

16 아마존에서 사용할 스토어 정보를 기재합니다.

❶ 아마존에서 사용할 스토어 이름을 기재합니다. 주의할 점은 페이오니아 가입 시 발행한 Bank statement에 기재한 스토어 명과 일치해야 합니다. 불일치 시 아마존에서 승인이 반려될 수 있으니 주의해야 합니다.

❷ 상품의 바코드 보유 여부에 대해 "Yes"를 체크합니다.

❸ 제조사 또는 브랜드 소유 여부에 대해 제조사이거나 브랜드를 소유하고 있다면 "Yes"를 아니면 "No"를 선택합니다.

❹ [Next] 버튼을 클릭합니다.

17 가입자의 여권 정보를 기재합니다.

❶ 여권에 기재된 여권번호를 입력합니다.

❷ 여권의 유효기간을 입력합니다.

❸ 여권 발행 국가를 선택합니다.

❹ 여권에 기재된 이름을 입력합니다.

❺ 여권에 기재된 성을 입력합니다.

❻ 생년월일을 입력합니다.

❼ 등록한 주소가 맞는지 확인합니다.

❽ [Submit] 버튼을 클릭합니다.

18 셀러 신원확인(Seller Identity Verification)에 필요한 서류를 업로드합니다.

❶ 준비해둔 여권을 업로드합니다.

❷ 페이오니아 또는 월드퍼스트에서 발행된 Bank statement 등록을 위해 "Bank account Statement"를 선택합니다.

❸ 페이오니아 또는 월드퍼스트에서 발행된 Bank statement를 업로드합니다.

❹ [Submit] 버튼을 클릭합니다.

19 업로드가 진행되는데 60초 정도 소요된다는 메시지가 표시됩니다.

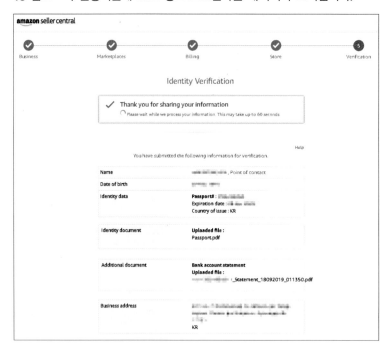

20 모든 서류가 업로드 완료되었으며 아마존에서 확인 후 10일 안에 연락하겠다는 메시지가 표시됩니다.

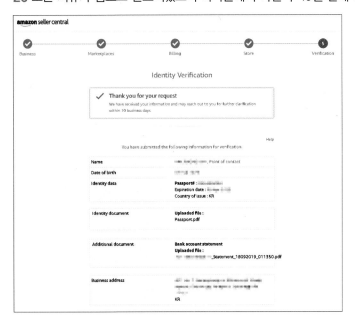

21 아마존에서 승인이 완료되면 이메일로 아래와 같이 계정 검토가 완료되었으며 판매를 할 수 있다는 메시지가 도착합니다.

22 아마존 셀러 센트럴(https://sellercentral.amazon.com/)에 접속 후 로그인합니다.

23 로그인하면 "2단계 인증 설정"이 표시됩니다. 2단계 인증 설정을 위해 [Enable Two-Step Verification]을 클릭합니다.

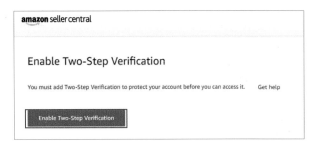

24 1단계로 사용할 휴대폰 번호를 입력 후 [Send code] 버튼을 클릭합니다. 휴대폰에 전송 받은 인증코드를 입력하여 인증을 완료합니다.

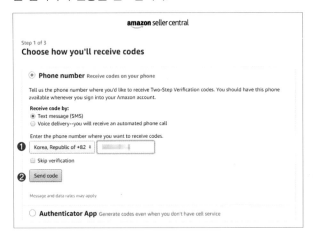

25 2단계로 사용할 휴대폰 번호를 입력 후 [Send code] 버튼을 클릭합니다. 휴대폰에 전송 받은 인증코드를 입력하여 인증을 완료합니다.

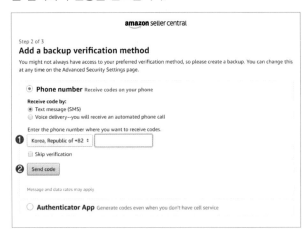

26 앞으로 로그인 시 이 PC에서는 인증을 진행하지 않겠다는 체크 박스에 체크 후 [Got it, Turn on Two-Step Verification]을 클릭합니다.

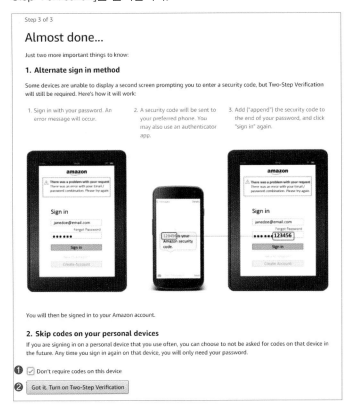

27 미국 세금 신고에 대한 비과세 또는 면제를 받기 위한 W-8BEN Tax Information을 진행합니다. 미국 이외의 국가에서 판매하는 판매자는 미국 세금 징수에 대한 면제 신청 서류(W-8BEN)를 제출할 경우 원천징수가 적용 되지 않습니다. [Start] 버튼을 클릭합니다.

28 Tax Interview 내용을 기재합니다.

❶ 개인 또는 개인 사업자일 경우에는 "Individual"을 선택하고, 법인일 경우에는 "Business"를 선택합니다.

❷ 미국인인지의 여부에는 "No"를 선택합니다.

❸ 여권에 기재된 이름과 성을 기재합니다.

❹ "Korea, South"를 선택합니다.

❺ "Same as Permanent Address"에 체크합니다.

❻ [Continue] 버튼을 클릭합니다.

29 서명란에 여권에 기재된 이름과 성을 기재 후 [Save and Preview]을 클릭합니다.

30 Tax Interview가 완료 되었습니다. [Exit Interview]을 클릭합니다.

31 최종적으로 모든 회원가입이 완료되고 셀러 센트럴(https://sellercentral.amazon.com/) 화면이 나타납니다.

3 _ 가입 시 정지 해결 방법

최근 들어 아마존 셀러 가입 시 다음 그림과 같이 셀러 신원 확인 절차(Seller Identity Verification)에서 승인이 안되고 반려되는 경우가 많아졌습니다. 이 이슈는 한국 가입자뿐만 아니라 미국이나 전 세계 셀러 가입자들에서 나타나고 있는 상황입니다. 셀러 신원 확인 절차(Seller Identity Verification)에서 서류를 3번까지 등록할 수 있는데 그때도 확인이 되지 않을 경우 아래와 그림과 같이 "Unable to verify account information(계정 정보를 확인할 수 없습니다.)"라고 표시가 되고 계정이 정지됩니다. 서류를 다시 업로드 하기 전에 제출할 서류에 이상이 없는지 다시 한번 확인하시기 바랍니다. 예를 들어 여권 스캔본이 빛이 반사되어 안 보이는 곳은 없는지, 페이오니아 또는 월드퍼스트에서 발행 받은 Bank statement의 내용과 아마존에 등록한 내용이 일치하는지 다시 한번 검토하고 업로드하시기 바랍니다.

셀러 신원 확인 절차(Seller Identity Verification)에서 정지가 되고 나면 다음 그림과 같이 이메일로 추가 확인 서류를 제출하라는 메시지를 받게 됩니다.

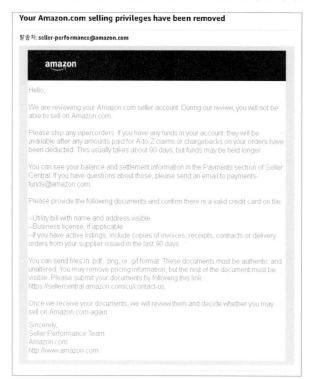

추가 확인을 위한 제출 서류는 아래와 같습니다.

❶ 이름과 주소가 보이는 고지서(최근 3개월 이내에 발행된 전기세, 수도세, 전화요금, 가스요금, 신용카드 명세서 등)

❷ 영문 사업자등록증(홈택스에서 발행 가능)

❸ 상품을 등록했을 경우 최근 90일 동안의 거래명세서(상품을 등록 했을 경우에만 해당)

최근 들어 정상적인 고지서를 제출하였는데도 아마존에서 신원확인을 할 수 없다는 문제로 계정이 승인되지 않는 경우도 많이 발생되고 있습니다. 고지서를 번역/공증 받아서 제출해 보는 것도 추천 드립니다.

모든 서류가 준비되었다면 받았던 이메일에 첨부하여 보내시고, 셀러 신원 확인 절차(Seller Identity Verification) 페이지 하단의 [Get support]를 통해 케이스(Case)를 오픈하여 제출하시기 바랍니다.

4 _ 가입 후 확인할 사항

아마존에 셀러로써 회원가입이 완료되었다면 확인해야 하는 사항이 있습니다. 간혹 회원가입이 완료돼서 상품 등록을 했는데 상품은 활성화(Active)로 표시되지만 아마존에서 검색해 보면 상품이 안 보이는 상황이 있습니다. 이는 계정의 리스팅 상태(Listings Status)가 비활성화(Inactive) 되어 있어 나타나는 현상입니다. 이때는 페이지 하단의 [지원요청(Get support)]를 통해 계정 리스팅 상태를 활성화 해달라고 요청하시면 됩니다. 한국어 지원이 가능하니 한국어로 지원 요청도 가능합니다. 계정 리스팅 상태(Listings Status) 확인은 [설정(Settings)] – [계정정보(Account Info)] – [리스팅 상태(Listings Status)]에서 확인하실 수 있습니다.

03 _ 아마존 셀러 센트럴(Seller Central) 이해하기

이번 장에서는 아마존 셀러 관리자 페이지인 셀러 센트럴(Seller Central)에 대해 설명하겠습니다. 아마존의 모든 메뉴는 한국어를 지원하기 때문에 셀러 센트럴(https://sellercentral.amazon.com/)에 로그인 후 우측 상단의 언어 선택에서 "한국어"를 선택 하시면 모든 메뉴가 한국어로 변경되어 보여집니다.

1 _ 셀러 센트럴(Seller Central) 메뉴 이해하기

아마존 셀러 센트럴에서는 주문내역, 구매자 메시지, 정산내역, 판매 요약 등 아마존 판매에 필요한 모든 메뉴를 확인할 수 있는 공간입니다. 다음 그림은 셀러 센트럴의 메인 화면입니다. 앞으로 설명할 메뉴들은 셀러의 가입 시기, 셀러의 판매 카테고리, 셀러의 퍼포먼스 등에 따라 메뉴가 제공이 안 되는 경우도 있으니 참고하기 바랍니다.

❶ 아마존 셀러 센트럴의 세부 메뉴를 확인할 수 있는 영역입니다. 마우스 커서를 올리면 드롭다운 메뉴가 펼쳐 집니다. 메뉴에 대한 세부 항목은 각각 별로 뒤에 설명하겠습니다.

❷ 판매하고 있는 국가를 선택할 수 있습니다. 판매하는 나라를 미국 아마존 셀러 센트럴로 통합하면 여러 나라를 선택하여 한번에 관리 할 수 있습니다.

❸ 셀러 센트럴에 사용할 언어를 선택 할 수 있습니다.

❹ 계정에 관련된 설정을 변경할 수 있는 메뉴입니다.

❺ 판매하고 있는 나라를 선택하거나 각 나라별로 판매되고 있는 최근 7일간의 판매 내역을 요약하여 보여 주고, 구매자 메시지 건수, Buy box를 차지하고 있는 비율 등을 확인할 수 있습니다.

❻ 현재 미국 아마존의 주문 내역을 확인할 수 있습니다.

❼ 구매자 메시지, 클레임, 어카운트 헬스, 고객 피드백 등을 확인할 수 있는 영역입니다.

❽ 아마존 셀링 코치 영역으로 재고 부족 상황이나 최저가 매치, 광고 내역 등을 미리 알려주는 아마존만의 자동 알림 메뉴입니다.

❾ 미국 아마존에서 판매된 판매대금 정산 내역을 확인할 수 있습니다.

❿ 계정에 문제가 있거나 아마존에 문의 사항을 남겼을 경우 진행 사항을 확인할 수 있습니다.

⓫ 미국 아마존의 매출 상황을 요약하여 기간별로 나누어 보여 줍니다.

⓬ 판매하고 있는 나라들의 리스팅 수량을 요약하여 보여 줍니다.

2 _ 계정 설정(Settings) 이해하기

계정 설정은 셀러 계정에 대한 기본적인 정보를 수정하거나 반품 설정, 배송비 설정, FBA 설정 등을 할 수 있습니다.

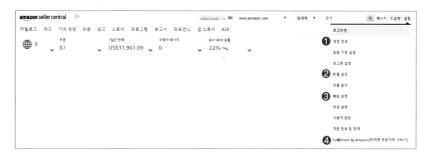

❶ 셀러의 기본 정보, 회사 주소, 신용카드 정보, 결제 계좌 변경 등 기본 정보를 수정 할 수 있습니다.

❷ 반품 설정은 셀러의 반품 정책을 설정 할 수 있고 반품 주소지 등을 수정 할 수 있습니다.

❸ 배송 설정에서는 셀러 직접 배송(FBM/MFN)에 대한 배송비를 설정 할 수 있습니다. 템플릿 형식으로 여러 형식의 배송기간과 배송 요금 등을 설정 할 수 있습니다.

❹ FBA(아마존 배송 서비스) 사용 시 라벨 서비스, 재고 배치 서비스, 장기 보관 재고 자동 처분 설정 등 FBA에 관련된 사항을 설정할 수 있습니다.

2-1 회사주소 수정하기

회사가 이전 등으로 인해 주소가 변경되었을 경우에 주소를 수정할 수 있습니다. 수정이 필요한 경우에는 [설정] - [비즈니스 정보] - [회사 주소]를 클릭하여 수정합니다.

2-2 판매대금 인출 계좌 수정하기

아마존의 판매대금을 정산 받는 인출 계좌를 수정 할 경우 사용합니다. 수정이 필요한 경우에는 [설정] - [판매 대금 인출 정보] - [판매대금 인출 수단]을 클릭하여 수정합니다.

2-3 신용카드 변경하기

새로운 신용카드를 등록하거나 신용카드의 유효기간이 만료되어 새로 발급받은 신용카드를 등록해야 하는 경우 사용합니다. 수정이 필요한 경우에는 [설정] - [판매 대금 인출 정보] - [청구 방법]을 클릭하여 수정합니다.

2-4 VAT 정보 입력하기

2019년 9월 1일부터 한국 셀러들을 대상으로 미국외 사업자의 전자적 용역에 대한 대한민국 부가가치세 (VAT) 징수로 인해 아마존에 한국 사업자등록번호를 기재해야 합니다. 아마존 글로벌 셀링 서비스 수수료 (아마존 판매 수수료(리스팅/판매 수수료), 월 이용료 및 Sponsored Ads가 포함)의 10%(표준 세율)에 해당하는 금액을 대한민국 부가가치세로 납부해야 하기 때문에 필수로 입력하여야 합니다. 또한, 아마존 유럽에서 판매할 경우에는 연간 영국 £70,000, 독일 €100,000, 프랑스, 이탈리아, 스페인의 경우 €35,000 이상의 누적매출 발생 시에는 현지 VAT넘버를 발급 받아 VAT를 납부해야 하는데, 이때 발급 받은 VAT 넘버를 아마존에 등록해야 합니다. [설정] – [세금 정보] – [VAT 정보]를 클릭하면 등록할 수 있습니다.

국가	자국 외 등록 기업(연간 누적 매출)	자국 내 등록 기업(연간 누적 매출)
영국	£ 70,000	£ 85,000
독일	€ 100,000	€ 17,500
프랑스	€ 35,000	€ 82,800
이탈리아	€ 35,000	기준 없음
스페인	€ 35,000	기준 없음

▲ 유럽 국가별 VAT 등록 기준

2-5 휴가(Vacation) 설정하기

셀러가 휴가를 떠나거나 명절 또는 공휴일 등으로 인해 배송이 어려울 경우에는 계정을 비활성화로 설정할 수 있습니다. 이때 셀러 직접 배송(FBM/MFN) 상품은 아마존에서 노출되지 않지만 FBA에 입고된 상품은 정상적으로 노출이 되고 판매도 이루어집니다. 휴가(Vacation)을 설정하는 방법은 [설정] – [리스팅 상태] – [현재 휴가 계획이 있습니까?]를 클릭하여 설정합니다.

2-6 알림 기본 설정

알림 기본 설정은 주문, 반품 및 클레임, 리스팅, 보고서, 오퍼, 아마존 셀링 코치, 계정 상태, 구매자 메시지 등에 대한 이메일 알림을 끄고 킬 수 있습니다. 설정하는 방법은 [설정] - [알림 기본 설정]을 클릭하여 설정합니다.

2-7 반품 설정

반품에 대한 반품 지침, 반품 규칙, 반품 주소 등을 설정할 수 있습니다. 셀러 직접 배송(FBM/MFN)으로 판매하는 경우에는 반품 규칙을 설정해야 합니다. 설정 방법은 [설정] - [반품 설정]을 클릭하여 설정합니다.

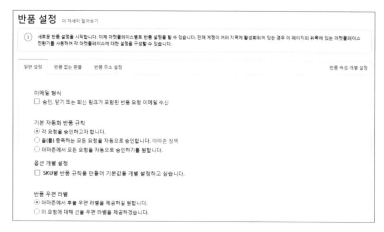

2-8 선물 옵션

고객이 선물용으로 구매 시 선물 메시지나 선물 포장 등에 대한 옵션을 선택할 수 있게 설정할 수 있습니다. 설정 방법은 [설정] – [선물 옵션]을 클릭하여 설정합니다.

2-9 배송 설정

셀러가 직접 배송(FBM/MFN)하는 상품의 경우 미리 배송비에 대해 템플릿 형식으로 배송 기간, 배송 요금 등을 설정할 수 있습니다. 표준배송(Standard Shipping)은 우체국의 소형포장물 또는 K-Packet 배송에 설정하고 빠른배송(Expedited Shipping)은 EMS, 국제등기 등에 설정하며 Two-Day Delivery, One-Day Delivery는 DHL, Fedex 등 특송업체 배송을 설정합니다. 설정 방법은 [설정] – [배송 설정]을 클릭하여 설정할 수 있습니다.

❶ 새로운 배송 템플릿 생성시 사용합니다.

❷ 기존에 생성해둔 배송 템플릿을 수정 및 확인할 수 있습니다

❸ 선택한 배송 템플릿을 수정할 때 사용합니다.

01 배송 설정에서 수정하고자 하는 배송 템플릿을 선택하고 [템플릿 편집]을 클릭합니다.

02 상품의 무게와 사이즈 등을 고려하여 배송 기간 및 배송 요금을 설정합니다.

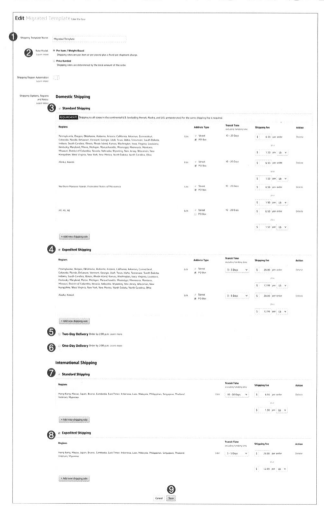

❶ 관리할 배송 템플릿 명을 수정할 수 있습니다.

❷ 배송 조건을 수량 및 무게 또는 가격 기준으로 변경할 수 있습니다.

❸ 미국 내 표준배송에 대한 배송 요금을 설정할 수 있습니다. 이때 "Per Order"는 기본 배송 금액이고 "Plus"는 상품 등록 시 입력할 상품의 무게를 기준으로 기본 배송비 + 1Lb(파운드) 추가 시마다 더해지는 금액입니다.

❹ 빠른 배송에 대한 배송 기간 및 배송 요금을 설정할 수 있습니다.

❺~❻ DHL, Fedex 등의 특송업체의 배송 요금을 설정할 수 있습니다. 2일 배송(Two-Day Delivery), 1일 배송(OneDay Delivery)의 경우 기간 안에 도착할 수 없는 경우가 많기 때문에 설정을 추천하지 않습니다.

❼ 미국 외 다른 나라에 대한 국제 배송에 대해 설정할 수 있습니다. 지역 옆에 [편집]을 클릭하면 배송 가능 국가와 제외 국가를 설정할 수 있습니다. 팝업 창에서 배송 가능 국가에 체크하고 제외 국가는 체크박스를 해제하면 됩니다.

❽ 국제 배송에 대한 빠른 배송을 설정할 수 있습니다.
❾ 배송 설정을 완료하였다면 [Save]를 클릭해 설정한 배송 템플릿을 저장합니다.

2-10 FBA 설정

FBA 설정은 아마존 FBA 사용 시 상품에 별도로 붙이는 아마존 ASIN 라벨에 대한 서비스를 이용할 것인지 또는 FBA 창고 배정이 자동으로 소량씩 여러 곳으로 나누어 배정되는데 FBA 창고를 한곳으로 지정하고 아마존에서 재고를 이동해 주는 유료 서비스를 이용할 것인지 등을 설정할 수 있습니다.

❶ 상품별 ASIN 라벨 작업 주체에 대한 설정을 수정할 수 있습니다.
❷ FBA 재고를 한 창고로 보내면 아마존에서 유료로 재고를 분산해 주는 서비스를 설정할 수 있습니다.

3 _ 재고(Inventory) 이해하기

재고 메뉴는 아마존에 신규로 상품을 등록하거나 등록한 상품을 관리하는 메뉴입니다. 엑셀파일(Flat file)을 통해 대량으로 상품을 등록할 수 있고 [재고 보고서]를 통해 아마존에 등록된 상품 정보를 다운로드 받을 수 있으며 글로벌 셀링 메뉴 중 BIL(Build International Listings, 해외 리스팅 생성) 통해 미국에 등록된 상품을 다른 국가에도 자동으로 등록해주는 메뉴도 있습니다. 그 외에도 "FBA 배송 관리"를 통해 FBA 재고를 입고할 수 있는 상품 관리 메뉴입니다.

3-1 재고 관리(Manage Inventory)

재고 관리(Manage Inventory) 메뉴는 아마존에 등록한 상품을 수정, 삭제, 품절 처리 등을 할 수 있는 상품 관리 주메뉴입니다.

3-2 FBA 재고 관리(Manage FBA Inventory)

아마존 FBA 창고에 입고되어 있는 재고 상황 및 FBA 신청 품목을 볼 수 있는 메뉴입니다. FBA 이용에 대한 수수료도 미리 확인할 수 있습니다.

3-3 재고 관리 계획(Inventory Planning)

재고 관리 계획은 상품의 품절, 재고 보충 등에 대한 분석 자료를 확인할 수 있는 메뉴입니다.

3-4 상품 개별 등록(Add a Product)

상품 개별 등록 메뉴는 Sell yours 또는 Add a Product으로 상품을 등록할 때 사용하는 메뉴입니다.

기존에 아마존에 등록된 상품일 경우에는 Sell yours를 통해 간편하게 등록할 수 있고, 아마존에 등록되지 않은 상품일 경우에는 Add a Product 통해 세부적으로 상품을 등록할 수 있습니다.

3-5 업로드를 통한 상품 대량 등록(Add a Product via Upload)

업로드를 통한 상품 대량 등록은 엑셀파일(Flat file)을 통해 대량으로 상품을 등록할 수 있는 메뉴입니다.

3-6 재고 보고서(Inventory Reports)

재고 보고서에서는 아마존에 등록한 상품의 정보를 다운로드할 수 있습니다. 다운로드 자료를 활용하여 재고 수량이나 금액 등을 대량으로 수정할 수 있습니다.

3-7 글로벌 셀링(Sell Globally)

글로벌 셀링에서는 유럽이나 일본으로의 확장, BIL(Build International Listings, 해외 리스팅 생성) 통한 리스팅 복사 등을 할 수 있습니다. 글로벌 셀링을 활용하면 간편하게 유럽, 일본에 상품을 등록할 수 있습니다.

3-8 FBA 배송 관리(Manage FBA Shipments)

FBA 배송 관리 메뉴는 FBA 신청, FBA 입고 확인 등 FBA 진행에 관련된 사항을 확인할 수 있는 메뉴입니다.

FBA 신청 후 입고 사항 및 분실 여부 등을 확인하여 보상 신청을 진행할 수 있습니다.

3-9 동영상 업로드 및 관리(Upload & Manage Videos)

아마존에서 상품에 동영상을 올릴 수 있는 권한은 미국 상표청에 브랜드를 등록하고 아마존에 브랜드 신청을 완료한 Brand owner만이 사용할 수 있습니다. 브랜드를 등록하고 상품 관련 동영상을 등록하면 상품 썸네일 부분에서 등록한 동영상을 확인할 수 있습니다. 미국 상표청의 브랜드 등록에 관한 사항은 "Chapter 07 Amazon 글로벌로 확장하기 - Lesson 03 마드리드 국제상표권 등록하기"에서 자세히 설명하겠습니다.

4 _ 가격 책정(Pricing)

가격 책정 관련 메뉴는 상품을 판매하는 판매가의 가격을 관리할 때 사용하는 메뉴입니다. 가격 책정 메뉴 중 "자동 가격 책정"은 동일한 상품을 판매하는 다른 셀러와의 가격 경쟁에서 자동으로 최저가를 설정할 수 있는 기능이 있어 Buy box win(최저가 매칭)에서 우위를 선점할 수 있으나 잘 못하다가는 역마진을 볼 수 있기 때문에 추천하지는 않습니다.

4-1 가격 책정 상태(Pricing Health)

가격 책정 상태는 다른 셀러가 판매하는 판매가를 확인해서 경쟁력 있는 가격을 설정할 수 있게 도와주는 메뉴입니다. 내 판매가와 다른 셀러의 판매가를 확인할 수 있어 손쉽게 판매가를 수정 할 수 있습니다.

4-2 가격 대시보드 보기(View Pricing Dashboard)

가격 대시보드는 현재 바이 박스 비율, 상품 경쟁력, 판매 전환률 등의 변화를 그래프와 %로 보여주어 현재의 나의 판매 상황을 확인할 수 있습니다.

4-3 가격 관리(Manage Pricing)

가격 관리 메뉴는 나의 판매 가격+배송 요금과 다른 셀러의 최저 가격+배송 요금 등을 비교해서 볼 수 있으면 바이 박스(Buy box) 가격+배송 요금도 한눈에 확인할 수 있는 메뉴입니다. Business Price(B2B)도 설정할 수 있어 상품 가격을 한번에 관리할 수 있는 장점이 있습니다.

4-4 가격 수정 알림(Fix Price Alerts)

가격 수정 알림은 갑자기 상품의 판매가 크게 변하였거나 설정해둔 최소가격이나 최대가격보다 가격이 내려가거나 올라갈 경우에 자동으로 상품을 비활성화 시킴으로써 셀러의 이익을 보존할 수 있게 도와주는 메뉴입니다. 가격 수정 알림을 설정하기 위해서는 상품별로 최소 가격, 최대 가격을 설정해 두어야 합니다.

4-5 자동 가격 책정(Automate Pricing)

자동 가격 책정은 최저가나 Buy box 가격에 유지될 수 있게끔 규칙을 설정하여 자동으로 가격이 변동하게 만드는 메뉴입니다. 앞서 설명하였지만 설정을 잘 못하였다가는 역 마진을 볼 수 있기 때문에 사용하는 것을 추천하지 않습니다.

4-6 수수료 할인(Fee Discounts)

셀러가 등록하여 판매하고 있는 상품에 대해 아마존에서 일정 기간 동안 상품 판매 수수료를 할인하여 주는 프로모션 형태의 메뉴입니다. 선정된 상품의 경우 일정기간 동안 최대 수수료가 0%인 경우도 있습니다. 수수료 할인은 신청하는 방식이 아닌 아마존에서의 선정 방식으로 이루어집니다.

4-7 합의된 가격 책정(Negotiated Pricing)

합의된 가격 책정 메뉴는 시작한지 얼마 되지 않은 셀러의 경우 메뉴가 활성화되지 않는 확률이 많은 메뉴입니다. 합의된 가격이란 특정 구매자에게만 별도의 가격을 책정할 수 있습니다. 협의된 가격 책정을 받은 구매자는 설정된 기간 동안에는 적용된 할인 가격으로 구매할 수 있습니다.

5 _ 주문(Orders)

주문 관련 메뉴는 고객이 주문한 내역부터 반품 내역 등을 확인할 수 있는 곳으로 [주문 보고서] 메뉴에서는 대량으로 들어온 주문 건에 대해 다운로드를 할 수 있고 [주문 관련 파일 업로드]를 통해 대량 주문에 대해 한번에 송장번호를 업로드할 수 있는 기능이 있습니다.

5-1 주문 관리(Manage Orders)

주문 관리 메뉴는 아마존에서 판매된 내역을 확인할 수 있는 메뉴입니다. 주문 관리에서 판매된 상품과 고객의 주소 등을 확인할 수 있고 주문 취소와 환불 처리 등의 업무도 처리할 수 있습니다.

5-2 주문 보고서(Order Reports)

주문 보고서 메뉴에서는 판매된 내역의 고객 정보, 상품 정보 등 배송에 필요한 내용을 다운로드할 수 있는 메뉴입니다. 다운로드한 데이터를 기반으로 우체국에 엑셀로 여러 주문건의 배송 등록을 처리할 수 있습니다.

5-3 주문 관련 파일 업로드(Upload Order Related Files)

주문 관련 파일 업로드에서는 우체국 등에서 발행된 송장 번호를 텍스트 파일로 업로드하여 여러 건을 송장 번호를 입력할 수 있는 메뉴입니다.

5-4 반품 관리(Manage Returns)

반품 관리 메뉴에서는 구매자가 구매 후 반품 신청한 내역들을 확인할 수 있습니다. "Chapter 04 아마존 상품 운영/관리하기 - Lesson 08 아마존 반품 및 클레임 처리"에서 자세히 설명하겠습니다.

5-5 보상(SAFE-T) 클레임(Manage SAFE-T Claims)

아마존은 프라임 아이템과 관련한 고객 반품, 환불 및 조정 등을 비롯해 모든 주문 후 고객 서비스를 단독 재량으로 결정하여 처리한 주문건에 대해 보상(SAFE-T) 클레임에서 확인할 수 있습니다. 구매자가 상품을 받지 못했다고 말하지만 셀러에게 배송에 대한 증거가 있거나 구매자의 과실로 인해 상품이 파손되었을 경우 등에 있어 아마존에서 셀러와 협의 없이 구매자에게 보상을 한 경우에는 셀러는 아마존에 보상을 청구 할 수 있습니다. 보상 청구에 대한 자세한 내용은 저자의 커뮤니티(https://cafe.naver.com/rimerce) 또는 아마존 셀러 도움말 페이지(https://sellercentral.amazon.com/gp/help/help.html/)를 참고하기 바랍니다.

6 _ 광고(Advertising)

광고 메뉴에서는 상품에 대한 CPC(Cost Per Click) 키워드 광고부터 쿠폰 발행, 프로모션 설정 등에 관련한 상품을 홍보할 수 있는 메뉴입니다. 캠페인 매니저(CPC, Cost Per Click) 등을 통해 상품을 광고하여 매출 상승에 도움이 될 수 있는 메뉴를 확인할 수 있습니다.

6-1 캠페인 매니저(Campaign Manager)

캠페인 매니저는 아마존에서 가장 많이 사용하는 CPC(Cost Per Click) 키워드 광고입니다. 상품별로 등록된 상품명과 상품설명 등으로 진행하는 자동 타게팅, 키워드를 직접 선별하여 진행하는 수동 타게팅 형식으로 나누어지며 키워드 입찰 금액에 따라 노출 빈도가 달라질 수 있습니다. 아마존에서 랭킹이 높지 않은 상품이라면 Sponsored Products을 진행해 보시는 걸 추천드립니다.

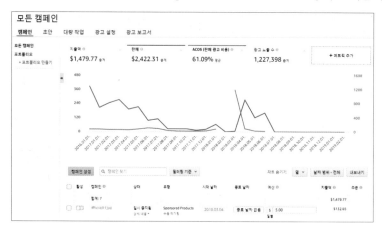

6-2 A+ 내용 관리자(A+ Content Manager)

기존의 브랜드 강화 콘텐츠(Enhanced Brand Content or EBC) 명칭이 A+ 내용 관리자(A+ Content Manager)로 변경되었습니다. A+ 내용 관리자는 기존의 텍스트 형식의 Description이 아닌 브랜드를 등록한 사용자에게만 Description 부분에 이미지와 텍스트를 같이 사용할 수 있게 해주는 상품 설명 페이지입니다.

A+ 내용 관리자는 정해진 템플릿 내에서 디자인 모듈을 추가해가는 Description을 제작할 수 있습니다. 기본적인 HTML 태그 외에 Script나 세부적인 HTML 태그 등은 사용할 수 없습니다.

6-3 얼리 리뷰어 프로그램(Early Reviewer Program)

얼리 리뷰어 프로그램을 신청한 상품에 대해 구입하는 모든 고객에게 해당 상품에 대한 리뷰를 작성하는 대가로 아마존에서 작은 보상($3 기프트 카드)을 제공하여 상품당 최대 5개의 리뷰를 받을 때까지 최대 1년까지 진행됩니다.

얼리 리뷰어 프로그램은 미국(www.amazon.com)으로 제한되어 있으며 한 개의 상품 등록 시 상위 SKU군에 속한 모든 SKU나 단독 SKU를 포함하고 첫 번째 리뷰를 받은 시점에 $60의 수수료 청구되는 유료 서비스입니다.

하지만, Brand owner라면 진행해 보시기를 추천드립니다.

6-4 딜(Deals)

아마존 딜은 7일 딜과 라이트닝 딜 두 종류로 나뉘며 라이트닝 딜은 아마존 딜 페이지에 상품을 몇 시간 동안(일반적으로 4~12시간(시간은 아마존이 결정)) 노출해 주는 시간 제한 프로모션 상품이고 7일 딜은 날짜에 제한을 둔 프로모션 상품으로, 상품이 제한된 날짜 동안 아마존 딜 페이지에 노출됩니다. 딜 대상이 되려면 매월 5개 이상의 셀러 피드백 평점이 있고 전체 평점이 3.5 이상인 프로페셔널 셀러여야 합니다. 딜에 대한 자세한 사항은 "Chapter 03 아마존 상품 등록하기 – Lesson 04 Add a Product(신규 리스팅) 등록하기 – 6 – Add a Product 매출 올리기 전략"에서 설명하겠습니다.

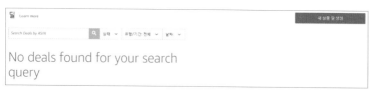

6-5 쿠폰(Coupons)

쿠폰은 판매하고 있는 상품에 % 할인 및 가격 할인 등을 추가적으로 진행할 수 있는 프로모션입니다. 쿠폰 생성 시 최소 및 최대 할인율은 각각 5%와 80%입니다. 쿠폰 활용에 대한 자세한 사항은

"Chapter 03 아마존 상품 등록하기 – Lesson 04 Add a Product(신규 리스팅) 등록하기 – 6 – Add a Product 매출 올리기 전략"에서 설명하겠습니다.

6-6 프라임 독점 할인(Prime Exclusive Discounts)

프라임 전용 할인은 FBA에 입고된 상품 중 셀러가 프라임 회원에게만 적용하는 가격 할인 프로모션입니다. 프라임 전용 할인이 적용된 상품은 검색 결과 및 상품 상세 페이지에서 프라임 회원을 위해 할인 가격 및 할인 메시지가 표시됩니다. 할인을 위해 조정된 가격은 프라임 회원의 상세 페이지 바이 박스(Buy box)에 표시됩니다.

6-7 프로모션(Manage Promotions)

프로모션은 소셜 미디어 프로모션 코드, 무료 배송 가격 할인, 원 플러스 원 등 프로모션 코드를 생성해서 SNS 등에 배포하여 매출을 높이는 마케팅 방식입니다. 할인율은 현재 가격의 최소 5%부터 최대 80% 사이어야 하며 현재는 미국 마켓플레이스에서만 사용할 수 있으며 새로운 아마존 브랜드 레지스트리에서 승인된 셀러 또는 긍정적인 피드백 평점을 받은 프로페셔널 셀러(긍정적인 피드백이 80% 이상이고 피드백이 20개 이상인 셀러 계정)에게만 제공됩니다. 이 기준을 충족하지 않는 셀러는 셀러 센트럴에서 이 메뉴를 사용 할 수 없습니다.

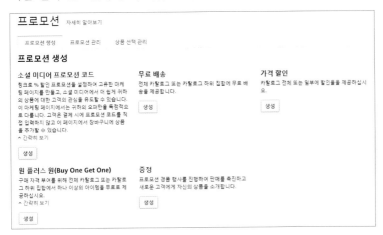

7 _ 스토어(Stores)

아마존 브랜드 스토어(Brand Stores)는 아마존에 브랜드를 등록한 Brand Owner에게만 주어지는
일종의 미니샵입니다. 브랜드 인지도 및 매출을 높이는데 굉장히 효과적인 방법입니다. 추가적으로
Brand Owner에게만 주어지는 헤드라인 검색 광고(headline search ads)와 같이 사용하면 가장 효
과적인 마케팅이라 할 수 있습니다.

7-1 스토어 관리(Manage Stores)

아마존에 브랜드를 등록한 Brand Owner라면 스토어 관리 메뉴에 들어와 스토어를 디자인 할 수 있
습니다. Stores Builder를 통해 정해진 템플릿에서 추가/변경하여 디자인할 수 있습니다.

8 _ 보고서(Reports)

보고서 메뉴는 매출에 관련된 정보를 확인할 수 있습니다. 아마존 판매대금 정산 내역, 광고 사용 내역, 반품 내역 등 정산에 관련한 세부적인 내역을 확인 가능합니다.

8-1 결제(Payments)

결제 메뉴는 아마존에서 판매된 판매대금에 대한 정산 내역을 확인할 수 있습니다. 아마존의 정산은 월에 2회(14일 기준) 판매 대금을 정산하여 줍니다. 마지막 정산 기간부터 전날 마감까지 발생한 계정의 거래에 대해 아마존의 수수료를 제외하고 3-5영업일 후에 아마존에 등록한 페이오니아나 월드 퍼스트 계좌에 입금됩니다.

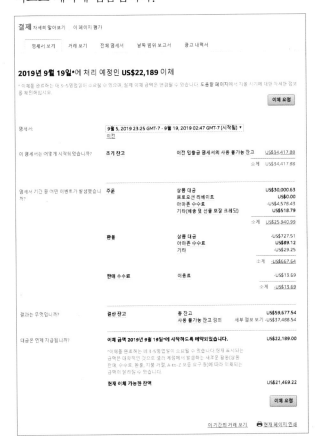

8-2 아마존 셀링 코치(Amazon Selling Coach)

아마존 셀링 코치에서는 재고 부족 사항, 주문 처리 추천, 가격 책정 등 매출 향상에 도움이 되는 내역들이 추천되어 나타납니다.

8-3 비즈니스 보고서(Business Reports)

비즈니스 보고서에는 매출 추이, 트래픽이 많은 상품 등 매출을 분석해서 전략을 세워야 할 때 많은 도움을 받을 수 있습니다. 특히 좌측 메뉴 중 "Detail Page Sales and Traffic"에서는 트래픽도 많고 매출도 좋은 상품을 보여주기 때문에 광고 전략이나 마케팅 계획 수립 시 도움을 받을 수 있는 메뉴입니다.

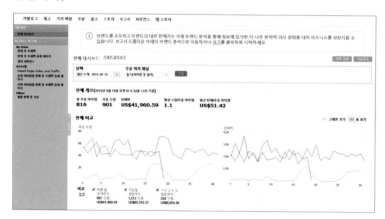

8-4 주문 처리(Fulfillment)

주문 처리 보고서는 아마존 FBA 사용 시 재고 현황 및 주문 처리 현황, 보관 수수료 등 FBA 재고에 관련한 내용 등을 확인할 수 있는 메뉴입니다. 특히 월 보관 수수료, 장기 보관 수수료 등을 확인할 수 있기 때문에 오래된 재고를 파악할 수 있다는 장점이 있습니다.

8-5 광고 보고서(Advertising Reports)

광고 보고서는 캠페인(Sponsored Products) 등 광고 사용 내역에 대한 세부적인 데이터를 확인할 수 있는 메뉴입니다. 고객이 어떠한 키워드로 내 상품을 검색 했는지 등을 파악할 수 있기 때문에 키워드 최적화에 도움을 받을 수 있습니다.

8-6 반품 보고서(Return Reports)

반품 보고서는 반품 내역이 있었던 주문 내역을 확인할 수 있습니다. 반품의 진행 상황, 환불 내역 등을 확인할 수 있습니다.

8-7 세금 자료 라이브러리(Tax Document Library)

셀러 계정에 최소 $20,000의 미조정 전체 판매 대금이 있으며 한 해(달력 기준)에 200건 이상의 거래가 이루어진 경우 세금 자료 라이브러리 페이지에서 1099-K 양식을 사용할 수 있습니다. 이러한 기준값을 모두 충족하지 않으면 1099-K 양식을 받을 수 없습니다.

9 _ 퍼포먼스(Performance)

퍼포먼스 메뉴에서는 계정의 상태, 고객의 피드백, 클레임, 아마존 통지 사항 등 계정 관리에 대한 주요 내용을 담고 있습니다.

9-1 어카운트 헬스(Account Health)

어카운트 헬스에서는 계정의 중요한 내용 들이 표시되는 메뉴입니다. 예를 들면 주문 하자 비율이 1% 이하로 유지되어야 하는데 1% 이상이 되면 계정이 정지될 수 있습니다. 또한 배송 지연 비율도 4% 이하를 유지하는 것이 아마존의 정책인데 만약 4% 이상이 되면 계정이 정지될 수 있으니 수시로 체크해야 합니다.

9-2 피드백(Feedback)

아마존에서 고객이 평가하는 방식은 두 가지 종류가 있습니다. 상품을 평가하는 리뷰, 셀러를 평가하는 피드백이 있습니다. 부정적(Negative) 피드백의 비율이 높아지면 어카운트 헬스의 고객 서비스 성과의 비율이 높아지기 때문에 피드백 관리에도 유념하여야 합니다. 구매자는 90일 내에 피드백을 남길 수 있으며 60일 내에 이를 삭제할 수 있습니다. 아마존에서는 아마존 정책에 명시된 기준을 충족하는 경우에만 피드백을 삭제할 수 있습니다.

- 피드백에 일반적으로 외설적이거나 모욕적으로 간주되는 단어가 포함되어 있습니다.
- 피드백에 이메일 주소, 이름 전체 또는 전화번호 등 셀러를 특정할 수 있는 개인 신원 확인 정보가 포함되어 있습니다.
- 전체 피드백 내용이 상품 리뷰인 경우 예: Acme Super-Widget은 Acme Ultra Widget보다 선명도와 속도가 떨어집니다.

9-3 A-to-Z 보증 요구(A-to-z Guarantee Claims)

아마존에서 클레임 조사 중 추가 정보가 필요하다고 판단되면 셀러에게 이메일을 통해 연락하며 셀러는 3일 이내에 응답해야 합니다. 셀러가 3일 이내에 클레임 알림에 응답하지 않으면 아마존에서 해당 클레임을 고객에게 유리하게 승인하고 셀러의 계정에서 클레임 금액을 인출합니다.

9-4 지불 거절 클레임(Chargeback Claims)

지불 거절 클레임의 경우 제일 많이 발생하게 되는 경우는 고객이 상품을 받지 못해서 카드 결제를 취소하였을 때입니다. 지불 거절이 발생하면 [세부 정보 보기]를 클릭하여 원만한 해결 방법을 제시하는 것이 좋습니다. 만약 분쟁이 오래가게 되면 계정이 정지 될 수 있으니 빠른 시일 안에 해결하는 것을 권장합니다.

9-5 퍼포먼스 통지(Performance Notifications)

퍼포먼스 통지는 아마존에서 셀러에게 통지하는 것으로 계정에 문제가 있거나 상품의 가격이 잘 못되어 비활성화되었을 경우에 퍼포먼스 통지를 통해 알려 줍니다. 계정이 정지 되었을 때는 아마존에서 요청한 서류를 빠른 시일 안에 제출하여야 합니다.

9-6 고객의 소리(Voice of the Customer)

고객의 소리 메뉴는 고객이 남긴 리뷰나 피드백을 기반으로 셀러의 상품 품질지수를 매겨 문제를 해결하기 위해 도움을 주는 메뉴입니다. 현재는 베타 버전이므로 어카운트 헬스에는 영향을 미치지 않습니다.

9-7 셀러 유니버시티(Seller University)

셀러 유니버시티는 셀러 활동을 하는데 있어서 궁금한 사항이나 셀러 센트럴 사용 방법에 대해 정리
되어 있는 메뉴입니다. 한 번쯤은 시간을 내어 정독해 보시는 것을 추천드립니다.

10 _ B2B

아마존 B2B는 아마존 내에서 소매뿐만 아니라 대량 판매가 가능한 Amazon Business를 선보였습
니다. 현재 많은 거래가 이루어지고 있으며 누구나 Amazon Business에 가입이 가능합니다. B2B에
대해서는 "Chapter 07 Amazon 글로벌로 확장하기 – Lesson 01 Amazon B2B(Business Price)
확장하기"에서 자세히 설명하겠습니다.

10-1 B2B Central

B2B Central에 접속하면 아마존 비즈니스 판매에 필요 내용을 숙지할 수 있고 판매 내역이나 내가
등록한 B2B 상품에 대한 고객들의 반응을 확인할 수 있습니다.

10-2 제품 기회(Product Opportunities)

B2B 제품 기회에서는 아마존에서 판매하는 상품과 연관되는 상품 중 B2B 구매자들이 찾고 있는 상품에 대해 추천을 해주고 [새 보고서 생성]을 클릭하면 상품에 대한 정보를 엑셀로 다운로드할 수 있습니다. B2B 구매자는 기업 및 기간 구매자들로 대량 판매가 가능한 시장입니다.

10-3 견적 관리(Manage Quotes)

견적 관리에서는 다음 그림과 같이 아마존에서 판매하는 제품에 대해 B2B 가격을 설정하여 등록만 하면 구매자가 견적을 요청하는 방식으로 이루어집니다.

10-4 비즈니스 프로필(Business Profile)

비즈니스 프로필에서는 회사에 대한 정보와 상품에 대한 인증 서류 등을 비즈니스 구매자의 구매에
도움이 될 자료 등을 등록하는 메뉴입니다.

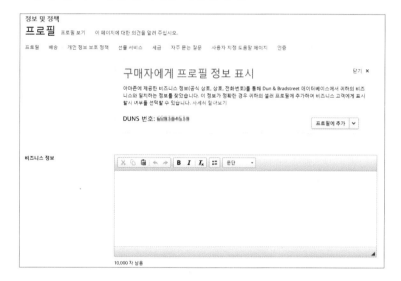

04 _ 아마존 카테고리 승인(Category Approval)

아마존에서는 특정 상품이나 카테고리의 경우 판매 승인 또는 자격 요건에 부합되어야 판매를 할 수 있습니다. 예를 들어 다음 그림과 같이 "Innisfree Super Volcanic Pore Clay Mask, 3.38 Ounce" 화장품을 판매하려고 할 경우에는 신규 상품만을 판매하여야 하며 카테고리 승인을 받아야 판매를 할 수 있는 것 입니다.

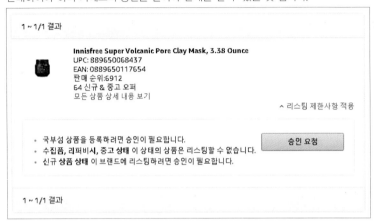

1 _ 승인이 필요한 카테고리 및 승인 요건

아마존의 승인이 필요한 카테고리 및 셀러 요건은 다음과 같습니다. 예를 들어 화장품의 경우 "건강/개인 관리 용품" 카테고리에 포함되기 때문에 신규 셀러는 승인 요청을 해야 하고 기존에 아마존에서 판매하고 있는 셀러의 경우 셀러 요건을 충족해야 승인 요청 및 판매를 진행할 수 있습니다.

상품 카테고리	상품 유형	셀러 요건
자동차/모터 스포츠	부품, 도구/장비, 차량용 핸드폰 거치대, 와이퍼, 타이어 및 힐 등	독립 전자상거래 웹사이트 필요
쥬얼리	목걸이, 귀걸이, 반지, 팔찌 등	• 아마존의 쥬얼리 품질 보증 표준을 충족 할 것. • 모든 상품은 정품이어야 하며 가격은 $300,000 이하로 책정할 것. • 고급 쥬얼리를 판매하려면 아마존에서 12개월 이상의 이전 판매 경험이 있어야 하며 연간 매출이 $50,000 이상일 것.

완구/게임의 연휴 판매 요건	완구 및 게임 관련 상품 등	• FBA를 사용하는 주문에는 연휴 판매 요건이 적용되지 않음.
		• 2019년 11월 1일부터 2020년 1월 3일까지 셀러 주문 처리를 통해 판매할 경우 아래 요건을 충종 해야 함.
		  – 아마존에서 최초 판매가 2019년 9월 1일 이전일 것.
		  – 2019년 8월 15일부터 2019년 10월 14일까지 셀러가 처리한 주문을 25건 이상 처리 및 배송 했을 것.
		  – 2019년 9월 15일부터 10월 14일까지 주문 처리 전 취소 비율이 1.75%를 넘지 않아야 할 것.
		  – 2019년 9월 15일부터 2019년 10월 14일까지 배송 지연율이 4%를 넘지 않아야 할 것.
		  – 주문 결함률이 2019년 10월 14일 현재 1%를 넘지 않아야 할 것

시계	손목시계, 전자시계 등 모든 종류 시계	• 신규 가입 셀러는 승인 요청 필요.
		• 기존에 판매하고 있는 셀러의 경우 아래 요건을 충족 할 것.
		  – 사전 주문 처리 취소율 2.5% 미만
		  – ODR 1% 미만
		  – 배송 지연율 4% 미만
		• 셀러는 양호한 상태의 프로페셔널 셀링 계정이 있어야 함.
		• 시계 및 시계 상품은 제조업체의 UPC 코드로 표시되어야 함.

선상/개인 관리 용품(뷰티 카테고리 포함)	화장품, 응급 처치용품, 영양제, 생리대 등	• 신규 가입 셀러는 승인 요청 필요.
		• 기존에 판매하고 있는 셀러의 경우 아래 요건을 충족 할 것.
		  – 주문 결함률 : 〈 1%
		  – 사전 주문 처리 취소율 : 〈 2.5%
		  – 배송 지연율 : 〈 4%
		• 판매하려는 상품과 관련하여 아마존에서 요청하는 적절한 문서와 기타 정보를 제공해야 함

음악 및 DVD	CD, 카세트, LP 등	• 상품별 리스팅 제한 사항 적용에 따라 승인 요청할 것.
Amazon Handmade에 가입	장인이 수공으로 제작한 상품만 포함	• 별도로 Amazon Handmade에 가입 신청

스포츠 관련 수집품	트레이딩 카드, 중고 게임, 사인 상품 등	• 신규 가입 셀러는 승인 요청 필요.
		• 기존에 판매하고 있는 셀러의 경우 아래 요건을 충족 할 것.
		  – 주문 결함률을 0.75% 미만으로 유지 할 것.
		  – 인증 업체로부터의 인증 필요
		  – 자세한 사항은 아마존 스포츠 관련 수집품의 인증업체 참조.

비디오, DVD, 블루레이	영화, TV 시리즈	• 신규 가입 셀러는 승인 요청 필요.
		• 기존에 판매하고 있는 셀러의 경우 아래 요건을 충족 할 것.
		  – 주문 결함률(ODR) 1% 이하
		  – 취소 비율 2.5% 이하
		  – 배송 지연율 4% 이하

수집용 동전	수집용 동전, 금화, 은화, 백금 동전 등	• 법적으로 공인된 조폐국에서 주조했을 것.
수집품(엔터테인먼트)	고전 만화책, 한정판 피규어 등	• 신규 가입 셀러는 승인 요청 필요. • 공증된 인증 업체로부터의 인증 필요
미술품	그림, 도면, 한정판 인쇄물 및 사진 등	• 현재 신규 신청을 받고 있지 않음.

2 _ 카테고리 승인 준비 서류

카테고리 승인을 받기 위한 제출 서류는 각 카테고리에 따라 다릅니다. 예를 들어 화장품 카테고리 승인에 대한 사업 형태 및 제출 서류에 대해 설명하겠습니다.

1) 카테고리 승인 시 제출 사항

구분	리셀러/유통업체	제조업체	둘다 포함
거래 명세서	○	×	×
상품라벨 및 포장 이미지	○	○	○
인증 서류	○	○	○

2) 제출 서류

카테고리 승인을 위해 제출한 서류는 아마존에서 벤더 업체에 이메일 또는 전화 통화를 통해 제출한 서류를 확인할 수 있습니다. 만약 제출한 서류가 가짜일 경우에는 카테고리 승인 취소 및 계정이 삭제 될 수 있으니 정확한 서류를 제출하여야 합니다. 제출서류의 파일 형식은 PDF, DOCX, PNG, GIF, JPG로 최대 10MB를 초과할 수 없습니다.

구분		제출 서류 포함 사항
거래명세서(invoice)		• 최근 180일 이내의 거래 명세서 • 이름 및 주소 포함 • 제조업체 또는 유통업체의 이름 및 주소 포함 • 모든 송장에서 30개 이상 제품을 구매한 내역 표시 • 가격 책정 정보 생략 가능 • 송장에 나열된 상품은 승인을 요청하는 상품 카테고리와 관련된 것이어야 합니다. • 아마존은 신청서에 기재된 상품 벤더에게 연락하여 제출한 문서를 확인할 수도 있습니다.
상품라벨 및 포장 이미지		• 제조업체 명칭 포함 • 상품, 상표 또는 모델 번호 포함 • 컴퓨터 생성 버전이 아닌 판매하려는 상품의 실제 사진을 포함 • 반드시 포장의 모든 면을 포함
인증 서류 (다음 중 택1)	FDA 등록 업로드(FDA 웹 사이트의 스크린샷)	• 제조업체만 FDA로 등록합니다. • FDA 웹사이트의 스크린샷이 있어야 합니다. • 제조업체 이름 및 주소를 포함해야 합니다. • 등록 번호 필수 포함 • 스크린샷에 FDA 등록이 '유효' 또는 '활성'된 것으로 명시되어 있어야 합니다. • 제품은 판매 요청한 것과 같은 것이어야 합니다.

	우수제조관리기준(GMP)	• 우수제조관리기준(GMP) 인증은 다음과 같은 요건을 충족해야 합니다.
		  – 등록 번호, 인증 날짜, 유효 기간 포함
		  – 만료 날짜는 과거일 수 없습니다.
		  – 제조업체 또는 유통 업체의 이름 및 주소 포함
		  – 타사 검사 서비스를 통해 발급받아야 합니다.
		  – 미국 또는 국제 표준에 부합하는 증명서 포함

	분석 증명서(COA)	• 제조업체 명칭 포함 • 최근 8개월이내 발급 • 공급업체 서명 포함 • 제품 번호와 제조 일자 포함
	510(K) Premarket Notification(시판전 신고)	• FDA 웹사이트의 스크린샷이 있어야 합니다. • 제조업체 또는 유통 업체의 이름 및 주소 포함 • 판매 승인을 받은 제품이어야 합니다.

3 _ 카테고리 승인 신청하기

화장품 카테고리를 예로 아마존에 카테고리 승인을 신청하는 방법에 대해 설명하겠습니다.

01 아마존 셀러 센트럴(https://sellercentral.amazon.com/)에 로그인 후 [재고] – [상품 개별 등록]을 클릭하여 상품 개별 등록 페이지에 접속합니다.

02 "아마존 카탈로그 먼저 검색"에 승인 받으려는 상품의 상품명이나 ASIN(아마존 상품 코드) 넘버 등을 입력하고 [검색]을 클릭합니다.

03 검색된 상품의 [리스팅 제한 사항 적용]을 클릭 하고 [승인 요청]을 클릭합니다.

04 판매 신청 화면에서 [승인 요청] 버튼을 클릭합니다.

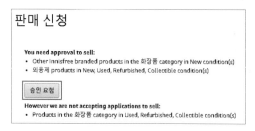

05 하위 카테고리에 대한 판매 신청에서 [리셀러/유통업체]를 선택합니다. 제조업체일 경우 [제조업체]를 클릭합니다.

06 필수 서류 제출에 준비한 거래명세서를 등록합니다.

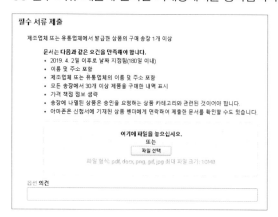

07 상품 라벨 또는 포장의 이미지에 준비한 상품 이미지를 등록합니다. 한번에 1개의 파일만 등록이 가능하니 여러 장의 사진인 경우 PDF나 워드(docx) 파일에 입력하여 파일 형식으로 등록하시기 바랍니다.

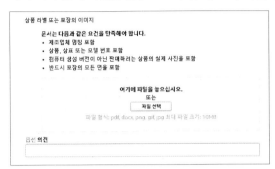

08 준비한 인증 서류에 맞는 유형을 선택 후 파일을 등록합니다.

09 모든 서류를 등록 하였다면 [이메일]에 아마존에서 사용하는 이메일 주소를 입력 후 [제출] 버튼을 클릭합니다.

4 _ 카테고리 승인 결과 확인

카테고리 승인 신청 후 평균 2-3일 안에 승인된 내역을 확인할 수 있습니다. 카테고리 승인을 확인하는 방법은 아래와 같습니다.

01 아마존 셀러 센트럴(https://sellercentral.amazon.com/)에 로그인 후 [재고] – [상품 개별 등록]을 클릭하여 상품 개별 등록 페이지에 접속하여 [판매 애플리케이션을 관리하려면 여기를 클릭]을 클릭합니다.

02 신청한 화장품 카테고리 신청이 승인된 것을 확인할 수 있습니다. 이제 화장품 카테고리에 상품을 등록할 수 있습니다.

05 _ 아마존 브랜드 승인(Brand Approval)

아마존에 특정 브랜드의 경우 승인을 받아야 판매를 할 수 있는 브랜드들이 있습니다. 아마존에서 제한된 브랜드 리스트는 공개하고 있지 않고 상품을 등록 하려 할 경우 다음 그림과 같이 브랜드 승인이 필요하다고 표시됩니다. 제한 브랜드는 Brand Owner 또는 제조업체에서 아마존에 제한 브랜드로 등록하였기 때문입니다. 이런 경우에는 브랜드 승인을 받아야 판매를 할 수 있습니다.

1 _ 브랜드 승인 준비 서류

브랜드 승인에 필요한 서류는 아래와 같습니다. 제출한 서류가 가짜일 경우에는 승인 취소 및 계정 삭제 등을 받을 수 있으니 제조업체 또는 유통업체에서 받은 정확한 서류만을 제출하여야 합니다.

제출 서류	제출 서류 포함 사항
거래명세서(invoice)	• 제조업체 또는 유통업체에서 발급한 상품의 구매 송장 1개 이상 • 최근 180일 이내에 발급된 구매 송장 • 구매자의 이름 및 주소 포함 • 제조업체 또는 유통업체의 이름 및 주소 포함 • 단품 10개 이상의 일괄 구매를 증명하는 자료 • 가격 책정 정보 생략 가능 • 아마존은 신청서에 기재된 상품 벤더에게 연락하여 제출한 문서를 확인할 수도 있습니다.

2 _ 브랜드 승인 신청

화장품 브랜드를 예로 아마존에 브랜드 승인을 신청하는 방법에 대해 설명하겠습니다.

01 아마존 셀러 센트럴(https://sellercentral.amazon.com/)에 로그인 후 [재고] – [상품 개별 등록]을 클릭하여 상품 개별 등록 페이지에 접속합니다.

02 "아마존 카탈로그 먼저 검색"에 승인 받으려는 브랜드명이나 ASIN(아마존 상품 코드) 넘버 등을 입력하고 [검색]을 클릭합니다. 검색된 브랜드 상품을 선택 후 [리스팅 제한 사항 적용]을 클릭하여 [승인 요청]을 클릭합니다.

03 판매 신청 화면에서 [승인 요청] 버튼을 클릭합니다.

04 필수 서류 제출에 준비한 거래명세서를 등록합니다.

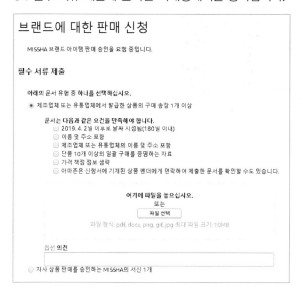

05 거래명세서를 등록 하였다면 [이메일]에 아마존에서 사용하는 이메일 주소를 입력 후 [제출] 버튼을 클릭합니다.

3 _ 브랜드 승인 결과 확인

브랜드 승인 신청 후 평균 2~3일 안에 승인된 내역을 확인할 수 있습니다. 브랜드 승인을 확인하는
방법은 아래와 같습니다.

01 아마존 셀러 센트럴(https://sellercentral.amazon.com/)에 로그인 후 [재고] – [상품 개별 등록]을 클릭하
여 상품 개별 등록 페이지에 접속하여 [판매 애플리케이션을 관리하려면 여기를 클릭]을 클릭합니다.

02 신청한 브랜드 신청이 승인된 것을 확인할 수 있습니다. 이제 신청한 브랜드 상품을 등록 할 수 있습니다.

06 _ 아마존의 시장 조사 방법

이번 장에서는 아마존 내에서 상품을 검색하고 그 상품에 대해 분석하는 방법에 대해 설명하겠습니다. 아마존 시장 조사 방법에는 아마존 내에서 찾아보는 방법이 있고 정글스카우트(https://www.junglescout.com/) 같은 Third-party를 통한 시장 조사 방법이 있습니다. 아래는 한국 아마존 셀러들의 각 나라별로 판매하고 있는 매출 상위 5개 카테고리입니다.

No.	미국 아마존	유럽 아마존	일본 아마존
1	의류	뷰티	의류
2	뷰티	전자제품	건강/개인관리 용품
3	건강/개인관리 용품	음반	PC
4	사무용품	완구	신발
5	PC	무선 전자기기 및 악세서리	스포츠

1 _ 상품 검색 및 랭킹(Ranking) 확인하기

앞서 "Chapter 01 아마존에 대해 알아보자 - Lesson 02 아마존닷컴 눌러보기"에서 설명 했던 것 같이 아마존은 배송 위치에 따라 검색 결과가 다르게 나타나니 그 점을 유의하여 상품 검색을 하시기 바랍니다. 미국 아마존에서 한국셀러들이 많이 판매하는 제품은 "의류" 카테고리이니 "의류" 카테고리 중 "양말"을 검색해 상품 및 아마존 내에서의 랭킹을 확인해 보겠습니다.

01 아마존닷컴(https://www.amazon.com/)에 접속 후 검색 바에 "Socks"를 입력하고 검색해 보겠습니다.

02 검색 결과에서 맘에 드는 "IDEGG Women and Men No Show Socks Low Cut Anti-slid Cotton Athletic Casual Socks"을 클릭하겠습니다.

03 아래 보이는 상품은 "IDEGG"라는 브랜드 상품입니다. "Amazon's Choice"라는 마크가 달려 있는 것을 확인할 수 있는데 아마존 초이스(Amazon's Choice)는 "즉시 배송 할 수 있는 높은 등급의 저렴한 상품"을 뜻하는 아마존에서 부여하는 마크입니다. 아마존에서는 "Amazon's Choice" 마크 부여에 대한 자세한 설명을 하지는 않지만 그 동안의 여러 경험과 해외 전문업체들의 발표 자료에 따르면 아래와 같은 경우 부여되는 경우가 많았습니다.

- 인기가 많으며 동일한 것을 검색 한 고객이 자주 구매할 경우
- 고객 평가가 높을 경우
- Prime을 통해 신속하게 배송할 수 있을 경우
- 아마존이 판매하지는 않지만 FBA에서 배송되는 경우
- 고객이 다른 상품에 비해 저렴하게 구매할 수 있을 경우
- 다른 상품들에 비해 경쟁력있는 가격일 경우

이와 같이 다음 그림의 상품은 "womens no show socks"에서 "Amazon's Choice" 마크를 받고 있으며 646명의 구매자들의 리뷰를 받았습니다.

04 하단의 "Product Description"에서 "Amazon Best Sellers Rank(BSR)"을 확인해 보겠습니다.

Shipping Information: View shipping rates and policies
ASIN: B07WV49Q56
Date first listed on Amazon: August 22, 2019
Amazon Best Sellers Rank: #227 in Clothing, Shoes & Jewelry (See Top 100 in Clothing, Shoes & Jewelry)
#1 in Women's Casual Socks
Average Customer Review: ☆☆☆☆☆ ∨ 646 customer reviews
If you are a seller for this product, would you like to **suggest updates through seller support?**

현재 검색한 상품은 "Clothing, Shoes & Jewelry" 카테고리 내에서 "227위"를 차지하고 있으며 "Women's Casual Socks"에서는 "1위"를 차지하고 있을 것을 확인할 수 있습니다. 처음 등록된 날짜(Date first listed on Amazon)를 확인하니 2019년 8월 22일에 아마존에 등록된 상품입니다. 굉장히 빠르게 성장한 상품인 것을 확인할 수 있습니다.
브랜드 효과를 받았을 수도 있지만 그만큼 셀러가 관리를 잘하여 리뷰도 잘 받았기 때문에 빠르게 성장한 상품이라고 판단됩니다.

05 빠르게 성장한 상품이니 그만큼 고객의 리뷰가 많은 도움이 되었을 것입니다. 하단의 고객 리뷰를 확인해 보니 5점 만점 중에 4.7점을 받고 있으며 상품 노출에 Benefit 되는 고객 리뷰 이미지들도 많이 등록되어 있습니다. 그만큼 구매자들의 상품에 대한 평이 좋은 상품이라는 것을 알 수 있습니다.

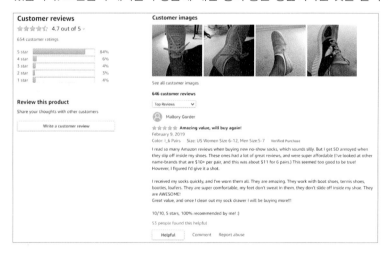

06 다음으로는 가격부분에 표시된 다른 셀러 보기 "Other Sellers on Amazon"를 클릭해서 동일한 상품을 판매하는 셀러를 확인해 보겠습니다.
현재 같은 셀러가 동일한 상품을 따로따로 FBA에 입고하여 상품을 관리하고 있는 것을 확인할 수 있습니다. 이 셀러는 동일한 상품을 여러 셀러가 판매하는 것처럼 보이게 전략을 세운 것으로 보입니다. 아마 동일한 상품을 여러 명의 셀러가 판매하면 Benefit 받는 형식을 이용한 것 같습니다.

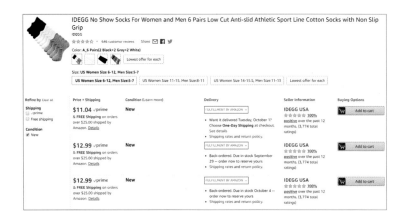

07 "Seller Information" 부분의 셀러 아이디를 클릭하면 다음 그림과 같이 셀러가 그 동안 받은 고객의 평가, 즉 피드백을 확인할 수 있습니다. 이 셀러의 경우 활동기간(Lifetime) 동안 받은 긍정적인 피드백(Positive)가 99%를 차지하고 있는 것으로 보아 상품 관리나 고객 관리를 잘하는 셀러인 것 같습니다. 이러하니 당연히 상품 판매가 잘 될 수밖에 없습니다. 아마존 판매에서 가장 중요한 것은 역시 상품 관리와 고객 관리인 것 같습니다. 그래야 리뷰도 빨리 받을 수 있고 상품 랭킹도 상승해서 안정적인 매출과 노출로 광고비를 줄일 수 있을 테니까요.

지금까지 아마존에서 상품을 검색하는 방법과 상품 랭킹, 셀러의 전략 등을 확인하였습니다. 다음으로는 아마존 내에서 판매가 잘되는 상품들에 대해서 알아보겠습니다.

2 _ 아마존 내에서 찾아보기

아마존은 판매가 잘되는 상품을 카테고리 별로 분류하여 보여지는 페이지도 있고 새로 등록된 상품 중 인기 있는 상품들을 볼 수 있는 페이지도 있으며 24시간 동안 인기가 급등하는 상품을 볼 수 있는 곳도 있습니다. 각 페이지 별로 확인하는 링크와 방법에 대해 알아보겠습니다. 인기가 있는 상품들은 그만큼의 이유가 있습니다. 하나씩 확인해보며 왜 인기가 있는지 확인해 보시기 바랍니다.

1) 아마존 Best Sellers 확인하기

"Amazon Best Sellers"(https://www.amazon.com/gp/bestsellers)는 지금 아마존에서 가장 인기 있는 상품을 볼 수 있는 곳입니다. 인기 상품의 기준은 매출액을 기준으로 하고 있으며 1시간 간격으로 업데이트됩니다. 카테고리별로 클릭해 보며 어떤 상품들이 인기 있는지 확인해 보시길 추천 드립니다.

2) Amazon New Releases 확인하기

"Amazon New Releases"(https://www.amazon.com/gp/new-releases)는 이제 막 출시되었거나 출시 예정 상품 중 인기 있는 상품을 볼 수 있는 곳으로 1시간 간격으로 업데이트됩니다.

3) Amazon Movers & Shakers 확인하기

"Amazon Movers & Shakers"(https://www.amazon.com/gp/movers-and-shakers)는 지난 24시간 동안 판매 순위가 가장 많이 급등한 상품을 보여주는 곳으로 1시간 간격으로 업데이트됩니다.

4) Amazon Most Wished For 확인하기

"Amazon Most Wished For"(https://www.amazon.com/gp/most-wished-for)는 아마존을 방문한 고객들이 위시 리스트와 레지스트리에 가장 많이 담긴 상품을 볼 수 있으며 매일 업데이트됩니다.

5) Amazon Gift Ideas 확인하기

"Amazon Gift Ideas"(https://www.amazon.com/gp/most-gifted)는 고객들이 "선물포장" 옵션으로 가장 많이 구매한 상품을 볼 수 있는 곳이며 매일 업데이트됩니다.

3 _ 해외 온라인 리뷰사이트를 통한 시장 조사

해외 BuzzFeed(https://www.buzzfeed.com/shopping/amazon)에 방문하면 구매자들이 아마존에 남긴 리뷰를 토대로 아마존에서 인기 있는 상품들을 확인할 수 있습니다. BuzzFeed에 방문하여 현재 어떠한 상품들이 인기 있는지 참고하여 비슷한 상품을 소싱해 보시길 추천드립니다. 실제 저자도 이 곳에서 영감을 받아 판매하고 있는 상품들이 많을 정도입니다.

4 _ Third-party Service 통한 시장 조사

아마존 상품 분석 툴 중에서 가장 유명하고 성능이 좋은 것을 따지자면 junglescout(https://www.junglescout.com)일 것입니다.

정글스카우트는 미국, 영국 등 각 마켓플레이스 별로 인기 있는 상품을 분석하여 판매량, 매출액, 상품 랭킹 등을 보여주며 ASIN 넘버 또는 상품 키워드 등을 입력해도 상품에 대해 분석해서 볼 수 있기 때문에 상품 소싱, 예상 매출액 등을 확인할 수 있는 유용한 Third-party 솔루션입니다.

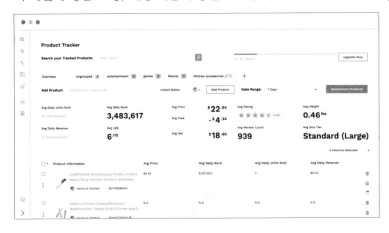

또한 Jungle Scout & Extension 버전을 사용하여 크롬으로 아마존에 접속하여 상품을 확인하면 상품 판매에 대한 추이를 바로 확인할 수 있기 때문에 상품 분석에 많은 시간을 절약할 수 있습니다.

정글스카우트는 유료 사이트로 가격은 아래와 같습니다.

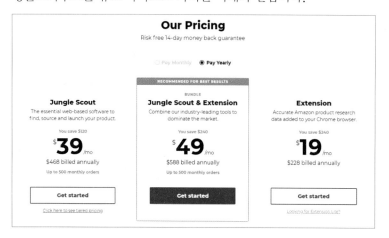

5 _ 전 세계 Amazon Top Seller 확인하기

해외의 Webretailer(https://www.webretailer.com/lean-commerce/top-amazon-marketplace-sellers/) 사이트에 방문하면 전 세계 아마존 TOP 셀러들을 확인할 수 있습니다. 또한, 미국, 영국 등 각 아마존 마켓플레이스 별로도 TOP 셀러들을 확인할 수 있기 때문에 마켓플레이스 별로 TOP 셀러는 누구인지 어떠한 상품들을 판매하고 있는지를 확인하여 상품을 소싱해 보는 것도 도움이 될 것입니다.

#	M'place	Store name	Total	Feedback				Pos %
				12 mo	3 mo	1 mo		
1 ▲		MEDIMOPS	5,842,090	455,367	103,684	34,848		39
2 ▼		musicMagpie	6,490,043	306,723	71,507	22,778		19
3 ▲		Pharmapacks	777,151	174,319	47,148	18,935		65
4 ▲		momox fr	1,006,471	157,634	35,265	9,810		19
5 ▼		World of Books Ltd	1,961,468	150,744	38,306	12,574		19
6 —		reBuy reCommerce G...	1,417,237	129,435	34,228	10,504		76
7 ▲		（株）バリューブックス 365 日毎日...	727,931	104,634	27,948	9,361		97
8		Appario Retail Pri...	100,205	100,171	40,793	16,215		98
9 ▲		AnkerDirect	792,718	100,142	26,631	6,892		33
10 ▲		AnkerDirect	426,336	93,891	17,106	4,511		99
				View More				

07 _ 아이템 소싱하기

상품 분석하는 방법을 알았다면 이제 동일한 상품이나 비슷한 상품을 어디서 소싱할지를 생각해 봐야 할 것입니다. 이번 장에서는 상품을 소싱할 수 있는 곳에 대해 설명하겠습니다. 아마존에서 판매를 위해 상품을 소싱하는 방법은 국내에서 소싱하는 방법이 있고 해외에서 소싱하는 방법이 있습니다. 국내와 해외에서 소싱하는 두 가지 방법에 대해 설명해 보겠습니다.

1 _ 국내에서 소싱하기

유통업을 처음 접하는 셀러의 경우 국내에서 제조업체를 찾는 것 조차도 힘이 들고 찾았다 해도 매입 수량과 매입 금액이 많이 들어가기 때문에 어려움을 겪게 될 것입니다. 단가가 조금 비싸기는 하나 우선은 소량으로 구매할 수 있는 온라인 도매를 통해 상품을 소싱해 보는 것을 추천드립니다. 그러다 판매량이 늘어나면 도매 원정을 찾아 거래를 해보는 것이 좋습니다.

1-1 온라인을 통한 도매업체 확인

국내에 온라인을 통해 도매업을 하고 있는 업체들은 굉장히 많습니다. 의류면 의류만 화장품이면 화장품만을 도매하는 카테고리 킬러 도매 사이트가 있고 여러 가지 품목들을 취급하는 도매 사이트가 있습니다. 상품을 소싱 하는 데 있어 중요하게 생각해야 할 것은 "자금의 회전율" 입니다. 아무리 좋은 상품을 찾았다고 한들 자금 융통이 어려워 매입하기가 힘들다면 그야말로 허탈한 일이 아닐 수 없을 것입니다. 또한, 급한 마음에 무작정 상품만을 매입하였다가 재고만 쌓이는 경우도 그러할 것입니다. 도매 업체를 통해 상품을 매입할 때에는 그만큼 신중을 기해야 한다는 것을 강조하고 싶습니다.

1) 여러 가지 품목을 도매하는 도매꾹

국내에서 여러 가지 품목을 도매하는 곳으로는 도매꾹(http://domeggook.com)이 가장 유명합니다. 도매꾹은 수입업체, 제조업체, 유통업체 등 도매를 원하는 많은 업체들이 도매꾹에 상품을 등록하고 도매를 진행하는 도매 중계 플랫폼입니다. 그러다 보니 여러 가지 품목이 거래되고 있고 그만큼 활성화가 되어 있는 도매 사이트입니다. 도매꾹에서는 소량으로 구매도 가능하니 도매꾹을 통해 상품을 소싱해 보는 것도 좋을 것 같습니다.

2) 판촉물부터 시즌 상품까지 도매토피아

도매토피아는 판촉물부터 시즌 상품까지 아마존에서 판매 해볼만한 상품들이 모여있는 곳입니다. 사업자만 있으면 누구나 정회원으로 무료가입 가능하니 도매토피아를 통해 상품을 소싱해 보는 것도 좋을 것 같습니다.

3) 카테고리 킬러 도매 사이트

카테고리 킬러란 전문적으로 한 품목만을 진행하는 전문 도매 사이트를 말합니다. "도매차트(http://domechart.com/)" 사이트에 접속해 보면 카테고리 별로 전문 도소매 업체들에 대한 정보가 잘 정리 되어 있으니 판매하고자 하는 카테고리를 선정하여 상품을 소싱해 보는 것도 좋을 것 같습니다.

이 외에도 검색 사이트에서 "도매 사이트" 검색해 보면 많은 도소매 업체들을 확인할 수 있으니 조건에 맞는 업체와 거래를 진행해 보시길 추천드립니다.

1-2 오프라인을 통한 도매업체 확인

국내에서 오프라인으로 도매를 받을 수 있는 곳은 흔히들 알고 있는 동대문시장, 남대문시장, 창신동 문구/완구거리 등을 대표적으로 들 수 있습니다. 각 도매시장 별로 취급하는 품목들이 다르니 발품을 팔아 상품을 찾아 보는 것도 좋을 것 같습니다.

1) 동대문시장

동대문시장은 의류 도매시장으로는 가장 큰 시장이라 할 수 있습니다. 아래 표에 보이는 것과 같이 점포수가 35,000개에 이르고 있으며 원단부터 부자재, 종합의류 등 패션 상품에 관련한 모든 것들이 있는 시장이기 때문에 패션 관련 상품을 판매해 보고 싶은 셀러에게는 좋은 도매시장이라고 생각 합니다.

구분.	참가수	점포수	형태(주력품목)	상품목
전통 재래시장	10	12,500	종합의류, 원단, 부자재, 가죽, 신발, 가방, 악세사리 등 패션 관련업종 전체	광희, 남평화, 동평화, 동화, 신평화, 청평화, 벨포스트, 제일평화, 통일, 평화
신흥 도매시장	13	7,000	의류, 악세사리 등 패션 관련업종 전체	골든타운, 누존, 디자이너크럽, 서평화, 이트프라자, 올레오W, apm, 팀204, apMLUX, 테크노, 유어스, 디오트 엘리시움
복합 쇼핑몰	8	15,000	엔터테인먼트 쇼핑몰(패션관련업종 도·소매 및 주상복합 기능포함)	두타, 밀레오레, 현대시키아울렛, 헬로apM, 굿모닝시티, 맥스타일, 롯데피트인, apmPlace
기타	0	500	스포츠 관련용품 및 패션관련업종	지하상가, 일반상가 등
계	31	35,000	패션에 관한 모든 품목 제조 및 도·소매	

동대문 도매시장은 대형 상가가 총 31개(재래시장 10개, 신흥도매상가 13개, 복합쇼핑몰 등 8개)가 분포되어 있는 곳으로 야간 도매상가(pm9~am7) 22개, 24시간 영업상가 6개로 이루어져 있습니다.

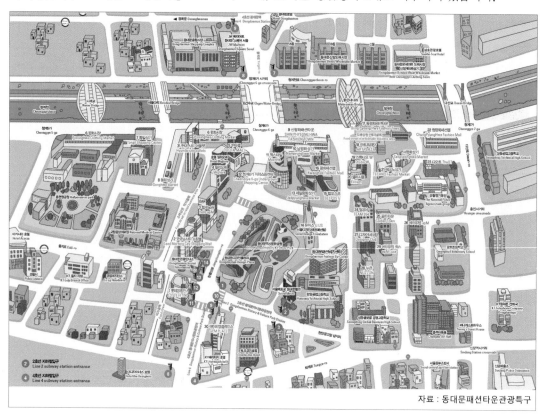

자료 : 동대문패션타운관광특구

동대문 도매시장에 대한 자세한 정보를 원하시면 "동대문패션타운관광특구(http://www.dft.co.kr/)" 사이트에 방문하여 [동대문패션상가]−[상가소개] 메뉴를 클릭합니다. 상단에 전체 지도 그림이 나타나고 그 아래에 다음 그림과 같이 상가배너가 나열됩니다. 상가 배너를 클릭하면 각 상가에 대한 자세한 정보를 확인할 수 있습니다.

2) 남대문시장

조선 태종 14년인 1414년 조정이 감독하는 시전 형태로 출발한 남대문시장은 광복 이후 남대문시장 상인연합회가 꾸려졌으며 1964년 건물주와 상인들이 공동 출자한 주식회사의 형태로 이어져 600년이 넘는 역사를 자랑하는 국가대표 전통시장입니다. 역사가 오래된 만큼 거래되는 품목도 다양하고 1일 방문객도 30만 명이 넘을 정도입니다.

주요정보			
대지면적	점포수	시장종사자수	1일 방문객
약 **2만평**	약 **10,172개**	상인포함 약 **5만명**	**30만명**
1일 외국인 방문객	1일 시장출입차량 대수	1일 반입 물동량	1일 반출 물동량
1만명	**1천7백대**	약 **1천8백톤**	약 **1천7백톤**
이용시간	주소		찾아오시는 길
상가(상점)별로 이용 시간이 다름	서울시특별시 중구 남대문시장 4길 21		4호선 회현역 5번, 6번, 7번 출구 도보 5분

남대문 시장은 의류·패션잡화, 액세서리, 아동복, 혼수용품, 주방용품 등 다양한 품목들을 구매할 수 있으며 먹을거리, 볼거리가 풍성한 시장입니다.

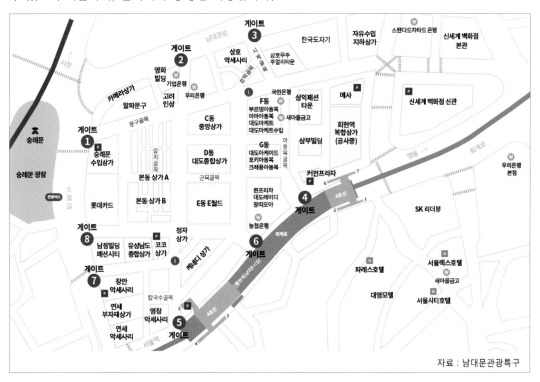

자료 : 남대문관광특구

남대문시장 도매업체들에 대한 자세한 정보는 "남대문관광특구(http://namdaemunmarket.co.kr)" 사이트에 접속 후 [살거리]를 클릭해 보시면 도매업체들에 대한 상세한 정보를 확인 하실 수 있습니다.

3) 창신동 문구완구거리

창신동 문구완구거리는 1960년대 들어서기 시작하여 지금은 120여개 점포가 운집한 국내에서 가장 큰 문구완구 전문 도매시장 입니다. 창신동 문구완구거리는 약 200여 미터 거리에 양 옆으로 늘어선 문구/완구점들이 채우고 있으며 시중가 보다 20~80%까지 싸게 구매를 할 수 있어 문구완구에 관심이 있는 셀러라면 방문해 보시길 추천드립니다.

자료 : 창신동 문구완구거리

창신동 문구완구거리에 대한 자세한 정보는 "창신동문구완구거리(https://changsintoys.modoo.at)" 사이트에 접속해 보시면 상가들에 대한 정보를 확인하실 수 있습니다.

2 _ 해외에서 소싱하기

국내뿐만 아니라 해외에서도 상품을 소싱할 수 있는데 많이 알고 있는 알리바바(https://www.alibaba.com/)나 글로벌소시스(https://www.globalsources.com/)를 통한 온라인 도매 사이트와 중국의 이우시장에 대해 알아보겠습니다.

2-1 온라인을 통한 도매업체 확인

해외 온라인을 통해 상품을 소싱하는 경우는 자신의 브랜드를 만들어 판매하려는 PL(Private Label) 방식이거나 제품에 대한 디자인이나 설계도를 주고 위탁 생산하는 OEM(original equipment manufacturing) 방식을 생각하고 있을 경우일 것입니다. 알리바바(https://www.alibaba.com/)를 통한 나만의 브랜드 만들기는 "Chapter 07 Amazon 글로벌로 확장하기 – Lesson 02 나만의 브랜드를 만들어 보자"에서 세부적으로 설명하기로 하고 이번 장에서는 도매 사이트에 대한 소개만 진행하도록 하겠습니다.

1) 알리바바(https://www.alibaba.com/)

1999년에 시작된 Alibaba.com은 세계적인 도매/무역을 위한 최고의 플랫폼입니다. 알리바바에서 판매하는 도매업체들은 완성된 제품을 판매하기도 하고 PL 제품을 생산해 주거나 OEM 생산을 해 주는 전문 도매상들입니다. 간단한 회원가입만으로 공급업체들과 연락할 수 있고 주문 결제도 신용카드나 Paypal을 사용하여 결제도 할 수 있기 때문에 더욱 쉽게 접근해 볼 수 있을 것입니다. 또한 공급자들의 평가 시스템이 잘 되어 있기 때문에 평점이 좋은 공급자에게 구매하면 믿을 수 있는 상품을 공급 받을 수 있습니다.

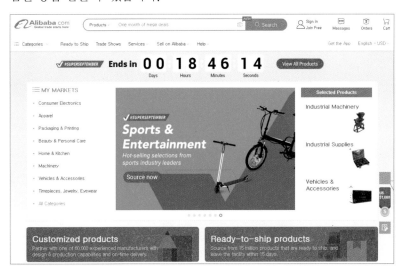

2) 글로벌소시스(https://www.globalsources.com/)

홍콩에 본사를 두고 있는 글로벌소시스는 벌써 창립 48주년이 되었습니다. 처음 글로벌소시스는 잡지를 발행하여 전 세계 업체의 제품을 소개하기 시작했고 현재는 온라인과 전시회 등을 통해 전 세계에 수 많은 B2B 업체들을 소개하고 있는 글로벌 기업입니다. 현재 글로벌소시스는 전 세계 40여 개 이상의 도시에서 약 2,700명의 직원들이 근무하고 있으며 한국지사가 있어 한국의 우수한 제품을 전 세계 소개하는 업무를 진행 중입니다. 글로벌소시스에서는 자동차부품에서부터 의류, 휴대폰 액세서리 등 많은 카테고리 공급업체들을 보유하고 있습니다. 글로벌소시스 구매 절차는 공급자에게 Inquire(문의메일)를 보내어 제품에 대한 정보와 주문 절차를 진행할 수 있는 방식입니다. 글로벌소시스를 통해 새로운 상품을 소싱해 보시길 추천드립니다.

2-2 오프라인을 통한 도매업체 확인

해외에서 가장 큰 도매시장을 뽑으라 하면 당연 중국의 "이우"시장일 것입니다. 중국 절강성 이우시에 위치한 이우 시장은 2019년 1월부터 8월까지 총 수출입액은 190.47십억(한화 약32조) 위안으로 지난해 같은 기간에 비해 11.5% 증가했습니다. 그 중 수출액은 18.41십억 위안으로 전년 대비 9.1 % 증가했으며 수입은 61억 6천만 위안으로 전년 대비 215% 증가했을 정도로 세계적으로 거래가 가장 많이 이루어지고 있으며 1500개가 넘는 카테고리와 32000가지의 다양한 상품으로 이루어진 세계에서 가장 큰 규모를 자랑하는 도매시장입니다.

이우시장은 총 5구역(5기) 4백만 평방미터(1,210,00평)로 구성되어 있는데 각 구역별로 거래되는 품목이 틀리기 때문에 구매하고자 하는 품목을 선정하지 않고 방문할 경우 길만 헤매게 되는 경우가 많으니 소싱해 보고 싶은 카테고리를 선정 후 방문하는 것을 추천드립니다.

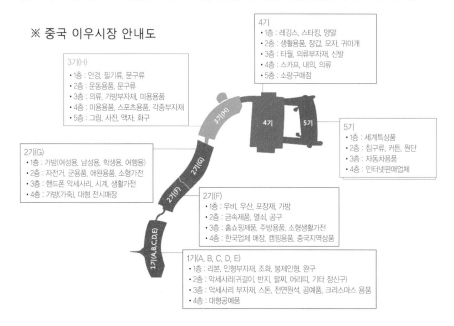

※ 중국 이우시장 안내도

3기(H)
- 1층 : 안경, 필기류, 문구류
- 2층 : 운동용품, 문구류
- 3층 : 의류, 가방부자재, 미용용품
- 4층 : 미용용품, 스포츠용품, 각종부자재
- 5층 : 그림, 사진, 액자, 화구

4기
- 1층 : 레깅스, 스타킹, 양말
- 2층 : 생활용품, 장갑, 모자, 귀마개
- 3층 : 타월, 의류부자재, 신발
- 4층 : 스카프, 내의, 의류
- 5층 : 소량구매점

5기
- 1층 : 세계특상품
- 2층 : 침구류, 커튼, 원단
- 3층 : 자동차용품
- 4층 : 인터넷판매업체

2기(G)
- 1층 : 가방(여성용, 남성용, 학생용, 여행용)
- 2층 : 자전거, 군용품, 애완용품, 소형가전
- 3층 : 핸드폰 악세사리, 시계, 생활가전
- 4층 : 가방(가죽), 대형 전시매장

2기(F)
- 1층 : 우비, 우산, 포장재, 가방
- 2층 : 금속제품, 열쇠, 공구
- 3층 : 홈쇼핑제품, 주방용품, 소형생활가전
- 4층 : 한국업체 매장, 캠핑용품, 중국지역상품

1기(A, B, C, D, E)
- 1층 : 리본, 인형부자재, 조화, 봉제인형, 완구
- 2층 : 악세사리(귀걸이, 반지, 팔찌, 머리띠, 기타 장신구)
- 3층 : 악세사리 부자재, 스톤, 천연원석, 공예품, 크리스마스 용품
- 4층 : 대형공예품

이우시장에 직접 방문하기 어렵다면 이우코리아(http://www.yiwukorea.com/) 같은 시장조사 및 상품 조사와 상품 구매 대행을 해주는 전문기업을 사용해 보아도 좋을 것 같습니다.

아마존 상품 등록하기

01 _ 등록 전 준비사항

아마존에 상품을 등록하기 전 준비해야 하는 사항으로는 상품 이미지에서부터 이익액 계산, 상품별 배송 방법 및 배송 비용 확인, 아마존 배송비 설정 등 여러 가지가 있을 것입니다. 이번 장에서는 상품을 등록하기 전에 준비해야 하는 사항에 대해 알아보겠습니다.

1 _ 상품에 대한 데이터 정리하기

아마존에 상품을 등록하기 위해서는 아마존 상품 등록 규정을 따라야 합니다. 상품 등록 시 최대한 아마존 규정이나 검색엔진에 최적화 하여야 상품 검색에 있어서 benefit을 받을 수 있으니 규정에 맞추어 등록하시길 추천드립니다. 그럼, 상품 등록 규정과 이미지 규정, 상품 설명 페이지 등에 대해 알아보겠습니다.

1) 상품명 요건

상품명 요건은 전 세계 모든 아마존 마켓플레이스에 있는 모든 제품(미디어 제외)에 적용됩니다. 검색 결과에서 노출되지 않는 원인이 될 수 있는 네 가지 기준은 다음과 같습니다.

❶ 상품명은 공백을 포함하여 200자를 초과할 수 없습니다.
❷ 상품명에는 다음과 같은 프로모션 문구가 포함될 수 없습니다. "free shipping", "100% quality guaranteed".
❸ 상품명에는 다음과 같은 장식 문자가 포함될 수 없습니다. ~ ! * $? _ ~ { } # 〈 〉| * ; ^ ¬ |
❹ 상품명에는 다음과 같은 상품 식별 정보가 포함되어야 합니다. "hiking boots" 또는 "umbrella".

이 기준을 충족하지 않을 경우 검색 결과에서 제외 될 수 있습니다.

2) 이미지 규정

각 상품 카테고리에 적용되는 모든 아마존 이미지 표준의 전체 목록은 해당 카테고리의 스타일 가이드에서 확인할 수 있습니다. 아마존에 업로드하는 이미지는 다음 요건을 준수해야 하므로 꼼꼼히 읽어보시기 바랍니다. 중복 또는 충돌이 발생할 경우 각 카테고리의 가이드라인이 우선 적용된다는 점에 유의하시기 바랍니다.

❶ 이미지는 상품을 정확히 나타내야 하며 판매할 상품만 보여 주어야 합니다.

❷ 해당 상품과 상품에 대한 모든 특징이 분명하게 표시되어야 합니다.

❸ 기본 이미지의 배경은 순백색이어야 합니다.(아마존 검색 및 상품 상세 페이지와 조화를 이루는 순백색 – RGB 색상값 255, 255, 255).

❹ 기본 이미지는 실제 상품에 대한 전문적인 사진이어야 합니다. 제공 상품에 포함되지 않은 악세사리, 고객에게 혼란을 줄 수 있는 지지대, 상품 일부로 포함되지 않은 텍스트 또는 로고/워터마크/삽화 이미지를 기본 이미지로 표시할 수 없습니다.

❺ 이미지는 상품 이름과 일치해야 합니다.

❻ 이미지의 높이 또는 너비는 1,001픽셀 이상이어야 합니다. 이 최소 크기 요건을 준수해야 웹사이트에서 확대/축소 기능을 이용할 수 있습니다. 확대/축소 기능이 판매량을 높인 것으로 입증되었습니다. 허용되는 최소 크기 파일의 가장 긴 면은 500픽셀입니다.

❼ 이미지의 가장 긴 변이 10,000픽셀을 초과하지 않아야 합니다.

❽ 아마존에서는 JPEG(.jpg), TIFF(.tif) 또는 GIF(.gif) 파일 형식을 허용하지만 JPEG가 선호됩니다.

❾ 애니메이션 .gif는 아마존 서버에서 지원되지 않습니다.

❿ 이미지에는 누드 또는 외설적인 내용이 포함되어 있어서는 안 됩니다.

⓫ 그 외 의류, 의류 악세사리, 신발, 핸드백, 여행 가방, 쥬얼리 카테고리의 기본 이미지에서 금지되는 사항이 있습니다.

⓬ 이미지 규정에 대한 예제는 아래와 같습니다.

3) 상품 상세 페이지(Description)

일반적인 아마존 상품 상세 페이지는 텍스트(Text) 형식으로만 작성이 가능합니다. HTML은 허용하지 않으며 기본적으로 텍스트를 굵게 하는 〈b〉태그와 줄 바꿈인 〈br〉태그만 사용 가능합니다. 상품 상세 페이지의 규정은 등록하는 상품과 관련이 있어야 하며 최대 2,000자 이내입니다. 이외의 특별한 규정은 없습니다.

흔히 국내의 오픈마켓과 같은 이미지를 이용한 상품 상세 페이지는 브랜드 등록자의 "A+ 내용 관리자(브랜드 강화 컨텐츠)"에서만 제작할 수 있습니다. "A+ 내용 관리자(브랜드 강화 컨텐츠)"에 대한 예제는 아래와 같습니다.

4) 상품 가격 기준

아마존의 상품 가격은 개인으로 등록한 셀러의 경우 $10,000를 초과하는 가격으로 상품을 등록할 수 없습니다. 프로페셔널 셀러는 $300,000를 초과하는 가격으로 상품을 등록할 수 없는 것이 규정입니다. 하지만, 수집품 관련 상품에는 적용되지 않습니다.

2 _ 상품별 MG 계산하기

아마존의 수수료는 판매수수료와 FBA 이용료 등 여러 가지 수수료가 있습니다. 상품에 대한 각종 수수료와 매입가 등을 기준으로 이익액을 계산할 수 있어야 판매를 했을 때도 역 마진을 보지 않기 때문에 마진(MG) 계산을 필수로 해보시길 추천드립니다.

아마존에서 지원하는 "Fulfillment by Amazon Revenue Calculator(https://sellercentral. amazon.com/hz/fba/profitabilitycalculator/index?lang=en_US)"를 사용하여 FBA 비용 계산에 서부터 셀러 직접 배송에 대한 계산 등 정확한 마진을 계산을 할 수 있습니다.

01 "Fulfillment by Amazon Revenue Calculator(https://sellercentral.amazon.com/hz/fba/profitabilitycalculator/index?lang=en_US)"에 접속하여 검색 바에 상품명이나 ASIN 넘버를 입력합니다. 만약, 아마존에 등록되어 있지 않은 상품이라면 비슷한 상품을 찾아 검색하여 사용해도 됩니다.

02 각 부분별로 판매가 등을 입력합니다.

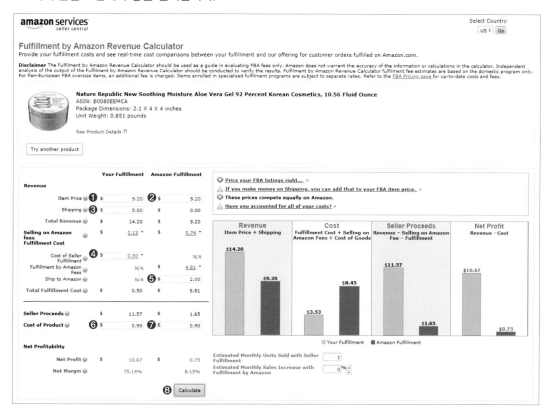

❶ 셀러가 직접 발송할 때의 판매가를 입력합니다.

❷ FBA로 판매할 때의 판매가를 입력합니다.

❸ 셀러가 직접 발송할 때의 배송비를 입력합니다. (K-Packet 또는 EMS 등)

❹ 상품 포장 등의 상품 관리 비용을 측정하여 입력합니다.

❺ FBA로 보낼 때의 배송비를 입력합니다. 예를 들어 100개를 FBA로 보냈을 시 DHL 배송비가 $200이 발생했다면 $200 / 100개 = 개당 DHL 배송비는 $2.00 입니다.

❻~❼ 상품의 사입가 또는 원가를 입력합니다.

❽ [Calculate] 버튼을 클릭합니다.

03 계산된 이익액을 확인하여 판매가 적절한지 확인합니다.

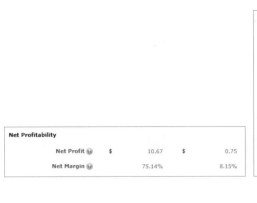

3 _ 해외 배송 이해하기

아마존 구매자들은 배송비와 배송기간에 대해 굉장히 민감한 편입니다. 아마존 프라임 회원 (Amazon Prime member)은 이틀 내에 무료로 배송을 받을 수 있기 때문에 FBA 상품을 선호하는 경우가 많으며 해외에서 배송되는 상품에 대해서는 구매를 꺼려하는 경우도 많습니다.

아마존에서는 셀러가 설정한 배송 옵션으로 그 상품에 대한 배송 예정일이 표시됩니다. 만약, 여러 분이 상품을 구매해야 한다면 배송 기간이 "도착까지 약2-3주 소요"라고 표시된 상품을 구매하려 하지는 않을 것입니다. 그래서 FBA를 사용하는 셀러들이 많고 구매자도 FBA 상품을 선호하는 것입 니다. 하지만, 상품에 따라서는 셀러 직접 배송(FBM/MFN)을 사용하는 경우도 있습니다. 그럼, 셀 러 직접 배송을 해야 하는 경우와 FBA를 이용하는 경우에 대해 설명하겠습니다.

3-1 상품별 배송 방법 선택하기

"이 상품은 무조건 FBA를 사용해야 한다"는 형식의 아마존 규정은 없습니다. FBA 이용에 대한 사 항은 권장 사항이지 필수 사항이 아니기 때문입니다. 그럼, 셀러 직접 배송과 FBA 배송에 대한 선택 은 어떻게 하는 것이 좋을까요? 그건 셀러가 결정하는 문제이기 때문에 아마존에서 시장 조사를 해 보고 FBA를 이용할지 아니면, 셀러 직접 배송으로 처리할지를 선택해야 할 것입니다. 그 기준은 이 렇게 잡으면 좋을 것 같습니다.

예를 들어 비슷한 상품이나 동일한 상품을 판매하고 있는 기존 셀러가 FBA를 이용하는 비율이 많다 면 당연히 FBA를 사용하여야 할 것입니다. 하지만, 반대로 FBA 보다는 셀러 직접 배송이 많은 경우 에는 셀러 직접 배송을 선택해 보아도 좋을 것입니다. 그럼, 셀러 직접 배송과 FBA 배송에 대해 알 아보겠습니다.

1) 셀러 직접 배송(FBM/MFN)

셀러 직접 배송은 셀러가 상품을 직접 발송하는 것으로 우체국의 K-Packet 또는 EMS, DHL 등의 특송 업체 등 여러 가지 해외배송 서비스를 이용할 수 있습니다.

상품을 등록하기 전에 판매할 상품에 대한 무게나 사이즈를 측정해 두는 것이 중요하며 상품의 무게나 사이즈를 알고 있어야 셀러 직접 배송(FBM/MFN) 시 배송비를 계산할 수 있고 상품 등록 시 입력해야 하는 상품의 무게 및 사이즈 부분에도 입력 할 수 있습니다. 또한, 취급하는 상품에 따라 포장재도 틀려질 수 있으므로 상품에 맞는 포장자재를 선택하는 것도 중요한 점입니다.

아래의 표는 카테고리 별로 선택해볼 만한 배송 서비스에 대해 정리해둔 표입니다. 각 배송 별로 최대 규격과 최대 중량이 있으니 판매하려는 상품에 맞는 배송 서비스를 선택하시길 추천드립니다.

Categories	Clothing, Shoes & Accessories / Health & Beauty / DVDs & Movies / Jewelry / Cameras & Photo / Business & Industrial / Cell Phones & PDAs			Clothing, Shoes & Accessories / Consumer Electronics / Business & Industrial / Automotive			Home & Garden / Consumer Electronics / Business & Industrial		
배송방법 선택 기준	분류기준 / 배송방법	서장	K-Packet	분류기준 / 배송방법	국제소포	EMS	분류기준 / 배송방법	EMS	DHL
	최대규격 (길이+폭+두께)	900mm 이하	900mm 이하	최대규격 (길이+폭+두께)	2000mm 이하	2740mm 이하	최대규격 (길이+폭+두께)	2740mm 이하	해당 문서 참조
	최대 중량	2kg	2kg	최대 중량	20kg	30kg	최대 중량	30kg	
	Tracking No.	○ (RR 추가시)	○	Tracking No.	○	○	Tracking No.	○	○
배송방법					EMS		EMS	DHL	

2) FBA(Fulfillment by Amazon) 배송

FBA(Fulfillment by Amazon)는 아마존에 의한 주문 처리 서비스로, FBA를 이용하면 아마존이 셀러들을 대신하여 상품 선별, 포장, 배송뿐만 아니라 고객 서비스와 반품을 관리합니다. 글로벌 셀러들이 미국 고객에게 상품을 판매하는 경우, 한국에서 미국의 고객에게 직접 배송을 할 필요 없이, 아마존의 FBA 물류센터에 상품을 보내놓기만 하면 아마존이 미국 전역의 고객에게 이틀 내 무료배송, 고객 CS까지 모두 처리해 주는 유료 서비스입니다. FBA 배송 서비스는 아래와 같이 4가지 종류로 나누어져 있습니다.

❶ FBA 스몰 앤 라이트(Small and Light)

FBA 스몰 앤 라이트 서비스는 소형/경량의 저가 FBA 재고 상품에 대한 주문 처리 비용을 줄일 수 있는 프로그램입니다. 등록하기 위해서는 다음의 조건들을 모두 충족하여야 합니다.

- 15온스(약 425그램) 이하의 무게
- 16 x 9 x 4 인치 이하의 너비
- 15달러 이하의 가격

FBA 스몰 앤 라이트 프로그램 수수료는 아래와 같습니다.

주문유형	주문 처리 수수료	스몰 앤 라이트
가격이 $5.00 이하 아이템	주문 취급	주문당 $0.80
	선별 포장	단품당 $0.75
	중량 취급(단위 중량 + 포장 중량²)	oz당 $0.11(단품당 최대 15oz)(가장 근접한 정수 oz로 반올림)
가격이 $5.00 초과 아이템	주문 취급	주문당 $1.00
	선별 및 포장	단품당 $0.75
	중량 취급(단위 중량 + 포장 중량²)	oz당 $0.11(단품당 최대 15oz)(가장 근접한 정수 oz로 반올림)

❷ FBA 정기 배송 할인 프로그램(Subscribe and Save)

아마존 고객은 정기 배송 할인 프로그램(Subscribe and Save) 을 통해 자주 사용하는 상품의 정기 반복 배송을 등록할 수 있습니다. 이 프로그램을 통해 주문 시 무료 배송과 함께 최대 5~15% 할인 혜택을 받습니다. 자격 요건을 갖춘 FBA 셀러는 본인의 FBA 상품을 정기 배송 할인 프로그램에 등록할 수 있습니다. FBA 정기배송 등록 조건은 아래와 같습니다.

- 어카운트 헬스 상태가 양호할 것
- 피드백 평점 4.7 이상
- 3개월 이상 FBA에서의 판매 이력
- 계정 설정에 정기 배송 할인 프로그램을 활성화하는 옵션이 없는 경우 프로그램 참여 자격이 없는 것입니다. 위 자격 조건을 충족하면 계정 설정에 이 옵션이 자동으로 추가됩니다.

FBA 정기 배송 할인 프로그램으로 적합 상품은 아래와 같습니다.

적격 상품 카테고리		
화장품	식료품 및 음료수	건강 및 유아용품
완구	전자제품	가정용 공구/주택 개조 용품
산업용품	주방용품	잔디 및 가든 용품
악기	사무용품	아웃도어 용품
애완용품	스포츠	자동차 부품 및 공구

❸ FBA Export

FBA Export는 셀러의 상품을 해당 마켓플레이스뿐만 아니라 전 세계 고객들이 구입할 수 있도록 아마존이 직접 수출 과정을 처리해 주는 프로그램입니다. FBA Export 프로그램에 대해서는 별도의 비용이 청구되지 않으며 미국 FBA 수수료만 내시면 됩니다. FBA Export 이용 가능한 상품은 [셀러 센트럴] – [보고서] – [주문 처리] – [좌측 재고] – [더 보기] – [수출 가능 재고 보고서]에서 확인 하실 수 있습니다.

① FBA Export는 미국 배송처리 센터에 있는 여러분의 FBA 재고를 활용합니다.

② 전세계에 위치한 고객들이 Amazon.com에서 여러분의 상품을 구매합니다.

③ 아마존이 추가 비용 없이 해당 상품들을 전세계에 배송해줍니다.

아마존을 통해 사업성장의 기회를 누려보세요!

▲ 자료 출처 : 아마존 코리아

FBA Export 등록 절차는 없으며 셀러 대부분은 FBA 수출 프로그램에 자동으로 등록됩니다. FBA 수출 등록 상태를 확인하려면 [셀러 센트럴] – [우측 상단 설정 메뉴] – [Fulfillment by Amazon(아마존 주문처리 서비스)] – [배송 프로그램 및 수출 설정] – [FBA 수출을 활성화 또는 비활성화]를 통해 확인하실 수 있습니다.

❹ 멀티 채널 주문 처리

멀티 채널 주문 처리는 아마존 주문 처리 센터에 보관된 재고를 활용하여 다른 판매 채널에서의 주문을 처리할 수 있는 서비스입니다. 예를 들어 자신의 영문쇼핑몰 등에서 판매된 주문을 FBA 멀티 채널 주문처리 서비스에 배송 요청을 신청하면 FBA에서 배송 요청한 곳으로 상품을 발송해 주는 유료 서비스입니다.

▲ 자료 출처 : 아마존 코리아

멀티 채널 주문 처리 서비스는 FBA를 사용하는 셀러라면 누구나 사용할 수 있습니다.

3-2 우체국 배송 서비스 확인

우체국을 통해 아마존 주문 상품 등을 해외로 배송할 수 있는 서비스는 K-Packet, 국제소포, EMS 등 3가지가 있습니다. 그 외에도 소형포장물이 있는데 소형포장물은 추적번호가 없기 때문에 아마존에서는 사용하시면 안됩니다. 만약 추적되지 않는 배송으로 발송을 할 경우 어카운트 헬스 부분의 "유효 추적율"이 하락하기 때문에 계정이 정지 될 수 있으니 유의하시기 바랍니다. 그럼, 우체국 해외 배송 서비스 중 K-Packet 및 EMS에 대해 알아보겠습니다.

우체국의 K-Packet과 EMS는 우체국과의 계약을 통해 이용 가능하며 계약 후 "계약고객전용시스템(https://biz.epost.go.kr/)"을 통해 송장 등록 및 출력을 하실 수 있습니다.

1) K-Packet

K-Packet은 온라인 전용상품으로 온라인으로 판매되는 소형물품(90cm이내, 2Kg까지)의 해외배송에 적합한 국제우편 서비스입니다. K-Packet의 미국 송장 번호는 "LI 123 456 789 KR" 9자리 형식으로 나오면 미국 우체국(https://www.usps.com/)에서 배송 조회가 가능합니다.

❶ K-Packet 요금표

중량(g)	호주	브라질	캐나다	중국	프랑스	독일	홍콩	인도네시아	일본	말레이시아	뉴질랜드	필리핀	러시아	싱가포르	스페인	대만	태국	영국	미국	베트남	1지역 국가	2지역 국가	3지역 국가	4지역 국가
100	4,670	5,010	5,330	4,220	5,510	5,140	4,160	4,680	4,170	4,880	4,510	4,480	5,400	4,710	5,430	4,120	4,620	5,170	4,750	4,210	4,170	4,680	4,870	5,070
200	6,080	6,510	6,960	5,330	7,180	6,700	5,250	5,800	5,260	6,040	5,890	5,550	7,040	5,830	7,080	5,200	5,720	6,740	6,190	4,840	5,260	5,800	6,350	6,590
300	7,500	8,020	8,580	6,430	8,850	8,270	6,340	6,910	6,360	7,210	7,260	6,620	8,680	6,960	8,730	6,280	6,830	8,300	7,630	5,470	6,350	6,920	7,830	8,110
400	8,920	9,520	10,200	7,540	10,530	9,830	7,420	8,030	7,450	8,380	8,630	7,690	10,320	8,090	10,380	7,350	7,930	9,870	9,080	6,100	7,440	8,040	9,310	9,630
500	10,360	11,020	11,840	8,670	12,220	11,410	8,540	9,150	8,570	9,540	10,020	8,760	11,990	9,210	12,060	8,460	9,040	11,470	10,540	6,730	8,560	9,160	10,810	11,150
600	11,460	12,390	13,100	9,550	13,520	12,630	9,410	10,210	9,440	10,650	11,090	9,770	13,260	10,280	13,340	9,320	10,090	12,690	11,660	7,360	9,430	10,220	11,960	12,540
700	12,560	13,770	14,360	10,430	14,820	13,840	10,280	11,270	10,310	11,750	12,150	10,790	14,540	11,340	14,620	10,180	11,130	13,910	12,780	7,990	10,300	11,280	13,110	13,930
800	13,660	15,140	15,620	11,320	16,120	15,050	11,140	12,330	11,180	12,860	13,220	11,800	15,810	12,410	15,900	11,040	12,180	15,120	13,900	8,620	11,170	12,340	14,260	15,320
900	14,770	16,520	16,880	12,200	17,420	16,270	12,010	13,390	12,050	13,960	14,290	12,820	17,090	13,480	17,180	11,900	13,220	16,340	15,020	9,250	11,610	13,400	15,410	16,710
1,000	15,890	17,910	18,160	13,090	18,750	17,500	12,890	14,450	12,930	15,070	15,370	13,830	18,390	14,540	18,490	12,770	14,270	17,590	16,160	9,880	12,050	14,460	16,250	18,120
1,100	16,910	19,730	19,980	13,870	19,710	18,450	13,660	15,650	13,700	15,950	16,910	14,980	20,230	15,750	19,630	13,530	15,460	19,090	17,780	10,510	12,490	15,660	17,630	19,960
1,200	17,930	21,550	21,800	14,650	20,670	19,400	14,430	16,850	14,470	16,830	18,450	16,130	22,070	16,960	20,770	14,290	16,640	20,590	19,400	11,140	12,930	16,860	18,740	21,800
1,300	18,950	23,370	23,620	15,430	21,630	20,350	15,200	17,500	15,240	17,710	19,990	17,270	23,910	17,160	21,910	15,050	17,370	22,090	21,020	11,770	13,370	18,060	19,850	23,640
1,400	19,970	25,190	25,440	16,210	22,590	21,300	15,960	18,210	16,010	18,590	21,530	18,420	25,750	18,000	23,050	15,810	18,100	23,590	22,630	12,400	13,810	19,260	20,960	25,480
1,500	20,990	27,000	27,250	17,030	23,550	22,250	16,770	18,930	16,820	19,470	23,060	19,580	27,590	18,500	24,190	16,620	18,830	25,090	24,250	13,030	14,250	20,470	22,070	27,320
1,600	22,010	28,630	28,300	17,490	24,510	23,200	17,230	19,640	17,280	20,350	24,440	20,460	29,230	19,500	25,330	17,070	19,570	26,590	25,700	13,660	14,690	21,670	23,180	28,970
1,700	23,030	30,270	29,350	17,960	25,470	24,150	17,690	20,360	17,740	21,230	25,810	21,340	30,870	20,000	26,470	17,520	20,300	28,090	27,140	14,260	15,130	22,870	24,290	30,620
1,800	24,050	31,900	30,400	18,430	26,430	25,100	18,150	21,070	18,200	22,110	27,180	22,220	32,520	21,000	27,310	17,980	21,000	29,590	28,580	14,920	15,570	24,070	25,400	32,270
1,900	25,070	33,530	31,450	18,890	27,390	26,050	18,610	21,790	18,670	22,990	28,550	23,100	34,160	22,000	28,270	18,430	21,800	31,090	30,020	15,550	16,010	25,270	26,510	33,920
2,000	26,090	35,160	32,500	19,390	28,350	27,000	19,100	22,500	19,160	23,870	29,960	23,980	35,840	23,000	29,170	18,920	22,500	32,590	31,510	16,180	16,450	26,470	27,620	35,570

❷ K-Packet 요금 감액

우체국과 셀러와의 이용계약에 따라 정기적으로 월 50만 원 초과하여 K-Packet을 발송하는 셀러의 경우 아래와 같이 후불로 요금을 감액 받을 수 있습니다.

(단위: 1개월, 만원)

이용금액	50 초과 ~100	100 초과 ~200	200 초과 ~300	300 초과 ~400	400 초과 ~500	500 초과 ~1,000	1,000 초과 ~3,000	3,000 초과 ~5,000	5,000 초과 ~10,000	10,000 초과 ~
감액률	5%	6%	7%	8%	9%	10%	12%	13%	14%	15%

❸ 특별 감액

아래 제휴된 국가로 K-Packet Light을 발송하는 셀러는 특별 감액을 받을 수 있습니다.

구분	감액요건 대상국가		감액률
전자상거래활성화	K-Packet Light를 이용하는 경우		5%
	미주 지역(2국)	미국, 캐나다	
	아·태지역(12국)	호주, 홍콩, 베트남, 일본, 싱가포르, 인도네시아, 말레이시아, 태국, 대만, 마카오, 인도, 뉴질랜드	
	유럽지역 등(6국)	브라질, 독일, 스페인, 프랑스, 영국, 러시아	

2) EMS

우체국과 EMS 이용계약을 체결하면 방문 픽업 서비스와 요금 후납 및 할인 등 각종 혜택을 받을 수 있으며 월간 이용 금액에 따라 최고 18%의 요금할인 혜택을 받을 수 있습니다.

❶ EMS 요금표

중량(kg)	호주	브라질	캐나다	중국	프랑스	독일	홍콩	인도네시아	일본	말레이시아	뉴질랜드	필리핀	러시아	싱가포르	스페인	대만	태국	영국	미국	베트남	1지역 국가	2지역 국가	3지역 국가	4지역 국가
0.5	23,000	32,000	29,000	23,500	26,000	30,500	22,500	19,000	17,500	17,500	26,000	18,500	32,500	15,000	28,500	17,500	18,500	33,000	26,500	17,500	20,500	20,500	30,500	33,000
0.75	26,000	35,000	31,000	25,000	28,000	33,000	23,500	20,000	24,500	19,000	26,000	19,500	35,500	16,500	30,500	18,000	20,000	35,000	30,000	18,000	21,500	22,000	32,500	36,000
1	29,000	38,000	33,000	26,500	29,500	35,000	24,500	21,000	25,500	20,500	28,000	20,500	38,500	18,000	32,500	19,000	21,000	37,000	33,500	19,000	22,500	23,500	34,500	39,000
1.25	32,000	41,000	35,000	28,000	31,500	37,000	25,500	22,500	27,500	22,000	30,500	21,500	41,500	19,500	35,000	20,000	22,000	39,000	37,000	20,000	23,500	25,000	36,500	42,000
1.5	35,000	44,500	37,000	30,000	33,000	39,000	26,500	23,500	28,500	23,500	32,500	23,000	44,500	21,000	37,000	21,000	23,000	41,000	40,500	21,000	24,500	26,500	38,500	45,000
1.75	38,500	47,500	39,500	31,500	35,000	41,000	27,500	24,500	31,000	25,000	35,000	24,000	48,000	22,500	39,500	21,500	24,000	42,500	44,000	21,500	25,500	28,000	40,500	48,000
2	41,500	50,500	41,500	32,500	36,500	43,500	28,500	25,500	33,000	26,500	37,500	25,000	51,000	24,000	41,500	22,500	25,000	44,500	47,500	22,500	26,500	29,500	42,500	51,000
2.5	46,500	56,500	45,500	34,000	40,000	47,000	30,000	27,500	34,500	29,000	41,500	26,500	56,000	26,000	45,500	24,000	27,000	48,000	54,500	24,000	28,500	32,000	46,500	56,500
3	51,000	62,000	49,000	35,500	43,000	50,500	31,500	30,000	38,500	31,500	45,500	28,500	60,500	28,500	49,500	25,500	29,000	51,500	61,000	25,500	30,500	35,000	50,000	62,000
3.5	56,000	68,000	53,000	37,000	46,500	54,000	33,000	32,000	38,000	34,000	50,000	30,000	65,500	30,500	53,500	27,000	31,000	55,000	68,000	27,000	32,000	37,500	54,000	69,500
4	60,500	74,000	57,000	39,000	50,000	58,000	34,500	34,000	40,000	36,500	54,000	32,000	70,500	33,000	57,500	28,500	33,000	58,500	74,500	28,500	34,000	40,500	58,000	77,000
4.5	65,500	79,500	60,500	40,500	53,000	61,500	35,500	36,000	41,500	39,000	58,500	33,500	75,500	35,500	62,000	29,500	34,500	62,000	81,500	29,500	36,000	43,000	61,500	85,000
5	70,000	87,500	64,500	42,000	56,500	65,000	37,000	38,000	43,000	41,500	62,500	35,500	80,500	37,500	66,500	31,000	36,500	65,500	88,000	31,000	38,000	46,000	65,500	92,500
5.5	75,000	95,500	68,500	44,000	59,500	68,500	38,500	40,000	45,000	44,000	67,000	37,000	85,000	40,000	71,000	32,500	38,500	68,500	95,000	32,500	39,500	48,500	69,000	100,000
6	80,000	103,500	72,000	45,500	63,000	72,500	40,000	42,000	46,500	46,500	71,000	39,000	90,000	42,500	75,500	34,000	40,500	72,000	102,000	34,000	41,500	51,000	73,000	107,500
6.5	84,500	111,500	76,500	47,000	66,000	76,000	41,500	44,000	48,500	49,000	75,500	40,500	95,000	44,500	80,000	36,000	42,500	76,500	108,500	36,000	43,500	54,000	78,000	115,000
7	89,500	119,500	80,500	48,500	70,500	80,000	43,000	46,000	50,000	51,500	80,000	42,500	100,000	47,000	84,500	37,500	44,000	80,500	115,500	37,500	45,500	56,500	83,000	123,000
7.5	94,000	128,000	84,500	50,500	75,000	84,500	44,500	48,000	51,500	54,500	84,000	44,500	104,500	49,500	88,500	39,500	46,000	84,500	122,000	39,500	48,000	59,500	88,000	130,500
8	99,000	136,000	89,000	52,000	79,500	88,500	46,000	50,000	53,500	57,000	88,500	46,500	109,500	51,500	93,000	41,500	48,500	89,000	129,000	41,500	50,500	61,000	93,000	138,000
8.5	104,000	144,000	93,000	53,500	84,000	93,000	48,000	52,000	55,000	60,000	93,000	48,500	114,500	54,000	97,500	43,500	51,000	93,000	135,500	43,500	52,500	66,000	97,500	145,500
9	108,500	152,000	97,500	55,500	88,500	97,000	50,000	54,000	57,000	63,000	97,500	50,500	119,500	56,500	102,000	45,500	53,000	97,500	142,500	45,500	55,000	70,500	102,500	153,000
9.5	113,500	160,000	101,500	57,000	93,000	101,000	52,000	56,000	58,500	66,000	101,500	53,000	124,500	58,500	106,500	47,000	55,500	101,500	149,500	47,000	57,500	75,500	107,500	160,500
10	118,000	168,000	105,500	58,500	97,500	105,500	54,000	58,500	60,000	68,500	106,000	55,000	128,500	61,000	111,000	49,000	58,000	105,500	156,000	49,000	60,000	80,500	112,500	168,500
10.5	123,000	176,000	110,000	60,000	101,500	109,500	56,000	61,500	62,000	71,500	110,500	57,000	132,500	62,500	115,500	51,000	60,500	110,000	163,000	51,000	62,500	85,000	117,500	176,000
11	127,500	184,000	114,000	62,000	106,000	114,000	58,000	64,000	63,500	74,500	115,000	59,000	137,000	65,500	119,500	53,000	63,000	114,000	169,500	53,000	64,500	90,000	122,500	183,500
11.5	132,500	192,000	118,500	63,500	110,500	118,000	60,000	67,000	65,500	77,500	119,000	61,500	141,000	68,000	124,000	54,500	65,000	118,000	176,500	54,500	67,000	95,000	127,500	191,000
12	137,500	200,000	122,500	65,000	115,000	122,500	62,000	69,500	67,000	80,000	123,500	63,500	145,000	70,500	128,500	56,500	67,500	122,500	183,500	56,500	69,000	99,500	132,500	198,500
12.5	142,000	208,000	126,500	67,000	119,500	126,500	64,000	72,000	69,000	83,000	128,000	65,500	149,500	72,500	133,000	58,500	70,000	126,500	190,000	58,500	71,500	104,500	137,500	206,000
13	147,000	216,000	131,000	68,500	124,000	130,500	66,000	75,000	70,500	86,000	132,000	67,500	154,000	75,000	137,500	60,500	72,500	131,000	197,000	60,500	74,000	109,000	142,500	214,000
13.5	151,500	224,000	135,000	70,000	128,500	135,000	68,000	77,500	71,500	89,000	136,500	69,500	157,500	77,500	142,000	62,500	74,500	135,000	203,500	62,500	76,000	114,000	147,500	221,500
14	156,500	232,000	139,500	72,000	133,000	139,000	70,000	80,500	73,500	92,000	141,000	72,000	161,500	79,500	146,000	64,000	77,000	139,000	210,500	64,000	78,500	119,000	152,500	229,000
14.5	161,500	240,000	143,500	73,500	137,500	143,500	72,000	83,000	75,000	94,500	145,500	74,000	166,000	82,000	150,500	66,000	79,500	143,500	217,000	66,000	81,000	123,500	157,500	236,500
15	166,000	248,000	148,000	75,500	141,500	147,500	74,000	86,000	76,500	97,500	149,500	76,000	170,000	84,500	155,000	68,000	82,000	147,500	224,000	68,000	83,000	128,500	162,000	244,000
15.5	171,000	256,000	152,000	76,500	146,000	152,000	76,000	88,500	78,000	100,500	154,000	78,000	174,000	86,500	159,500	70,000	84,500	151,500	231,000	70,000	85,500	133,500	167,000	252,000
16	175,500	264,000	156,000	78,500	150,500	156,000	77,500	91,500	79,500	103,500	158,500	80,500	178,500	89,000	164,000	72,000	86,500	156,000	237,500	72,000	88,000	138,000	172,000	259,500
16.5	180,500	272,000	160,500	80,500	155,000	160,500	79,500	94,000	81,000	106,000	163,000	82,500	182,500	91,000	168,500	73,500	89,000	160,500	244,500	73,500	90,000	143,000	177,000	267,000
17	185,000	280,000	164,500	82,500	159,500	164,500	81,500	97,000	82,500	109,000	167,000	84,500	186,500	93,500	172,500	75,500	91,500	164,500	251,000	75,500	92,500	148,000	182,000	274,500
17.5	190,000	288,000	169,000	84,500	164,500	168,500	83,500	99,500	84,000	112,000	171,500	86,500	191,000	96,000	177,000	77,500	94,000	168,500	258,000	77,500	95,000	152,500	187,000	282,000
18	195,000	296,000	173,000	86,500	168,500	173,000	85,500	102,000	85,500	115,000	176,000	88,500	195,000	98,000	181,500	79,500	96,000	172,500	264,500	79,500	97,000	157,500	192,000	289,500
18.5	199,500	304,500	177,000	88,500	173,000	177,000	87,500	105,000	87,000	117,500	180,500	91,000	199,000	100,500	186,000	81,500	98,500	177,000	271,500	81,500	99,500	162,000	197,000	297,500
19	204,500	312,500	181,500	90,000	177,500	181,500	89,500	107,500	88,500	120,500	184,500	93,000	203,500	103,000	190,500	83,000	101,000	181,000	278,500	83,000	102,000	167,000	202,000	305,000
19.5	209,000	320,500	185,500	92,000	181,500	185,500	91,500	110,500	90,000	123,500	189,000	95,000	207,500	105,000	195,000	85,000	103,500	185,000	285,000	85,000	104,500	172,000	207,000	312,500
20	214,000	328,500	190,000	94,000	186,000	190,000	93,500	113,000	91,500	126,500	193,500	97,000	211,500	107,500	199,500	87,000	105,500	189,500	292,000	87,000	106,500	176,500	212,000	320,000
20.5	219,000	336,500	194,000	96,000	190,500	194,000	95,500	116,000	93,000	129,500	197,500	99,000	215,500	110,000	203,500	89,000	108,000	193,500	298,500	89,000	109,000	181,500	217,000	327,500
21	223,500	344,500	198,000	98,000	195,000	198,000	97,500	118,500	94,500	132,000	202,000	101,500	220,000	112,000	208,000	91,000	110,500	198,000	305,500	91,000	111,500	186,500	221,500	335,500
21.5	228,500	352,500	202,500	100,000	199,500	202,500	99,500	121,500	96,000	135,000	206,500	103,500	224,000	114,500	212,500	92,500	113,000	202,000	312,000	92,500	113,500	191,000	226,500	343,000
22	233,000	360,500	206,500	102,000	204,000	206,500	101,500	124,000	97,500	138,000	211,000	105,500	228,000	117,000	217,000	94,500	115,500	206,000	319,000	94,500	116,000	196,000	231,500	350,500
22.5	238,000	368,500	211,000	103,500	208,500	211,000	103,500	126,500	99,000	141,000	215,000	107,500	232,500	119,000	221,500	96,500	117,500	210,500	326,000	96,500	118,500	200,500	236,500	358,000
23	243,000	376,500	215,000	105,500	213,000	215,000	105,500	129,500	100,500	143,500	219,000	110,000	236,500	121,500	226,000	98,500	120,000	214,500	332,500	98,500	120,500	205,500	241,500	365,500
23.5	247,500	384,500	219,000	107,500	217,500	219,500	107,500	132,000	102,000	146,500	224,000	112,000	240,500	124,000	230,000	100,000	122,500	218,500	339,500	100,000	123,000	210,500	246,500	373,000
24	252,500	392,500	223,500	109,500	221,500	223,500	109,500	135,000	103,500	149,500	228,500	114,000	245,000	126,000	234,500	102,000	125,000	223,000	346,000	102,000	125,500	215,000	251,500	381,000
24.5	257,000	400,500	227,500	111,500	226,000	228,000	111,500	137,500	105,000	152,500	232,500	116,000	249,000	128,500	239,000	104,000	127,000	227,000	353,000	104,000	127,500	220,000	256,500	388,500
25	262,000	408,500	232,000	113,500	230,500	232,000	112,500	140,500	106,500	155,000	237,000	118,000	253,000	131,000	243,500	106,000	129,500	231,500	360,000	106,000	130,000	225,000	261,500	396,000
25.5	266,500	416,500	236,000	115,500	235,000	236,000	115,500	143,000	108,000	158,000	241,500	120,500	257,500	133,000	248,000	108,000	132,000	235,500	366,500	108,000	132,500	229,500	266,500	403,500
26	271,500	424,500	240,000	117,000	239,500	240,500	117,000	146,000	109,500	161,000	246,000	122,500	261,500	135,500	252,500	109,500	134,500	239,500	373,500	109,500	134,500	234,500	271,500	411,000
26.5	276,500	432,500	244,500	119,000	244,000	244,500	119,000	148,500	111,000	164,000	250,000	124,500	265,500	138,000	257,000	111,500	136,500	244,000	380,000	111,500	137,000	239,500	276,500	418,500
27	281,000	440,500	248,500	121,000	248,500	249,000	121,000	151,500	112,500	167,000	254,500	126,500	269,500	140,000	261,000	113,500	139,000	248,000	387,000	113,500	139,500	244,000	281,500	426,500
27.5	286,000	448,500	253,000	123,000	253,000	253,000	123,000	154,000	114,000	169,500	259,000	129,000	274,000	142,500	265,500	115,500	141,500	252,000	393,500	115,500	141,500	249,000	286,000	434,000
28	290,500	456,500	257,000	125,000	257,500	257,500	125,000	156,500	115,500	172,500	263,000	131,000	278,000	145,000	270,000	117,500	144,000	256,500	400,500	117,500	144,000	253,500	291,000	441,500
28.5	295,500	464,500	261,500	127,000	261,500	261,500	127,000	159,000	117,000	175,500	267,500	133,000	282,000	147,000	274,500	119,000	146,500	260,500	407,500	119,000	146,500	258,500	296,000	449,000
29	300,500	472,500	265,500	129,000	266,000	265,500	129,000	162,000	118,500	178,500	272,000	135,000	286,500	149,500	279,000	121,000	149,000	265,000	414,000	121,000	149,000	263,500	301,000	456,500
29.5	305,000	481,000	269,500	130,500	270,500	270,000	131,000	165,000	120,000	181,000	276,500	137,000	290,500	151,500	283,500	123,000	151,500	269,000	421,000	123,000	151,500	268,000	306,000	464,500
30	310,000	489,000	274,000	132,500	275,000	274,000	133,000	167,500	121,500	184,000	280,500	139,500	294,500	154,000	287,500	125,000	153,500	273,000	427,500	125,000	153,500	273,000	311,000	472,000

❷ EMS 요금 감액

우체국과 셀러와의 이용계약에 따라 정기적으로 월 50만 원 초과하여 EMS를 발송하는 셀러의 경우 아래와 같이 후불로 요금을 감액 받을 수 있습니다.

(단위 : 1개월, 만원)

이용금액	30 초과 ~50	50 초과 ~150	150 초과 ~500	500 초과 ~1,000	1,000 초과 ~2,000	2,000 초과 ~5,000	5,000 초과 ~10,000	10,000 초과 ~20,000	20,000 초과
계약국제특급	-	4%	6%	8%	10%	12%	14%	16%	18%
수시국제특급	3%	4%	6%	8%	10%	12%	14%	16%	18%
일괄국제특급	-	2%		3%	4%	5%	6%	7%	8%

❸ 특별 감액

구분	감액요건	감액률
장기이용	- 계약기간이 1년을 초과하고 직전 계약기간 동안의 이용금액이 600만 원 이상인 경우	1%p
	- 계약기간이 3년을 초과하고 직전 계약기간 동안의 이용금액이 1억 원 이상인 경우 ※ 감액조건의 금액은 고시된 요금 (EMS 프리미엄은 요금표) 기준이며, 일괄계약 이용고객은 제외 ※ 직전 계약기간 중 6월 이상 이용실적이 있는 경우에 적용	2%p
접수비용 절감	- 인터넷 접수시스템(EMS우체국에접수)을 통해 접수 ※ EMS우체국에접수 또는 스마트접수시스템을 이용하는 창구고객 포함	5%p
	- EMS우체국에접수로 수출우편물 정보 또는 수출신고번호 제공 시	2%p
전자상거래 활성화	- 전자상거래 플랫폼(쇼핑몰 등)을 통해 고객의 주문을 받은 상품을 발송하는 업체 　한국온라인쇼핑협회 인증신청하기	3%p
	- EMS 특별협정을 맺은 국가로 방송하는 경우 - 중량 : 7kg 이하 - 대상국가 　·중국, 일본, 싱가포르 　·대만, 인도네시아, 말레이시아, 태국	15%p 5%p
	- 동일사업자 물류창고 통합감액 ※ 3개 이내의 물류창고를 가진 전자상거래기업과 이용계약을 체결할 경우 물류창고별 전체 이용금액을 합하여 감액 적용	
이용 활성화	- 우정사업본부가 이용활성화를 위하여 지정한 특정 기간 동안에 국제특급우편물 이용하는 경우 - 신규 상품 또는 서비스 도입 등을 위해 시범운영을 하는 경우 ※ 별도 계획에 따라 실시	0.5%~50%

3-3 우체국 K-Packet 및 EMS 계약

우체국의 해외 배송 서비스인 K-Packet 및 EMS는 누구나 가까운 우체국과 아래의 계약서를 작

성하여 계약을 체결할 수 있습니다. "계약고객전용시스템
(https://biz.epost.go.kr/)"을 통해 진행한 K-Packet 또
는 EMS는 계약된 우체국에서만 배송 처리를 할 수 있기
때문에 사무실 근처 우체국과 계약을 진행하시는 것이 좋
습니다.

3-4 국제 특송 서비스 확인

아마존에서 판매 시 부피가 큰 상품이거나 판매가가 비싼 상품의 경우 해외 특송업체를 사용하는 것이 안전하고 빠르며 아마존 FBA 창고에 입고를 위해서도 해외 특송업체를 사용하여야 합니다. 해외 특송업체 중 대표적인 업체로는 DHL, Fedex, UPS 등을 들 수 있으며 그 중 아마존 FBA에 가장 안전하게 도착하는 특송업체는 DHL을 들 수 있습니다. 다음은 특송업체들을 비교한 표입니다.

	FedEx®	UPS	DHL
주요시장	미국 중심(약 75%)의 전세계 네트워크	미국 중심(약 85%)의 전세계 네트워크	유럽 중심 (유럽 40%, 미국 22%, 아·태지역 16%)
네트워크의 형태	Hub & Spoke	Hub & Spoke	유럽 : Hub & Spoke 타지역 : Point-To-Point
이용 항공기	자사의 항공기	자사의 항공기	유럽·미국 : 자사의 항공기 아시아 : 타항공사 항공기
서비스의 구성	비교적 큰 패키지 (서류 10%)	비교적 큰 패키지 (서류 20%)	서류중심에서 TOTAL Solution 제공으로 변화

3-5 DHL 국제특송 계약

DHL의 계약은 고객센터 1588-0001 또는 홈페이지(http://www.dhl.co.kr/)를 통해 요청할 수 있습니다. 이용금액에 따라 할인을 적용 받을 수 있으며 계약 이후 MyDHL+(https://mydhl.express.dhl/kr/ko/auth/login.html)을 통해 송장 입력 및 출력 작업을 진행 할 수 있습니다.

4 _ 아마존 배송비 설정하기

우체국 또는 DHL에 계약이 완료되었다면 계약된 할인 금액으로 아마존에 배송비를 설정하여야 합니다. 아마존에서 설정하는 배송비는 셀러 직접 배송(FBM/MFN)을 하기 위해 설정하는 것이며 FBA에서 출하되는 FBA 주문처리 수수료와는 별개로 생각하셔야 합니다. 그럼, 셀러 직접 배송을 위한 배송비 설정에 대해 설명하겠습니다.

01 아마존 셀러 센트럴에 로그인 후 [설정] – [배송 설정]을 클릭합니다.

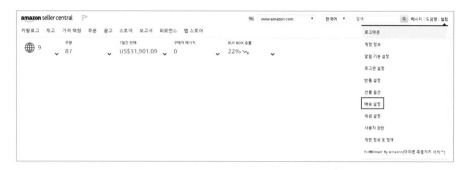

02 기본 배송 템플릿으로 설정되어 있는 "Migrated Template"의 [템플릿 편집]을 클릭합니다.

03 사용할 템플릿 이름과 요금 모델을 선택합니다.

❶ 배송 템플릿을 관리하는 명칭을 입력합니다.

❷ 요금 모델을 "아이템별/중량별"로 선택합니다.

- 아이템별/중량별(Per Item/Weight-Based) 기준 계산의 예
  - 셀러가 상품당 배송료를 $4.00으로, 파운드당 추가 배송료를 $0.50으로 설정했습니다.
  - 한 구매자가 25파운드 무게의 텔레비전과 1파운드 무게의 DVD 플레이어를 구입합니다.
  - 이 경우 아마존은 고객에게 청구하는 총 배송료는 다음과 같이 계산합니다.

    $4.00 + ($0.50 × (25lb. + 1lb.)) = $17.00

- 구매액 구간별(Price Banded)
  - 셀러가 상품당 배송료를 $4.00으로, 상품당 추가 배송료를 $1.00으로 설정했습니다.
  - 한 구매자가 두 개의 상품을 주문합니다.
  - 이 경우 아마존은 고객에게 청구하는 총 배송료는 다음과 같이 계산합니다.

    $4.00 + ($1.00 × 2개 아이템) = $6.00

04 "국내 배송" 중 "표준 배송(Standard Shipping)"은 K-Packet 형태의 배송 서비스입니다. 배송 지역과 배송비를 설정합니다.

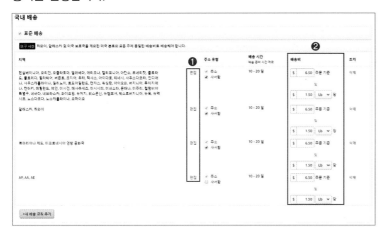

❶ 배송 지역을 수정할 경우 [편집]을 클릭하여 수정합니다.

❷ 상품의 부피와 배송 서비스를 기준으로 선정한 기본 배송 금액과 무게당 추가 배송 금액을 입력합니다.

05 빠른 배송 및 2일 배송, One-Day Delivery을 설정합니다. 빠른 배송은 EMS 형식의 배송을 말하며 2일 배송과 One-Day Delivery DHL 등을 해외 특송 서비스를 말합니다.

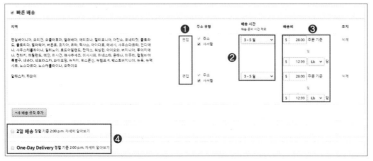

❶ 배송 지역을 수정할 경우 [편집]을 클릭하여 수정합니다.

❷ 배송 기간을 설정합니다. EMS의 경우 미국까지 대략 3~5일정도 소요되기 때문에 3~5일을 선택합니다.

❸ 배송 서비스에 맞는 배송 금액과 무게당 추가 배송 금액을 입력합니다.

❹ DHL 등의 특송 서비스를 제공 시 설정합니다.

06 국제 배송은 미국 이외의 나라에 대한 배송 설정입니다. 국제 배송에 맞는 배송기간 및 배송 금액을 입력 후 [저장] 버튼을 클릭하여 템플릿을 저장합니다.

07 저장된 기본 배송 템플릿을 확인합니다.

5 _ 상품 바코드 준비하기

아마존에 상품을 등록 시 "Sell yours"로 상품을 등록하는 경우 바코드가 없어도 되지만 "Add a Product"를 통해 상품을 등록할 경우에는 바코드 넘버를 필수로 입력해야 합니다. 바코드가 없는 경우 상품이 등록되지 않으니 미리 상품에 대한 바코드 넘버를 확인하는 것이 필요합니다.

아마존에서 사용되는 바코드 유형은 아래와 같습니다. 국내에서 사용하는 바코드의 경우 "EAN"을 사용하니 참고 하시기 바랍니다.

아마존에 등록할 상품에 바코드 넘버가 없는 경우에는 아래의 2가지 방법으로 바코드를 발급 받을 수 있습니다.

1) 대한상공회의소 유통물류진흥원을 통한 바코드 발급

대한상공회의소 유통물류진흥원(http://www.gs1kr.org/)은 상품 및 거래처의 식별과 거래정보의 교환을 위한 국제표준 식별코드, 바코드, 전자문서의 개발, 보급, 관리를 전담하고 있는 전 세계 100 여개 국가로 구성된 국제표준기구입니다. 1988년 대한상공회의소는 대한민국을 대표하여 GS1 회원 으로 가입하였습니다.

대한상공회의소 유통물류진흥원에서 바코드를 발급 받기 위해서는 "유통표준코드 회원가입"을 해야 합니다.

❶ 회원가입 구비서류

- 사업자등록증 사본 1부(법인/개인사업자)
- 매출액 증명서류 1부(택 1)
  - 법인사업자: 손익계산서(최근 1년분)
  - 개인 일반과세자: 부가가치세과세표준증명원(최근 1년분)
  - 개인 면세사업자: 수입금액증명원(최근 1년분)

※ 단, 사업자등록증상의 개업년도가 1년이 안된 업체는 매출액 증명서류 생략 가능

❷ 입회비 및 연회비

(단위 : 원, 부가세 포함)

등급	업체 규모(연간매출액)	입회비	연회비(3년 기준)	합계
1	50조 이상	200,000원	30,000,000원	30,200,000원
2	10조 이상 ~ 50조 미만	200,000원	21,000,000원	21,200,000원
3	5조 이상 ~ 10조 미만	200,000원	15,000,000원	15,200,000원
4	1조 이상 ~ 5조 미만	200,000원	10,500,000원	10,700,000원
5	5,000억 이상 ~ 1조 미만	200,000원	7,500,000원	7,700,000원
6	1,000억 이상 ~ 5,000억 미만	200,000원	4,500,000원	4,700,000원
7	500억 이상 ~ 1,000억 미만	200,000원	3,000,000원	3,200,000원
8	100억 이상 ~ 500억 미만	200,000원	1,800,000원	2,000,000원
9	50억 이상 ~ 100억 미만	200,000원	900,000원	1,100,000원
10	10억 이상 ~ 50억 미만	200,000원	600,000원	800,000원
11	5억 이상 ~ 10억 미만	200,000원	300,000원	500,000원
12	5억 미만	200,000원	150,000원	350,000원

※ 소량사용회원(취급품목이 의약품, 의료기기는 바코드 체계가 다르므로 소량회원 신청 불가)
  - 연간매출액 1억원 미만이면서 10개 이하 바코드 사용 시 소량사용회원으로 분류되며 연회비(3년 기준)는 90,000원 입니다.
  - 추가코드 사용 희망 시 12등급과의 연회비 차액 60,000원을 납부하시면 일반회원으로 전환됩니다.
  (* 일반회원으로 전환 시 회원 만료일자는 기존 소량사용회원의 유효기간이 적용됨)
  - 소량사용회원 가입 3년 후 회원 갱신 시 연간매출액이 1억원 이상인 경우 일반회원으로 변경됩니다.

※ 스타트업기업 입회비 50% 할인
  - 사업자등록증상의 개업연월일이 회원가입신청일 이전 6개월 이내인 경우: 입회비 100,000원

2) ebay에서 구매하기

ebay에서 "amazon barcode" 키워드로 검색하면 UPC와 EAN Barcode가 혼합된 바코드를 구매하여 상품 등록 시 사용 할 수 있습니다. ebay에서 바코드 구매 시 주의해야 할 점은 소유권이 없는 리셀러에게 구매할 경우 1~2년 후에는 같은 바코드로 다른 상품이 아마존에 등록되는 경우가 생기고 상품 소유권에 대한 내용으로 상품이 중지가 되면 해명할 수 있는 방법이 없으니 소유권이 있는 정식 판매자에게 구매하여야 합니다.

6 _ GTIN(Global Trade Item Number) 요건

아마존의 상품 카테고리별 표준 상품 ID(UPC, ISBN, EAN, JAN 및 기타 GTIN) 요건을 간략하게 보여줍니다. 아마존은 대부분의 카테고리에서 아이템을 등록할 때 제조업체가 표준 상품 ID를 사용할 것을 요구합니다. 예외 및 면제도 신청할 수 있습니다.

상품 카테고리	상품 ID 필수	예외 및 면제 관련 내용
아마존 킨들	예	권한 없음
자동차/모터 스포츠*	예	주요 브랜드에는 UPC가 필요합니다.
유아용품	예	주요 브랜드의 경우 UPC가 있어야 하지만 자체 개발(PL) 브랜드의 경우 면제를 요청할 수 있습니다.
화장품	예	주요 브랜드의 경우 UPC가 있어야 하지만 자체 개발(PL) 브랜드의 경우 면제를 요청할 수 있습니다.
도서	예	모든 도서에 ISBN, EAN 또는 JAN이 필요합니다. ISBN, EAN 또는 JAN이 없는 도서를 리스팅하려는 셀러는 면제를 요청할 수 있습니다.

휴대폰 및 악세사리(무선)	예	대량 또는 일반/배송사 패키지의 경우 셀러가 고유의 UPC를 사용하여 별도의 페이지를 생성해야 합니다.
의류 및 악세사리*	예	주요 브랜드의 경우 UPC가 있어야 하지만 자체 개발(PL) 브랜드의 경우 면제를 요청할 수 있습니다.
전자제품	예	번들 상품의 경우 고유의 UPC가 있어야 합니다.
DVD 및 비디오	예	권한 없음
수집품(엔터테인먼트)	예	주요 브랜드의 경우 UPC가 있어야 하지만 자체 개발(PL) 브랜드의 경우 면제를 요청할 수 있습니다.
식료품 및 고급식품	예	주요 브랜드의 경우 UPC가 있어야 하지만 자체 개발(PL) 상품, 특화 상품, 장인 상품 및 일부 선물용 상품은 면제를 요청할 수 있습니다.
건강/개인 관리 용품	예	주요 브랜드의 경우 UPC가 있어야 하지만 자체 개발(PL) 브랜드의 경우 면제를 요청할 수 있습니다. 여러 패키지의 경우 아이템 패키지 수량이 기재되어 있어야 합니다.
홈/가든(애완동물 포함)	예	주요 브랜드의 경우 UPC가 있어야 하지만 자체 개발(PL) 상품 및/또는 수공예품의 경우에는 면제를 요청할 수 있습니다.
주택 개조용품	예	주요 브랜드의 경우 UPC가 있어야 하지만 자체 개발(PL) 브랜드의 경우 면제를 요청할 수 있습니다. 여러 패키지의 경우 아이템 패키지 수량이 기재되어 있어야 합니다.
산업/과학	예	UPC가 없으면서 다른 카테고리에 속하는 아이템은 이 카테고리에 리스팅할 수 없습니다. 브랜드에 대해 UPC가 존재하는 경우 UPC를 입력해야 합니다.
귀금속*	예	주요 브랜드에는 UPC가 필요합니다.
여행 가방/여행 관련 악세사리*	예	주요 브랜드의 경우 UPC가 있어야 하지만 자체 개발(PL) 브랜드의 경우 면제를 요청할 수 있습니다.
음악	예	권한 없음
악기	예	권한 없음
사무용품	예	번들 상품의 경우 고유의 UPC가 있어야 합니다.
PC	예	번들 상품의 경우 고유의 UPC가 있어야 합니다.
성인용품	예	권한 없음
신발, 핸드백, 선글라스*	예	권한 없음
소프트웨어	예	권한 없음
스포츠 및 아웃도어 용품	예	주요 브랜드의 경우 UPC가 있어야 하지만 자체 개발(PL) 브랜드 및 특화 상품의 경우 면제를 요청할 수 있습니다.
스포츠 관련 수집품*	아니요	주요 거래 카드 브랜드의 경우에만 UPC 또는 EAN이 필요합니다.
완구/게임	예	주요 브랜드의 경우 UPC가 있어야 하지만 자체 개발(PL) 브랜드는 제조업체가 면제를 요청할 수 있습니다.
비디오 게임*	예	번들 상품의 경우 고유의 UPC가 있어야 합니다.
시계*	예	주요 브랜드의 경우 UPC가 있어야 하지만 자체 개발(PL) 브랜드, 부티크 또는 특수 아이템의 경우 면제를 요청할 수 있습니다.
와인	예	권한 없음
기타(나머지)**	아니요	UPC가 없으면서 다른 카테고리에 속하는 아이템은 이 카테고리에 리스팅할 수 없습니다.

7 _ 바코드 면제 요청하기

아마존에서는 상품 ID라고도 하는 GTIN(Global Trade Item Number)이 없는 경우 GTIN 면제를 요청할 수 있습니다. 먼저 아마존에서 상품을 확인하여 상품이 이미 등록되어 있는지 확인하시기 바랍니다. 상품이 기존에 등록된 상품과 일치하는 경우 GTIN 없이 기존 상품에 "Sell yours"를 통해 등록할 수 있습니다. 그러나 상품이 기존 상품과 일치하지 않는 경우 GTIN 면제를 요청한 후에 상품을 등록해야 합니다.

1) GTIN 면제 요청 방법
GTIN 면제 요청을 할 경우에는 아래의 서류를 준비하여야 합니다.
❶ 상품 이름과 상품 및 상품 포장의 모든 면을 보여주는 최소 2장(최대 9장)의 이미지
❷ 브랜드 소유자, 제조업체 또는 게시자가 작성했으며 다음 정보를 분명히 읽을 수 있는 추천서(영어 또는 마켓플레이스의 현지 언어로 작성):
- 추천서를 작성/발행한 사람의 이름 및 연락처 정보. 브랜드 소유자 또는 권한 있는 담당자여야 합니다.
- 브랜드가 GTIN을 제공하지 않는다는 진술과 그 이유.
- 실제 주소, 전화번호, 이메일 주소 또는 웹사이트 주소.
  – 브랜드 소유자 또는 제조업체에 발송할 템플릿 추천서
  – 게시자에게 발송할 템플릿 추천서

2) 브랜드 소유자 또는 제조업체에 발송할 템플릿 추천서 양식

Note: Please print and sign this form and return a scanned PDF or image.

GTIN Exemption Support Letter for Brand

Hereby I confirm that products with brand name identified as below do not have any type of GTIN (UPC, EAN, or JAN). The Seller identified as below is authorized to sell these products on Amazon.

SELLER NAME: [Name of Seller]
SELLER EMAIL: [Email of Seller]
SELLER PHONE NUMBER: [Phone number of Seller]
SELLER ADDRESS: [Physical address of Seller]

BRAND NAME(S): [Brand Name]
BRAND OWNER: [Company name]

BRAND OWNER CONTACT:
[Name of contact person]
[Title of contact person]
[Email of contact person]
[Phone number of contact person]

BRAND OWNER SIGNATURE: _____

DATE: _____

3) 다른 방법으로는 "GTIN 면제 신청(https://sellercentral.amazon.com/gtinx/browser)"을 하는 방법이 있습니다. 아마존에서 판매하려는 상품의 바코드 번호(GTIN/UPC/EAN/JAN/ISBN)를 등록해야 하는데 상품에 바코드가 없는 경우 아래에서 면제를 신청할 수 있습니다.

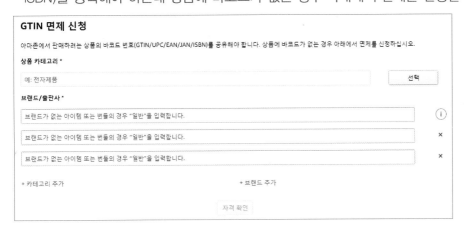

02 _ 상품 등록 방식 이해하기

이번 장에서는 상품을 등록하는 방식에 대한 내용과 Buy box에 대해 알아보겠습니다. 아마존의 상품 등록 방식에 대해 자세히 알고 있어야 많은 상품을 빠르게 등록할 수 있는 방법에 대해서도 이해를 할 수 있으며 Buy box에 대해 이해를 하여야 상품 노출에 대한 내용도 이해할 수 있습니다.

1 _ Sell yours vs Add a Product 이해하기

아마존에서 상품을 등록하는 방식은 Sell yours와 Add a Product 이렇게 2가지 방식이 있습니다. 이 2가지 방식은 등록하는 형태가 서로 완전히 다르며 관리하는 방식도 다릅니다. Add a Product으로 등록한 상품의 경우 A~Z까지 단계별로 상품을 등록했기 때문에 수정을 할 수 있는 권한이 있지만 Sell yours의 경우 다른 판매자가 등록한 상품을 카탈로그를 사용하여 등록한 것이기 때문에 수정 할 수 있는 권한이 없습니다. 다음 그림은 2가지 상품 등록 방식에 대해 비교한 내역입니다.

	Sell yours	Add a Product
등록	기존 amazon에 등록된 상품 등록	A~Z까지 단계별로 상품 등록
장점	• 이미지 및 번역 없이 바로 등록 • 간편 등록으로 빠른 상품 등록 • 빠른 판매 전환율 • 리셀러(유통업자)에게 유리	• 나만의 상품을 등록 할 수 있음 • 독자적 컨텐츠 관리 가능 • 옵션이 있는 상품 등록 가능 • 브랜드 오너에 적합
단점	• 컨텐츠 수정이 용이하지 않음 • 옵션이 있는 상품에 부적합 • 올바르지 못한 상품 등록 • 어카운트 정지될 우려 많음	• 상품 등록에 시간이 오래 걸림 • 이미지와 번역 등을 미리 준비해야 함 • 상품별 바코드 등을 준비해야 함(생략 가능)

위의 비교 표 중 Sell yours의 단점 부분의 "어카운트 정지될 우려 많음"이란 상품에 대한 판권/지적재산권 등에 대한 내용을 몰라 잘 못 등록하였다가 정지되는 경우도 있고 상품 구성이 다른 경우가 있어 셀러의 평점이 낮아져 정지되는 경우도 있으니 주의해서 상품을 등록해야 합니다.

아래 표는 상품 등록 방식에 따른 준비사항과 주의사항을 정리한 내역입니다.

구분	Sell yours	Add a Product
상품 등록 준비사항	• 상품별 SKU(관리코드) • 상품별 판매가	• 상품별 상품명/상품설명 번역 • 상품별 바코드 넘버(UPC) • 상품별 이미지 1,001픽셀 이상 • 상품별 SKU(관리코드) • 상품별 판매가 • 상품별 무게 및 사이즈(배송에 필요) • 상품별 키워드 필요

주의사항	• 정확한 상품이 맞는지 확인 • 상품 구성이 정확한지 확인 • 배송비 설정이 맞는지 확인	• 상품별 이미지에 백그라운드는 하얀색 • 상품별 바코드 넘버(UPC) 중복 안됨 • 정확한 카테고리 선정 • 카테고리 승인 받기

이와 같이 상품을 등록하는 방식에 따라서도 준비해야 하는 사항이 다르기 때문에 상품 등록 전에 아마존에 동일한 상품이 등록되어 있는지 확인하는 것이 필요합니다.

2 _ Buy box 이해하기

Buy box는 구매자가 장바구니에 품목을 추가하거나 원 클릭 주문을 사용할 수 있는 Amazon 제품 페이지의 오른쪽에 있는 흰색 상자입니다. 구매자가 '장바구니에 추가' 또는 '지금 구매'를 클릭하면 Buy box에서 WIN을 하고 있는 셀러가 자동으로 선택되어 판매가 이루어지기 때문에 Buy box를 차지하는 것이 Sell yours 판매 방식에 있어서는 가장 중요한 사항입니다. 반대로 Brand Owner이

거나 나만이 판매하는 상품일 경우 Buy box 에 대한 부분은 중요하지 않습니다. 이처럼 동일한 상품을 판매하는 셀러들에게는 중요 하나 Buy box를 차지할 수 있는 알고리즘 에 대해 아마존에서는 공개하고 있지 않습 니다.

하지만, 그 동안의 판매 경험과 해외 전문 기업들이 발표한 자료를 조합해 보면 다음과 같은 사항이 중요한 작용을 하는 것으로 판단됩니다.

❶ 전문(Professional) 판매자 계정이어야 합니다.
❷ 상품의 판매가와 배송비를 합한 가격이 다른 셀러들 보다 낮아야 합니다.
❸ 판매하는 상품은 새상품이며 FBA에 재고가 있어야 합니다.
❹ FBA 배송이 아닐 경우 최소 6개월 이상 아마존에서 거래한 내역이 있어야 합니다.
❺ 고객 평가 점수가 3.5 이상이어야 합니다.

위 조건이 충족되면 Buy box를 차지할 수 있는 기회가 높아지는 것으로 판단됩니다. Buy box를 차 지하는 방법에 대해서는 "Lesson 03 Sell yours 등록하기 – 3 – Sell yours 매출 올리기 전략 – 3-1 Buy box 차지하기"에서 설명하도록 하겠습니다.

03 _ Sell yours 등록하기

1 _ Sell yours 상품 등록하기

이번 장에서는 "Lesson 02의 1 – Sell yours vs Add a Product 이해하기"에서 설명했던 Sell yours를 통해 상품등록 하는 방법에 대해 설명하겠습니다.

Sell yours는 이미 아마존에 등록된 상품의 ASIN(아마존 표준 식별 번호) 넘버를 사용하여 이미지나 상품에 대한 설명을 입력하지 않고도 SKU(Stock Keeping Unit)와 판매가, 판매 수량만을 입력하여 상품을 간편하게 등록하는 방식입니다.

이미 판매가 되고 있는 상품을 등록하다 보니 가격경쟁이 심하다는 단점은 있으나 판매가 이루어지고 있는 상품이기 때문에 Buy box를 차지한다면 어느 정도의 매출을 올릴 수 있는 장점이 있습니다.

1-1 Sell yours를 통한 개별 상품 등록 방법

Sell yours로 등록하는 방식은 2가지 형식으로 진행할 수 있습니다. 첫 번째는 ASIN 넘버를 확인하여 등록하는 방식, 두 번째로는 상품의 키워드로 일치하는 상품을 검색하여 등록하는 방식입니다.

우선 첫 번째로 상품의 ASIN 넘버를 확인하여 등록하는 방식에 대한 설명입니다.

ASIN 넘버를 확인하여 등록하는 방식은 판매하려는 상품이 아마존에 등록되어 있는지 검색하고, 검색된 상품이 판매하려는 상품과 일치하는지를 확인하여 상품의 ASIN 넘버를 선택하는 것이 중요합니다.

01 "Innisfree Orchid Eye Cream 30ml" 상품을 예로 들어 설명하겠습니다. amazon.com에 접속하여 검색 바에 판매하려는 "Innisfree Orchid Eye Cream 30ml"의 키워드를 입력하여 상품을 검색합니다.

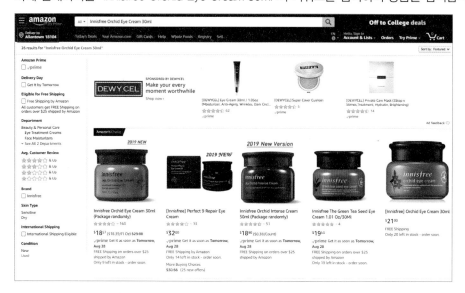

TIP 검색 시 배송지역(Deliver to location)을 확인 하자!

"Chapter 01 〉 Lesson 02 〉 2 - 검색한 위치에 따라 검색결과가 다르다." 에서 설명 했던 것처럼 amazon.com의 왼쪽 상단 (amazon 로고 아래)의 배송지역(Deliver to)이 한국(Korea, Republic of)으로 되어 있다면, 한국으로 배송이 가능한 상품만이 보이기 때문에 찾고자 하는 상품을 검색해도 해당 상품이 안 나오는 경우가 있으니 이점에 유의하여야 합니다.

02 검색된 화면 중 판매하려는 상품과 일치하는 상품을 클릭합니다.

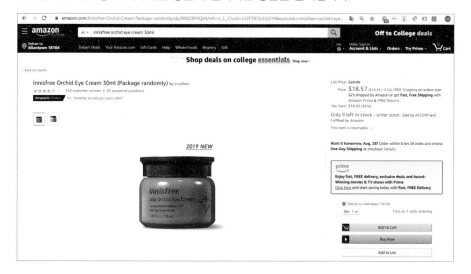

03 상품의 상단 URL 중 B로 시작하는 알파벳과 숫자로 조합된 10 자리의 ASIN 넘버 "B00ZBFVQX4"를 확인할 수 있습니다. 그보다 정확한 ASIN 넘버를 얻기 위해서는 상품 페이지 하단의 "Product details" 부분을 확인하는 것을 추천합니다.

예 상단 URL에서 ASIN 확인

예 상품 페이지 하단의 "Product details" 부분에서 ASIN 확인

> 판매하려는 상품과 일치하는 상품을 찾을 때 꼭 상품의 이미지나 상품명에 별도로 제공하는 GIFT가 없는지 유심히 살펴보길 권합니다. Sell yours로 등록 시 가장 오류를 많이 내는 것이 상품 이미지에 별도로 제공하는 GIFT를 삽입해 두는 경우가 있어 구매자에게 클레임이 발생하는 경우가 있으니 유념 하시기 바랍니다.

04 ASIN 넘버를 확인 했으면 아마존 판매자 센터인 "셀러 센트럴"의 [재고] 〉 [상품 개별 등록]을 클릭합니다.

05 상품 개별 등록 페이지에서 [새 상품 리스팅] "아마존 카탈로그 먼저 검색"의 검색 바에 확인한 ASIN 넘버를 입력 후 검색을 클릭합니다.

06 검색된 상품이 판매하려는 상품과 일치하는지 확인하고 [리스팅 제한사항 적용]을 클릭 후 [내 상품 판매하기]를 클릭하여 상품을 등록합니다.

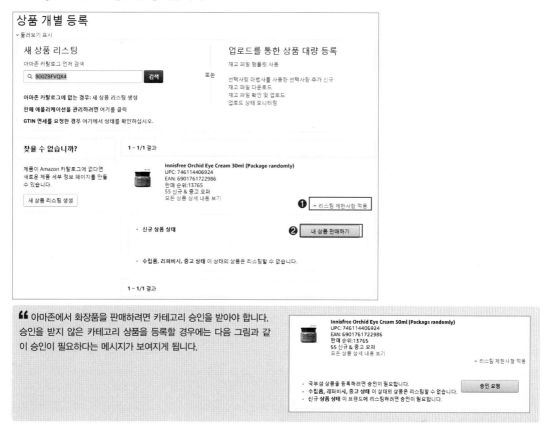

66 아마존에서 화장품을 판매하려면 카테고리 승인을 받아야 합니다. 승인을 받지 않은 카테고리 상품을 등록할 경우에는 다음 그림과 같이 승인이 필요하다는 메시지가 보여지게 됩니다.

07 두 번째 방식으로는 다음 그림과 같이 상품의 키워드를 직접 입력하여 판매하려는 상품과 일치하는 상품을 검색하는 방법입니다.

08 판매하려는 상품과 일치하는 상품을 확인하고 [내 상품 판매하기]를 클릭하였다면 다음 그림과 같이 간략하게 상품을 등록하는 화면으로 넘어 오게 됩니다.

09 발송 준비 시간(Handling Time) 등 세부적인 내용을 입력하기 위해서는 [Advanced View]를 클릭하여 세부 사항 입력 화면이 나타나게 하여야 합니다. " * " 표시는 필수 입력 사항으로 내용을 입력하지 않으면 상품 등록이 완료되지 않습니다.

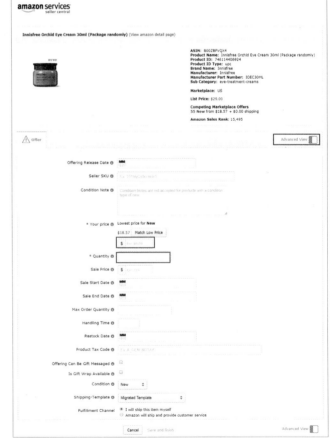

10 필수 입력 사항 중 Your price 〉 Lowest price for New의 빨간색으로 표시된 "$18.57"은 현재 판매되고 있는 최저가를 알려줍니다. 최저가 매칭을 원하는 경우에는 다음 그림의 ❶ [Match Low Price]를 클릭하여 최저가로 매칭하고, 판매가를 직접 입력을 원하는 경우에는 다음 그림의 ❷ 부분에 판매가를 직접 입력합니다. 다음으로는 ❸ "Quantity" 부분에 판매하려는 수량을 입력합니다.

11 Handling Time(배송 준비 기간)은 고객이 주문 후 상품이 발송되기 전까지의 기간을 뜻하는 것으로 입력하지 않을 경우 아마존에서 기본적으로 적용되는 2일로 자동 설정됩니다. 재고를 보유하고 있는 상품의 경우 수정할 필요가 없지만, OA(Online Aribitrage, 온라인 구매 후 판매) 형식으로 판매하는 셀러의 경우에는 상품을 받아서 배송을 하기 때문에 택배로 상품이 도착하는 기간을 고려하여 3~5일로 설정하는 것이 좋습니다.

Handling Time ❶ [   ]

> **TIP** | Handling Time도 구매에 영향을 미칠까?
>
> 상품을 검색하여 들어온 구매자의 접속한 IP 또는 배송 희망지역에 따라 자동적으로 배달예정일이 표기 되기 때문에 Handling Time이 길 경우 구매로 전환되는 확률이 낮아지니 이 점을 유의해야 합니다.

12 Condition은 상품이 새 상품이면 "New"를 중고일 경우 "Used"를 선택하고, Shipping-Template은 Chapter02 〉 Lesson03 아마존 셀러 센트럴(Seller Central) 이해하기 〉 2-9 배송 설정에서 설정한 배송비 템플릿을 선택합니다.

13 마지막으로 Fulfillment Channel에서 판매자가 직접 발송(FBM/MFN)하는 경우에는 "I will ship this item myself"를 선택하고 아마존 창고를 이용한 배송(FBA)을 사용하는 경우에는 "Amazon will ship and provide customer service"를 선택 후 [Save and finish]을 클릭하여 상품 등록을 완료합니다.

14 상품 등록이 문제 없이 완료 되었다면 다음 그림과 같이 상품이 등록되었다는 내용을 보실 수 있습니다.

1-2 엑셀을 통한 대량 등록하기

앞서 1-1 Sell yours를 통한 개별 상품 등록 방법에서 ASIN 넘버를 이용해 개별로 하나씩 상품을 등록하였다면 이번에는 판매하려는 상품이 여러 개일 경우 amazon에서 상품별 ASIN 넘버를 확인하고 엑셀 파일인 재고 로더(Inventory Loader)를 통해 대량으로 등록하는 방법에 대해 설명하겠습니다.

01 우선 재고 로더(Inventory Loader) 파일을 다운로드 받기 위해 메뉴 중 재고 〉 업로드를 통한 상품 대량 등록을 클릭합니다.

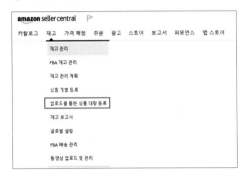

02 업로드를 통한 상품 대량 등록 화면의 제일 하단에 있는 재고 파일(INVENTORY FILES) 영역에서 받으실 수 있습니다..

❶ 재고 파일 부분의 아래 화살표를 클릭합니다.

❷ 재고 파일의 중 상품 매칭만(Product matching only) 부분에 있는 재고 로더(Inventory Loader)를 클릭합니다.

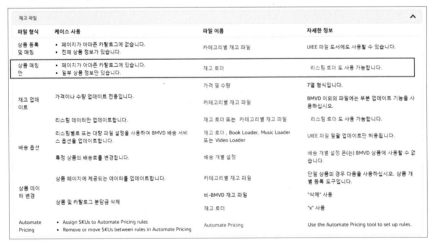

03 "재고 로더를 사용하여 재고 업로드" 팝업 창이 뜨면 동영상 아래의 "재고 로더를 다운로드하십시오."를 클릭하여 재고 로더 (Inventory Loader) 파일을 다운로드 받습니다.

04 다운로드 받은 재고 로더(Inventory Loader) 파일을 실행합니다.

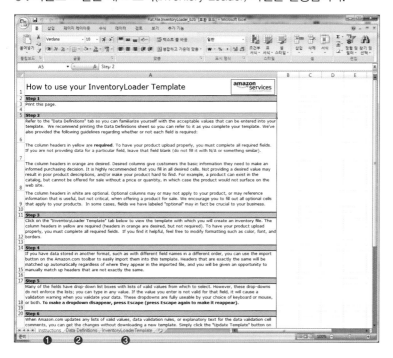

❶ Instructions – 재고 로더(Inventory Loader) 사용 방법에 대해 설명한 시트(Sheet) 입니다.

❷ Data Definitions – "InventoryLoaderTemplate" 시트에 입력해야하는 내용들에 대해 정리된 시트(Sheet) 입니다.

How to complete your InventoryLoader template

Label Name	Definition and Use	Accepted Values	Example	Required
sku	A unique identifier for the product, assigned by the merchant. The SKU must be unique for each product listed.	An alphanumeric string; 1 character minimum in length and 40 characters maximum in length.	15170	Required
product-id	A standard, alphanumeric string that uniquely identifies the product. This could be a UPC, EAN or ISBN. This is a required field if product-id-type is provided.	The product-id must have a specific number of characters according to type: UPC (12 digit number), EAN (13 digit number) or GTIN(14 digit number). Please ensure that leading zeros do not get lost when the file is exported from excel to text. This can be accomplished by formatting the numbers in these cells as text, and double checking your .txt file to ensure that no errors have occurred while exporting your file.	012345678912	Desired
product-id-type	The type of standard, unique identifier entered in the product-id field. This is a required field if product-id is provided.	Please select one of the following: 1 = ASIN 2 = ISBN 3 = UPC 4 = EAN	3	Desired
price	The price at which the merchant offers the product for sale, expressed in U.S. dollars. The price should be greater than 0. Do not include thousands separators or currency symbols. This is a required field if product-id is provided.	A price greater than 0. Do not include thousands separators or currency symbols.	249.99	Desired

❸ InventoryLoaderTemplate − 실재 데이터를 입력하는 시트(Sheet) 입니다.

sku	product-id	product-id-type	price	minimum-seller-allowed-price	maximum-seller-allowed-price	item-condition	quantity	add-delete	will-ship-internationally	expedited-shipping	standard-plus	item-note

05 InventoryLoaderTemplate 시트의 각 필드에 ASIN 넘버, 판매가, 판매 수량 등을 입력합니다. ASIN을 통한 엑셀 대량 등록 시에는 다음 그림과 같이 ❶ sku, ❷ product-id, ❸ product-id-type, ❹ price, ❼ item-condition, ❽ quantity, ❾ add-delete, ❿ will-ship-internationally 등의 필수 입력 필드에 내용을 입력합니다.

	sku	product-id	product-id-type	price	minimum-seller-allowed-price	maximum-seller-allowed-price	item-condition	quantity	add-delete	will-ship-internationally	expedited-shipping	standard-plus	item-note
2	RM-BT-US-001		1	58.99			11	50	a	6			
3	RM-BT-US-002		1	43.78			11	50	a	6			
4	RM-BT-US-003		1	51.6			11	50	a	6			
5	RM-BT-US-004		1	41.3			11	50	a	6			
6	RM-BT-US-005		1	107.99			11	50	a	6			
7	RM-BT-US-006		1	144.38			11	50	a	6			

❶ sku(필수) : 판매자가 상품을 관리하는 코드를 입력합니다. 특정한 서식은 없으니 상품을 알아볼 수있는 코드를 생성하여 입력하면 됩니다.

❷ product-id(필수) : 판매하려는 상품과 일치하는 아마존 ASIN 넘버를 입력합니다. 또는, UPC, EAN, GTIN 등의 상품 바코드를 입력할 수 있습니다.

❸ product-id-type(필수) : "product-id" 부분에 입력된 고유 식별자 유형을 입력합니다. ASIN 넘버를 사용하기 때문에 "1"을 입력합니다.

　※ product-id-type 고유 식별자 유형 코드

　1 = ASIN

　2 = ISBN

　3 = UPC

　4 = EAN

❹ price(필수) : 판매하려는 판매가를 입력합니다.

❺ minimum-seller-allowed-price(선택) : 판매자의 최저 판매가를 입력합니다.

❻ maximum-seller-allowed-price(선택) : 판매자의 최고 판매가를 입력합니다.

❼ item-condition(필수) : 상품이 새 상품인지 중고인지를 입력하는 필드, 새 상품의 경우 "11"을 입력합니다.

　※ item-condition 코드

　1 − Used, Like New

　2 − Used, Very Good

　3 − Used, Good

　4 − Used Acceptable

　5 − Collectible, Like New

6 - Collectible, Very Good

7 - Collectible, Good

8 - Collectible, Acceptable

9 - Not used

10 - Refurbished(for computers, kitchen & housewares, electronics, and camera & photo only)

11 - New

❽ quantity(필수) : 판매하고자 하는 수량을 입력합니다.

❾ add-delete(필수) : 엑셀 파일을 이용하여 등록 시 신규 등록인지, 삭제 인지 등을 입력하는 필드로 신규로 등록 시에는 "a"를 입력합니다.

※ add-delete 코드

a = (update/add)

d = (delete)

x = (completely from system)

❿ will-ship-internationally(필수) : 배송 조건을 입력하는 필드로 미국 내에만 배송 시 "1 또는 n"을 입력하고, 전 세계에 배송 시 "2 또는 y"를 입력합니다.

⓫ expedited-shipping(선택) : 빠른 배송(EMS 또는 DHL 등)을 제공할 경우 입력합니다.

※ expedited-shipping 코드

- "Next" (One day)

- "Second" (Two day)

- "Domestic" (Domestic Expedited)

- "International" (International Expedited)

- "Plus" (Faster Expedited Domestic: 1 to 3 days, Eligibility based on performance. See "Learn More" link below.)

- N = None, no expedited shipping offered

⓬ standard-plus(선택) : "expedited-shipping" 보다 빠른 배송 제공이 가능한 경우 입력합니다.

⓭ item-note(선택) : 2,000자 이내로 상품에 대한 정보를 입력 할 수 있습니다. 이 부분을 입력 시 에러가 나는 경우가 많으니 입력을 추천하지 않습니다.

06 작성한 재고 로더(Inventory Loader) 파일을 저장하고 대량 상품 등록을 위해 [재고] - [업로드를 통한 상품 대량 등록]을 클릭합니다.

07 "2단계 – 파일 업로드"에서 작성한 재고 로더(Inventory Loader) 파일을 업로드합니다.

❶ "재로 로더 파일"을 선택합니다.

❷ [파일 선택]을 클릭하여 재고 로더(Inventory Loader) 파일을 선택합니다.

❸ [업로드]를 클릭하여 파일을 업로드합니다.

08 "업로드 상태 모니터링" 탭에서 업로드한 재고 로더(Inventory Loader) 파일을 진행 사항을 확인할 수 있으며, 업로드 시 에러가 있으면 에러 목록을 표시해 주고 이상이 없으면 등록된 상품 수를 확인할 수 있습니다.

2 _ 등록된 상품 확인하기

등록한 상품은 최대 15분 후에 셀러 센트럴(셀러 센트럴) 〉 재고(Inventory) 〉 재고 관리(Manage Inventory)에서 다음 그림과 같이 확인할 수 있습니다. 상품을 일시 중지하고 삭제하는 방법에 대해서는 "Chapter 04 아마존 상품 운영/관리하기 〉 Lesson 01 Amazon 상품 관리하기"를 참조 하시기 바랍니다.

3 _ Sell yours 매출 올리기 전략

Sell yours로 상품을 등록하고 나면 다음 그림과 같이 한 개의 상품을 여러 명의 셀러가 판매하는 것을 확인할 수 있습니다. Sell yours로 상품을 등록하였다고 해서 바로 매출로 이어지는 것은 아니며 Buy box를 차지하여 구매자가 바로 구매할 수 있게 하여야 매출로 이어집니다. 아마존 판매량의 82%가 Buy box에서 이루어지며 모바일의 경우 Buy box에 의해 구매하는 비율이 훨씬 높은 편입니다. 그만큼 Buy box를 차지하는 것은 중요한 부분입니다.

3-1 Buy box 차지하기

Buy box에 대한 설명과 조건은 앞서 "Chapter 03 아마존 상품 등록하기 – Lesson 02 상품 등록 방식 이해하기 – 3 – Buy box 이해하기"에서 설명을 했던 것처럼 아마존은 Buy box 알고리즘에 대해 자세히 공개하고 있지 않습니다. 다만, 그 동안의 판매 경험과 아마존의 고객 자료를 조합하여 보면 상품과 배송비를 합한 판매가격, 빠른 배송 서비스 제공, 고객 만족도, 적정 재고 수량 유지, 최근 판매수 등이 중요한 요소로 작용한다는 것을 알 수 있습니다.

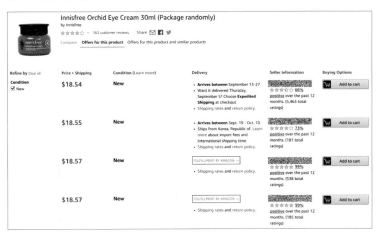

01 바이 박스(Buy box) 획득 자격 확인하기

우선 "바이 박스(Buy box) 획득 자격"이 되는지 확인해야 합니다. "재고(Inventory) 〉 재고 관리(Manage Inventory)" 메뉴로 이동하여 화면의 우측 [기본 설정]을 클릭합니다.

02 재고 관리 설정 메뉴에서 "바이 박스(Buy box) 가격"과 "바이 박스(Buy box) 획득 자격" 앞의 체크 박스에 체크하고 하단의 [변경 사항 저장] 버튼을 클릭합니다.

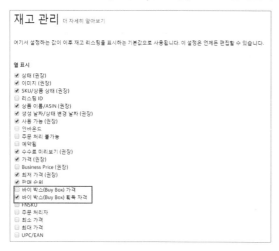

03 재고 관리(Manage Inventory)에서 바이 박스(Buy box) 획득 자격과 바이 박스(Buy box) 가격을 확인합니다.

3-2 낮은 가격과 매칭하기

바이 박스(Buy box) 획득 자격과 바이 박스(Buy box) 가격을 확인하였다면 Buy box를 차지하기 위해 바이 박스(Buy box) 가격이나 '최적가격+배송비' 기준으로 판매가를 ❶ 수정하고, ❷ [저장] 또는 [모두 저장]을 클릭하여 수정된 판매가를 반영합니다.

3-3 자동 가격 책정(Automate Pricing)을 통한 Buy box 차지하기

자동 가격 책정(Automate Pricing) 이란? 수동으로 최저가에 매칭하는 것이 아니라 규칙을 설정하여 판매가를 최저가 또는 최고가에 자동으로 설정할 수 있는 기능입니다. 자동 가격 책정을 설정하면 동일한 상품을 판매하는 다른 판매자가 판매가를 낮출 경우 설정한 규칙에 따라 판매가가 자동으로 적용됩니다.

01 가격책정(Pricing) > 자동 가격 책정(Automate Pricing)을 클릭합니다.

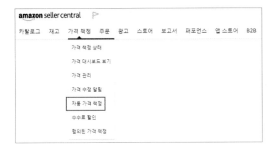

02 자동 가격 책징 화면에서 하단의 [시작하기] 버튼 클릭합니다.

03 새 가격 규칙 생성의 1단계 규칙 중 "경쟁력 있는 최저가"를 선택하고 "나중에 이 규칙을 식별할 수 있는 이름 입력" 부분에 이 규칙에 대한 관리 명칭을 입력합니다. 규칙을 선택하였다면 [마켓플레이스 선택 진행]을 클릭합니다.

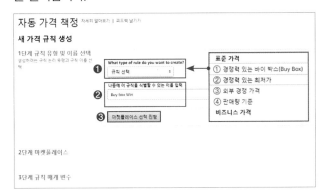

❶ 경쟁력 있는 바이 박스(Buy box) : Buy box 가격을 기준으로 합니다.

❷ 경쟁력 있는 최저가 : 최저 판매가를 기준으로 합니다. 이 규칙은 동일한 상품을 판매하는 셀러가 여러 명인 경우에 효율적입니다.

❸ 외부 경쟁 가격 : 외부 가격은 다른 소매업체에서 제공하는 해당 상품의 최저 가격이며 다른 아마존 셀러의 가격은 포함되지 않습니다.

❹ 판매량 기준 : 설정된 기간 내에서 선택한 판매량 목표를 기반으로 상품의 가격을 낮출 수 있습니다. 이 규칙은 판매량을 기반으로 가격을 변경하고자 할 때 효율적입니다.

04 2단계 마켓플레이스 선택에서 규칙을 적용할 마켓플레이스를 선택하고 [저장 후 규칙 매개 변수 선택]을 클릭합니다. 한 번에 하나 이상의 마켓플레이스에 대해 규칙을 생성할 수 있으며 모든 마켓플레이스에 대해 동일한 매개 변수를 선택하거나, 비즈니스 목표에 맞게 마켓플레이스별로 규칙을 조정할 수 있습니다. 언제든지 마켓플레이스의 규칙을 생성하거나 기존 규칙을 삭제할 수 있습니다.

05 3단계 규칙 매개 변수 정의에서 "아마존이 어떤 가격 책정 조치를 취하기 원하십니까?" 부분에 "최저가 이하로 일정 금액을 유지합니다."를 선택하고 [Amazon.com에 이 규칙 저장]을 클릭합니다.

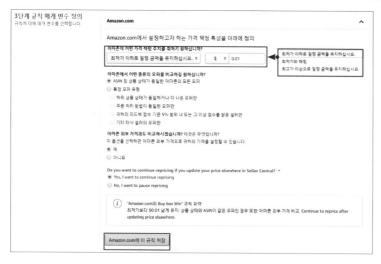

06 자동 가격 책정을 위한 규칙 설정은 완료 하였으니 상품을 선택하기 위해 [SKU 선택 진행]을 클릭합니다.

07 SKU 관리 화면에서 설정한 자동 가격 규칙을 적용할 상품의 ① "최저가"와 "최고가"를 입력하고 ② [실행] 버튼의 드롭다운 메뉴 중 "1단계 규칙 유형 및 이름 선택"에서 입력한 규칙명을 선택합니다.

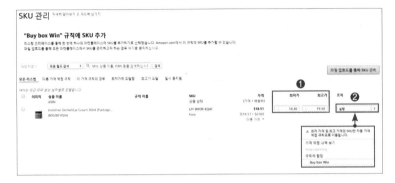

08 최종적으로 [가격 재책정 시작] 버튼을 클릭합니다.

09 자동 가격 책정이 적용되려면 최대 15분 정도가 소요됩니다.

10 다시 자동 가격 책정 화면으로 돌아가면 현재 실행되고 있는 자동 가격 책정 내역이 보이고 [조치] 버튼의 드롭다운 메뉴를 클릭하면 상품(SKU) 편집, 자동 가격 책정 일시 중지 및 삭제 등의 메뉴를 확인할 수 있습니다.

3-4 가격 오류로 인한 정지 상품 처리하기

아마존에서 판매하고 있는 상품의 판매가를 갑자기 많이 낮추게 되면 가격 오류로 판단하여 상품을 비활성화하거나 자동 가격 책정 등으로 상품별로 설정한 최저가 보다 낮게 판매가를 입력하거나 설정한 최고가 보다 높게 판매가를 입력하는 경우 자동으로 상품이 비활성화됩니다. 이때 다시 활성화하기 위해서는 가격 오류에 대한 부분을 수정해 상품을 다시 활성화 할 수 있습니다.

01 가격책정(Pricing) 〉 가격 수정 알림(Fix Price Alerts)의 메뉴를 클릭합니다.

02 가격 알림 화면에서 다음 그림과 같이 가격 오류로 비활성화된 상품들을 확인 하실 수 있습니다. 현재 다음 그림의 오류 사항은 설정한 최소 가격 보다 판매 가격이 낮게 측정되어 있기 때문에 상품이 비활성화된 내역입니다.

03 상품을 판매 가능한 상태인 활성화 상태로 변경하기 위해서는 가격 오류가 발생한 최소 가격 부분을 판매 가격 보다 낮게 수정하고 [저장] 또는 [모두 저장] 버튼을 클릭합니다.

04 오류가 발생한 가격을 수정하면 최대 15분 후에 상품이 재활성화됩니다.

05 상품이 재활성화되면 가격 오류로 있었던 상품들이 사라진 것을 확인할 수 있습니다.

1) Sell yours 상품 등록 한마디

Sell yours로 상품을 등록할 경우에는 주의해야 하는 사항들이 많이 있다. 앞서 "1 – Sell yours 상품 등록하기"의 [주의]에서 설명한 것과 같이 상품명에는 "0000000 + gift"라고만 적어두고 대표 이미지에 GIFT로 제공하는 상품을 표시하는 경우나 "Key Product Features" 부분에 텍스트로 입력하는 경우가 많이들 있다.

아마존을 잘 모르는 초보 판매자의 경우 동일한 상품으로 인지하고 Sell yours로 등록하여 판매한 경우 처음부터 클레임이 발생하면 계정이 정지되는 상황을 자주 접하게 된다.

다시 한번 설명하지만 다음 그림과 같이 대표 이미지에 "GIFT"가 표시된 경우를 주의하여 상품을 등록하여야 한다.

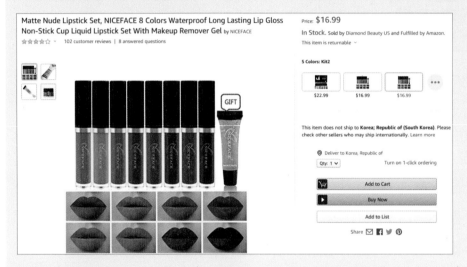

2) 자동 가격 책정(Automate Pricing)에 대한 한마디

필자는 자동 가격 책정 사용에 대해 주의를 주고 싶다. "3 – Sell yours 매출 올리기 전략"에서 설명한 것과 같이 자동 가격 책정 규칙을 사용하면 최저가보다 낮게 판매가를 자동적으로 수정할 수 있는 장점은 있지만 가격 경쟁으로 치닫게 되면 오히려 역마진을 보고 판매를 하게 되는 경우가 자주 발생하게 된다.

이러한 상황을 방지하기 위해서는 정확한 마진 계산이 필요하며 매입가와 아마존의 각종 수수료를 계산하여 최저가를 설정하는 것을 권장한다.

Amazon FBA Fees Calculator				
Inputs	Inputs	Outputs	Cost Subtotals	Notes
			FBA Fulfillment Cost	
Sale Price	$250.00			Enter sale price
Length (in)	10			Enter longest side (Over 18" is oversize)
Width (in)	4			Enter second longest side (over 14" is oversize)
Height (in)	2			Enter the height (over 8" is oversize)
Weight (lbs)	0.7			Enter weight of product when sent to FBA including any packaging.
Size Tier		Large standard-size 10-16oz		Automatically calculated.
Girth		12.00		Automatically calculated.
Dimensional Weight Divisor		139		
Dimensional Weight Applicable?		No		Dimensional weight is only applicable for large standard-size items weighing more than 1 lb. and all small, medium, and large oversize items.
Dimensional Weight (lbs)		N/A		
Packaging Weight		0.25		Amazon adds 0.25 lbs to standard size items for packing weight and 1 lbs for oversize items.
Outbound Weight for FBA Cost		1		Automatically calculated.
FBA Cost			$3.28	Automatically calculated.

Calculator   Formulas

3) 한국 셀러들만의 가격 경쟁?

한국의 많은 셀러들이 아마존에 진출하면서 Sell yours를 통해 상품을 등록하는 경우가 대다수이다 보니 가격 경쟁이 심한 경우를 많이 보게 된다. 최초 등록자가 힘들게 상품을 등록하고 FBA 진행을 위한 FBA Dangerous Goods(Hazmat) program도 어렵게 진행해두면 다른 셀러들이 Sell yours로 바로 등록하여 가격 경쟁으로 치닫는다.

다음 그림을 보면 amazon에서도 상품을 매입하여 직접 판매를 진행하고 있다. amazon이 직접 판매를 한다고 해서 그 아래 있는 다른 판매자의 상품이 판매가 안되는 것은 아니기 때문에 가격 경쟁으로 가는 것만이 답은 아니라고 생각한다.

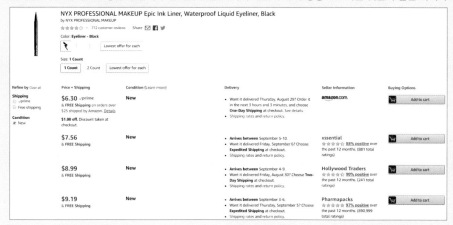

Selle yours를 통한 가격 경생 보다는 앞으로의 발전을 위해서는 "Chapter 07 Amazon 글로벌로 확장하기"에서 설명할 PL(Private Label)을 제작하여 나만의 브랜드를 키워 나가는 것을 추천하고 싶다

04 _ Add a Product(신규 리스팅) 등록하기

Add a Product은 기존에 아마존에 등록되어 있지 않은 상품을 신규로 등록할 때 사용합니다. A~Z까지 단계별로 상품을 등록하는 것이기 때문에 정확한 정보를 등록하는 것이 중요합니다.

또한, 단일 상품을 등록하거나 선택 옵션(Variation)이 있는 상품을 등록할 때 잘못 등록하여 등록한 상품을 삭제하고 다시 등록하려면 사용하였던 SKU는 사용할 수 없으며 같은 SKU로 등록하기 위해서는 24시간이 지난 이후에야 가능하니 주의하시기 바랍니다. 간혹, 옵션(Variation)으로 등록한 상품이 서로 연관이 없다고 아마존에서 판단이 될 경우 옵션(Variation)을 분리하여 개별로 생성하는 경우도 있으니 참고하시기 바랍니다. 그럼, Add a Product에 대해 알아보겠습니다.

1 _ Add a Product(신규 리스팅) 등록 방법

Add a Product으로 상품을 등록하는 방법은 우선 등록할 카테고리를 선택하고 상품 등록 페이지에 들어가 다음 그림과 같이 8개의 탭으로 구분된 부분에 내용을 입력하는 형식으로 진행됩니다. 이제 상품을 등록해 보겠습니다.

01 아마존 셀러 센트럴에 로그인 후 [재고] – [상품 개별 등록]을 클릭합니다.

02 상품 개별 등록 페이지에서 새 상품 리스팅 중 "아마존 카탈로그에 없는 경우"의 [새 상품 리스팅 생성]을 클릭합니다.

03 새 상품 생성 : 분류 페이지에서 등록할 상품의 정확한 카테고리를 모를 경우에는 "상품 카테고리 검색" 의 검색 바에 상품 키워드를 입력하여 카테고리를 찾습니다. 정확한 카테고리를 알 경우에는 "모든 상품 카 테고리"에서 단계별로 카테고리를 선택합니다. Headphones 상품 등록을 예제로 설명하겠습니다.

04 상품 등록 페이지에서 [Advanced View] 옆의 세부 탭 활성화 버튼을 클릭합니다.

05 세부 등록 탭이 활성화 된 것을 확인합니다.

06 [Vital Info] 탭의 내용을 입력합니다.

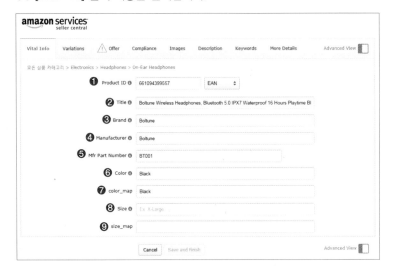

❶ 상품의 바코드를 입력합니다. 한국의 바코드 유형은 "EAN"을 사용하므로 "EAN"을 선택합니다.

❷ Title 부분에 상품명을 입력합니다. 상품명은 200자를 초과할 수 없습니다.

❸ 브랜드를 입력합니다.

❹ 제조사를 입력합니다.

❺ 제조사의 파트 넘버(제조 번호)를 입력합니다. 없을 경우 모델 넘버를 기재하시기 바랍니다.

❻ 색상을 입력합니다.

❼ Color_Map에서 색상을 선택합니다.

❽ 사이즈가 있을 경우 사이즈를 입력합니다.

❾ Size_Map에서 사이즈를 선택하고 [Variations] 탭을 클릭합니다.

07 등록하려는 상품이 선택 옵션(Variations)이 있는 경우 Variations_theme에서 옵션 명을 선택합니다. 옵션이 없는 단일 품목일 경우에는 선택하지 않고 [Offer] 탭으로 넘어 갑니다.

08 색상 옵션이 있는 상품이므로 "ColorName"를 선택한 화면입니다. "Color" 부분에 색상 옵션 명을 입력하고 [Add variations]을 클릭합니다.

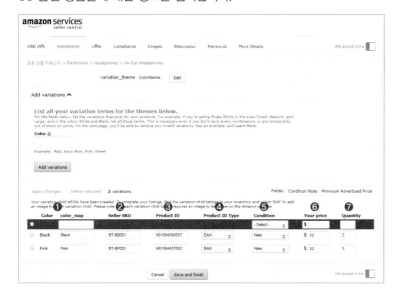

09 옵션 상품들에 대한 정보를 입력합니다.

❶ 옵션 색상을 선택합니다.

❷ 옵션 상품별 관리 번호인 SKU를 입력합니다. SKU가 없을 시 임의로 작성해도 됩니다.

❸ 상품에 대한 바코드 넘버를 입력합니다.

❹ 바코드 유형 "EAN"을 선택합니다.

❺ 새 상품이기 때문에 "NEW"을 선택합니다.

❻ 상품의 판매가를 입력합니다.

❼ 판매할 수량을 입력하고 [Offer] 탭을 클릭합니다.

10 [Offer] 탭의 내용을 입력합니다.

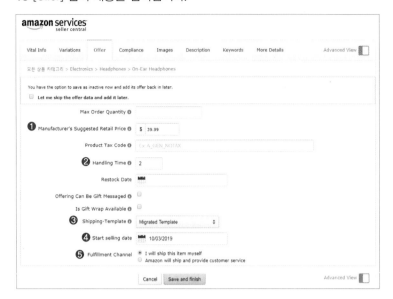

❶ 제조사의 권장 소비자가를 입력합니다. 필수 사항은 아닙니다.

❷ "Handling Time"은 상품을 준비하는 기간을 말합니다. 입력하지 않으면 아마존의 기본 설정인 2일로 설정됩니다.

❸ 배송 설정에서 만든 배송 템플릿을 선택합니다.

❹ 상품의 판매 시작일을 선택합니다. 필수 사항은 아닙니다.

❺ "Fulfillment Channel"에서 셀러 직접 배송(FBM/MFN)일 경우 "I will ship this item myself" 선택하고 FBA를 이용한 배송일 경우 "Amazon will ship and provide customer service"를 선택한 후 [Compliance] 탭을 클릭합니다.

11 [Compliance] 탭에서 상품에 맞는 내용을 입력하고 [Images] 탭을 클릭합니다.

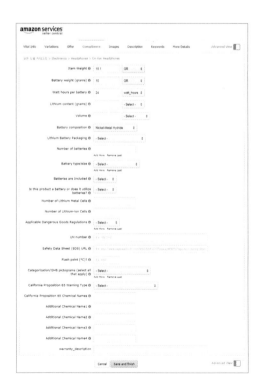

12 [Images] 탭에서 상품의 이미지를 등록합니다. 이미지는 총 9장을 등록할 수 있으니 1,001픽셀 이상의 해상도가 높은 이미지를 6장 이상 등록하는 것이 좋습니다.

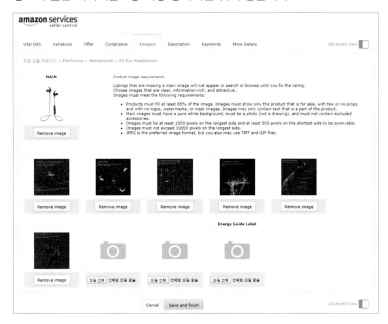

13 [Description] 탭에서 상품 설명 및 상품 핵심 설명을 입력합니다.

❶ Description에는 상품의 설정을 입력합니다. HTML은 글자를 굵게 하는 〈b〉 태그와 줄 바꿈 〈br〉 태그등 기본적인 태그만 허용됩니다. 태그와 함께 입력 시 다음 그림과 같이 상품 설명 부분이 보입니다.

❷ Bullet Point에는 상품의 핵심 설명을 입력합니다. PC나 모바일에서 상품 설명 중에 가장 먼저 보여지는 부분이고 고객이 구매 결정에 가장 많은 부분이 차지한다고 하니 핵심적인 내용을 입력하시기 바랍니다. [Keywords] 탭을 클릭합니다.

14 [Keywords] 탭에서 "Search Terms" 부분에 고객이 이 상품을 검색하는 키워드를 입력합니다. Search Terms에는 250자를 초과할 수 없으며 키워드를 반복 할 수 없고 경쟁사 브랜드나 ASIN을 입력하면 안 됩니다.

Search Terms는 검색 노출과 연관이 있기 때문에 상품과 연관된 키워드를 찾아 입력하시길 추천드립니다. 모두 입력 하였으면 [More Details] 탭을 클릭합니다.

15 [More Details] 탭에서는 상품의 무게, 배송 시 무게, 상품의 실 사이즈, 패키지의 실 사이즈를 필수로 입력해야 합니다.

상품의 무게와 사이즈는 배송
비와 연관되며 다음 그림처럼
상품 정보란에 나타나기 때문
에 입력하는 것이 좋습니다.

16 모든 사항을 입력 하였다면 [Save and finish] 버튼을 눌러 상품을 저장합니다.

17 상품 등록이 완료되었다는 메시지와 함께 최대 15분 후에 등록된 상품이 [재고 관리]에서 보입니다.

2 _ 옵션(Variations)으로 등록된 상품 이해하기

아마존에서 옵션(Variations)을 사용하여 등록한 상품의 경우 아직 상품 등록이 완료 된 것은 아닙
니다. 선택 옵션 상품은 상위(Parent) 상품과 하위(Child) 상품 형식으로 나뉘는데 다음 그림을 보면
등록하고 있는 상위(Parent) 상품에 하위(Child) 상품만을 분류한 것입니다.

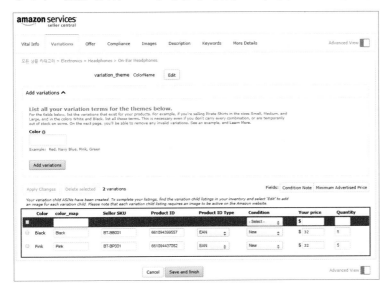

정확히 말하면 상위(Parent) 상품에서 등록한 상품 설명과 키워드, 상품의 사이즈, 무게 등 기본 정보는 하위(Child) 상품에도 자동적으로 부여되지만 컬러로 옵션을 주었기 때문에 옵션에 대한 세부이미지는 등록되어 있지 않습니다. 상위(Parent) 상품과 하위(Child) 상품에 대한 이해는 다음 그림을 참조하시면 이해가 가실 것입니다.

"선택사항(2) (SKU 넘버 : I2-YT90-V55E)"의 상품이 상위(Parent) 상품이 되는 것이고 그 밑에 ❶과 ❷의 상품이 하위(Child) 상품 되는 것입니다. 이렇게 상품 등록 시 옵션(Variations)을 사용하면 상위 상품 밑에 하위 상품이 묶이게 되고 고객이 상품을 볼 때는 다음 그림과 같이 옵션을 선택할 수 있는 상품으로 노출됩니다.

3 _ 하위(Child) 상품 이미지 등록하기

이제 상위(Parent) 상품과 하위(Child) 상품에 대한 관계와 노출되는 형식에 대해 이해를 하였다면 하위(Child) 상품에 대한 세부적인 내용을 등록해야 합니다. 상위 상품에서 등록한 내용이 그대로 하위 상품에도 적용되지만 이미지는 색상 옵션에 맞추어 등록해야 하기 때문에 이미지 추가에 대해 설명하겠습니다.

01 [재고 관리] (Manage Inventory)에서 상품을 수정하는 메뉴인 [편집]을 클릭합니다.

02 상품 수정 페이지에 들어오면 상위 상품에서 등록하였던 상품 설명이나 상품의 무게, 사이즈 등은 등록이 되어 있는데 다음 그림과 같이 이미지가 등록되어 있지 않은 것을 확인할 수 있습니다. 상품에 맞는 이미지를 등록하고 [Save and finish] 버튼을 눌러 상품을 저장하면 됩니다.

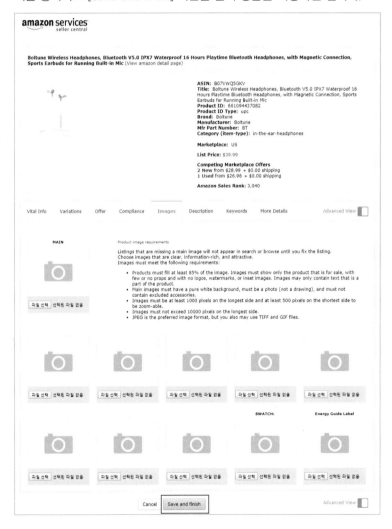

4 _ 상품별 키워드 추출하기

아마존에서 키워드는 고객이 내 상품을 어떠한 키워드로 검색하는지 그로 인해 상품 노출은 어떻게 되는지에 대한 부분에서 매우 중요한 의미를 갖고 있습니다. 또한, 캠페인 매니저(Campaign Manager, CPC 광고)를 진행하기 위해서도 키워드를 정리해 두는 것이 좋습니다. 이번 장에서는 키워드 추출하는 방법에 대해 설명하겠습니다.

4-1 Third-party Solution을 통한 키워드 추출

Third-party Solution은 아마존에서 검색되는 키워드나 상품 정보에 대해 제공을 해주는 기업들의 서비스로 유료 서비스를 하는 곳도 있고 무료로 사용할 수 있는 곳도 있습니다. 하지만, 무료의 경우 오래된 데이터가 많아 크게 도움이 되지는 않습니다. 아마존 Third-party Solution 중 merchantwords(https://www.merchantwords.com)라는 곳이 있습니다. 유료 서비스이기는 하나 구글링을 해보면 할인쿠폰이 많아 저렴하게 사용해 보실 수 있습니다. 그럼, merchantwords에 대해 설명해 보겠습니다.

Merchantwords 사용료는 Silver 버전의 경우 월 $29인데 지정한 나라의 아마존의 데이터, 키워드 자료, 월간 검색 데이터, 키워드 검색량 등에 데이터를 확인할 수 있고, Platinum 버전은 월 $149인데 글로벌(Global)로 데이터를 확인할 수 있고 월간 검색에 대한 제한이 없습니다. 처음 시작하시는 분들은 Platinum 버전 보다는 Silver 버전을 사용하여 키워드 데이터 등을 확인하고 컨텐츠 최적화에 익숙해지면 업그레이드해 사용해 보시길 추천드립니다.

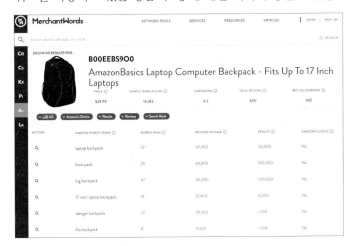

Features	Silver $29/mo SUBSCRIBE NOW	Gold $79/mo SUBSCRIBE NOW	Platinum $149/mo SUBSCRIBE NOW
	SELECT COUNTRY	SELECT REGION	
Amazon Data	Single Country	Regional	Global
Keyword Collections	10	100	1000
Monthly Searches	500	1000	Unlimited
Keyword Search Volume	✓	✓	✓
Keyword Seasonality	✓	✓	✓
Page One Analysis *	✓	✓	✓
Performance Metrics *	✓	✓	✓
Keyword History	✓	✓	✓
ASIN Plus *	--	✓	✓
Keyword Multiplier	--	✓	✓
Multiple Users	--	--	✓
Digital Shelf Dashboard	--	--	Q4 2019

Merchantwords 서비스 중 ASIN Plus를 사용하면 상품 ASIN 넘버로 검색해 상품에 대한 데이터를 확인할 수 있습니다. 다음 그림처럼 "B00EEBS9OO" ASIN에 대한 연관 키워드, 키워드 랭킹, 키워드를 사용하고 있는 상품 수 등에 대한 데이터 등을 확인할 수 있습니다.

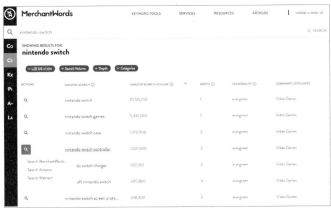

다음으로는 아마존 내의 검색 키워드 및 검색 량을 확인할 수 있는 Amazon Data 입니다. 다음 그림과 같이 검색 바에 "nintendo switch"로 검색 시 아마존 내의 검색 키워드, 월간 검색량 등을 확인할 수 있습니다.

키워드 추출 후 사용 방법에 대해서는 아래 구글 애드워즈에서 설명하겠습니다.

4-2 구글 애드워즈(Google Adwords)를 통한 키워드 추출

구글 애드워즈는 원래 구글 내에서 광고를 하기 위한 광고 센터입니다. 구글 애드워즈의 "키워드 플래너"를 통해 검색 키워드를 추출하는 방법과 키워드를 추출하여 정리하는 방법을 설명하겠습니다.

01 구글 애드워즈(https://ads.google.com)에 회원가입 및 로그인을 합니다.

02 상단 메뉴 중 [도구 및 설정] – [키워드 플래너]를 클릭합니다.

03 [새 키워드 찾기] 클릭합니다.

04 한국어와 대한민국으로 설정되어 있는 곳을 영어와 모든 위치로 변경 합니다.

05 검색 바에 검색 키워드를 입력 후 [실적 거두기]를 클릭합니다.

06 검색된 결과 창에서 [키워드 아이디어 다운로드]를 클릭합니다.

07 키워드 아이디어 파일을 다운로드 받습니다.

08 상품과 관련된 키워드에 표시를 한 후 나머지 필요 없는 키워드는 삭제합니다.

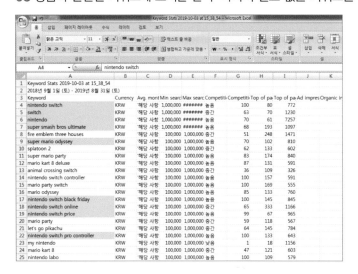

09 정리된 키워드들 중 상품명(Title), 상품 설명(Description + Bullet Point), 검색어(Search Terms), 캠페인 매니저(Campaign Manager) 등에 등록되지 않은 키워드를 추가합니다.

5 _ Add a Product 매출 올리기 전략

Add a Product(신규 리스팅)으로 상품을 등록하고 나면 신규로 등록된 상품이기 때문에 12시간에서 최대 24시간까지는 어느 정도 노출이 이루어집니다. 하지만, 고객의 리뷰도 없고 최근 판매량도 없기 때문에 판매로 이어지는 전환율은 굉장히 저조할 것입니다. 상품의 랭킹과 노출을 높이기 위해서는 고개의 리뷰와 최근 판매량을 늘리는 마케팅 전략을 세워야 할 것입니다. 이번 장에서는 아마존 내부의 광고 프로그램을 사용하여 노출을 높여 매출이 상승할 수 있는 방법에 대해 설명하겠습니다. 라이트닝딜 또는 프로모션 등의 경우 셀러의 계정 상황에 따라 사용할 수 없으니 기본적으로 사용할 수 있는 것 위주로 설명하겠습니다.

5-1 Sale Price 활용하기

Sale Price는 셀러가 설정한 기간 동안 설정한 할인 가격으로 판매를 하는 할인 프로모션입니다. 다음 그림을 보시면 가격 부분에 "List Price : $59.99", "Price : $29.99"라고 표시되어 있는 가격이 보이실 겁니다.

이 가격은 바로 Sale Price를 적용한 할인 금액입니다. Sale Price를 설정하면 고객은 일시적인 할인을 진행하는 것으로 인지해 구매 전환율을 높일 수 있습니다. 설정하는 방법은 다음과 같습니다.

01 셀러 센트럴에 로그인 후 [재고] – [재고 관리]를 클릭 후 Sale Price를 설정할 상품 옆의 [편집] 버튼을 클릭합니다.

02 [Offer] 탭을 클릭하여 이동 합니다.

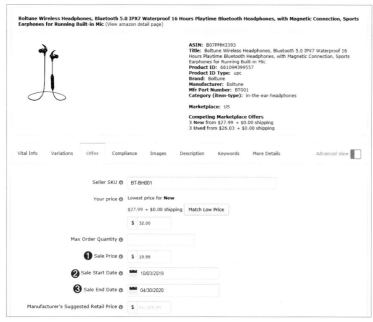

❶ 할인 금액을 입력합니다.

❷ 할인 시작일을 선택합니다.

❸ 할인 종료일을 선택합니다.

03 설정 완료 후 [Save and finish] 버튼을 클릭하여 저장합니다. 최대 15분 후에 설정한 내용이 적용됩니다.

5-2 캠페인 매니저(Campaign Manager)로 광고하기

캠페인 매니저(Campaign Manager)는 아마존 내에서 키워드를 통한 CPC(Cost Per Click) 광고 프로그램입니다.

다음 그림과 같이 검색 결과 창에서 "Sponsored"라고 표시되어 있는 상품들이 Campaign Manager 혹은 'Sponsored Products'라 부르는 키워드 광고를 설정한 상품들입니다.

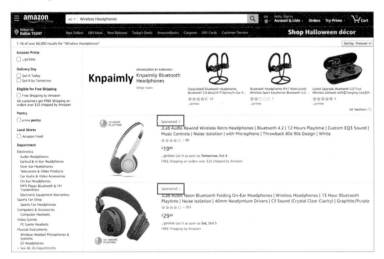

이 캠페인 매니저(Campaign Manager)를 사용하기 위해서는 아래 요건을 충족해야 합니다. 보통 처음 판매하는 셀러가 프로페셔널 셀러로 가입하였다면 누구나 사용할 수 있습니다. 자격 요건은 아래와 같습니다.

❶ 프로페셔널로 가입한 셀러여야 합니다.

❷ 아마존에 양호한 상태의 활성 계정이 있어야 합니다.

❸ 광고 중인 국가로 배송이 가능해야 합니다.

❹ 유효한 신용카드가 등록되어 있어야 합니다.

❺ 사용 가능한 하나 이상의 카테고리에서 적합한 상품 리스팅이 있어야 합니다.

캠페인 매니저(Campaign Manager) 설정은 아래와 같습니다.

01 셀러 센트럴 로그인 후 [광고] – [캠페인 매니저]를 클릭합니다.

02 [지금 광고 시작]을 클릭합니다. 아마존의 프로모션으로 캠페인 매니저에서 사용할 수 있게 $50을 제공받습니다.

03 캠페인 유형 선택에서 [Sponsored Products] 밑의 [계속]을 클릭합니다.

"Sponsored Brands"는 아마존에 브랜드를 등록한 Brand Owner들만 사용 할 수 있는 배너 형식의 광고인 "headline search ads" 입니다.

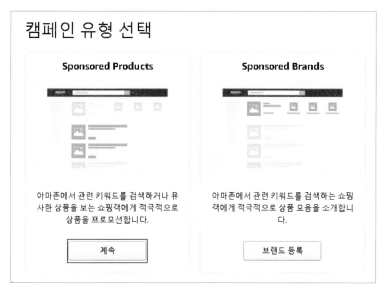

04 캠페인 생성의 설정에 내용을 입력합니다.

❶ 캠페인 관리 명(캠페인 이름)을 입력합니다.

❷ 캠페인 시작일을 선택합니다.

❸ 캠페인 종료일을 선택합니다. 선택하지 않을 시 "종료 날짜 없음"으로 자동 선택되고 셀러가 중지하기 전까지 계속 진행됩니다.

❹ 일별 예산을 입력합니다. 일별로 사용한 예산 금액을 말하며 입력한 금액이 $50일 경우 이 캠페인에서 사용하는 모든 키워드들의 금액이 $50을 넘어가면 자동으로 광고가 중단되고 다음날 다시 진행됩니다.

❺ "타기팅"에서는 고객이 내 상품을 어떠한 키워드로 검색하는지 알 수 없으므로 "자동 타기팅"을 선택하여 키워드를 수집합니다.

05 캠페인 입찰 전략을 선택합니다. 선택에 따라 광고비 일별 예산이 빨리 소진되어 조기에 중단될 수 있으니 신중하게 선택하시기 바랍니다.

❶ 입찰가를 자동으로 낮추고 높일 수 있는 기능 입니다. 여기서 선택을 잘 해야 판매 전환율이 올라 갈 수 있습니다.

– 동적 입찰가 – 낮춤만 : 이 설정은 광고에 클릭은 많으나 구매로 전환되지 않을 경우 자동으로 입찰가를 낮추는 설정입니다.

– 동적 입찰가 – 높임 및 낮춤 : 이 설정은 광고에 클릭도 많고 구매로 전환율이 높을 경우 입찰가를 자동으로 높이(최대 100%)고 전환율이 낮을 경우 입찰가를 낮추는 설정입니다.

– 고정 입찰은 자동으로 입찰가를 낮추거나 높이지 않고 고정으로 광고를 게시하는 설정입니다.

캠페인 입찰 전략	게시 위치에 적용되는 최종 입찰액			설명
	검색 상단 결과 (1페이지)	상품 페이지	검색 나머지	
고정 입찰액(고정 입찰)	$1.50	$1.25	$1.00	게시 위치별로 다른 고정 입찰액이 적용됨
동적 입찰액 – 감액만 (동적 입찰가 – 낮춤)	$0~$1.50	$0~$1.25	$0~$1.00	'게시 위치별 입찰액 조정'은 게시 위치별로 다른 입찰액을 설정하며 '동적 입찰액 – 감액만'은 클릭이 판매로 전환될 가능성이 적은 기회의 입찰액을 감액 조정합니다.
동적 입찰액 – 증액 및 감액(동적 입찰가 – 높임 및 낮춤)	$0~$3.00	$0~$1.88	$0~$1.50	게시 위치별 입찰액 조정은 게시 위치별로 다른 입찰액을 설정하며 동적 입찰은 클릭이 판매로 전환될 가능성을 기준으로 이러한 입찰액을 추가로 조정합니다. '동적 입찰액 – 증액 및 감액을 선택하는 경우 아마존은 검색 상단(첫 번째 페이지)은 100%, 기타 게시 위치는 50%까지 입찰액을 높일 수 있습니다. 이에 따른 결과는 다음과 같습니다. • 검색 상단(첫 번째 페이지): $1.00를 50% 높인 $1.50로 증액하던 것을 동적 입찰을 이용하면 최대 $3.00로 추가 증액할 수 있습니다($1.50에서 100% 증가). • 상품 페이지: $1.00를 25% 높인 $1.25로 증액하던 것을 동적 입찰을 이용하면 최대 $1.88로 추가 증액할 수 있습니다($1.25에서 50% 증가). • 검색 나머지: 동적 입찰을 이용하면 $1.00를 최대 $1.50로 증액할 수 있습니다($1.00에서 50% 증가).

❷ Bid+는 입찰 전략 이외로 자동으로 입찰액을 조정할 수 있습니다.

예를 들어 키워드에 대해 $1.00를 입찰하고 '검색 상단(첫 번째 페이지)' 및 '상품 페이지' 게시 위치에 대해 각각 50% 및 25% 조정을 설정한 경우 캠페인 입찰 전략에 따라 입찰액이 적용됩니다.

06 광고 그룹 설정 및 상품을 선택합니다.

❶ 광고 그룹 이름은 캠페인 내에서 상품별로 광고 그룹을 설정할 수 있는데 이때 광고 그룹 이름을 입력하여 관리할 수 있습니다.

❷ 광고 그룹별로 게시할 상품을 선택합니다.

07 자동 타겟팅 설정은 2가지로 나누어져 있습니다. 그 중 "타겟팅 그룹별로 입찰 설정"을 선택하여 "권장 입찰액"으로 설정합니다.

- 기본 입찰 설정 : 키워드에 다른 입찰액을 설정하지 않는 한 모든 클릭에는 기본 입찰액이 적용됩니다. 셀러가 선택한 입찰 전략 및 배치 증가를 기반으로 권장 입찰액이 변경됩니다.

- 타겟팅 그룹별로 입찰 설정 : 타겟팅 그룹은 여러 전략을 사용하여 셀러의 광고를 귀하의 제품을 찾는 구매자와 매칭 시킵니다.

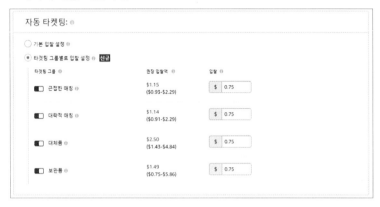

08 "제외 키워드 타겟팅"에서 제외하고 싶은 키워드를 수동으로 입력합니다.

09 모든 설정이 완료되었으면 [캠페인 시작]을 클릭합니다.

10 설정된 캠페인을 확인한 후 [캠페인 매니저로 이동]을 클릭합니다.

11 캠페인 매니저에서 광고 진행 사항을 확인할 수 있습니다.

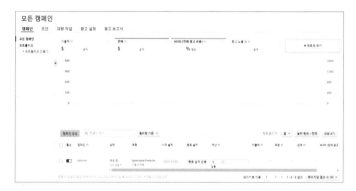

12 캠페인 광고를 중지할 경우에는 "활성" 밑의 버튼을 체크하면 광고가 중지됩니다.

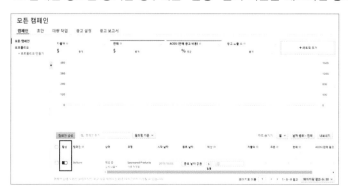

13 [광고 보고서] 탭에서 보고서를 생성하여 다운받아 광고 진행 현황 및 검색 키워드를 확인합니다.

5-3 얼리 리뷰어 프로그램(Early Reviewer Program)

얼리 리뷰어 프로그램은 상위(Parent) 상품의 SKU 또는 단독 상품으로 진행 할 수 있으며 사용료는 $60의 유료 프로그램입니다. 등록 시점부터 최대 1년 동안 또는 프로그램을 통해 5개의 리뷰를 받을 때가지 진행됩니다. 얼리 리뷰어 프로그램은 이미 상품을 구매한 구매자가 리뷰를 작성하고 작성한 리뷰를 공유하도록 장려하는 프로그램입니다. 리뷰는 고객이 구매 결정을 내리는 데 도움을 줌으로써 페이지 뷰를 높이고 매출을 높이는 데 도움이 됩니다. 구매자에게 해당 상품에 대한 리뷰를 작성하는 대가로 아마존에서 $3 기프트 카드를 제공하여 셀러가 최대 5개의 리뷰를 받는 데 도움을 줍니다. 현재 얼리 리뷰어 프로그램은 미국에서만 사용할 수 있습니다. 설정을 완료하면 취소할 수 없으니 주의하시기 바랍니다. 얼리 리뷰어 설정 방법은 아래와 같습니다.

01 셀러 센트럴에 로그인 후 [광고] – [얼리 리뷰어 프로그램]을 클릭합니다.

02 얼리 리뷰어 프로그램 [시작하기] 버튼을 클릭합니다.

03 등록하려면 SKU 제출의 검색 바에 얼리 리뷰어 프로그램을 시작한 상품의 SKU를 입력 후 [자격 확인]을 클릭합니다. 이때 옵션 상품으로 등록한 경우 상위(Parent) 상품의 SKU를 입력하면 하위(Child) 상품이 자동으로 선택됩니다.

04 상품이 선택되었다면 [Enroll in program]을 클릭합니다.

05 얼리 리뷰어 프로그램에 신청이 완료 되었습니다. [View On dashboard]를 클릭합니다.

06 등록 대시보드에 진행되는 얼리 리뷰어 프로그램 상품이 보여지고 진행 상황이 표시됩니다.

5-4 쿠폰(Coupons) 활용하기

쿠폰은 다음 그림과 같이 셀러가 고객에게 추가로 할인 받을 수 있도록 설정하는 유료 프로그램입니다.

쿠폰 프로그램은 건당 $0.60의 수수료가 발생하며 수수료 계산 방식은 예를 들어 현재 $25.00 아이템에 대해 $4.00 쿠폰을 제공하면 쿠폰이 활성화된 첫날 50명의 고객이 쿠폰을 사용합니다.(쿠폰 다운로드 후 쿠폰 적격 상품 구매) 이 거래에서 발생한 비용은 다음과 같이 계산합니다.

- (제공하는 할인 금액(USD) * 사용 횟수) + (쿠폰 사용 수수료 * 쿠폰 사용 횟수)
- ($4.00 * 50) + ($0.60 * 50) = $200 + $30 = $230

고객이 쿠폰을 사용함으로써 다음 날 예산에서 $230가 차감됩니다. 예산의 80%가 소진되면 아마존에서 쿠폰을 중지 상태로 전환합니다.

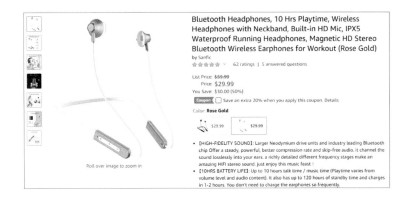

쿠폰을 사용하기 위해서는 자격을 갖추어야 하는데 피드백 평점이 3.5이상이며 프로페셔널 셀러여야 합니다. 구매자로부터 셀러 피드백 평점을 받지 못한 셀러에게도 쿠폰 사용 자격이 있습니다. 그 외에, 상품이 다음 기준을 충족해야 합니다.

- 리뷰가 없는 상품은 평균 평점 고려 없이 쿠폰 자격 대상이 될 수 있습니다. 그러나, 특정 상품에 대한 리뷰가 존재한다면, 해당 상품은 다음과 같은 평균 기준을 충족해야 합니다.
    - 리뷰기 1~4개 있는 상품의 경우 아마존에서의 별 등급이 평균 2.5 이상이어야 합니다.
    - 리뷰가 5개 이상 있는 상품의 경우 아마존에서의 별 등급이 평균 3 이상이어야 합니다.
- 셀러 주문 처리, 아마존 주문 처리 또는 셀러 주문 처리 프라임이 가능해야 합니다.
- 새 상품만 가능합니다. 중고 제품은 사용할 수 없습니다.

다음에 해당하는 상품은 쿠폰을 사용 할 수 없습니다.
- 상품 상태가 중고인 상품. 수집품 또는 공인 리퍼비시 상품
- 다음 상품 유형은 허용되지 않습니다.
    - 성인 용품
    - 사냥 및 낚시 용품
    - 총기 및 총 관련 악세사리
    - 도서, 음악, 비디오 및 DVD
    - 비디오 게임

쿠폰 할인은 다른 %할인 및 가격 할인 쿠폰을 동시에 실행 중인 라이트닝 딜, 프로모션, 판매 가격, 비즈니스 가격 및 증정 등의 다른 프로모션 할인과 결합됩니다. 예를 들어, 라이트닝 딜 20% 할인을 제공한 $100의 상품에 5% 할인 쿠폰도 동시에 실행 중이라면, 쿠폰의 5% 할인과 라이트닝 딜의 20% 할인이 결합되어 총 $25가 할인되니 주의하시기 바랍니다. 또한, 쿠폰 할인을 설정하면 다음 그림과 같이 별도의 쿠폰 진행 상품만을 보여지는 곳에 상품이 노출됩니다.

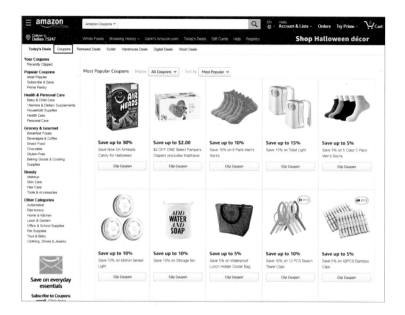

쿠폰 할인을 설정 방법은 아래와 같습니다.

01 셀러 센트럴 로그인 후 [광고] – [쿠폰]을 클릭합니다.

02 쿠폰 페이지에서 [Create a new coupon]을 클릭합니다.

03 "Products"의 검색 바에서 상품의 SKU 또는 ASIN으로 상품을 검색합니다. 이때 옵션이 등록된 상품일 경우 상위(Parent) 상품의 SKU를 입력하면 하위(Child) 상품이 자동으로 선택됩니다.

04 선택된 상품을 확인 후 [Add to coupon]을 클릭합니다.

05 선택한 상품이 "Added to coupon"으로 넘겨졌으면 [Continue to next step]을 클릭합니다.

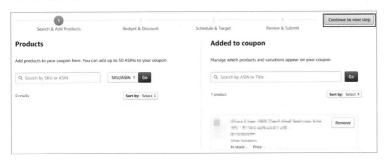

06 "Discount"에서 할인할 금액이나 할인율 등을 선택합니다.

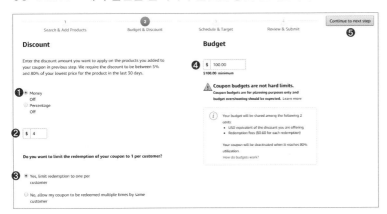

❶ 할인 설정에서 금액 또는 할인율을 선택합니다.

❷ 할인을 금액으로 진행 시 금액을 입력하고 할인율로 진행 시 할인율을 입력합니다.

❸ 쿠폰 사용을 고객당 1회 사용 또는 다회 사용에 대해 선택하는 부분입니다. "Yes, limit redemption to one per customer"를 선택하여 고객당 1회만 사용할 수 있도록 제한합니다.

❹ 예산 금액은 최소 $100 입니다. 예를 들어 쿠폰을 받아간 사람이 150명이고 할인 금액으로 $4를 선택하였기 때문에 25명이 쿠폰을 사용하면 예산 금액인 $100가 소진 됩니다. 하지만 아마존에서는 쿠폰을 사용한 사람이 80%(20명)가 되면 쿠폰 발행을 중지합니다.

❺ 할인 설정을 완료 하였으면 [Continue to next step]을 클릭합니다.

07 쿠폰 명과 쿠폰 대상, 시작일, 종료일을 선택합니다.

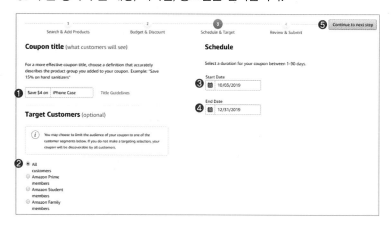

❶ 쿠폰 명을 입력합니다. 이 쿠폰 명은 쿠폰 사용 상품 페이지에서 표시됩니다. 쿠폰 페이지에서 검색에 사용되기도 하니 상품을 검색할 수 있는 키워드를 입력하는 것이 좋습니다.

❷ 쿠폰 대상은 "전체(All)"을 선택합니다.

❸ 쿠폰 시작일을 선택합니다. 쿠폰을 기간은 총 90일 까지만 가능합니다.

❹ 쿠폰 종료일을 선택합니다.

❺ 설정을 완료 하였으면 [Continue to next step]을 클릭합니다.

08 선택한 상품과 일정 등을 확인 후 [Submit Coupon]을 클릭합니다.

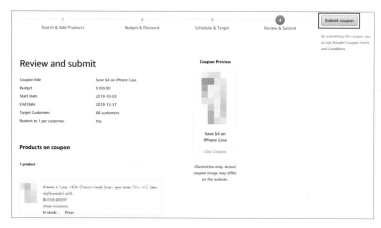

09 쿠폰 설정이 완료 되었습니다. 설정한 기간에 상품을 확인하시면 쿠폰이 적용된 내용을 확인 하실 수 있습니다.

신규로 등록한 상품에 대해 다수의 셀러들이 상품의 리뷰를 받기 위해 여러 가지 Third-party Service를 사용하는 경우를 많이 보게 됩니다. "Chapter 01 아마존에 대해 알아보자 – Lesson 04 아마존 판매자 정책 이해하기 – 3 – 상품 리뷰 정책"에서 설명한 것과 같이 아마존은 대가성 리뷰나 리뷰를 임의로 남기기 위한 어떠한 형태도 허용하지 않습니다. 예를 들어 Jumpsend(https://www.jumpsend.com/) 같은 Third-party 사이트 사용을 금지하고 있습니다.

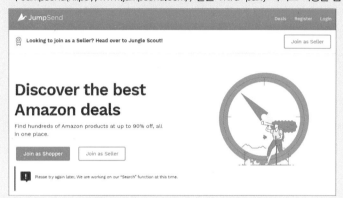

Jumpsend에서도 아래와 같이 아마존 정책에 관한 내용을 "Help Center"에 기재하였습니다. 아래는 해당 내용을 의역한 것입니다.

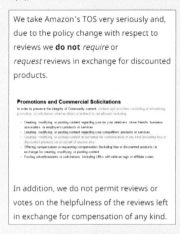

"아마존 리뷰와 관련된 정책 변경으로 인해 할인된 제품과 교환하기 위해 리뷰를 요구 하거나 요구 하지 않습니다. 여기에는 지불(돈 또는 상품권 형태), 보너스 콘텐츠, 컨테스트 또는 경품 행사 참가, 향후 구매 할인, 추가 제품구매 또는 기타 선물이 포함됩니다."

이렇게 Jumpsend에서도 기재를 한 것 같이 아마존 리뷰를 받는 사이트를 사용하는 것은 아마존 정책에 위배되는 사항입니다.
불법적으로 상품 리뷰를 받기 위한 어떠한 행동을 하지 않는 것이 가장 현명한 방법입니다.
리뷰를 받기 위해 노력하는 것 보다는 좋은 상품을 홍보하고 노출을 상승 시킬 수 있는 방법을 강구하는 것이 좋을 것 같습니다. SNS 마케팅이나 influencer를 통한 홍보에 관련된 내용을 확인해 보시길 추천드립니다.

아마존 상품
운영/관리하기

01 _ 상품 관리하기

아마존에서 판매를 하다 보면 상품을 수정하거나 일시 품절 처리, 상품 삭제 등을 해야 하는 경우가 발생합니다. 특히 아마존의 상품 개선 권고 메일이 오거나 품질 알림으로 인해 상품이 비활성화되어 수정해야 하는 상황이 종종 발생하는데 이 경우 상품을 수정하지 않으면 비활성화로 인해 매출이 하락하거나 최악의 상황에서는 계정이 정지될 수 있으니 미리미리 관리하기를 권해드립니다.

1 _ 재고 관리(Manage Inventory) 화면 Customizing 하기

재고 관리 화면은 판매자가 보길 원하는 내용만을 표시하여 상품을 효율적으로 관리할 수 있습니다. 예를 들면 등록된 상품의 현재 판매순위 또는 바이 박스(Buy box) 가격, Business Price(권장) 등을 표시하여 매출을 상승 시키는데 참고할 수 있습니다.

01 아마존 셀러 센트럴의 재고(Inventory) 〉 재고 관리(Manage Inventory) 메뉴를 클릭합니다.

02 재고 관리(Manage Inventory) 화면에서 우측 상단에 있는 [기본 설정]을 클릭합니다.

03 원하는 메뉴의 체크 박스에 체크 후 하단의 [변경 사항 저장]을 클릭합니다.

참고로 열 표시에서 "Business Price(권장), 최저 가격(권장), 판매 순위, 바이 박스(Buy box) 가격, 바이 박스 (Buy box) 획득 자격"은 필수로 체크하는 것을 권장합니다. Business Price의 경우 "Chapter 07 Amazon 글로벌로 확장하기"에서 비즈니스 가격 설정을 위해 필요합니다.

04 변경된 재고 관리 화면입니다. 선택한 메뉴가 표시되는지 확인하시기 바랍니다.

2 _ 상품 수정하기

상품 수정의 경우 Sell yours로 등록했는지 Add a Product로 등록했는지에 따라 상품을 수정 할 수 있는 권한이 틀린 점을 유념해야 합니다. Sell yours의 경우 상품을 등록할 때 간략하게 판매 가격과 판매 수량만을 입력하기 때문에 수정할 수 있는 권한이 제한적입니다. 하지만 Add a Product로 등록한 상품의 경우 많은 부분을 수정할 수 있는 권한이 있습니다. 상품을 수정하는 방법은 아래와 같습니다.

01 재고(Inventory) 〉 재고 관리(Manage Inventory)를 클릭하고 등록된 상품의 우측 [편집] 메뉴를 클릭합니다. 상품 관리 드롭다운 메뉴 설명은 아래와 같습니다.

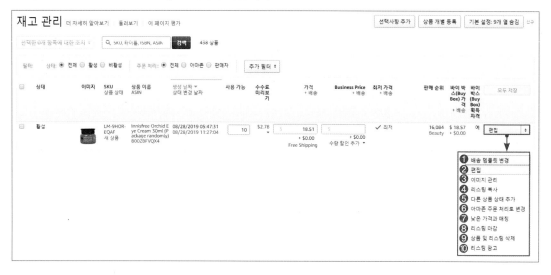

❶ 배송 템플릿 변경 : 상품에 설정된 배송 규칙을 변경할 때 사용합니다.

❷ 편집 : 상품의 제목, 설명, 판매가, 재고수량 등 세부적인 내용을 수정할 때 사용합니다.

❸ 이미지 관리 : 상품의 이미지 수정, 삭제, 등록 등을 할 때 사용합니다.

❹ 리스팅 복사 : 등록되어 있는 상품을 똑같이 복사할 때 사용합니다.

❺ 다른 상품 상태 추가 : 비슷한 상품을 등록할 경우 사용합니다.

❻ 아마존 주문 처리로 변경 : 주문처리를 FBM에서 FBA로 변경 시 사용합니다.

❼ 낮은 가격과 매칭 : 판매가격을 최저가와 동일하게 설정 시 사용합니다.

❽ 리스팅 마감 : 상품을 품절 처리 할 때 사용합니다.

❾ 상품 및 리스팅 삭제 : 상품을 삭제 할 때 사용합니다.

❿ 리스팅 광고 : 판매하고 있는 상품에 대한 키워드 등의 광고를 개시 할 때 사용합니다.

02 Sell yours로 등록된 상품의 수정 화면입니다. Vital Info, Variations, Offer, Compliance, Images, Description, Keywords, More Details 등 각 탭이 표시되는 것은 Add a Product로 등록된 상품과 같으나 각 탭 별로 수정할 수 있는 사항은 제한적입니다. Sell yours로 상품을 등록했기 때문에 "Product Name" 부분이 비어 있는 것을 확인할 수 있습니다.

03 Add a Product로 등록된 상품의 수정 화면입니다. Sell yours로 등록된 상품과는 다르게 상품명 및 세부적인 부분을 수정 할 수 있습니다. Add a Product의 경우 "Chapter 03 아마존 상품 등록하기 〉 Lesson 04 Add a Product(신규 리스팅) 등록하기"에서 설명한 것과 같이 처음부터 끝까지 모든 부분을 직접 등록하기 때문에 모든 부분을 수정할 수 있습니다.

04 수정할 내용들을 입력하고 하단에 있는 [Save and finish] 버튼을 클릭하면 최대 15분 후에 수정한 사항이 반영됩니다.

3 _ 수량 및 가격 수정하기

판매자가 직접 발송(FBM/MFN)하는 상품의 경우 판매가 될수록 사용가능 수량이 줄어들기 때문에 판매하는 상품의 수량을 업데이트해 주어야 합니다. 만약, 판매 수량을 수정하지 않을 경우 판매가능 재고가 0이 되기 때문에 비활성화로 변경되며 상품이 노출되지 않습니다.

상품의 수량 및 가격의 수정은 [편집] 메뉴를 사용하여 수정을 할 수도 있지만 재고 관리 페이지에서 직접 입력하여 간편하게 수정할 수도 있습니다. 수량 또는 가격을 수정하였다면 우측의 [저장] 또는 [모두 저장]을 클릭하여 수정 사항을 적용합니다.

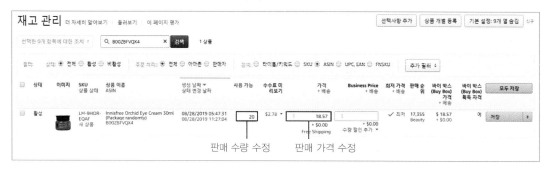

4 _ 상품 일시 품절시키기

01 판매를 진행하다 보면 일시적으로 재고가 소진되거나 재고 수급이 원활하지 않은 경우가 발생합니다. 이때 상품을 완전히 삭제하는 것이 아니라 일시 품절 시켜두면 재고 관리(Manage Inventory)에는 상품이 비활성화로 남아있게 됩니다.

02 현재 "리스팅 마감"을 선택한 상품은 판매 가능 수량이 10개가 남아 있지만 일시표절 설정으로 상품이 비활성화 됩니다. 일시 품절을 위해 [예. 계속합니다.]를 클릭합니다.

03 상품을 일시 품절하면 최대 15분 후에 변경된 사항이 적용됩니다.

04 추후 다시 재고 수급이 원활해지면 [재리스팅]을 클릭하여 상품을 활성화 시킵니다.

5 _ 상품 삭제하기

01 판매하는 상품을 완전히 삭제해야 할 경우 [상품 및 리스팅 삭제]를 클릭하여 상품을 삭제합니다.

02 아마존에서 팝업으로 삭제에 대한 경고 메시지를 보여줍니다. 삭제를 위해 [확인] 버튼을 클릭합니다. 이때 재고 관리(Manage Inventory) 페이지에서도 완전히 삭제가 되기 때문에 삭제하려는 상품이 맞는지 다시한 번 확인하고 주의하여 클릭하여야 합니다. 또한, 삭제한 상품은 같은 SKU로는 24시간 안에 다시 등록할수 없습니다.

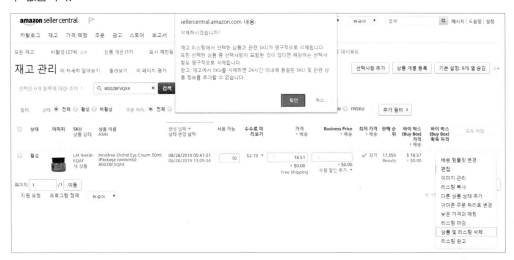

TIP	실수로 상품을 삭제하였다면?

실수로 삭제한 상품을 24시간 안에 다시 등록해야 할 경우에는 SKU를 변경하여 등록하면 새로 상품이 등록된다.

02 _ 아마존 FBM(MFN) 주문 처리하기

이번 장에서는 판매자가 직접 발송(FBM/MFN)하는 상품이 판매되었을 때 우체국의 K-Packet 또는 EMS를 이용하여 송장을 출력하고 아마존에 배송 처리하는 과정을 설명하겠습니다.

우선, 우체국의 K-Packet 또는 EMS를 이용하기 위해서는 가까운 우체국과 계약을 진행하고 "계약고객번호"를 받아야 우체국 "계약고객전용시스템"을 사용할 수 있습니다. 가까운 우체국에 방문하시어 K-Packet과 EMS 계약을 하러 왔다고 말씀하시고 계약서를 작성하시기 바랍니다.

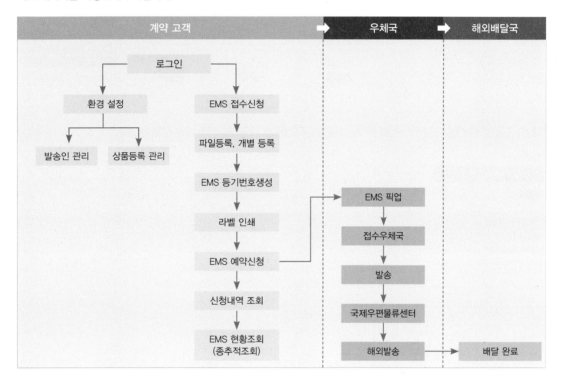

1 _ 우체국 시스템 가입하기

계약고객전용시스템이란 EMS/K-packet 이용 고객이 인터넷상에서 접수에 필요한 정보를 입력하고, 입력된 정보에 의해 EMS 주소 기표지를 출력하여 접수하고 인터넷상으로 EMS/K-packet 우편물을 진행사항이나 추적 정보 등을 확인할 수 있습니다.

01 우체국과 계약을 통해 "계약고객번호"가 발급되었다면 계약고객전용시스템(https://biz.epost.go.kr)에 접속하여 회원가입을 진행하여야 합니다. 우측 상단의 [회원가입]을 클릭합니다.

02 약관동의 화면에서 "전체 동의"를 체크하고 [동의하고 회원가입] 버튼을 선택합니다.

03 정보 입력 페이지에서 기본 정보를 입력하고 우체국에서 부여받은 고객번호를 입력 후 [고객유효성검증]을 클릭합니다. 모든 정보 입력 후 [회원가입] 버튼을 클릭하면 회원가입이 완료됩니다.

04 계약고객전용시스템 화면으로 이동하여 로그인 후 우측 상단의 [시스템사용설정]을 클릭합니다.

05 시스템 사용 설정에서 [계약EMS/K-packet]을 선택하고 [다음] 버튼을 클릭합니다.

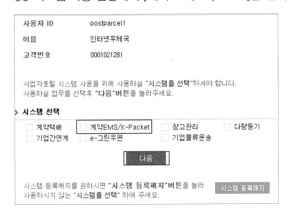

06 EMS/K-Packet 접수를 위해서는 반드시 ❶ 발송인관리에서 발송인을 ❷ 등록하여야 합니다. 발송인 정보는 기본적으로 기표지 상에서 [보내는 사람] 위치에 출력되며, 발송인 기준으로 신청내역이 조회됩니다.

07 발송인등록 화면에서 정보를 입력합니다. 주소 입력 시 아마존에 등록했던 주소를 영문으로 입력하고 전화번호와 휴대폰번호를 입력 후 [저장] 버튼을 클릭합니다.

08 발송인관리 리스트에서 해당 발송인을 더블 클릭하면 발송인 정보를 수정할 수 있습니다. 한 번 등록한 발송인 정보는 삭제할 수 없으며 '불가용' 상태로 변경하면 화면에서 조회되지 않습니다.

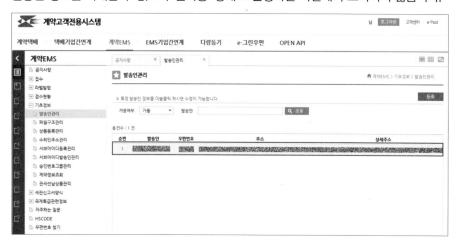

2 _ 아마존 주문 내역 확인하기

01 아마존에서 주문이 들어오면 셀러 센트럴(Seller Central) 메인 화면의 좌측 "주문 내역"의 "미배송" 부분에서 현재 입금까지 완료된 주문건을 확인할 수 있습니다. 또는, "주문(Orders) 〉 주문 관리(Manage Orders)" 메뉴에서도 주문 내역을 확인할 수 있습니다.

02 주문 관리(Manage Orders) 페이지에 들어오면 다음 그림과 같이 주문 날짜, 주문 세부 정보, 상품 정보, 고객 옵션 등을 확인할 수 있습니다. 주문 상세 정보를 확인하기 위해서는 주문 번호(Order ID)를 클릭합니다.

3 _ 아마존 주문 요약 확인하기

"주문 상세 내용" 페이지에서는 주문 요약, 배송지(구매자 정보), 상품 정보 등을 확인할 수 있습니다.

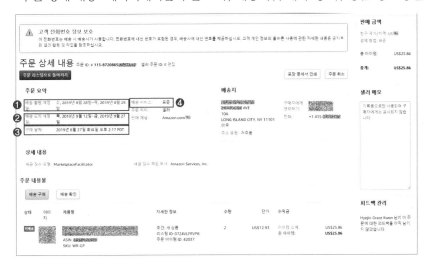

1) 주문 요약 : 상품을 구매한 날짜와 배송 예정일, 배송 서비스 등을 확인할 수 있습니다.

❶ 배송 출발 예정일(Ship by) : 배송 출발 예정일은 상품 등록 시 입력한 Handling Time에 따라 자동설정 됩니다.

❷ 배송 도착 예정일(Deliver by) : 배송 도착 예정일은 배송 설정에서 설정한 배송 기간에 따라 자동설정 됩니다.

❸ 구매 날짜(Purchase date) : 구매자가 구매한 날짜와 시간이 표시됩니다. PDT(Pacific Daylight Time)는 태평양 연안 표준시를 뜻합니다.

❹ 배송 서비스(Shipping service) : 셀러가 설정한 배송 중 구매자가 배송 서비스를 표준 또는 빠른 배송을 선택한 내역이 표시 됩니다.

2) 배송지 : 배송 주소지와 고객의 전화번호 등을 확인할 수 있습니다.

3) 주요 내용물 : 판매된 상품의 이미지, 상품명, 수량 등을 확인할 수 있습니다.

4 _ 해외 주소지 체계 이해하기

아마존의 판매자 직접 배송(FBM/MFN)이 들어오면 해외 주소 체계를 정확히 알고 있어야 우체국 계약고객전용시스템의 K-Packet 또는 EMS를 신청할 수 있습니다. 만약, 주소 체계를 모르는 상황에서 주소를 잘 못 입력한 경우 상품이 분실되거나 반송되어 돌아오는 불상사를 겪게 될 수 있습니다.

· 해외 주소 체계 : 번지(Number)-도로이름-도시(City)-주(State)-번지(Zip Code)

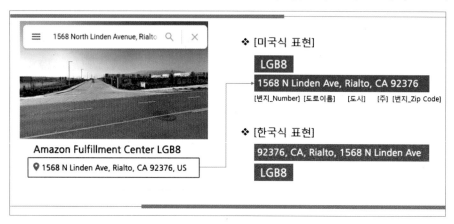

1) 첫 번째로 나오는 숫자는 번지(Number)를 의미합니다.

❶ 도로를 따라가면서 번지수는 차례로 증가합니다.

❷ 한 건물에 한 개씩만 부여되며, 도로를 기준으로 좌/우로 홀수, 짝수 형식으로 나눠집니다.

2) 두 번째로 나오는 영문과 숫자는 도로(Street)를 의미합니다.

❶ Street(St) : 동서로 향하는 길을 뜻합니다.

❷ Avenue(Ave.) : 남북으로 향하는 길을 뜻합니다.

❸ Road(Rd.) : Street와 ave 보다는 짧은 도로를 뜻합니다.

❹ Drive(Dr.) : Street와 ave 보다는 짧은 도로를 뜻하며, 산속의 도로처럼 굴곡이 있는 도로를 뜻합니다.

❺ Boulevard(Blvd.) : 도시 내부를 넓게 가로 지르는 길을 뜻합니다.

❻ Lane(Ln.) : 비교적 좁은 도로를 뜻합니다.

❼ Crescent(Cres.) : 초승달처럼 꼬부라진 길을 뜻합니다.

❽ Loop : 원을 그리는 도로를 뜻합니다.

❾ Street 뒤에 "#숫자"는 아파트 호수나 Sutie Number를 의미합니다.

3) 세 번째로 나오는 순서는 도시(City, Town)을 의미합니다. 같은 주에서 같은 이름을 가진 City나 Town은 없습니다.

4) 네 번째로 나오는 대문자는 주(State)를 의미 합니다. 주 이름은 보통 약어로 표현하며, 세부 정보는 다음 그림과 같습니다.

5) 마지막으로 나오는 숫자는 우편번호(Zip Code / Post Code)를 의미합니다. 우체국에서 미국의 우편번호 입력 시 앞 5자리 만을 입력하여 "배달보장서비스 우편번호검색"을 합니다.

5 _ 포장 명세서 인쇄하기

앞서 "3 - 아마존 주문 요약 확인하기"에서 주문 상세 내역에 대해 확인했으면 포장 명세서(Print packing Slip)를 출력하고 패킹 작업을 진행하여야 합니다. 또한, 포장 명세서는 추후 세무 신고나 배송 시 상품과 함께 동봉하여 발송 합니다.

01 주문 상세 내역에서 우측 부분의 [포장 명세서 인쇄] 버튼을 클릭합니다.

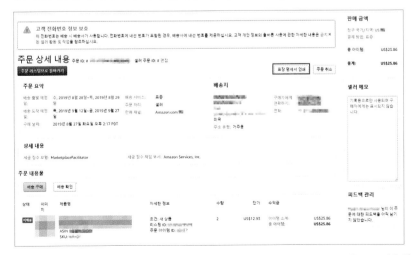

02 [포장 명세서 인쇄]를 클릭하면 팝업 창으로 포장 명세서 화면이 나타납니다. [인쇄] 버튼을 클릭하여 프린터로 출력합니다.

6 _ 우체국 K-Packet 및 EMS 신청하기

아마존 주문 건을 우체국 계약고객전용시스템을 통해 K-Packet 및 EMS를 신청하는 방법에 대해 설명드리겠습니다. K-Packet의 나라별 배송 기간 및 개인 통관 면세 한도에 대해서는 "10 - 나라별 개인통관 면세한도는?" 단원을 참고 부탁드립니다.

01 아래와 같이 고객 주문 내역을 예로 들어 K-Packet [개별등록]을 신청하겠습니다.

❶ 고 객 명 : EILEEN
❷ 배송주소 : 1670 ST ALBANS SQ, ANNAPOLIS, MD 21401, United States
❸ 연 락 처 : 415-851-9136
❹ 구매상품 : 여성 면 양말(Women's Cotton Low show socks)
❺ 구매가격 : $12.00
❻ 수량 : 1 개
❼ 제조국 : Made in Korea

02 우선 우체국 계약고객전용시스템에 로그인 후 상단의 [계약EMS]를 클릭합니다.

03 계약EMS 화면에서 좌측의 ❶ 접수 〉접수신청을 클릭 후 ❷ [개별등록] 버튼을 클릭합니다.

04 개별등록 화면에서 우편물종류(K-Packet Light 또는 K-Packet)를 선택합니다.

05 배송 국가에 따라 K-Packet Light 인지, K-Packet 인지는 아래 표를 참조하여 선택하여 주시기 바랍니다.

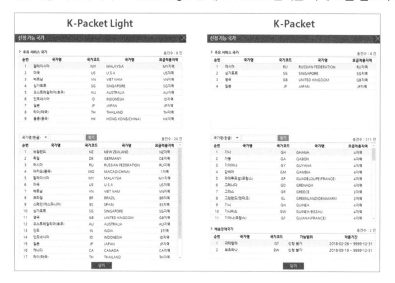

06 배송해야 할 나라가 미국이기 때문에 "K-Packet Light"를 선택하고 고객의 정보를 입력합니다.

❶ 국가 : 입력 창을 클릭하면 팝업으로 "K-Packet Light" 배송 가능 국가가 표시됩니다. 배송할 국가인 "미국"을 선택합니다.

❷ 이름 : 배송받을 고객의 이름을 입력합니다. 이때 First name, Middle name, Last name 구분 없이 전체 이름을 입력합니다.

❸ 전화번호 : 고객의 연락처를 입력합니다.

❹ 우편번호 : 고객 주소의 우편번호를 입력합니다. 지역에 따라 5자리 또는 9자리로 표시되지만 앞 5자리를 입력합니다.

❺ [배달보장서비스 우편번호검색]을 클릭하면 다음 그림과 같이 우편번호에 맞는 국가코드, 주도, 시군, 우편번호 등이 자동 선택됩니다. 고객 주소와 일치하면 [확인] 버튼을 클릭합니다.

❻ 주/도 : ❺에서 선택한 주/도가 자동적으로 입력되었습니다.

❼ 시/군 : ❺에서 선택한 시/군이 자동적으로 입력되었습니다.

❽ 상세주소 : 나머지 상세 주소를 입력합니다.

❾ 박스포장 총중량 : 포장된 박스의 총중량을 입력합니다. K-Packet의 경우 발송 무게는 최대 2kg까지, EMS는 최대 30kg까지 입니다. 배송 중량이나 사이즈는 "Chapter 03 아마존 상품 등록하기 〉 3 - 해외 배송 이해하기" 단원을 참고하시기 바랍니다.

❿ 고객주문번호 : 송장이 출력되면 어느 주문 건의 송장인지 헷갈리는 경우가 있으니 아마존의 주문번호 (Order ID)를 입력하시기 바랍니다.

07 화면 하단의 "세관신고서(CN22)" 부분에 내용을 입력하시기 바랍니다.

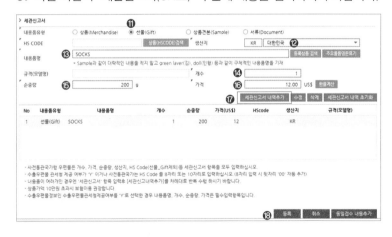

⓫ 내용품유형 : 상품(Merchandise), 선물(Gift), 상품견본(Sample), 서류(Document) 중에 선물(Gift)를 선택합니다. 상품이나 상품견본의 경우 관세가 발생하거나 상품을 확인하는 세관이 있기 때문입니다.

⓬ 생산지 : 입력 창을 클릭하고 팝업에서 대한민국(KR)을 선택한다.

⓭ 내용품명 : 여성 양말이니 "Socks"로 입력합니다.

⓮ 개수 : 1 개를 입력합니다.

⓯ 순중량 : 상품을 포장한 상태의 무게를 입력합니다.

⓰ 가격 : 판매가 $12.00을 입력합니다.

⓱ 세관신고서 내역을 입력한 후 [세관신고서 내역추가] 버튼을 클릭합니다.

⓲ K-Packet 개별등록의 입력이 완료되었으면 [등록] 버튼을 클릭합니다.

08 개별등록을 완료하고 나면 접수신청 화면에서 등록한 접수 내역이 확인됩니다.

09 계약고객전용시스템을 통한 EMS 신청 또한 K-Packet와 동일합니다.

7 _ 송장 출력 및 아마존 송장번호 입력하기

계약고객전용시스템에서 발행한 K-Packet 또는 EMS의 경우 라벨프린터가 있을 경우 라벨지로 출력 할 수 있고, 라벨 프린터가 없을 경우 일반 A4 프린터기로 출력 후 잘라서 상품 포장 겉면에 붙이면 됩니다.

K-Packet 또는 EMS의 자세한 배송비가 궁금하실 때는 "Chapter 03 아마존 상품 등록하기 〉 3 − 해외 배송 이해하기" 단원을 참고하시기 바랍니다.

01 송장을 출력하기 전에 우체국 운송장 출력 전용 프로그램인 "오즈뷰어(OZViewer)를 설치합니다.

❶ 계약고객전용시스템의 중간 부분의 [설치프로그램안내]를 클릭합니다.

❷ 설치프로그램 〉 공통 프로그램 설치 안내의 오즈뷰어(OZViewer)를 다운로드 하고 설치합니다.

02 앞서 "6 – 우체국 K-Packet 및 EMS 신청하기"에서 신청한 K-Packet 라벨 출력을 위해 접수신청 화면에서 출력하려는 신청 내역 앞의 ❶ 체크 박스에 체크를 하고 ❷ [라벨인쇄] 버튼을 클릭합니다.

03 팝업 창에 "라벨인쇄옵션"에서 ❶ 라벨지 또는 ❷ 일반A4용지를 선택하고 [인쇄] 버튼을 클릭합니다.

❶ 라벨지 : 라벨 프린터가 있는 경우 선택합니다.

❷ 일반A4용지 : 일반 프린터로 출력할 경우 선택합니다.

❸ [인쇄] 버튼을 클릭하면 오즈 리포트 뷰어가
실행됩니다. 왼쪽 상단의 프린트 아이콘을 클릭
하여 라벨을 인쇄합니다.

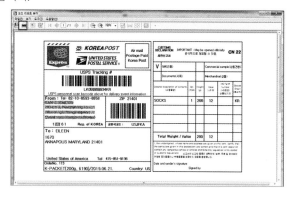

04 amazon에서 송장번호 입력할 주문 번호(Order ID)를 클릭하고 "주문 상세 내용"에서 [배송 확인] 버튼
을 클릭합니다.

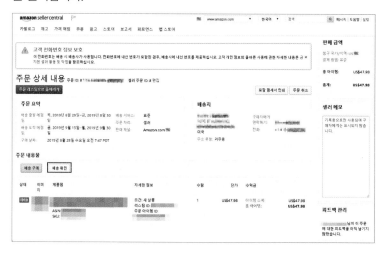

05 "배송 확인"란에 운송장 정보를 입력하고 [배송 확인] 버튼을 클릭합니다.

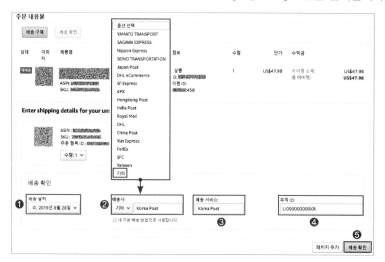

❶ 배송 날짜 : 미국이나 유럽국가의 경우 한국과 1일 시간차가 있으니 유념하여 상품을 우체국에 인계한 날짜를 입력합니다.

❷ 배송사 : 옵션에 한국 우체국(Korea Post)가 없기 때문에 "기타"를 선택 후 "Korea Post"를 직접 입력합니다.

❸ 배송 서비스 : "Korea Post"를 입력합니다.

❹ 추적 ID : 우체국 계약고객전용서비스에서 출력한 송장번호를 입력합니다.

❺ [배송 확인]을 클릭하면 배송 완료로 전환 됩니다.

8 _ 패킹 및 배송 방법

아마존에서 상품이 판매되었다면 그 다음 중요한 것이 정확한 상품을 포장하는 것과 배송 중 상품이 파손되지 않도록 안전하게 포장하는 것입니다. 간혹 아마존에 "A-to-Z 보증요구" 또는 "지불 거절 클레임" 등이 발생하는 것은 상품이 파손되어서 도착하거나 다른 상품이 도착하기 때문입니다. 상품에 맞는 포장재를 선택하는 것도 중요하고 상품 포장 시 에어캡(일명 뽁뽁이)을 사용하여 상품이 배송 중 파손되지 않고 고객에게 잘 도착할 수 있게 하는 것 또한 판매자가 주의해야 하는 사항입니다.

1) 상품에 맞는 포장재 선택하기

해외 배송이기 때문에 꼭 박스만을 사용하여야 하는 것은 아닙니다. 상품에 따라 박스를 사용할 수도 있고 택배 봉투나 에어 봉투를 사용하는 방법도 있습니다.

❶ 상품에 맞는 박스 선택하기

박스 포장은 주로 파손되기 쉽거나 위험성이 있는 상품인 유리, 플라스틱, 날카로운 상품들에 사용합니다. 박스도 형태가 여러 가지이기 때문에 상품에 맞는 박스 형태와 박스 골(박스의 두께)를 선택하여야 합니다. 다음 그림의 박스 형태를 참고하여 상품이 파손되지 않는 박스를 선택하시기 바랍니다.

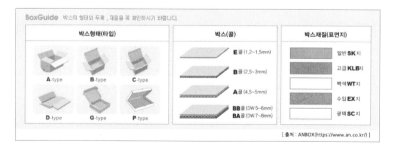

❷ 택배비닐봉투 선택하기

일반적으로 국내에서 사용하는 택배비닐봉투의 경우 의류 등의 파손이나 휘어짐에 민감하지 않는

상품에 사용합니다. 택배비
닐봉투도 종류가 많기 때문
에 재질이나 두께를 확인하
고 구매하는 것을 추천드립
니다.

❸ 에어(안전)봉투 선택하기

에어봉투를 사용하는 경우는 파손 우려는 적으나 혹시 모를 파손에 대비해야 하는 상품의 경우 주

로 사용합니다. 예를 들면
칫솔이나 장난감 등 플라스
틱 포장재(블리스터)로 1차
포장이 되어있는 상품 등이
있습니다.

2) 배송 방법

아마존에서 판매된 상품을 포장까지 완료하였다면 이젠 배송을 해야 합니다. 우체국의 K-Packet
또는 EMS, 국제특송 DHL, FedEx, USP 등을 사용하여 발송하시면 됩니다.

❶ 우체국의 K-Packet 또는 EMS

우체국 K-Packet으로 발송 시에는 픽업을 지원하지 않는 지역들이 많기 때문에 우체국에 직접 방문하여
발송을 해야 하는데 이때 발송할 상품이 많은 경우에는 "요금후납우편물발송표"를 작성하여 방문하면 발송
업무를 빠르게 처리할 수 있습니다. EMS의 경우 우체국 "계약고객전용서비스"에서 신청하면 우체국 직원
분이 픽업을 오니 상품과 "계약고객전용서비스"에서 출력한 운송장을 준비해 두면 됩니다.

❷ DHL 등의 국제특송

DHL 등 국제특송 업체들은 계약을 통해 할인율을 적용하고 있으며 픽업 서비스를 지원합니다. 특
송업체를 사용하여 배송을 하면 보통 2~3일 안에 배송이 되기 때문에 구매자에게 좋은 평점을 받을
수 있다는 장점은 있으나 배송비가 비싸다는 단점이 있습니다. 상품 발송 시 준비해야 하는 서류는

mydhl(https://mydhl.express.dhl/kr/ko/auth/login.html)에서 픽업 신청을 하면 인보이스와 송장이 출력되기 때문에 판매자는 수출입에 필요한 서류만 준비하면 됩니다.

9 _ K-Packet 및 EMS 배송 조회 방법

아마존에서 FBM(MFN, 판매자 직접 배송 방식)으로 판매를 하다 보면 고객에게 가장 많이 들어오는 CS가 바로 배송에 대한 부분입니다. 아마존 상품 페이지에는 배송 출발 예정일과, 배달 예정일 등이 표시되기 때문에 고객은 배달 예정일 안에 상품이 도착하지 않으면 판매자에게 문의를 하게 됩니다.

판매자가 배송 확인 시 송장번호를 입력하지만 고객은 어디에서 조회를 해야 하는지 모르는 경우가 많다 보니 판매자에게 문의하는 경우가 많아지게 되는 것입니다. 이런 경우에 판매자가 배달 국가별로 배송을 조회하여 진행사항을 알려주면 고객은 그때야 안심을 하게 됩니다. 이럴 때 판매자가 배송에 대한 답변을 하지 못하면 클레임이 발생하여 최악의 상황에서는 계정이 정지되는 경우가 발생하니 배송 조회 방법에 대해 충분히 숙지하시길 권해 드립니다.

01 미국 배달 상품에 대한 배송 조회하기

K-Packet을 통해 미국으로 발송한 상품은 미국 우체국인 USPS(https://www.usps.com/)에서 조회할 수 있습니다.

❶ 미국 우체국인 USPS에 접속하여 "Track a Package" 란에 K-Packet 또는 EMS 운송장 번호를 입력 후 [Track Package] 버튼을 클릭합니다.

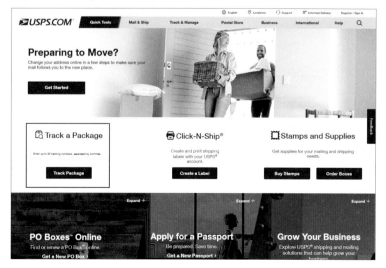

❷ 운송장 번호를 조회한 화면이 보이며 "Tracking History" 란을 클릭하면 세부적인 진행사항을 확인할 수 있습니다.

02 영국 배달 상품에 대한 배송 조회하기

영국 우체국은 Royal Mail(https://www.royalmail.com/track-your-item#/)에서 배송 상황을 조회할 수 있습니다.

❶ 영국 우체국 Royal mail 〉 Track your Item 란에 운송장 번호를 입력 후 [Track your delivery] 버튼을 클릭합니다.

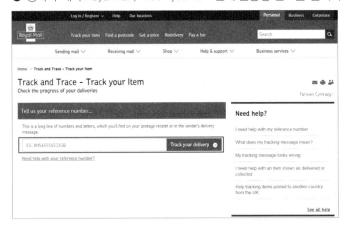

❷ 운송장 번호를 조회한 화면이 보이며 "See your item's full journey" 란을 클릭하면 세부적인 진행사항을 확인할 수 있습니다.

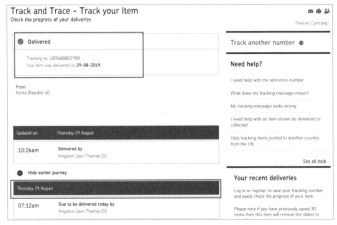

03 독일 배달 상품에 대한 배송 조회하기

독일 우체국은 Deutschepost(https://www.deutschepost.de/sendung/simpleQuery.html)에서 배송 상황을 조회할 수 있습니다.

❶ 독일 우체국 deutschepost은 특이하게 발송한 날짜와 운송장 번호를 입력해야 배송 조회가 가능합니다. "Wo ist meine Sendung?" 란에 운송장 번호와 발송한 날짜를 입력하고 [Meine Sendung finden] 버튼을 클릭합니다.

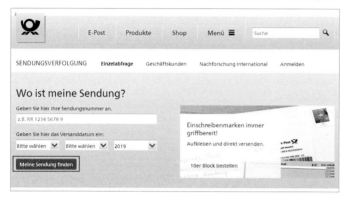

❷ 운송장 번호를 조회한 화면이 보입니다. 녹일의 경우 배송에 대한 세부 내용은 표시되지 않습니다.

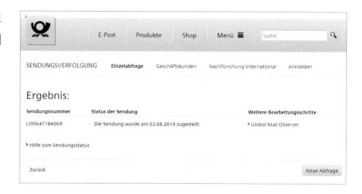

04 프랑스 배달 상품에 대한 배송 조회하기

프랑스 우체국은 La Poste(https://www.laposte.fr/)에서 배송 상황을 조회할 수 있습니다.

❶ 프랑스 우체국 La Poste에 접속하여 중간쯤의 "Suivre un envoi"란에 운송장 번호를 입력하고 [Rechercher] 버튼을 클릭합니다.

❷ 운송장 번호를 조회한 화면의 "Lettre Suivie Internationale" 부분에 진행 현황이 표시되고 "Detail de toutes les etapes" 부분에 세부 사항이 표시됩니다.

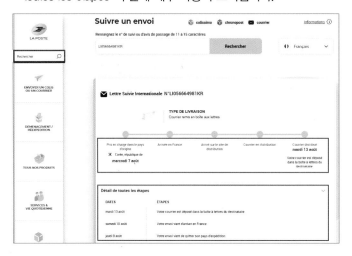

04 이탈리아 배달 상품에 대한 배송 조회하기

이탈리아 우체국은 Posteitaliane(https://www.poste.it/)에서 배송 상황을 조회할 수 있습니다.

❶ 이탈리아 우체국 Posteitaliane에 접속하여 중간 "Cerca spedizioni" 란에 운송장 번호를 입력하고 돋보기 버튼을 클릭합니다.

❷ 운송장 번호를 조회한 화면이 보이며 "Dettagli spedizione"란을 클릭하면 세부적인 진행사항을 확인할 수 있습니다.

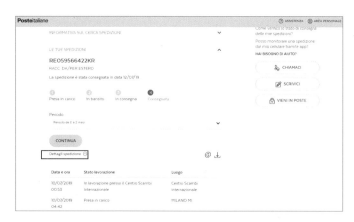

05 스페인 배달 상품에 대한 배송 조회하기

스페인 우체국은 Correos(https://www.correos.es/)에서 배송 상황을 조회할 수 있습니다.

❶ 스페인 우체국에 접속하여 "SIGUE TU ENVIO" 란에 운송장 번호를 입력하고 [LOCALIZAR ENVIO] 버튼을 클릭합니다.

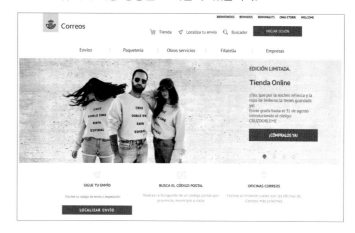

❷ 운송장 번호를 조회한 화면이 보이며 "Abrir detalle" 란을 클릭하면 세부적인 진행사항을 확인할 수 있습니다.

06 일본 배달 상품에 대한 배송 조회하기

일본 우체국은 Japan Post(https://www.post.japanpost.jp/)에서 배송 상황을 조회할 수 있습니다.

❶ 일본 우체국에 접속하여 "追跡サービス (추적서비스)" 란에 운송장 번호를 입력하고 [検索(검색)] 버튼을 클릭합니다.

❷ 운송장 번호를 조회한 화면이 보입니다. 배달이 완료되었으면 "お届け済み"로 표시 됩니다.

10 _ 나라별 개인통관 면세한도는?

아마존에서 판매되어 발송한 상품이 관부가세(관세 및 부가가치세) 문제로 인해 구매자에게 배달이 안 되고 세관에서 보관하고 있다가 반송되거나 폐기되는 경우가 종종 발생하기도 하고 구매자가 세금 문제로 인해 상품을 수령을 거부하는 경우도 발행합니다. 아마존은 구매자에게 추가적인 지불을 하지 않도록 셀러가 배송에 대해서도 책임을 져야 한다는 정책을 가지고 있기 때문에 개인 면세한도 등에 대한 내용을 숙지하고 있어야 합니다.

01 면세한도 확인하기

우체국 배송 서비스인 K-Packet 및 EMS로 발송 시 면세한도에 대해서 는 인터넷 우체국(https://ems.epost. go.kr/) 접속 〉 국가별 발송조건 안내 에서 확인할 수 있습니다.

02 K-Packet 발송 조건 확인하기

인터넷 우체국의 "국가별 발송조건 안내"에서 [K-Packet]을 클릭하면 팝업으로 K-Packet 발송조건에 대한 내용을 확인할 수 있습니다.

❶ 도착국 부분의 드롭다운 메뉴 중 "미국"을 선택 후 [검색] 버튼을 클릭합니다.

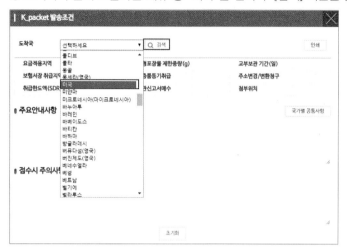

❷ K-Packet의 미국 발송 조건에 대한 내용을 확인합니다. 중요하게 보아야 할 곳은 "주요안내사항" 내용으로 이 부분에서 면세한도 및 통관 허용한도 등을 확인할 수 있습니다.

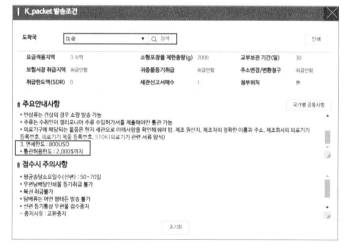

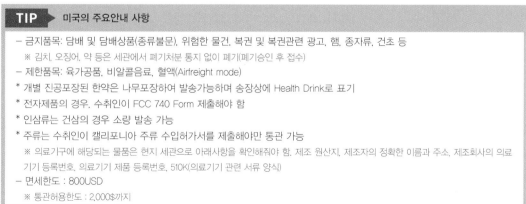

TIP ▶ 미국의 주요안내 사항

– 금지품목: 담배 및 담배상품(종류불문), 위험한 물건, 복권 및 복권관련 광고, 햄, 종자류, 건초 등
　※ 김치, 오징어, 약 등은 세관에서 폐기처분 통지 없이 폐기(폐기승인 후 접수)
– 제한품목: 육가공품, 비알콜음료, 혈액(Airfreight mode)
* 개별 진공포장된 한약은 나무포장하여 발송가능하며 송장상에 Health Drink로 표기
* 전자제품의 경우, 수취인이 FCC 740 Form 제출해야 함
* 인삼류는 건삼의 경우 소량 발송 가능
* 주류는 수취인이 캘리포니아 주류 수입허가서를 제출해야만 통관 가능
　※ 의료기구에 해당되는 물품은 현지 세관으로 아래사항을 확인해줘야 함. 제조 원산지, 제조자의 정확한 이름과 주소, 제조회사의 의료기기 등록번호, 의료기기 제품 등록번호, 510K(의료기기 관련 서류 양식)
– 면세한도 : 800USD
　※ 통관허용한도 : 2,000$까지

03 EMS 발송 조건 확인하기

인터넷 우체국의 "국가별 발송조건 안내"에서 [EMS/EMS프리미엄]을 클릭하면 팝업으로 국제특급(EMS) 발송조건에 대한 내용을 확인할 수 있습니다.

❶ 국제특급(EMS) 발송조건은 "국제특급(EMS)와 "EMS프리미엄" 2개의 탭으로 구분되어 있습니다. 국제특급(EMS) 탭에서 도착국 부분의 드롭다운 메뉴 중 "미국"을 선택 후 [검색] 버튼을 클릭합니다.

❷ EMS의 미국 발송 조건에 대한 내용을 확인합니다. "주요안내사항" 부분에서 " 면세한도 및 통관 허용한도 등을 확인할 수 있습니다.

04 배송 서비스와 배달 국가 발송조건 확인

위에서 설명한 것 같이 K-Packet와 EMS에 대한 발송조건 등에 대한 내용을 배달 국가별로 확인하여 발송조건, 면세한도 등을 확인하시기 바랍니다.

03 _ 아마존 FBM(MFN) 주문 수출 신고하기

수출 신고하는 방법으로는 관세사를 통하여 수출 신고 하는 방법과 관세청 유니패스(https://unipass.customs.go.kr/)를 통해 셀러가 직접 수출 신고를 하는 방법이 있습니다. 아마존 셀러는 FBA발송하는 상품과 셀러 직접 배송(FBM/MFN)으로 들어온 주문 건 등에 대해서도 수출 신고를 하는 것이 부가가치세 환급이나 정부지원 등의 여러 가지 혜택을 받을 수 있기 때문에 수출 신고를 하는 것이 좋습니다. 그럼, 수출 신고 방법에 대해 알아보겠습니다.

1 _ 수출 신고하면 좋은 점

현재 아마존 셀러들은 소포 수령증과 아마존 매출 내역서 등을 토대로 부가가치세 환급을 받고는 있지만 수출 신고를 하지 않아 실제 수출임에도 불구하고 수출 기업으로써의 혜택을 받지 못하고 있는 것이 현실입니다.

아마존 셀러가 수출 신고를 하게 되면 아래와 같은 혜택을 받을 수 있습니다.

수출 신고 시 받을 수 있는 혜택
• 부가가치세 환급 : 관세, 부가세 조기 환급 가능
• 제조업체의 경우 원자재 수입 관련 관세 환급
• 정부 차원의 수출 장려금 및 저리 융자 혜택
• 정부의 수출 지원 프로그램 참여업체 신청 시 가산점 부여
• 고객 반품으로 재수입시 반품 제품으로 처리되어 관세 제외
• 연간 100만불 이상 수출 시 수출의 탑 수상(무역협회)

1) 전자상거래 간이 수출 신고 가능 제품과 주의사항

전자상거래 간이 수출 신고 대상 품목은 물품 가격이 200만 원 이하(FOB 기준)의 상품만 신고가 가능합니다. 200만원 이상의 도매 거래 건이나 아마존 FBA 물품 발송은 유니패스를 통한 정식 수출 신고를 하여야 합니다.

2) 전자상거래 간이 수출 신고 제외 대상

❶ 관세법 제226조와 [관세법 제226조의 규정에 의한 세관장 확인물품 및 확인방법 지정고시] 제3조에 따른 수출물품

❷ 계약 내용과 상이하여 재수출하는 물품 또는 재수출 조건부로 수입 통관되어 수출하는 물품

전자상거래 간이 수출 신고된 상품은 수출 신고 수리 후 30일 이내 항공 또는 선박에 적재하여야 하며, 미이행 시 과태료가 부과됩니다. 세관에 수출 신고를 하면 세관검사를 위해 서류 제출 또는 현품 검사를 하는 경우가 있습니다. 수출 신고는 사후 신고가 아니기 때문에 수출 신고 후 반드시 상품이 해외로 선적되어야 합니다. 수출 신고 후 우체국 또는 DHL 등의 특송업체에 적재 확인이 되어야 수출 신고가 완료되는 것입니다.

2 _ 수출 신고 진행 절차

수출 신고를 하기 위해서 준비해야 하는 사항과 수출 신고 프로세스에 대해 알아보겠습니다.

1) 수출 신고 전 진행 절차
수출 신고를 위해서는 유니패스에서 통관고유부호 및 신고인 부호를 생성 후 goGLOBAL에 회원가입을 완료해야 수출 신고를 진행할 수 있습니다.

2) 수출 신고 프로세스
아마존 수출 신고 진행 절차는 아래의 그림과 같이 진행됩니다.

STEP 01
아마존 주문 확인
아마존에 들어온 셀러 직접 배송 주문 내역의 고객 정보를 확인합니다.

STEP 02
K-Packet/EMS 신청 및 출력
우체국 계약 고객전시스템에 K-Pack 또는 EMS 신청 및 송장을 출력합니다.

STEP 03
상품 포장
출력한 송장을 기반으로 상품을 포장합니다.

STEP 06
수출신고서 전송
수출신고서를 전송하고 수출신고 수리가 완료 되었는지 확인합니다.

STEP 05
goGLOBAL 엑셀 업로드
goGLOBAL에 작성한 엑셀 파일을 업로드합니다.

STEP 04
수출신고 내용 엑셀 등록
goGLOBAL 엑셀 양식에 수출 신고할 내용을 기입합니다.

STEP 07
수출신고필증 출력
수출신고필증을 출력하여 포장한 상품과 함께 우체국에 배송 처리합니다.

STEP 08
우체국 적재확인
우체국에 접수가 완료된 후 배송이 시작되면 수출신고한 상품의 적재확인이 완료됩니다.

3 _ 상품 HS Code 확인하기

HS CODE란 1988년 국제 협약으로 채택된 국제통일상품분류체계(Harmonized Commodity Description and Coding System)의 약칭입니다. HS CODE는 대외 무역거래 상품을 숫자 코드로 분류하여 체계를 통일함으로써 국제무역을 원활하게 하고 관세율을 일관성 있게 적용하기 위해 만들어진 분류 코드입니다. 현재는 무역과 관련한 관세, 무역통계, 운송, 보험 등 다양한 분야에서 사용되고 있습니다.

HS CODE는 10자리까지 사용할 수 있으며 앞의 1~2자리는 상품 군 분류, 다음 3~4자리는 품목의 종류별·가공도별 분류, 그다음 5~6자리는 그 이하 품목의 용도·기능 등에 따른 분류입니다. 그리고 7자리부터는 각 나라별로 세분화하여 부여하는 숫자인데, 한국은 10자리를 사용하고 있습니다.

예를 들어 "여성용 청바지"의 경우 HS CODE는 "6204.62-1000"을 사용합니다. 다음 그림은 HS CODE에 대한 각 숫자의 분류 설명입니다.

6204.62-1000

의류(면물 제01의)

여성용 치마 또는 바지

면으로 만든 것

데님의 깃(청바지를 포함한다)

HS CODE에 따라 관세율이 달라지기 때문에 수출국에서는 관세율이 낮은 코드를 선호하고, 수입국에서는 관세율이 높은 코드를 선호함으로써 간혹 수출입국 사이에 분쟁이 발생하기도 합니다. HS CODE에 따라 통관 시 관세가 부과되기 때문에 상품에 따른 정확한 HS CODE를 판정하는 것이 중요 합니다. 여성용 청바지를 예시로 HS CODE를 확인하는 방법에 대해 설명하겠습니다.

01 관세법령정보포털(https://unipass.customs.go.kr/)에 접속 후 [세계 HS]를 클릭합니다.

02 속견표에서 가로 60번과 세로 2 "의류(편물 제01외)"을 클릭합니다.

	0	1	2	3	4	5	6	7	8	9
0		산동물	육과식용설육	어패류	낙농품·조란·천연	기타 동물성 생산품	산수목·꽃	채소	과실·견과류	커피·향신료
10	곡물	밀가루·전분	채유용종자 인삼	식물성액스	기타식물성 생산품	동식물성유지	육·어류 조제품	당류 설탕 과자	코코아초코렛	곡물·곡분의 주제품과행류
20	채소·과실의 조제품	기타의 조제식료품	음료·주류·식초	조제사료	담배	토석류·소금	광·슬랙·회	광물성 연료 에너지	무기화합물	유기화합물
30	의료용품	비료	염료·안료·페인트·잉크	향료 화장품	비누, 계면활성제, 왁스	카세인 알부민 변성 전분 효소	화약류·성냥	필름인화지 사진용재료	각종 화학공업 생산품	플라스틱과 그제품
40	고무와 그 제품	원피가죽	가죽제품	모피·모피제품	목재·목탄	코르크와 그 제품	조물재료의 제품	펄프	지와 판지	서적·신문·인쇄물
50	견·견사·견직물	양모·수모	면·면사·면직물	마류의사와 직물	인조 필라멘트 섬유	인조스테이플 섬유	워딩부직포	양탄자	특수·직물	침투 도포한 직물
60	편물	의류(편물제)	의류(편물 제01외)	기타 섬유제품·넝마	신발류	모자류	우산·지팡이	조제 우모 인조제품	석·시멘트 석면제품	도자 제품 직물
70	유리	귀석·반귀석·귀금속	철강	철강제품	동과그제품	니철과 그 제품	알루미늄과 그 제품	(유보)	연과 그 제품	아연과 그 제품
80	주석과 그 제품	기타의 비금속	비금속제공구 스푼포크	각종 비금속 제품	보일러 기계류	전기기기 TV·VTR	철도차량	일반차량	항공기	선박
90	광학/의료 측정 검사 정밀기기	시계	악기	무기	가구류 조명기구	완구·운동용품	잡품	예술품 골동품		

03 품명에서 "6204" [여성용이나 소녀용 슈트 · 앙상블(ensemble) · 재킷 · 블레이저(blazer) · 드레스 · 스커트 · 치마바지 · 긴 바지 · 가슴받이와 멜빵이 있는 바지 · 짧은 바지(breeches) · 반바지(shorts)(수영복은 제외한다)]를 클릭합니다.

6204	여성용이나 소녀용 슈트·앙상블(ensemble)·재킷·블레이저(blazer)·드레스·스커트·치마바지·긴 바지·가슴받이와 멜빵이 있는 바지·짧은 바지(breeches)·반바지(shorts)(수영복은 제외한다)	Women's or girls' suits, ensembles, jackets, blazers, dresses, skirts, divided skirts, trousers, bib and breace overalls, breeches and shorts (other than swimwear).	편람	해설서

04 품목번호 "6204.62-100" [데님의 것(청바지를 포함한다)]를 클릭합니다.

6204	62	1000	데님의 것(청바지를 포함한다)	Of denim, including blue jeans	13%	C 35% E1 7.8% E2 0% E3 0%

05 하단의 세율에서 "한 · 미 FTA 협정세율(선택1)" 협정 세율을 확인합니다.

	국가	한국		해당년도	2019년	
	품목번호	6204.62-1000		단위(중량/수량)	KG / U	단위표기
품명	국문	데님의 것(청바지를 포함한다)				
	영문	Of denim, including blue jeans				
	간이정액환급	20 원 (2019-01-01 ~) (10,000원당 환급액)				
	원산지	원산지표시대상 (Y) [적정표시방법]				

▌세율　　　　　　　　　　　　　　　　　　　　　　　　　　　　세율적용 우선순위

구분기호	2019년	2018년	2017년	2016년	2015년	관세구분
A	13% 13%	13%	13%	13%	13%	기본세율
	0%					
FUS1	0% 0%	0%	0%	0%	0%	한 · 미 FTA 협정세율(선택1)
FVN1	0% 0%	0%	0%	0%	0%	한 · 베트남 FTA협정세율(선택1)
R	0% 0%	0%	0%	0%	0%	최빈국특혜관세
U	0% 0%	0%	0%	0%	0%	북한산

내국세 　 조회결과가 존재하지 않습니다.

이렇게 여성 청바지의 경우 HS CODE는 "6204.62-1000"를 확인할 수 있으며 한 · 미 FTA 협정세율 "0%"인 것을 확인할 수 있습니다. 수출 신고 시 상품의 HS CODE 입력은 필수 사항이니 상품별로 HS CODE를 미리 확인하는 것을 추천드립니다.

4 _ 관세청 유니패스(Unipass) 가입하기

수출 신고를 하기 위해서는 통관고유부호 및 신고인 부호를 발급받아야 하는데 관세청 유니패스(http://unipass.customs.go.kr)에서 발급받을 수 있습니다. 유니패스에 회원가입하여 통관고유부호 및 신고인 부호를 발급받은 방법에 대해 설명하도록 하겠습니다.

4-1 유니패스 가입 전 준비사항

관세청 유니패스에 가입하기 위해서는 준비해 두어야 하는 사항이 있습니다.

• 개인 또는 법인 사업자등록증 사본(간이 사업자는 수출 신고 불가)
• 공인인증서(은행용 사용 가능)

4-2 통관고유부호 신청

01 관세청 유니패스(https://unipass.customs.go.kr)에 접속 후 [통관고유부호 조회/신청]을 클릭합니다.

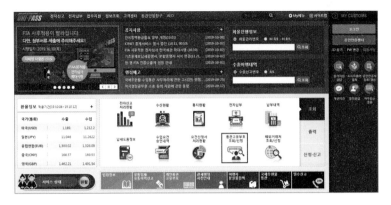

02 ❶ 사업자 등록번호를 입력하고 ❷ [조회] 버튼을 클릭하여 공인인증서로 인증 후 ❸ [등록] 버튼을 클릭합니다.

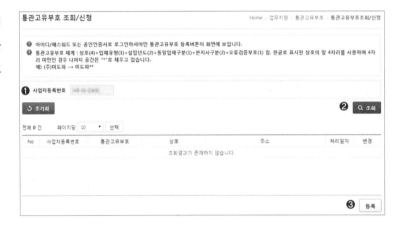

03 신청인 기본 정보를 입력 후 첨부파일에 사업자등록증을 첨부하여 [전송] 버튼을 클릭합니다.

04 통관고유부호 신청이 완료되었습니다. 관세청에서 확인 후 통관고유부호가 발급됩니다.

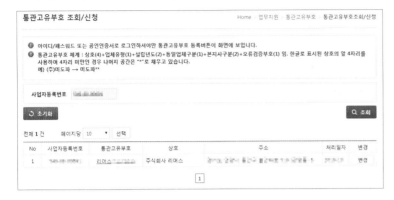

4-3 유니패스 회원가입 및 신고인 부호 발급

통관고유부호가 발급되었다면 유니패스에 회원가입 후 신고인 부호를 발급받아야 합니다. 다음은 유니패스에 회원가입하는 방법 및 신고인 부호 발급 방법에 대한 설명하도록 하겠습니다.

01 관세청 유니패스(https://unipass.customs.go.kr)에 접속 후 [회원가입]을 클릭합니다.

02 회원 유형에서 "업체 및 대표자" 부분의 [사용자 등록] 버튼을을 클릭합니다.

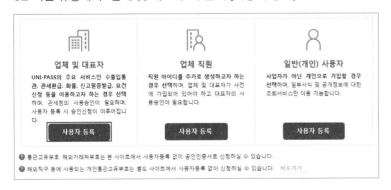

03 약관 동의 후 "실명 인증"을 선택하고 [다음] 버튼을 클릭합니다.

04 대표자 명의로 실명인증을 진행합니다.

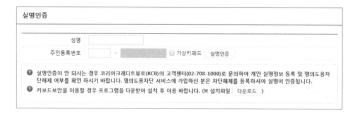

05 다음 단계인 사업자등록 번호 확인에서 상호 및 사업자등록번호를 기입 후 [다음] 버튼을 클릭합니다. 사업자번호는 숫자만 입력합니다.

06 업체 정보를 기입 후 "담당 공무원 확인사항 동의"에 동의 체크하고 [다음] 버튼을 클릭합니다.

07 ❶ 사용자 정보를 입력하고 "공인인증서 등록"에 준비한 ❷ 공인인증서를 등록한 후 ❸ [다음] 버튼을 클릭합니다.

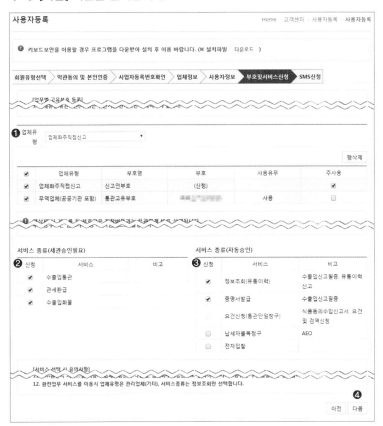

08 ❶ 업체 유형(업제화주 직접신고), ❷ 서비스 종류(세관 승인필요), ❸ 서비스 종류(자동승인) 등을 신택 후 ❹ [다음] 버튼을 클릭합니다.

09 "SMS신청"에서 수신하고 싶은 내용을 체크 후 [완료] 버튼을 클릭합니다.

10 [확인] 버튼을 클릭하여 승인 요청을 완료합니다.

11 세관 승인이 완료되고 로그인 후 [My메뉴] – [개인정보 수정] – [부호 및 서비스 신청]에서 "통관고유부호"와 "신고인 부호"를 확인할 수 있습니다.

5 _ 전자상거래 간편 수출 신고하기

관세청 유니패스를 통해 "통관고유부호" 및 "신고인 부호"를 발급받았다면 이번에는 goGLOBAL에 가입하여 전자상거래 간이 수출 신고를 진행할 수 있는 방법에 대해 설명하겠습니다.

5-1 전자상거래 간편 수출 신고 가입하기

수출 신고를 하기 위해서는 goGLOBAL 회원 가입을 하고 관세청 유니패스에서 발급받은 "통관고유부호" 및 "신고인 부호" 등록해 주어야 합니다. goGLOBAL 회원 가입 방법에 대해 설명하겠습니다.

01 goGLOBAL(https://goglobal.co.kr/)에 접속 후 [회원가입] 버튼을 클릭합니다.

02 사업자등록번호를 입력 후 구분은 "셀러(신고인)"을 선택 후 [확인] 버튼을 클릭합니다.

03 "이용약관 및 개인정보이용 전체 동의"를 체크 후 [다음] 버튼을 클릭합니다.

04 회원정보 입력에 기본 정보 및 관세청 유니패스에서 발급받은 "통관고유부호" 및 "신고인 부호"를 입력 후 [다음] 버튼을 클릭합니다.

05 서비스가입 확인에서 사업자등록증 사본을 등록 후 [가입신청]을 클릭합니다.

06 입력한 정보를 검토 후 [확인] 버튼을 클릭합니다.

5-2 기초정보 등록하기

goGLOBAL 관리자 승인이 완료되었다면 수출 신고에 필요한 기초정보를 등록하여야 합니다. 기초
정보 입력하는 방법은 아래와 같습니다.

01 goGLOBAL에 로그인 후 [회원정보수정] – [신고서 기본값]을 클릭합니다.

02 신고서 기본값의 판매자 신고 정보는 goGLOBAL에 회원가입한 정보가 자동으로 입력되어 있습니다.

03 "신고서 기본값 정보 관리"에서 "물품 소재지 우편번호"를 실제 상품이 출하되는 주소를 기재합니다. 나머지 내용은 전자상거래 간이 수출 신고에 따라 goGLOBAL에 기입했던 정보가 자동으로 입력되어 있습니다.

04 우체국의 K–Packet 및 EMS 계약 정보를 입력하고 상단의 [저장] 버튼을 클릭하여 입력한 정보를 저장합니다.

5-3 엑셀을 통한 수출 신고하기

이제 수출 신고와 관련된 모든 준비가 완료되었습니다. goGLOBAL에서 수출 신고 폼을 다운로드해 수출 신고하는 방법에 대해 설명하겠습니다.

01 goGLOBAL 메뉴 중 [수출통관] – [신출신고 업로드]를 클릭 후 [표준 엑셀폼 다운로드]를 클릭하여 수출 신고 엑셀폼을 다운로드 받습니다.

02 다운 받은 엑셀 폼을 열어 각 셀에 내용을 입력합니다.

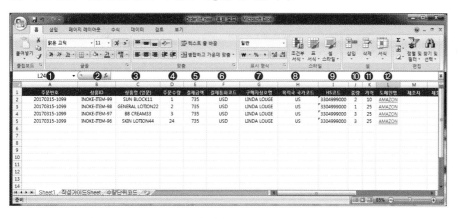

❶ 아마존 주문번호(#Order ID)를 입력합니다.

❷ 상품의 SKU를 입력합니다.

❸ 간략한 상품명을 영문으로 입력합니다.

❹ 주문 수량을 입력합니다.

❺ 해당 주문건의 최종 결제 금액을 입력합니다.

❻ 결제 받은 통화의 코드를 입력합니다. 미국 달러로 받았을 경우 "USD"를 입력합니다.

❼ 구매자의 전체 이름을 입력합니다.

❽ 배송 주소의 국가코드를 입력합니다. 미국으로 발송 시에는 "US"를 입력합니다.

❾ 상품의 HS CODE를 입력합니다.

❿ 상품의 중량을 입력합니다. 소수점이하 3자리까지 입력 가능합니다.

⓫ 상품 1개의 단가를 입력합니다.

⓬ 해당 상품이 판매된 판매처를 입력합니다.

03 goGLOBAL의 [수출 신고 업로드]에서 [엑셀 업로드] 클릭하여 작성한 엑셀 폼을 업로드 후 [업로드 내역]을 클릭합니다.

04 팝업 창에서 [수출 신고서 생성하기]를 클릭합니다.

05 [수출 신고] 메뉴로 이동하여 "전송"에서 "등록" 앞의 체크 박스에 체크 후 [전송]을 클릭하여 수출 신고 합니다.

06 [전송]을 클릭 후 오류가 없으면 "접수" 상태로 변경됩니다. 각 상태에 대해 확인해 보겠습니다.

❶ 접수 : goGLOBAL에서 관세청으로 자료를 전송한 상태

❷ 수리 : 관세청에서 수출 신고를 승인한 상태이며 수출 신고서을 출력할 수 있는 상태 입니다.

❸ 수리(이행) : 포장을 완료한 상품과 수출 신고서를 우체국 등의 배송업체에 제출하고 적재확인이 완료된
상태입니다.

❹ 오류 : 관세청 오류 통지로 신고서가 접수되지 않았으며 오류 사항을 확인하여 수정 후 엑셀 업로드를 다
시 해야 합니다. 이때 주문번호는 다르게 작성해야 접수가 됩니다.

5-4 수출 신고서 출력하기

수출 신고가 완료되고 접수 상태가 "수리"로 변경 후 수출 신고서를 출력하는 방법입니다.

01 [수출 신고] 메뉴에서 접수가
"수리" 상태인 수출 신고 내역 앞
의 체크 박스를 체크 후 [출력] 버
튼을 클릭하여 수출 신고서를 출
력 합니다.

02 출력된 수출 신고서를 포장을 완료한 상품과 함께 우체국 등
의 배송업체에 제출하여 적재 확인을 완료합니다.

04 _ 아마존 FBA 발송하기

이번 장에서는 amazon FBA로 상품을 발송하는 방법에 대해 배워 보겠습니다. FBA 수수료는 "Chapter 01 아마존에 대해 알아보자 – Lesson 05 아마존 셀러 가입 준비단계 – 5 – Amazon 수수료 이해" 부분을 참조하시기 바랍니다.

1 _ FBA의 장점과 단점

앞서 FBA(Fulfillment by Amazon) VS 직배송(MFN / FBM)에서 배웠던 것처럼 FBA를 꼭 사용해야만 하는 것은 아닙니다. 하지만, 다음 그림과 같이 아마존 고객들의 경우 프라임(Prime) 회원이 많으며 프라임 회원의 구매가 많은 것으로 볼 때 매출 증대를 위해서는 FBA 사용은 필수적인 요소라 보아야 할 것입니다.

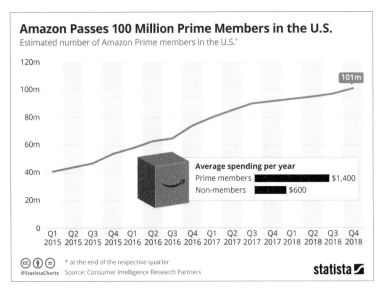

1) FBA의 장점

아마존 FBA 상품을 보내면 아마존이 판매, 상품 관리, 배송, 고객서비스 등 판매에 관한 전반적인 과정을 대행해 주기 때문에 셀러 입장에서는 굉장히 편한 서비스일 것입니다. 그럼, FBA의 장점에 대해 살펴보겠습니다.

❶ 업무의 효율성

아마존 FBA는 24시간 연중무휴로 운영되기 때문에 상품 배송에서 고객 CS까지 모든 업무를 아마존에서 대행을 하게 됩니다. 예를 들어 셀러 직접 배송(FBM/MFN)으로 진행할 경우 배송에서부터 고객 CS까지 모든 업무를 셀러가 직접 해야 하는데 그로 인한 인건비와 시간을 투자해야 하기 때문에 비효율적인 경우가 많아지게 됩니다. 하지만, FBA를 사용하면 셀러는 상품 소싱과 마케팅에만 집중할 수 있기 때문에 업무에 효율성을 높일 수 있습니다.

❷ 매출 상승 효과

FBA의 최고 장점은 빠른 배송에 있을 것입니다. 고객은 구매한 상품을 무료배송으로 빨리 받을 수 있기 때문에 셀러 피드백이나 상품에 대한 리뷰를 좋게 남겨 줄 것입니다. 그로 인해 상품의 랭킹과 노출은 점점 올라갈 것이고 노출이 올라간다는 것은 매출로 이어질 수 있는 것이기 때문에 매출 상승효과에 많은 도움을 받을 수 있습니다.

❸ 편리한 반품 서비스

고객이 상품을 반품하는 경우 미국 내 반품 주소를 제공하거나 선불 반품라벨을 제공해야 하는데 그런 절차 없이 고객이 반품 신청을 하면 아마존에서 반품라벨을 고객에게 보내주기 때문에 고객은 편하게 반품할 수 있고, 셀러 입장에서는 FBA로 반품된 상품이 도착하면 재판매나 보상 등을 받을 수 있어 리스크를 줄일 수 있는 장점이 있습니다.

2) FBA 단점

아마존 FBA의 단점을 들자면 FBA 창고까지 보내는 DHL 등의 특송업체 배송비가 발생하게 되는 점과 FBA 이용 수수료를 들 수 있을 것입니다.

❶ 추가 비용 발생

FBA 창고까지 보내는 특송업체의 비용은 할인을 적용받지 못할 경우 상품 판매가가 올라갈 수밖에 없는 상황이 될 것이고 FBA에 보관된 상품이 회전율이 좋지 않아 6개월, 1년 이상 보관하게 되면 장기 보관 수수료가 발생하게 되어 추가적인 비용이 발생할 수 있다는 단점이 있습니다.

❷ 교환 및 반품 상품에 대한 결정 불가

고객이 반품한 상품에 대해 확인을 할 수 없으며 재판매나 폐기의 경우에도 셀러가 판단하여 결정할 수 없는 상황이기 때문에 아마존의 결정에 따라야 한다는 단점도 존재합니다.

2 _ FBA 발송 전 체크사항

FBA에 상품을 발송하기 전에 미리 그 나라의 통관 문제나 준비해야 하는 서류, 별도로 붙여야 하는 라벨 등이 있는지 체크를 해봐야 합니다. 예를 들어 미국의 경우 $800이 넘어가게 되면 정식 통관으로 변경이 되기 때문에 미리 서류가 첨부되어 있지 않으면 자체 폐기처분하거나 반송을 보내는 경우가 있으니 상품별로 주의해야 하는 사항을 사전에 알아보고 진행하시길 추천드립니다.

2-1 화장품 통관 준비사항

화장품의 경우 미국 FBA 발송을 위해서는 다음 그림과 같은 MSDS(물질안전 보건자료, Material Safety Data Sheet)를 필수로 첨부해야 통관이 진행됩니다. MSDS는 제조업체에서 발행할 수 있으며 화학물질의 유해성, 위험성, 취급 방법, 응급조치 요령 등을 설명해주는 자료로써 화학물질을 안전하게 사용하기 위한 설명서와 같은 것입니다.

2-2 배터리 내장 제품 준비사항

리튬 배터리가 포함된 상품의 경우 우체국에서는 배송을 할 수 없으며 DHL 등의 특송업체도 배터리 MSDS를 확인 후 내부 승인을 받아야 발송을 할 수 있습니다. 또한, 2019년 1월 1일부터는 신형 "리튬배터리 마크"를 상품에 붙여야만 발송할 수 있는 규정으로 그림과 같은 라벨을 필수로 붙여야 합니다.

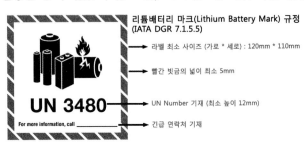

리튬배터리 마크(Lithium Battery Mark) 규정
(IATA DGR 7.1.5.5)

→ 라벨 최소 사이즈 (가로 * 세로) : 120mm * 110mm

→ 빨간 빗금의 넓이 최소 5mm

→ UN Number 기재 (최소 높이 12mm)

→ 긴급 연락처 기재

3 _ 아마존 FBA 위험물 프로그램 확인하기

기존에 아마존에 등록한 셀러 직접 배송(FBM/MFN) 상품을 아마존 주문처리인 FBA(Fulfillment
By Amazon)로 변경하는 방법에 대해 알아보겠습니다. 한 가지 유의할 점을 설명드리면 기존 셀러
직접 배송을 FBA로 변경할 경우에는 상품을 복사하여 같은 상품을 등록해 두고 1개의 상품을 FBA
로 변경하는 것이 좋습니다. 그 이유는 FBA로 변경 시 상품이 FBA 창고에 입고되기 전까지 비활성
화로 노출이 되지 않아 매출에 불이익을 받을 수 있기 때문입니다.

3-1 바코드 유형 선택

FBA 신청 시 처음 마주치게 되는 페이지가 "바코드 유형"입니다. 바코드 유형이란 FBA에서 ASIN
넘버가 아닌 상품의 바코드(EAN)를 사용할 수 있을 경우에는 "제조업체 바코드 전용"이라고 표시되
고, 아마존 ASIN 라벨을 사용하여야 할 경우에는 "아마존 바코드 전용"으로 표시됩니다.

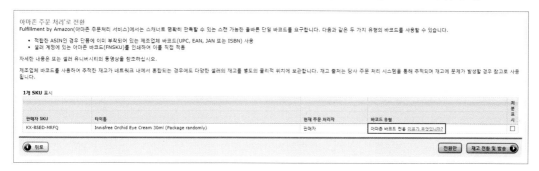

"아마존 바코드 전용"으로 표시되는 경우는 아래와 같습니다.
- 새 것이 아님
- 아마존 카탈로그에서 두 개 이상의 ASIN과 일치함
- 이 상품에는 아마존 바코드를 부착해야 함
- 아마존 카탈로그에 존재하지 않는 바코드임
- 이 SKU에는 이미 바코드 기본 설정이 할당됨
- FBA 상품 바코드 요건을 확인 필요

3-2 위험물 정보 입력(Add dangerous goods information)

바코드 유형을 선택하고 다음으로 넘어오면 "Add dangerous goods information"라 하여 위험
물질에 관련한 정보를 입력하라는 창이 보입니다. [Add dangerous goods information]을 클릭
합니다.

"Required product information" 팝업 창에서 배터리가 포함된 상품인지, 운송 및 보관상에 위험한 상품으로 간주되는지에 대한 여부를 선택합니다.

❶ 배터리가 포함된 상품의 여부를 선택합니다. 배터리가 포함되지 않은 상품이면 "No"를 선택합니다.

❷ 상품의 운송 및 보관 등에 위험한 상품으로의 규제 여부를 선택합니다. 인체에 유해한 상품이 아니라면 "No"를 선택합니다.

❸ 모든 사항을 선택 후 [Submit] 버튼을 클릭합니다.

위험물질 정보를 입력하고 나면 "Completed – Edit form" 으로 표시됩니다.

이렇게 상품의 위험성에 대해 정보를 입력해야 아마존 FBA 창고에 상품을 입고시킬 수 있습니다.

3-3 FBA 위험물 면제 신청 프로그램(FBA Dangerous Goods (Hazmat) program)

아마존에서 위험물로 분류한 상품의 경우 다음 그림과 같이 위험물 승인을 받아야 FBA에 입고 할 수 있습니다. 위험물(Hazmat)이란 인화성, 가압성, 부식성 또는 기타 유해성 물질을 포함하고 있기 때문에 보관, 취급 또는 운송 중에 위험을 초래할 수 있는 물질이나 재료를 말합니다.

01 위험물에 속하지 않는 상품이라면 위험물 면제 요청을 위해 [유해물질 식별 가이드]를 클릭합니다.

02 도움말 창에서 [위험물 문서 업로드]를 클릭합니다.

03 위험물 문서 업로드 페이지에서 위험물 면제 신청을 위한 면제 신청 서류 다운로드합니다.

❶ "Exemption sheet for battery and battery-powered products"는 배터리가 포함된 상품일 경우 사용하는 양식 입니다.

❷ "Exemption sheet for products without harmful chemicals"는 유해 화학 물질이 없는 제품에 대한 면제 신청 양식 입니다. 화장품의 경우 사용합니다.

04 아래는 "Exemption sheet for products without harmful chemicals" 양식 입니다. 붉은 색으로 표시된 상품에 대한 정보를 입력합니다.

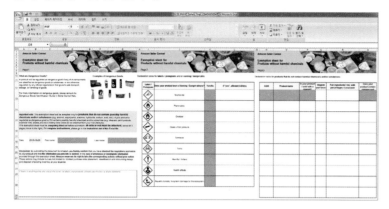

05 "SDS 또는 면제 서류를 업로드하는 방법" 부분에 ASIN, 마켓플레이스, 문서 언어를 지정하고 파일을 업로드합니다.

06 아마존에서 영업일 기준 4일 이내에 위험물 면제 신청이 완료되었다는 이메일을 받게 됩니다. 면제 신청이 완료된 이후부터는 FBA로 상품을 발송할 수 있습니다.

4 _ 아마존 FBA로 발송하기

통관을 위한 준비사항과 FBA 위험물 면제 신청에 대해 알아보았으니 이제는 FBA로 발송하는 절차에 대해 설명하겠습니다.

01 셀러 센트럴에 로그인 후 [재고] – [재고 관리]를 클릭합니다.

02 FBA로 발송할 상품을 선택합니다.

03 [선택한 항목에 대한 조치]를 클릭하고 [아마존 주문처리 서비스로 변경]을 클릭합니다.

04 아마존 주문 처리로 변경에서 [예, 계속합니다.]를 클릭합니다.

05 바코드 유형을 확인 후 [재고 전환 및 발송]을 클릭합니다.

06 "Add dangerous goods information"을 클릭하여 위험물 정보를 입력합니다.

07 상품별 위험물 정보를 체크합니다.

❶ Battery information은 상품에 배터리가 포함된 여부이므로 "No"를 체크합니다. 만약, 배터리가 포함된 상품일 경우 배터리 종류와 용량 등의 정보를 기재합니다.

❷ Product regulation information은 상품이 위험성, 유해물질이 포함된 여부이므로 "No"를 체크합니다.

❸ 위험물 정보를 입력하였다면 [Submit] 버튼을 클릭합니다.

08 위험물 정보가 승인된 것을 확인 후 [저장 후 계속] 버튼을 클릭합니다.

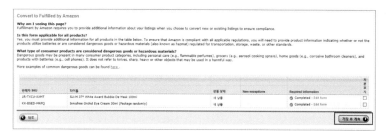

09 출고지 정보와 포장 유형을 선택 후 [배송 계획으로 계속]을 클릭합니다.

❶ 출고지 주소는 셀러가 회원가입할 때 등록한 주소가 자동으로 입력이 되는데 간혹 빈칸으로 나올 경우 출고지 주소를 입력하면 됩니다.

❷ 포장 유형은 상품을 한 박스에 포장을 한 경우에는 "개별 상품"을 각각 별도의 박스에 포장하였다면 "케이스 포장 상품"을 선택합니다.

10 아마존 FBA에 발송할 수량을 입력 후 [계속] 버튼을 클릭합니다.

11 준비지침의 카테고리 선택을 클릭합니다.

12 상품에 맞는 포장 유형 카테고리를 선택합니다. 화장품이므로 "액체(유리 용기 외)"를 선택하였습니다.

13 상품별 개별 포장에 대해 준비 주체를 선택하는 란이므로 "판매자"를 선택합니다. "아마존" 선택 시 추가 수수료가 발생되고 FBA 창고에서 개별 포장 작업을 진행하게 됩니다. 선택 완료 후 [계속] 버튼을 클릭합니다.

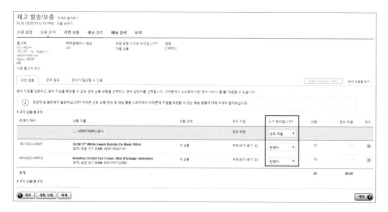

14 상품별로 각각 붙여야 하는 ASIN 라벨을 다운로드합니다.

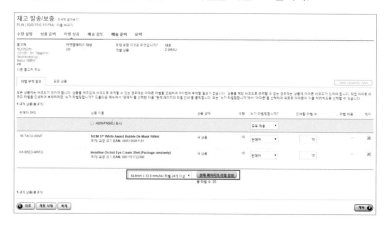

15 ASIN 라벨을 다운로드 후 출력하여 상품 하나당 한 개의 ASIN 라벨을 붙여 줍니다. 이때 별도의 바코드 프린터가 없다면 폼텍(http://www.formtec.co.kr/)의 LS-3104 레이저/잉크젯 라벨을 구매하여 ASIN 라벨을 출력하면 됩니다.

16 배송 관리 명칭이 생성되면 [승인 및 계속] 버튼을 클릭합니다.

17 아마존 FBA 신청이 완료 되었으며 배송 정보를 입력하는 [배송 착수]를 클릭합니다.

18 "2. 배송 서비스"에 DHL로 발송할 계획이므로 "기타 배송사"에서 DHL를 선택합니다.

19 "3. 배송 포장"에 포장한 상태의 박스 중량과 규격을 입력합니다. 이때 중량은 파운드(lb.)로 입력하고 규격은 인치(in)로 입력합니다.

중량과 인치로 변환은 "네이버"에서 "단위환산"을 검색하면 다음 그림과 같은 무게와 길이 변환 프로그램을
사용하실 수 있습니다.

20 "4. 배송 라벨"에서는 포장을 다한 카툰 박스 겉면에 붙일 [박스 라벨 인쇄]를 클릭합니다.

21 카툰 라벨을 출력하여 박스 겉면에 붙여 줍니다. 이때 별도의 라벨 프린터가 없을 경우 폼택의 LS-3118
레이저/잉크젯 라벨을 구매하여 출력할 수 있습니다.

22 모든 배송 정보 입력이 완료되었습니다. "추적 번호"에 DHL 등의 송장번호를 입력하면 배송 등록까지
완료됩니다.

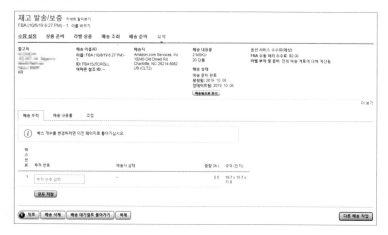

5 _ DHL 픽업 신청하기

FBA 신청을 완료하였다면 이제 DHL 등의 특송업체를 사용하여 FBA 창고로 발송하는 단계를 설명하겠습니다. DHL 등의 특송업체들은 방문 픽업, 수출 신고 대행, 통관 대행 등 많은 업무를 대행하고 FBA 창고까지 늦어도 5일 이내는 도착을 하기 때문에 FBA 빨리 운영할 수 있다는 장점이 있습니다.

01 MyDHL+(https://mydhl.
express.dhl)에 접속 후 로그
인 합니다.

02 로그인 후 [발송] – [운송
장 작성]을 클릭합니다.

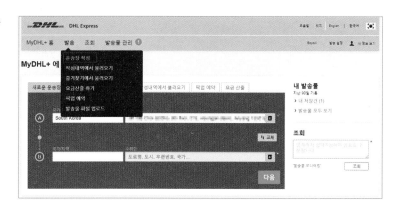

03 아마존에서 발송할 FBA 주소를 확인합니다.

04 수취인 부분에 발송할 FBA 주소를 입력 후 [다음] 버튼을 클릭합니다. 이때 연락처는 필수로 입력해야 하는 사항입니다.

05 발송물 세부 사항에서 "물품"으로 체크하고 "인보이스 생성" 체크, "본 발송물의 용도는 무엇입니까?"는 "Commercial"을 선택합니다.

06 발송물에 대한 상세 내역을 입력합니다.

❶ 발송할 상품의 HS CODE를 입력합니다.

❷ 상품을 설명할 수 있는 내용(상품명 등)을 입력합니다.

❸ 발송할 수량을 입력합니다.

❹ 상품의 개당 단가를 입력합니다.

❺ 상품의 개당 무게를 입력합니다.

❻ 총중량은 개당 무게를 입력합니다.

❼ 상품을 제조한 국가를 선택합니다.

❽ 모든 정보를 입력 하였다면 [다음] 버튼을 클릭합니다.

07 포장 선택에서 "My Own Package"를 선택 후 박스 수량과 중량, 치수를 입력 후 [다음] 버튼을 클릭합니다.

08 관부가세 지불 방식은 발송인으로 선택 후 [다음] 버튼을 클릭합니다. 아마존은 관부가세를 납부하여 주지 않기 때문에 DDP(발송인이 세금 납부) 조건으로 발송해야 합니다.

09 발송일을 선택합니다. 모든 포장이 완료되어 있고 즉시 발송할 수 있는 날짜를 선택해야 합니다. 발송일을 선택하였다면 [다음] 버튼을 클릭합니다.

10 선택 서비스는 사용할 필요가 없기 때문에 [다음] 버튼을 클릭합니다.

11 픽업 요청에서 [네 – 픽업 예약]을 선택하고 픽업 가능 시간을 선택한 후에 DHL 직원이 픽업할 장소를 선택합니다. "픽업지 주소" 주소가 정확한지 확인 후 [다음] 버튼을 클릭합니다.

12 반송 운송장은 필요하지 않기 때문에 [아니오]를 선택 후 [다음] 버튼을 클릭합니다.

13 "발송요금 요약"에서 요금 정보를 확인 후 [동의 후 계속]을 클릭합니다. "적용된 할인"은 DHL과 계약 시 적용받은 할인율에 따라 할인 적용됩니다.

14 문서 출력에서 "라벨(운송
장)"은 1부, "세관 인보이스"는
2부, "영수증"은 1부를 선택
후 [선택된 문서 출력]을 클릭
합니다.

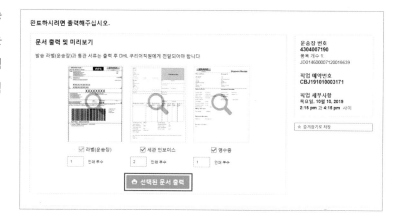

15 "발송물 확인"에서 운송장 번호를 확인합니다.

6 _ 아마존 FBA 배송관리에 송장 입력

DHL을 통해 픽업 신청이 완료되었고 "운송장 번호"를 확인하였다면 아마존에 운송장 번호를 입력하여 배송 정보를 업데이트해야 합니다. 다음은 아마존 FBA 발송에 따른 운송장 번호 입력 방법에 대한 설명입니다.

01 FBA 신청의 요약 단계에서 [배송 추적] – [추적번호] 부분에 DHL의 운송장 번호를 입력 후 [다른 배송 작업]을 클릭하면 운송장 번호가 등록됩니다.

02 아마존에 DHL의 운송장 번호가 등록되면 배송이 시작된 것으로 확인됩니다.

03 배송 확인을 위해서는 셀러 센트럴의 [재고] – [FBA 배송 관리]를 클릭합니다.

04 배송 대기열에서 신청 및 발송한 내역을 확인할 수 있습니다.

7 _ FBA 입고 체크

DHL 등의 특송업체를 통해 FBA로 발송하고 3~5일 후면 신청한 FBA 창고에 상품이 입고되고
FBA로 신청한 상품이 활성화되며 "아마존 주문 처리"에서 재고를 확인할 수 있습니다. FBA에 입고
된 상품 수량을 확인하는 방법에 대해 설명하겠습니다.

01 셀러 센트럴에 로그인 후 [재고] – [FBA 배송 관리]를 클릭합니다.

02 "배송 대기열"에서 발송한 FBA 내역을 확인 후 "수령" 부분에 발송한 수량만큼 입고가 정확하게 입고
되었는지 확인합니다.

03 [재고] – [FBA 재고 관리]로 이동하여 FBA 상품 재고를 확인합니다.

04 "아마존 주문 처리 재고"에서 상품이 "활성"화 되어 있고 "사용 가능" 수량을 확인할 수 있습니다.

TIP ▶ FBA에 입고된 수량이 발송한 수량과 차이가 있다면…

간혹 FBA 발송한 수량은 20개인데 FBA에서 수령한 수량이 몇 개 부족하게 체크되는 경우가 있습니다. 이 경우에는 하단의 [지원 요청]을 클릭하여 FBA 재고 수량이 차이가 있다는 문제를 알려 보상 등을 받아야 합니다.

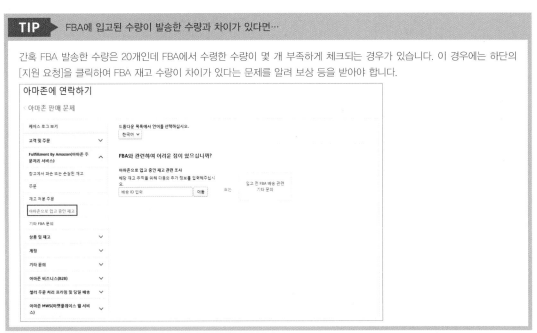

05 _ 아마존 FBA 관리하기

재고 관리의 경우 FBA에 재고가 소진이 되면 상품이 노출되지 않고 비활성화로 되기 때문에 그동안 쌓아 놓은 상품의 랭킹이 떨어질 수 있으니 미리미리 파악해서 재고를 보내는 것이 중요합니다. 이번 장에서는 아마존 FBA이 재고 확인 및 보충하기, 폐기 재고 정리, 반품 관리 등에 대해 설명하겠습니다.

1 _ FBA 재고 현황 확인하기

상품 재고가 FBA에 입고되어 판매를 하다 보면 "아마존 셀링 코치"에서 재고를 보충해야 한다는 메시지를 받게 될 것입니다. 그때 현재 FBA의 재고를 확인할 수 있는 방법입니다.

01 셀러 센트럴에 로그인 후 [재고] – [FBA 재고 관리]를 클릭합니다.

02 "아마존 주문 처리 재고"에서 판매 가능한 재고와 폐기해야 하는 재고 등에 대해 확인합니다.

❶ 사용가능 : 판매가 되면 발송이 가능한 재고 리스트입니다.

❷ 주문처리 불가능 : 고객에 의해 파손되었거나 창고 내에서 파손된 상품들이 표시됩니다.

❸ 예약됨 : 고객이 장바구니에 담은 상품 수량입니다.

2 _ FBA 재고 보충하기

FBA에 있는 상품이 판매가 되면서 재고가 소진되어 상품이 비활성화되기 전에 재고를 보충하는 것이 중요합니다. 상품 재고를 추가로 발송하는 방법에 대해 알아보겠습니다.

01 셀러 센트럴에 로그인 후 [재고] – [FBA 재고 관리]를 클릭합니다.

02 다음 그림의 경우 재고가 소진되어 상품이 비활성화된 상품도 있고 사용 가능한 재고 수량이 2개밖에 남지 않은 상품도 확인할 수 있습니다. 비활성화가 되기 전에 재고를 보충하는 것이 좋습니다. 발송할 상품들의 앞에 있는 체크박스에 체크합니다.

03 위에 드롭다운 메뉴를 클릭하여 [재고 발송/보충]을 클릭하여 FBA에 상품을 추가로 발송합니다. 나머지 진행 방법은 FBA 발송과 동일합니다.

3 _ FBA 폐기 재고 정리하기

FBA 창고에 있는 상품이 고객의 반품으로 파손되거나 창고 내부에서 파손이 되어 상품으로 사용할
수 없을 경우 아마존은 "주문처리 불가능" 수량을 재고 리스트에서 알려 줍니다. 이때 폐기해야 하는
재고의 경우 빨리 처분을 해야 추후 FBA 재고 입고에 있어 제한을 안 받을 수 있는 방법이니 불용재
고는 폐기 처분하는 것을 추천드립니다. 아래는 불용재고에 대해 폐기하는 방법입니다.

01 셀러 센트럴 로그인 후 [재고] – [FBA 재고 관리]를 클릭 하고 상품 리스트 중 "주문 처리 불가능"에 표
시된 수량을 클릭합니다. 팝업 창에서 "처리 불가 이유"를 확인 후 [이 아이템의 경우]를 클릭합니다.

02 "처분 방법"에서 [폐기]를 선택 후 [계속] 버튼을 클릭합니다.

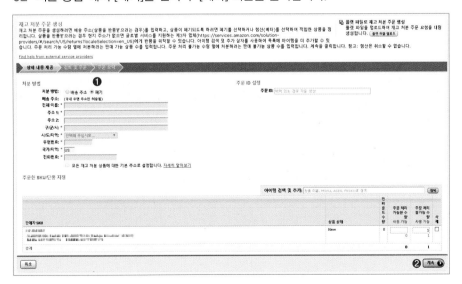

03 폐기될 상품 및 수량을 확인하고 [주문하기]를 클릭합니다. 이때 폐기 수수료가 발생합니다.

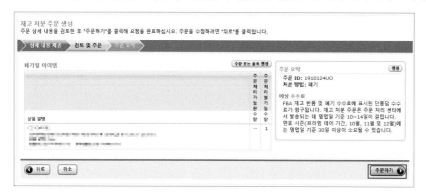

반품 및 폐기 수수료는 아래와 같습니다.

서비스	표준 크기(아이템당)	크기 초과(아이템당)
반품	$0.50	$0.60
폐기	$0.15	$0.30

04 최종 폐기 신청이 완료 되었습니다.

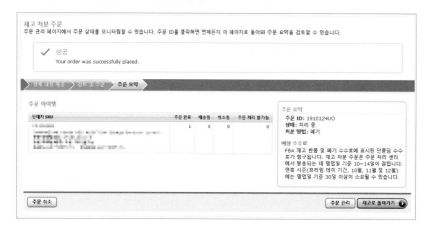

4 _ FBA 반품 내역 확인하기

아마존에서 상품을 판매하다 보면 반품이 들어오는 경우들이 있습니다. 셀러 직접 배송(FBM/MFN)의 경우 셀러가 상품을 반송 받아 재판매 또는 폐기 등을 할 수 있는 것처럼 아마존 FBA에서도 반품이 들어온 재고에 대해 재판매 또는 불용재고로 구분합니다. FBA 반품 내역을 확인하는 방법에 대해 설명하겠습니다.

01 셀러 센트럴에 로그인 후 [주문] – [반품 관리]를 클릭합니다.

02 반품 관리 페이지에서 [FBA 반품 보기]를 클릭합니다.

03 FBA 반품 관리에 FBA로 반품이 들어 왔던 내역을 확인할 수 있습니다. [상세 내역 보기]를 클릭합니다.

04 상세 내용에서 반품과 관련된 세부적인 정보를 아래와 같이 확인할 수 있습니다. 아래 예제는 재판매가 가능한 상품이므로 "재고로 반품됨"으로 표시됩니다.

5 _ FBA 반품 및 보상 정책

아마존 주문 처리(FBA)를 통해 고객에게 배송 도중 재고가 손실되거나 파손된 경우 또는 아마존 FBA 창고에서 상품이 손실되거나 파손된 경우에는 아마존에서는 동일한 상품으로 교체하거나 예상 판매 수익을 보상합니다.

보상 금액을 결정할 때에는 다음을 포함한 여러 가지 요소를 고려합니다.

❶ 셀러의 판매 내역
❷ 아마존의 평균 FBA 판매 가격
❸ 특정 ASIN의 판매 내역

상품에 대한 보상 금액을 계산할 정보가 충분하지 않은 경우 비슷한 상품을 기준으로 재고 보상 금액을 정합니다. 적용된 보상 금액의 재평가를 요청할 경우 아마존은 영수증 또는 송장과 같은 추가 정보를 요청할 수 있습니다. 단일 아이템의 보상 금액은 $5,000를 초과할 수 없으며 상품의 가격이 $5,000를 초과할 경우 타사 보험을 구매하는 것이 좋습니다. 보상 내역을 확인하는 방법에 대해 설명하겠습니다.

01 [주문] – [반품 관리] – [FBA 반품 보기]를 클릭하여 FBA 반품 관리 페이지로 이동 후 반품 들어온 상품의 "보상 받음" 내역 옆에 [상세 내용 보기]를 클릭합니다.

02 상세 내용 보기에서 [보고서 보기]를 클릭합니다.

03 주문처리 보고서에서 [보상] 부분을 확인하면 보상된 내역에 대해 수량 및 금액 등을 확인할 수 있습니다.

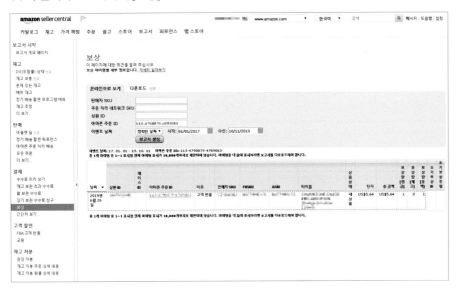

6 _ FBA 수수료 내역 확인하기

아마존 주문 처리(FBA)로 진행 시 발생할 수 있는 수수료는 주문 처리 수수료, 월 보관 수수료, 장기 보관 수수료 등이 있습니다. 이때 월 보관 수수료와 장기 보관 수수료를 확인할 수 있는 방법에 대해 알아보겠습니다.

01 셀러 센트럴에 로그인 후 [보고서] – [주문 처리]를 클릭합니다.

02 주문 처리 보고서에서 [결제] 부분의 수수료 내역을 확인합니다.

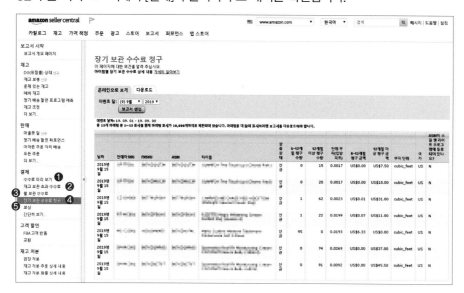

❶ 수수료 미리 보기 : FBA 재고에 대한 예상 아마존 셀링 및 주문 처리 수수료를 확인할 수 있습니다. 현재 "온라인으로 보기"는 지원하지 않으며 "다운로드"만 지원합니다.

❷ 재고 보관 초과 수수료 : 아마존 FBA 창고에 보관 한도량을 초과한 재고에 대해 예상 재고 보관 초과 수수료를 확인할 수 있습니다. 데이터 기준은 전날을 기준으로 합니다.

❸ 월 보관 수수료 : 각 ASIN에 대한 예상 월 보관 수수료를 확인할 수 있습니다.

❹ 장기 보관 수수료 청구 : 365일 넘게 FBA 창고에 보관된 상품에 대한 수수료를 확인할 수 있습니다.

❺ 보상 : FBA 창고 또는 고객에 의해 손실 및 파손된 상품에 대해 보상 내역을 확인할 수 있습니다.

06 _ 아마존 고객 CS 처리

아마존에서 판매를 하다 보면 고객의 문의사항이 들어오는 경우가 종종 있습니다. 특히, 셀러 직접 배송(FBM/MFN)으로 발송하는 경우에는 모든 고객 문의사항에 대해 셀러가 현지 언어로 24시간 이내에 응답을 해야 합니다. FBA를 이용하는 경우 아마존이 셀러를 대신하여 고객 문의에 응답합니다. 그럼, 메시지 센터를 확인하고 처리하는 방법에 대해 알아보겠습니다.

1 _ 셀러 센트럴 메시지 센터 확인

아마존 셀러 센트럴에 로그인하면 "구매자 메시지" 부분이 다음 그림과 같이 2군데에 표시됩니다. 구매자 메시지를 확인하는 방법에 대해 알아보겠습니다.

셀러 센트럴에 로그인하여 좌측 하단 부분의 "퍼포먼스"에서 [구매자 메시지]를 클릭하면 구매자 메시지에 대해 확인할 수 있습니다. 예제 화면에서는 미국 구매자 메시지가 5개나 들어와 있습니다.

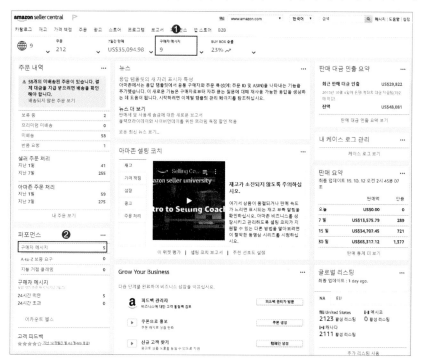

❶ 셀러가 판매하고 있는 아마존 전체 마켓 플레이스의 구매자 메시지가 표시됩니다.
❷ 아마존 미국의 구매자 메시지가 표시됩니다.

메시지 센터에 접속하면 다음 그림과 같이 구매자가 남겨 놓은 메시지를 확인할 수 있고 좌측 구매자 이름 아래 "기한 16시간"이라고 빨간색으로 표시된 시간이 답변을 해야 하는 24시간 중 16시간이 남아 있다는 것입니다.

이렇게 메시지 센터에 들어오면 구매자로부터 온 메시지 내용과 주문번호, 구매 날짜, 배송 출발 예정일, 추적 번호 등을 확인할 수 있습니다.

2 _ 메시지 처리 규정

셀러는 주문 관리, 피드백 관리자, 반품 관리, A-to-Z 클레임 관리 또는 메시지 센터에서 구매자 이름 또는 주문 번호를 통해 구매자와 연락할 수 있습니다. 일반적으로 셀러는 주문을 완료하거나 고객 서비스 질문에 답변하기 위해서만 구매자에게 연락할 수 있는데 마케팅 또는 프로모션 목적으로 구매자에게 연락(이메일, 우편물, 전화 또는 그 밖의 모든 방법 포함)하거나 선물로 지정된 상품을 포함한 반품과 관련하여 구매자와 연락을 하여서는 안 됩니다. 구매자에게 연락하는 메시지에 아래 내용을 포함하여서는 안 됩니다.

❶ 웹사이트 링크
❷ 셀러의 이메일 주소
❸ 아마존 상세 페이지 또는 스토어프론트 링크
❹ 셀러의 웹사이트 링크가 포함되거나 표시된 셀러 로고
❺ 마케팅 메시지 또는 프로모션
❻ 추가 상품 프로모션 또는 타사 상품이나 프로모션 추천

만약, 위 내용이 포함된 메시지를 보낼 경우 계정이 정지되거나 삭제 될 수 있으니 정책에 유의해야 합니다.

3 _배송 문의 고객 처리 방법

셀러 직접 배송으로 배송하는 경우 고객으로부터 배송에 대한 문의 메시지가 오는데 처리하는 방법에 대해 알아보겠습니다.

보통 구매자들의 경우 셀러가 송장번호를 입력해 두어도 배송을 조회할 줄 모르는 경우가 많습니다. 다음 그림과 같이 구매자는 상품을 구매하고 나서 어느 정도 시간이 흐르면 배송에 대해 문의를 하게 됩니다.

이런 경우 미국 우체국(USPS, https://www.usps.com/)에서 배송을 조회해 보면 배송이 어디쯤 있는지 확인할 수 있습니다. USPS 화면을 캡쳐하여 파일로 저장합니다.

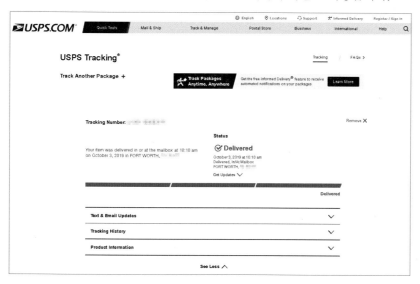

다음 메시지 센터에서 [파일첨부]를 클릭하여 캡쳐한 화면을 첨부하고 다음 그림과 같이 답변을 남깁니다.

그럼, 고객은 메시지 및 첨부된 이미지를 확인하게 되고 이상이 있거나 추가 문의가 있을 경우에는 다시 연락하는 경우도 있습니다.

전문가 한마디! 현직 셀러의 주문 관련 상황 대처 방법

Q1 주문을 취소해 달라는 메시지를 받았는데 어떻게 해야 하나요?
주문을 취소해 달라고 할 경우 아직 발송을 하지 않았다면 주문을 취소하고 전액 환불(미결제 시에는 주문만 취소) 처리해야 합니다.

Q2 고객이 배송에 대한 문의 시 어떻게 처리해야 하나요?
각 나라별 우체국에 배송 조회 후 배송 현황 화면을 캡쳐하여 배송 상황을 알려주면 됩니다.

Q3 상품을 발송했는데 다른 상품이 도착했다는 연락을 받았어요
고객에게 배송에 실수가 있었던 점에 대해 사과하고 다시 보낼지 전액 환불할지에 대해 협의하시는 것이 좋습니다. 다만 잘못 보낸 상품에 대해서는 반송해 달고 요청하고 반송 배송료는 환불해 준다고 하는 것이 좋습니다.

Q4 제품이 발송되었는데 취소 요청 시 어떻게 해야 하나요?
현재 배송 중이기 때문에 취소할 수 없다고 알려주고 정말 취소하고 싶으면 제품 수령 후 아마존에 반품 신청을 해달라고 요청하시는 것이 좋습니다.

Q5 주문이 들어 왔는데 재고가 품절 상태 입니다. 어떻게 해야 하나요?
셀러 직접 배송으로 배송하시는 셀러 분들이 자주 겪게 되는 경우입니다. 우선은 송장번호를 입력 하시고 며칠 후에 배송 중 분실이 되었다고 환불해 주는 것이 좋습니다. 만약, 셀러의 귀책 사유로 인해 주문이 취소될 경우 아마존은 셀러에게 페널티를 부여하기 때문에 셀러 입장에서는 좋지 않은 상황이 발생할 수 있습니다.

07 _ 아마존 주문 취소 및 환불

아마존에서 판매를 하다 보면 고객이 주문을 취소하는 경우나 환불, 부분 환불, 재 발송 등을 처리해야 하는 경우가 발생합니다. 아마존 주문 처리(FBA)의 경우 아마존에서 모든 업무를 대행하지만 셀러 직접 배송(FBM/MFN)은 셀러가 직접 주문 취소 등을 처리해야 합니다. 그럼, 주문 취소 및 환불 등의 방법에 대해 알아보겠습니다.

1 _ 주문 취소하기

아마존 구매자가 주문을 취소하는 경우는 여러 가지 경우가 있습니다. 예를 들어 실수로 구매를 한 경우나 더 낮은 가격의 상품을 찾았거나 하는 이유로 주문을 취소 요청하는 경우가 있습니다. 아래 내용은 상황에 따른 아마존 취소 규정을 정리한 내용입니다.

No.	주문 취소 상황	아마존 규정
1	구매자가 주문을 취소 요청한 경우	셀러는 취소 요청 확인 후 즉시 주문을 취소 하여야 합니다.
2	상품을 발송 후 구매자가 주문을 취소 요청한 경우	상품을 발송한 상태일 경우 배송 중임을 알리고 상품 수령 후 반품할 것을 요청 하여야 합니다.
3	셀러가 실수로 주문을 취소한 경우	실수로 취소를 했다면 다른 방법이 없습니다. 다만 구매자에게 왜 취소가 되었는지 연락이 온다면 상황을 설명하고 다시 주문해 달라고 요청 하여야 합니다.
4	주문이 보류 중인 상태에서 취소해야 할 경우	보류 중인 주문 건은 취소를 할 수 없습니다. 고객이 결제를 완료 해야 주문 취소 버튼이 활성화 되기 때문에 그때 주문 취소를 해야 합니다.
5	셀러 사유로 인해 주문을 취소할 경우	셀러의 잘못으로 주문을 취소하는 경우 7일 동안의 총 주문에 대한 취소 비율%(CR)이 높아지기 때문에 계정이 비활성화 될 수 있습니다. 아마존 정책에 따라 2.5% 미만의 CR을 유지 해야 합니다.
6	환불과 취소의 차이점	배송 확인 이전에 주문을 처리하지 않기로 한 결정은 주문 취소이고 주문에 대한 배송 확인 이후에 반품을 승인하거나 품목을 배송하지 않기로 한 결정은 환불로 간주됩니다.

그럼, 주문을 취소하는 방법에 대해 알아보겠습니다.

01 셀러 센트럴에 로그인 후 메시지 센터에 다음 그림과 같이 고객이 주문을 취소를 원할 경우에는 주문을 취소했다는 답변을 남기고 우측의 주문번호를 클릭합니다.

02 주문 상세 내용에서 [주문 취소]를 클릭합니다.

03 취소 사유를 [구매자 취소]로 선택 후 [주문 취소]를 클릭합니다.

04 최종 주문이 취소 되었습니다. 주문 취소가 되면 고객의 주소지 및 연락처 등이 표시 되지 않습니다.

2 _ 환불 처리하기

상품의 배송 중 분실이나 파손 등의 이유로 환불해야 하는 경우에는 환불 수수료 20%가 발생하며 최대 $5로 제한됩니다. 환불 수수료 계산하는 방법은 아래와 같습니다.

상품	판매 가격
아이템 A(아이템 가격)	$300.00
아이템 A 배송비	$40.00
아이템 A 선물 포장비	$5.00
총계	$345.00

$$= 20\% \times [\text{상품 판매 수수료} \times (\text{아이템 A} + \text{아이템 A 배송비} + \text{아이템 A 선물 포장비})]$$
$$= 20\% \times [15\% \times (\$300 + \$40 + \$5)]$$
$$= 20\% \times [15\% \times \$345]$$
$$= 20\% \times [\$51.75]$$
$$= \$10.35$$

환불 수수료가 $5보다 크기 때문에 최대 환불 수수료는 $5 입니다.

그럼, 환불을 처리하는 방법에 대해 알아보겠습니다.

01 아래 예제와 같이 고객으로부터 상품을 받지 못했다는 메시지를 받은 경우 배송을 추적해 보니 분실된 것 같으면 고객에게 환불 처리하겠다는 답변을 남긴 후 주문번호를 클릭합니다.

02 주문 상세 내용에서 [주문 환불]을 클릭합니다.

03 환불에 대한 사유는 [고객 반품]을 클릭합니다. 앞서 "주문 취소"에서도 설명한 것처럼 셀러의 귀책 사유로 인할 경우 페널티가 쌓이게 되니 환불 사유 선택을 잘 해야 합니다.

04 [총 환불 금액]을 체크하면 전액 환불 처리되니 체크 박스에 체크 후 [환불 제출]을 클릭합니다.

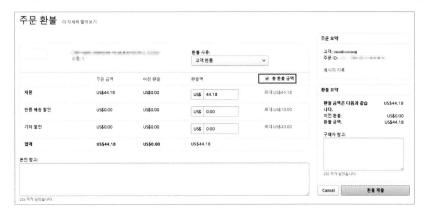

05 전액 환불 처리가 완료되었습니다. 환불 처리 후 최대 15분이 소요되고 2시간 이내에 환불 취소할 수 있습니다.

3 _ 부분 환불 처리하기

간혹 아마존에서 판매를 하다 보면 고객에게 부분 환불 또는 반품 배송비 환불할 경우가 발생합니다. 예를 들어 고객에게 발송한 상품이 다른 상품일 경우에 고객에게 반송을 부탁하고 반송료를 환불해 주겠다고 하는 경우입니다. 이럴 경우에는 전액 환불이 아닌 부분 환불로 처리를 해야 합니다. 부분 환불하는 방법은 전액 환불과 비슷하지만 입력하는 부분에 차이가 있습니다.

예제와 같이 "반품 배송 할인"은 반품 배송료를 환불해 주는 것으로 최대 $10.00이고 "기타 할인"은 부분 환불하는 것으로 "최대 $20.00"로 제한됩니다.

부분 환불 또는 반송료를 입력 후 [환불 제출]을 클릭하면 입력한 금액으로 부분 환불 처리됩니다. 환불 처리 후 최대 15분이 소요되고 2시간 이내에 환불 취소할 수 있습니다.

4 _ 재 발송 처리하기

아마존에서 들어온 주문을 발송 후 고객에게 상품을 못 받았다는 메시지나 아래 예제 그림과 같이 2개를 주문했는데 1개만 도착했을 경우에는 고객과 협의하여 다시 발송할 것인지 환불을 할 것인지를 협의하여 진행하는 것이 좋습니다. 고객이 재 발송을 요청한 경우에는 아래 메시지와 같이 재 발송 송장과 함께 발송했다는 메시지를 남겨 주어야 합니다.

셀러 직접 배송으로 발송하는 현직 셀러의 경우 상품의 분실, 재고 소진 주문, 부분 환불 등을 어떻게 처리할까요? 질문과 답변으로 알아보겠습니다.

Q1 재고가 소진된 상품의 주문이 들어오면 어떻게 하나요?

그런 일이 발생하기 전에 상품 정리를 주 별로 관리합니다. 하지만, 그런 경우가 발생하면 우선 송장번호를 입력하고 4~5일 쯤에 고객에게 분실이 된 것 같다고 메시지 보내고 전액 환불 처리 합니다. 발생하는 환불 수수료는 감당해야 하지만 계정 정지보다는 나으니까요.

Q2 아마존 고객은 주문하고 취소하는 경우가 많은가요?

그렇지는 않습니다. 보통 30건 중에 1건 정도 발생합니다. 보통 잘 못 주문했거나 배송 주소를 잘 못 기입해서 다시 주문하겠다고 하는 경우가 많습니다.

Q3 미국 배송의 경우 분실이 많은가요?

미국 배송의 경우 분실은 그리 많지 않습니다. 아니 없다고 보시면 될 것 같아요. K-Packet로 발송하는 경우에는 배송 추적이 되기 때문에 안심하고 보내셔도 됩니다. 하지만, 간혹 우편함에 넣어두고 가는 경우가 있어 고객이 수령을 못하는 경우는 있습니다.

Q4 환불을 처리해야 하는 기간이 정해져 있나요?

아닙니다. 고객과 협의하여 환불을 해야 할 경우에는 바로 환불 처리하는 것이 좋습니다. 아마존 정책상 언제까지 환불을 하라는 기간은 정해져 있지 않습니다.

08 _ 아마존 반품 및 클레임 처리

판매를 하다 보면 반품 또는 클레임을 겪게 되는 경우가 발생합니다. 반품이나 클레임 발생 시 빨리 대처해야 계정 정지 등을 피할 수 있으니 내용을 잘 숙지하시어 적절히 대처하시기 바랍니다.

1 _ 반품 요청 처리하기

아마존에서 셀러 직접 배송으로 배송하는 경우 반품에 대한 회수나 폐기 등의 처리는 셀러가 직접 처리해야 합니다. 아마존 규정상 고객은 30일 이내면 언제든 반품을 진행할 수 있는데 반품을 진행할 경우 그 나라의 반품 주소를 제공하거나 반품 배송료를 셀러가 지불해야 합니다. 반품의 경우 중요하게 판단해야 하는 것은 "반품 요청"을 승인할 것인지 아마존에 "종결 요청"을 신청할 것인지 입니다. 아래에서 설명할 예제의 경우 구매자가 "실수로 구매함"을 선택하여 반품 신청을 했기 때문에 승인을 해주어도 되지만 정상적인 배송 예정일에 상품이 도착하였으나 "늦게 도착함"을 선택하여 반품 신청을 한 고객의 경우에는 아마존에 "종결 요청"을 해야 하기 때문입니다. 그럼, 반품을 처리하는 방법에 대해 알아보겠습니다.

01 셀러 센트럴에 로그인 후 [반품 요청] 내역을 클릭합니다.

02 다음 그림과 같이 고객이 반품 신청을 한 내역을 확인할 수 있습니다. 우선 반품 요청을 승인하는 방법입니다. [요청 승인]을 클릭합니다.

03 요청 승인에서 [아마존에서 반품 물품 승인 번호를 생성하기를 원합니다.]를 선택합니다. 아래 "반품 우편 라벨"은 신청해도 구매자가 사용할 수 없기 때문에 [아마존에서 후불 우편 라벨을 제공하길 원합니다.]를 클릭하여 선불 비용을 지불하지 않는 것으로 선택하고 [요청 승인]을 클릭합니다.

04 [승인됨] 탭에서 반품 요청이 승인된 것을 확인할 수 있습니다.

05 이번에는 반대로 "종결 요청"을 해보겠습니다. 반품 관리에서 [종결 요청]을 클릭합니다.

06 종결 요청하는 사유를 선택 합니다. 사유는 상품 또는 반품 신청 사유에 따라 달라질 수 있으니 적절한 사유를 선택하고 종결 요청에 대한 사유를 기재 후 [종결 요청]을 클릭 합니다.

07 최종적으로 반품 신청이 종료된 내역을 [종료됨] 탭에서 확인할 수 있습니다.

이렇게 상황에 따라 "반품 승인" 및 "종결 요청"을 사용하여 반품을 관리하시기 바랍니다.

2 _ A to Z 클레임 처리하기

A to Z 클레임은 구매자가 아마존에 클레임을 제기해서 아마존에서 클레임 조사 중 추가 정보가 필요하다고 판단되면 셀러에게 오픈하는 클레임으로 셀러는 3일 이내에 A to Z 클레임에 응답해야 합니다. A to Z 클레임 유형은 아래와 같습니다.

- 상품이 도착하지 않은 경우
- 원래 주문한 상품과 다른 상품이 도착한 경우
- 상품의 설명과 다른 경우

그럼, A to Z 클레임에 대처하는 방법에 대해 알아보겠습니다.

01 셀러 센트럴에 로그인 후 "퍼포먼스" 부분에 "A to Z 보증 요구"에 표시가 있을 경우 "A to Z 보증 요구"를 클릭합니다.

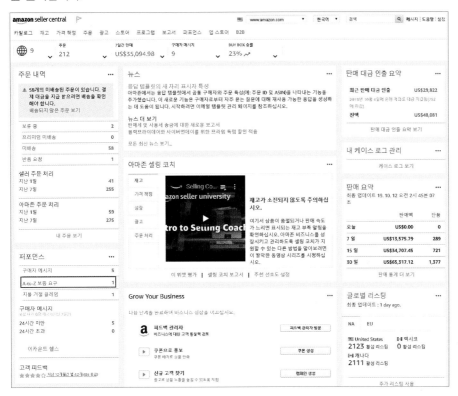

02 구매자의 클레임 내역이 무엇인지 확인 후 [아마존에 응답]을 클릭합니다. 아마존에 응답한다는 것은 이의를 제기하는 것으로 만약 이의 제기 없이 환불을 원할 경우에는 [고객에게 환불]을 클릭하여 빨리 클레임을 종결하는 것이 좋습니다.

03 의견 입력 부분에 클레임 상황에 대한 설명을 입력합니다. 예제의 경우 패키지가 도착하지 않았다고 하였는데 배송을 조회하니 배송 예정일 보다 먼저 도착한 건이기에 아마존에 언제 도착했고 배송 추적 결과는 이러하다고 남기는 유형입니다.

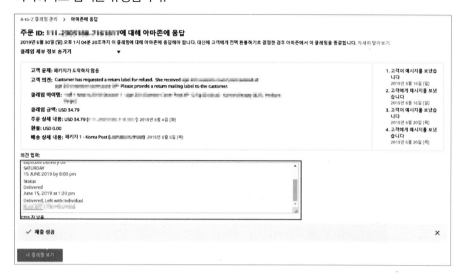

04 이의 제기 후 며칠 이내에 아마존에서 판단하여 종결할지 아님 구매자에게 환불할 것인지를 판단합니다. 예제의 경우 배송 추적 내역을 첨부하였기 때문에 아마존에서 종결한 클레임 건입니다.

3 _ 지불 거절 클레임 처리하기

지불 거절 클레임은 카드 소유자가 은행에 아마존 주문 금액에 대한 이의를 제기하면 청구 분쟁이라고도 하는 지불 거절이 발생합니다. 지불 거절은 상품 미수령에서부터 신용카드 무단 사용까지 다양한 이유로 제기될 수 있습니다.

- 상품 미수령 등 서비스 관련 사유로 셀러 계정에 대해 제기된 지불 거절은 셀러의 책임입니다.
- 신용 카드 도난이나 기타 결제 사기 시도 등 결제 관련 사기로 인한 지불 거절에 대해서는 아마존이 책임 집니다.

지불 거절 클레임을 방지하려면 아래 내용을 참고하시기 바랍니다.

- 아마존에서 셀러에게 제공한 배송 주소를 사용하고 다른 배송 주소로 주문 물품을 보내어 발생하는 분쟁 은 셀러의 책임입니다.
- 유효한 추적 번호를 부여하는 배송 방법을 사용하여야 합니다.
- 고가의 상품인 경우 배송 확인(서명 필요) 절차를 적용하여야 합니다.
- 주문 날짜로부터 최소 6개월 동안 주문 상품이 배송된 날짜, 사용한 배송 방법, 추적 번호 등의 기록을 보 관하는 것이 좋습니다.

그럼, 지불 거절 클레임 예제와 처리 방법에 대해 알아보겠습니다.

01 셀러 센트럴에 로그인 후 "퍼포먼스"에서 [지불 거절 클레임]을 클릭합니다.

02 발생한 지불 거절 클레임의 [세부 정보 보기]를 클릭합니다. 예제 지불 거절 클레임의 경우 구매자가 상 품을 받지 못했다고 남긴 클레임으로 배송 정보 업데이트가 필요한 상황입니다.

03 설명 상세 내역에 배송 날짜와 배송 방법, 송장 번호 등을 입력하고 의견 부분에 배송 추적 내역을 입력 후 [제출] 버튼을 클릭합니다.

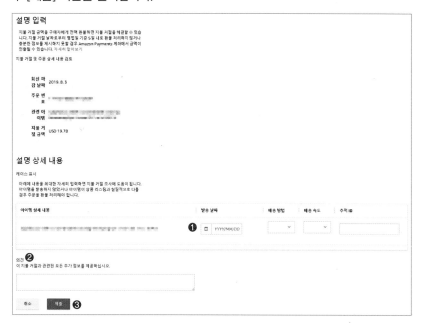

04 제출 후 [모두]를 클릭하면 "지불 거절을 성공적으로 변호했습니다."가 표시됩니다.

05 며칠 후 다시 확인해 보면 아마존에서 "이 지불 거절 또는 보상에 대한 책임이 없습니다."라는 문구와 함께 지불 거절 클레임이 종결된 것을 확인할 수 있습니다.

클레임의 경우 발생하지 않는 것이 "어카운트 헬스"에 좋지만 판매를 하다 보면 누구나 겪게 되는 상황일 것입니다. 클레임이 발생하면 가능한 한 빨리 대처를 해야 셀러 평가 점수가 낮아지지 않으니 확인 즉시 처리하길 추천드립니다. 그럼, 현직 셀러 등의 경우 클레임 대처에 대한 상황을 질문과 답변 형식으로 설명드리겠습니다.

Q1 반품이나 클레임의 경우, FBA를 사용할 때에는 어떻게 처리가 되나요?
아마존 주문처리인 FBA를 사용하면 반품이나 클레임은 아마존에서 처리를 합니다. 상품의 문제가 아닌 배송 상의 문제에 있는 환불이나 보상 등의 모든 문제를 아마존에서 책임지고 처리를 하게 됩니다.

Q2 한국으로 반송을 할 수 없다는 구매자가 있으면 어떻게 처리해야 하나요?
미국에 지인분이 있다면 지인에게 얘기해서 그쪽으로 반품을 받으시면 될 것 같습니다. 하지만, 지인분이 없으시다면 배송 대행(배대지) 업체를 사용하여 반송을 받을 수는 있으나 비용이 비싸게 들 수 있기 때문에 고객에게 폐기해 달라고 요청하시는 방법 밖에는 없을 것 같습니다. 상품 가격이 비쌀 경우에는 DHL 등의 특송업체를 이용하여 반품 송장을 발행하는 방법도 있습니다.

Q3 A to Z 클레임 또는 지불 거절 클레임이 자주 발생하나요?
오랫동안 아마존에서 판매를 진행하면서 A to Z 클레임은 약 20건 정도, 지불 거절 클레임의 경우 7건 정도 발생을 했습니다. 클레임의 경우 많이 발생하는 편은 아니며 평균 주문 건수로 10,000건에 1건 정도 발생을 한 것 같습니다.

Q4 클레임 발생에 대한 귀책 사유가 셀러에게 있을 경우 어떻게 처리해야 하나요?
셀러 직접 배송으로 발송한 상품이 배송 중에 분실 또는 파손으로 인하여 구매자가 상품을 사용할 수 없는 상황에 대한 모든 책임은 셀러에게 있습니다. 이런 경우에는 구매자에게 양해 메시지를 보내고 빨리 환불 처리하는 것이 가장 좋은 방법인 것 같습니다.

09 _ 아마존 판매대금 정산 확인하기

이번 장에서는 아마존 판매대금 정산에 대해 알아보겠습니다. 아마존은 월에 2회 판매대금을 정산하여 셀러가 등록한 페이오니아 또는 월드퍼스트 계좌로 입금을 하여 주는데 수수료는 어떠한 것들이 나갔으며 얼마의 금액이 입금되는지 세부적인 정산내역을 살펴보겠습니다.

1 _ 정산 내역 확인하기

아마존의 정산 내역서에는 주문, 환불, 판매 수수료, 결산 잔고 등이 제외되고 남는 판매대금을 언제 이체를 한다는 등의 내용이 포함되어 있습니다. 판매 정산 내역서만 살펴보아도 어디에 어떤 수수료가 들어갔는지 확인할 수 있습니다. 그럼, 정산 내역서를 확인하는 방법에 대해 알아보겠습니다.

우선 셀러 센트럴에 로그인 후 [보고서] – [결제]를 클릭하거나 "판매 대금 인출 요약"에서 금액을 클릭합니다.

결제에서 판매 금액 및 수수료 등의 각 내역을 확인합니다. 수수료 내역서에는 주문, 환불, 판매 수수료, 결산 잔고, 이체금액 등을 확인할 수 있습니다.

❶ 주문(Orders)

- 상품 대금(Product charges) : 상품 판매대금만 포함되며 배송, 선물 포장 또는 기타 금액은 포함되지 않습니다.
- 프로모션 리베이트(Promo rebates) : 환급 프로모션에 따른 환급 금액입니다.
- 아마존 수수료(Amazon fees) : 상품 주문, 배송 및 서비스(예: Fulfillment By Amazon(아마존 주문 처리 서비스))에 대한 수수료가 포함됩니다.
- 기타(Other, 배송 및 선물 포장 크레디트) : 배송 및 선물 포장을 위해 구매자가 지불한 금액입니다.

❷ 환불(Refunds)

- 상품 대금(Product charges) : 상품 판매 환불금만 포함되며 배송, 선물 포장 또는 기타 금액은 포함되지 않습니다.

  아마존 수수료(Amazon fees) : 환불되는 아마존 수수료가 포함됩니다.

  기타(Other) : 배송, 선물 포장, 할인 등의 상품 환불액과 관련되지 않은 금액이 포함됩니다.

❸ 판매 수수료(Selling fees)

- 이용료(Subscription fees) : 아마존 플랫폼 월간 사용 금액이 포함됩니다.
- FBA 수수료(FBA fees) : 아마존 주문 처리 센터의 재고 보관, 주문 제거, 상환 및 재고 조정과 같은 주문 외 수수료가 포함됩니다.

❹ 결산 잔고(Closing balance)

- 총 잔고(Total balance) : 판매 대금에 대한 총 잔고가 표시 됩니다.
- 사용 불가능 잔고(Unavailable balance) : 판매 대금에 대해 정산이 완료되지 않아 보류되어 있는 잔고 표시됩니다.

❺ 이체금액 : 아마존에서 입금해 줄 판매대금입니다. 등록한 페이오니아 또는 월드퍼스트로 3~5 영업일 안에 입금 처리됩니다.

2 _ 세부 수수료 내역 확인하기

수수료의 세부 내역도 확인할 수 있습니다. 예를 들어 "환불"에 대한 세부 내역을 확인하고 싶은 경우 다음 그림과 같이 환불의 소계 부분을 클릭합니다.

환불	상품 대금	-US$131.48
	아마존 수수료	US$15.78
	기타	-US$23.50
	소계	-US$139.20

그럼, 정산 기간 동안에 발생한 환불의 세부 수수료 내역을 확인할 수 있습니다. 또한, [다운로드] 버튼을 클릭하면 내역을 다운로드할 수도 있습니다. 이렇게 세부적인 수수료 내역을 확인하여 환불을 줄일 수 있는 방법을 찾는 것이 중요합니다.

3 _ 월별 매출 내역 다운받기

세무 신고를 위해서는 아마존의 월별 매출 내역을 다운로드해 월별 매출과 아마존 수수료(비용)를 확인하여 매출 신고와 비용 처리를 하여야 합니다. 아마존에 지불한 수수료의 경우 비용으로 처리할 수 있는 부분이기 때문에 세무 신고 자료 준비 시 아마존 수수료를 따로 정리하여 세무사에게 비용으로 처리해 달라고 요청하셔야 합니다.

그럼, 월별 매출 내역을 확인하는 방법에 대해 알아보겠습니다.

01 셀러 센트럴에 로그인 후 [보고서] – [결제]를 클릭 후 결제 페이지에서 [날짜 범위 보고서] 탭을 클릭 후 [보고서 생성]을 클릭합니다.

02 팝업 창에서 다운 받고 싶은 내역을 선택 후 [생성] 버튼을 클릭합니다.

03 보고서 생성이 진행 중으로 표시 되고 [새로 고침]을 클릭하면 다운로드 버튼이 생성 됩니다.

04 보고서 생성이 완료되었으면 [다운로드]를 클릭하여 엑셀 파일을 다운로드 받습니다.

05 다음 그림과 같이 보고서 파일을 열어보면 판매된 내역과 판매 수수료, 환불 내역 등이 표시됩니다. 이 파일을 토대로 세무 신고 자료를 작성하면 됩니다. 수수료 등은 비용으로 처리해야 하니 별도로 세무사에게 알려주어야 합니다.

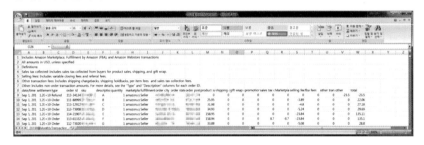

4 _ 월별 광고 내역 다운받기

아마존에서 상품을 홍보하기 위한 수단으로 사용한 광고비도 비용으로 처리할 수 있습니다. 광고비 내역을 다운로드해 정리하여 비용으로 세무 신고를 하여야 합니다. 그럼, 광고 내역을 다운로드 하는 방법에 대해 알아보겠습니다.

01 [보고서] – [결제]를 클릭합니다.

02 결제 페이지에서 [광고 내역서] 탭을 클릭 후 [인보이스 다운로드]를 클릭하여 광고 비용 내역서를 다운로드 합니다. 파일은 PDF로 다운로드 되면 사용 내역 및 비용이 표시되어 있습니다.

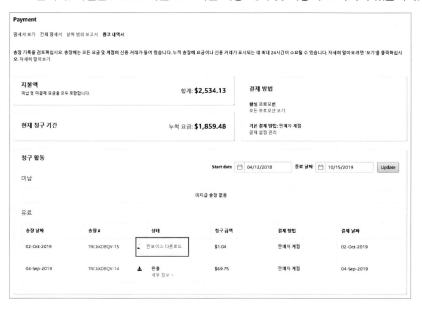

5 _ 세무 신고 자료 준비하기

아마존 매출에 대한 세무 신고 자료에 대해 설명드리겠습니다. 세무 자료는 준비를 잘해야 절세를 받을 수 있기 때문에 앞서 배운 아마존 매출 자료 및 광고비 내역 등을 세부적으로 정리하는 것이 중요합니다.

매입 자료	매출 자료	비용 처리
		사업장 운영 비용
		매입 상품 배송료
매입 세금 계산서 또는 매입 카드 영수증	아마존 매출 자료	아마존 수수료
		아마존 광고 비용
		매출 상품 배송료

❶ 상품 매입에 대한 자료 준비
일반적으로 상품을 매입하는 경우 세금계산서 또는 카드 영수증 등을 받게 될 것입니다. 세금 계산서와 카드 영수증에는 상품 공급가와 부가세 등이 표시되어 있으니 매입하는 상품에 대한 세금계산서 또는 카드 영수증을 월별로 정리를 하여 상품 매입에 대한 자료를 준비합니다.

❷ 아마존 월별 매출 자료 준비

앞서 배운 것처럼 아마존의 매출 자료를 월별로 다운로드받아 매출과 수수료, 환불 내역 등을 정리합니다.

❸ 사업장 운영 비용 자료 준비

사업장 운영 비용이란 사업장의 임대료, 각종 인건비, 식대, 복리후생비 등의 사업장 운영에 사용된 비용에 대한 세금 계산서, 계산서, 사업자 지출증빙 현금 영수증, 신용카드 매출전표 등의 자료를 준비합니다.

❹ 아마존에서 사용된 수수료 등의 자료 준비

아마존의 판매 수수료, FBA 사용료, 광고료, 각종 수수료 내역을 빠짐없이 정리합니다.

❺ 배송업체의 배송비용 등의 자료 준비

우체국의 K-Packet 또는 EMS, DHL 등 배송에 소요된 비용에 대한 내역을 정리하여 준비합니다.

❻ 수출 신고서

상품 출하 전 관세청 유니패스나 goGLOBAL을 통해 수출 신고한 수출 신고서를 월별로 정리하여 준비해야 합니다.

위의 자료들을 준비하면 세무 신고에 필요한 모든 서류를 준비한 것입니다. 세무 신고는 부가가치세 환급도 진행해야 하는 부분도 있으니 세무사에게 대행하는 것을 추천드립니다.

10 _ 아마존 판매 대금 인출하기

아마존은 한 달에 2회 판매 대금을 정산하여 셀러가 등록한 페이오니아 또는 월드퍼스트로 입금을 해줍니다. 이번 장에서는 페이오니아 또는 월드퍼스트로 입금된 판매 대금을 국내 은행의 외환 통장으로 인출하는 방법에 대해 알아보겠습니다.

1 _ 페이오니아 대금 인출

페이오니아 체크카드를 발급하면 체크카드로도 어디서든 인출 가능하고 홈페이지에서 인출 시 평균 1~2 영업일안에 외환 통장으로 입금이 된다는 장점과 한국어 서비스를 지원하고 있어 편리하게 인출할 수 있다는 장점을 들 수 있습니다. 그럼, 페이오니아에서 인출하는 방법에 대해 알아보겠습니다.

01 페이오니아(https://login.payoneer.com)에 로그인 합니다.

02 페이오니아 홈페이지 "잔액"에서 인출할 외환의 [인출하기]를 클릭합니다.

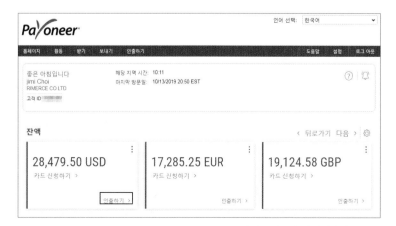

03 인출 페이지에서 인출할 외환을 다시 한번 클릭합니다.

04 인출 상세 입력에서 인출할 은행을 선택하고 인출할 금액을 입력 후에 [검토] 버튼을 클릭합니다.

05 인출 상세 내역의 인출 금액과 수수료를 확인 후 "본인은 상기 인출 정보를 확인하였습니다"의 체크 박스에 체크 후 [인출]을 클릭합니다.

06 판매 대금 인출 신청이 완료되었습니다.

07 페이오니아에서 인출을 하고 나면 국내 은행에 제출해야 하는 서류에 필요한 외화획득명세서를 다운로드하기 위해 [활동] – [거래내역]을 클릭합니다.

08 거래 내역에서 인출한 내역 옆에 문서 모양의 아이콘이 생성(인출 신청 후 2~3시간 소요)되었다면 문서 아이콘을 클릭합니다.

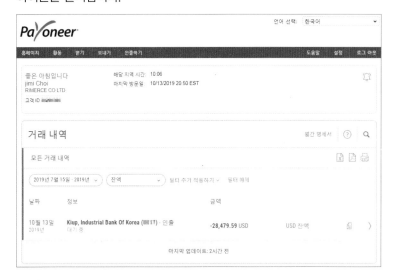

09 팝업 창의 "거래 세부 정보"에서 하단의 [승인 받기]를 클릭하여 외화획득명세서를 다운로드 합니다.

10 페이오니아의 외화획득명세서는 다음 그림과 같습니다. 이 외화획득명세서를 은행에서 외환이 들어왔으니 서류를 제출하라고 할 때 제출하시면 은행에서 확인 후 외화를 원화로 환전할 수 있습니다.

2 _ World First 대금 인출

월드퍼스트는 2019년 7월에 인출 수수료를 업계 최저가로 낮추며 셀러들에게 부담이 될 수 있는 부분들을 최대한 줄여나가고 있으며 인출을 진행하면 3~5일 안에 국내 은행의 외환 통장에 입금됩니다. 그럼, 월드퍼스트 인출 방법에 대해 알아보겠습니다.

01 월드퍼스트(https://trading.worldfirst.com)에 로그인 합니다.

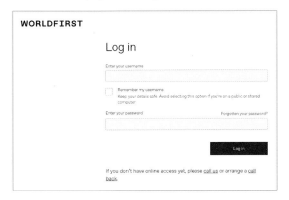

02 인출 하고자 하는 외환의 체크박스에 체크 후 [Continue] 버튼을 클릭합니다.

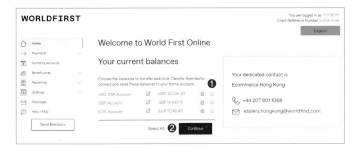

03 인출할 한국은행의 외환계좌를 선택합니다.

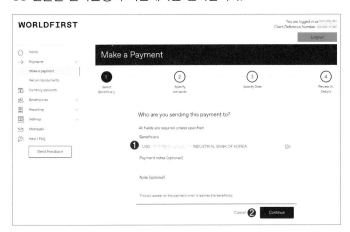

04 인출할 외환의 금액을 입력합니다.

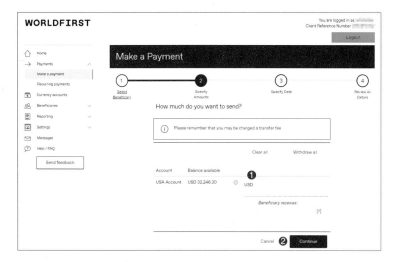

05 인출 날짜를 선택 후 [Continue] 버튼을 클릭합니다.

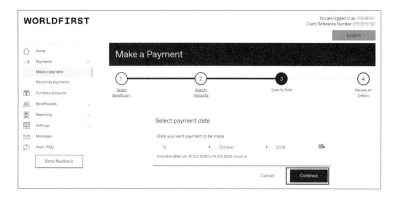

06 휴대폰 문자로 발송된 인증코드를 입력 후 [Continue] 버튼을 클릭합니다.

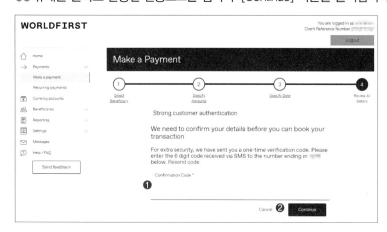

07 월드퍼스트의 수수료와 실제 입금될 금액을 확인 후 [Continue] 버튼을 클릭합니다.

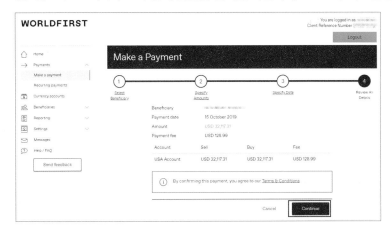

08 인출 신청이 완료되었으며 [Download PDF]를 클릭하여 은행 제출용인 외화획득명세서를 다운로드 합니다.

09 월드퍼스트의 외화획득명세서는 아래와 같습니다. 이 외화획득명세서를 은행에 제출하시면 송금 절차가 완료됩니다.

11 _ 아마존 퍼포먼스 및 피드백 관리

아마존에서의 성공적인 판매를 위해서는 퍼포먼스 및 피드백 관리는 필수입니다. 어카운트 헬스 페이지에서 아마존 판매에 필요한 퍼포먼스 목표 및 정책의 셀러 계정 준수를 모니터링할 수 있으며 셀러 피드백 페이지에서는 고객이 셀러를 평가한 점수를 확인할 수 있습니다. 아마존은 정기적으로 모든 셀러의 퍼포먼스 및 피드백을 검토하여 셀러가 목표를 벗어난 경우 이를 알려 줍니다. 하지만, 그럼에도 불구하고 개선이 되지 않을 경우 셀러 계정을 정지시킬 수 있으니 퍼포먼스와 피드백 관리를 철저히 하여야 합니다. 그럼, 셀러 퍼포먼스와 피드백에 대해 알아보겠습니다.

1 _ 셀러 퍼포먼스 관리하기

셀러 퍼포먼스의 목적은 판매 능력에 문제가 생기기 전에 퍼포먼스를 개선할 수 있는 기회를 주기 위한 것으로 경우에 따라, 퍼포먼스가 매우 저조한 셀러 계정은 즉시 비활성화됩니다. 비활성화된 셀러 계정은 복구가 가능하며 강제 조치의 원인이 되는 문제의 해결 실행 계획(POA)을 아마존에 제공하여 이의를 제기할 수 있습니다.

계정 상태는 현재 고객의 피드백, 제품 정책 위반, 배송 성과 등을 아마존에서 평가하여 셀러의 현재 상태를 알려 주는 메뉴입니다. 예를 들어 다음 그림과 같이 배송 지연 비율은 4% 이하를 유지해야 하는데 배송 지연이 4%를 초과한 12.27%가 발생하게 되면 계정이 정지될 수 있기 때문에 주의해야 합니다. 또한, 고객이 셀러를 평가하는 피드백 부분에 부정적인 피드백(Negative feedback) 비율이 높아져도 계정이 정지될 수 있기 때문에 부정적인 피드백은 1% 이하를 유지해야 합니다.

- 부정적인 피드백(Negative feedback) 비율 : 1% 이하 유지
- A-to-Z 보증 청구(A-to-z Guarantee claims) 비율 : 1% 이하 유지
- 차지백 청구(Chargeback claims) 비율 : 1% 이하 유지
- 배송 지연(Late Shipment Rate) 비율 : 4% 이하 유지
- 사전 이행 취소(Pre-fulfillment Cancel Rate) 비율 : 2.5% 이하 유지
- 유효 추적(Valid Tracking Rate) 비율 : 95% 이상 유지
- 제품 정책 위반의 모든 사항은 0개 유지

2 _ 구매자 피드백 관리하기

구매자는 90일 내에 피드백을 남길 수 있으며 60일 내에 이를 삭제할 수 있습니다. 셀러는 부정적인 피드백을 받은 경우에 문제의 원인을 신속하게 파악하고 문제를 해결하기 위해 노력해야 합니다. 구매자가 부정적인 셀러 피드백을 남기면 구매자에게 개별적으로 연락하여 문제를 해결하는 것이 좋습니다. 구매자의 문제를 해결한 후 해당 구매자에게 부정적인 피드백을 업데이트하거나 아마존에 삭제할 것을 요청할 수 있습니다. 부정적인 피드백을 삭제 또는 수정하도록 구매자에게 부담을 주거나 보상을 지급하는 것은 아마존 정책에 위배된다는 점을 잊지 말아야 합니다.

2-1 피드백에 답변 달기

셀러는 구매자가 남긴 피드백에 답변을 남길 수 있습니다. 예를 들어 위의 그림과 같이 구매자가 "상품을 받지 못했다."라고 부정적인 피드백을 남겼을 경우 셀러는 구매자가 남기 피드백에 아래와 같이 답변을 남길 수 있습니다.

01 고객이 남긴 피드백 옆의 드롭다운 메뉴를 클릭하여 [공개 회신 게시]를 클릭합니다.

02 고객의 피드백에 남기고 싶은 답변을 작성 후 [제출] 버튼을 클릭하여 답변을 남길 수 있습니다.

2-2 아마존에 피드백 삭제 요청하기

아마존의 피드백을 삭제할 수 있는 요건은 음란성 문구나 판매자의 정보, 아마존 FBA 관련 내용 등에 대한 것을 삭제를 요청할 수 있으면 조건에 부합되지 않을 경우에는 피드백을 삭제할 수 없습니다. 그럼, 피드백 삭제 요청에 대해 알아보겠습니다.

01 고객이 남긴 피드백 옆의 드롭다운 메뉴를 클릭하여 [제거 요청]을 클릭합니다.

02 다음 그림과 같이 피드백 삭제의 기준에 해당된다면 [예]를 클릭하여 아마존에 피드백 삭제 요청을 보냅니다.

피드백 삭제 요청이 있을 시 아마존에서는 피드백 내용을 확인하여 피드백을 삭제할지 아님 유지할지에 대한 여부를 확인 후 셀러의 주장이 타당하다고 생각하면 바로 삭제를 합니다.

광고 및 홍보하기

01 _ 아마존 내부 프로그램 활용

아마존의 딜(Deals)과 프로모션(Manage Promotions)을 사용하면 최근 판매량을 늘릴 수 있으며 구매자의 상품 리뷰도 받을 수 있는 내부 프로그램입니다. 아마존 내부 프로그램을 활용하여 매출을 높일 수 있으니 적극 활용하는 것을 추천드립니다.

1 _ 딜(Deals) 활용하기

아마존 딜(Deals)은 라이트닝 딜(Lightning Deals)과 7일 딜(7-day Deals) 그리고, 아울렛 딜 등 3가지로 구분할 수 있습니다. 라이트닝 딜(Lightning Deals)과 7일 딜(7-day Deals)의 경우 진행 수수료가 발생하며 딜 추천 상품은 아마존 알고리즘을 통해 자동으로 자격이 있는 상품에게만 추천이 뜨기 때문에 추천이 뜨지 않을 경우 접수가 불가능합니다.

1-1 라이트닝 딜 & 7일 딜

라이트닝 딜 및 7일 딜은 아마존의 인기 페이지인 아마존 딜 페이지에 상품을 노출시킬 수 있는 시간 한정 할인 프로모션입니다. 딜 진행 대상은 아래 기준을 충족해야 합니다.

- 매월 5개 이상의 셀러 피드백 평점이 있고 전체 평점이 별 3.5개 이상인 프로페셔널 셀러
- 가능한 많은 선택사항 포함 가능
- 제한된 상품 또는 공격적이거나, 불쾌감을 주거나, 부적절한 상품이 아닐 것
- FBA(Fulfillment By Amazon:아마존 주문처리 서비스) 진행 상품만 가능
- 새 상품만 진행 가능

딜 진행 수수료와 진행 시간은 아래의 표와 같습니다.

구분	7일 딜(7Day DEal)	라이트닝 딜(Lightning Deal)
신청 방법	셀러 직접 신청	셀러 직접 신청
진행 방법	7일(월요일~일요일)	최대 6시간
딜 수수료	$150	$150
딜 취소	시작 24시간 전 취소 가능	시작 24시간 전 취소 가능

1) 라이트닝 딜 & 7일 딜 페이지 확인

라이트닝 딜 & 7일 딜은 아마존 고객이 가장 많이 보는 페이지이며 주기적인 메일링을 고객에게 발송하기 때문에 구매로 전환될 확률이 높은 프로모션 페이지입니다. 라이트닝 딜 & 7일 딜을 확인해보기 위해서는 아마존(https://www.amazon.com)에 접속 후 다음 그림과 같이 [Today's Deals]을 클릭합니다.

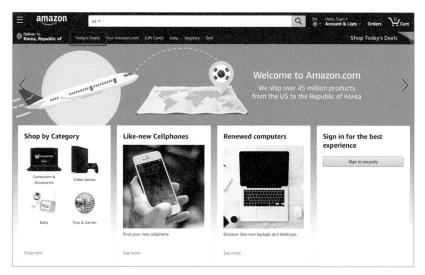

접속한 딜 페이지에서 좌측의 [Lightning Deals]을 클릭하면 확인할 수 있습니다.

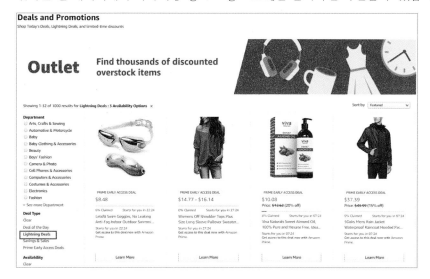

2) 라이트닝 딜 & 7일 딜 신청 방법

❶ 라이트닝 딜 & 7일 딜 신청 방법은 셀러 센트럴 로그인 후 [광고] – [딜]을 클릭합니다.

❷ 딜 관리 페이지에서 [새 상품 딜 생성]을 클릭하여 신청할 수 있습니다.

다시 한번 강조하지만 딜 추천 상품은 아마존 알고리즘을 통해 자동으로 자격이 있는 상품에만 추천이 뜨기 때문에 추천이 뜨지 않을 경우 접수가 불가능하다는 점 유념하시기 바랍니다.

1-2 아울렛 딜

아울렛 딜은 아마존 FBA 창고에 보관된 과잉 재고를 가격 인하 및 할인 딜을 통해 재고를 정리할 수 있는 프로모션으로 아마존이 설정한 약 2주 동안 아울렛 페이지에 표시되는 딜 프로모션입니다. 아울렛 딜을 통해 FBA 재고를 정리할 수 있으며 총 보관 수수료를 줄일 수 있습니다. 아울렛 딜은 별도의 수수료가 발생하지 않으며 일반적인 주문 처리 수수료 및 상품 판매 수수료만 적용됩니다.

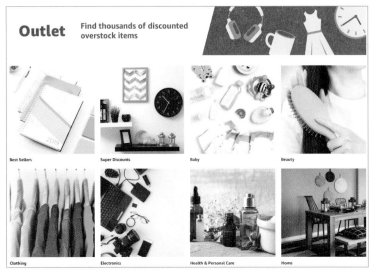

아울렛 딜 신청 자격을 살펴보겠습니다.

- 셀러 평점이 별 3.5 이상인 프로페셔널 셀러여야 가능합니다.
- 상품이 현재 판매 가능하며 아마존 주문 처리 센터에 있어야 합니다.
- 새 상품만 신청 가능합니다.

또한, 적합 상품이 모두 아마존의 아울렛 추천을 받을 수 있는 것은 아닙니다. 아마존은 매주 ASIN 자격을 평가합니다. 따라서 이번 주에 표시되는 추천이 다음 주에는 표시되지 않을 수 있습니다. 아울렛 딜로 소개된 상품은 딜이 종료된 후 90일 동안 다시 아울렛 이용 자격을 얻을 수 없습니다.

아울렛 딜 신청 방법은 아래와 같습니다.

01 아마존 셀러 센트럴에 로그인 후 [재고] – [재고 관리 계획]을 클릭합니다.

02 재고 관리 페이지에서 [초과 재고 관리] 탭을 클릭하고 현재 FBA에 오랫동안 보관된 재고 중 재고 수량과 예상 보관비용 등을 확인 후 [아울렛 딜 생성]을 클릭합니다.

03 팝업 창에서 아울렛 딜 가격 및 시작, 종료 날짜를 입력 후 [제출] 버튼을 클릭하면 아울렛 딜 신청이 완료됩니다.

일부 아울렛 딜 제출은 승인되지 않을 수 있습니다. 딜이 승인되는 경우 아마존에서 이메일을 보냅니다. 아마존이 아울렛 딜 제출을 승인하지 않은 이유는 다음과 같습니다.

- ASIN이 아울렛 딜 일정과 중복되는 다른 딜(**예** 라이트닝 딜)에 대해 이미 예약되어 있는 경우
- 상품 이미지가 카테고리 가이드라인을 준수하지 않은 경우
- 고객 리뷰 평점이 별 3개 이하로 떨어졌을 경우
- 재고가 품절된 경우

승인이 되지 않은 ASIN 상품의 경우 90일 후에 다시 신청할 수 있으니 위 준수 사항을 확인하고 신청하시는 것이 좋습니다.

2 _ 프로모션(Manage Promotions) 활용하기

프로모션은 쿠폰 코드 등을 생성하여 고객에게 할인을 적용해 주어 구매 전환율을 더욱 높일 수 있는 마케팅 프로그램입니다. 셀러가 프로모션 코드 규칙을 어떻게 생성하는지에 따라 구매자는 사용 가능한 프로모션 코드를 조합해 더 크게 할인받을 수 있습니다. 동일 아이템에 여러 프로모션 코드 또는 쿠폰 할인을 허용할 경우 의도치 않은 다중 할인이 발생할 수 있으므로 주의하여야 합니다. 그림, 프로모션에 대해 살펴보겠습니다.

프로모션 유형	설명
소셜 미디어프로모션 코드	상품에 할인을 적용하여 소셜 미디어에 홍보할 수 있는 URL를 공유 할 수 있습니다.
무료 배송	일정 기간 동안 일정 수량 또는 일정 금액 이상 구매 시 무료 배송을 설정합니다.
% 가격 할인	일정 기간 동안 특정 상품에 대해 할인율을 적용 할 수 있습니다.
원 플러스 원(Buy One Get One)	일정 기간 동안 특정 상품을 구매 시 1개를 추가로 증정하는 1+1 프로모션을 적용 할 수 있습니다.

2-1 프로모션 상품 설정하기

아마존의 모든 프로모션을 사용하기 위해서는 선행되어야 하는 것이 상품을 선정하는 것입니다. 프로모션을 진행할 상품을 선택하고 프로모션을 설정할 때 선택한 상품을 그룹별로 선택하여 프로모션을 설정할 수 있습니다. 그럼, 프로모션에 사용할 상품을 선정하는 방법에 대해 살펴보겠습니다.

01 셀러 센트럴에 로그인 후 [광고] – [프로모션]을 클릭합니다.

02 프로모션 페이지에서 [상품 선택 관리] 탭을 클릭 후 "상품 선택 유형"을 [ASIN 목록]으로 선택하고 [상품 선택 리스트 생성]을 클릭합니다.

03 상품 선택 생성에서 관리 명칭 및 ASIN 넘버를 입력 후 [제출] 버튼을 클릭합니다.

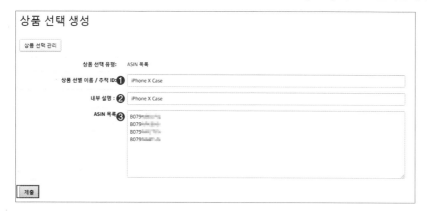

- 상품 선별 이름 / 추적 ID : 프로모션 설정 시 상품 선택을 위한 명칭을 입력합니다.
- 내부 설명 : 상품 관리를 위한 명칭을 입력합니다.
- ASIN 목록 : 프로모션을 적용할 상품의 ASIN 넘버를 입력합니다.

04 프로모션에 사용할 상품 그룹 생성이 완료 되었습니다. 이제 이 상품 그룹을 사용하여 프로모션을 설정할 수 있습니다.

2-2 소셜 미디어 프로모션 코드

소셜 미디어 프로모션 코드는 미국 마켓 플레이스에서 사용할 수 있으며 새로운 아마존 브랜드 레지스트리에서 승인된 셀러 또는 긍정적인 피드백 평점을 받은 프로페셔널 셀러(긍정적인 피드백이 80% 이상이고 평점이 20개 이상인 셀러 계정)에게만 제공됩니다. 또한, 소셜 미디어 프로모션 코드를 아마존 인플루언서 및 제휴업체와 공유하여 프로모션으로 더 많은 구매를 유도할 수 있습니다. 이 소셜 미디어 프로모션 코드의 할인율은 최소 5%에서 최대 80%이며 생성 후 4시간 후에 시작되며 최대 30일까지 사용할 수 있게 설정 가능합니다.

01 프로모션 생성 페이지에서 소셜 미디어 프로모션 코드의 [생성] 버튼을 클릭 후 코드 생성을 위한 내용을 입력 후 [검토]를 클릭합니다.

❶ 앞서 프로모션 진행을 위해 선정한 상품의 관리 명칭을 선택합니다.

❷ 소셜 미디어 프로모션에서 할인할 할인율을 입력합니다.

❸ 시작일을 선택합니다.

❹ 종료일을 선택합니다.

❺ 관리 명칭을 입력합니다.

❻ [결제 1회에 단품 1개]를 선택합니다. 여기서 "무제한"을 선택 시 중복 할인으로 인한 피해를 볼 수 있으니 주의해야 합니다. 꼭 1회에 1번만 적용이 되게 선택하는 것이 중요합니다.

02 검토 페이지에서 모든 내용이 정상적으로 등록되었는지 확인 후 [제출] 버튼을 클릭합니다.

03 [프로모션 관리]에서 [보류중]을 선택 후 [검색]을 클릭하면 현재 대기 중인 소셜 미디어 프로모션이 확인됩니다.

04 생성된 소셜 프로모션 URL(https://www.amazon.com/gp/mpc/A27GR1SJA1QQ5A)을 페이스북, 트위터 등에 공유하여 할인이 적용된 별도의 페이지를 확인하고 구매할 수 있도록 활용 하시면 됩니다.

2-3 무료 배송

무료 배송 프로모션은 전체 상품 또는 상품 하위 집합에 무료 배송을 설정할 수 있습니다. 생성된 프로모션 코드를 SNS 또는 아마존 외부 마케팅에 배포하여 고객을 유입하는 마케팅으로 사용할 수 있습니다.

01 무료 배송 프로모션 [생성]을 클릭하고 무료 배송 프로모션에 필요한 내용을 입력 후 [검토] 버튼을 클릭합니다.

❶ 앞서 프로모션 진행을 위해 선정한 상품의 관리 명칭을 선택합니다.

❷ 무료 배송으로 이용할 배송 방법을 선택합니다.

❸ 시작 날짜를 선택합니다.

❹ 종료 날짜를 선택합니다.

❺ 프로모션을 관리할 명칭을 입력합니다.

❻ 고객당 1회만 사용할 수 있게 [일회성]을 선택합니다.

02 프로모션 검토에서 작성한 내용을 확인 후 [제출] 버튼을 클릭합니다.

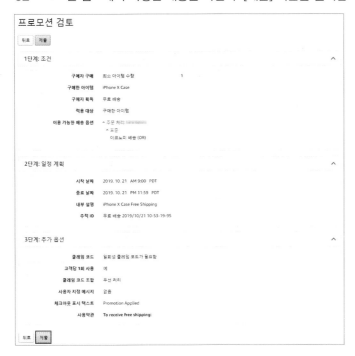

03 프로모션 관리 탭에서 [보류 중]을 선택 후 [검색]을 클릭하여 대기 중인 무료 배송 프로모션 명칭을 클릭합니다.

04 프로모션 세부 페이지에서 [클레임 코드 관리]를 클릭합니다.

05 코드 그룹 이름 및 발행할 코드 수량을 입력 후 [생성]을 클릭하여 코드를 생성합니다. 생성된 코드를 [다운로드]를 클릭하여 다운합니다.

06 다운로드한 무료 배송 프로모션 코드를 확인 후 SNS 등에 배포합니다. 발생된 각 코드로 구매자는 결제 시 무료 배송 혜택을 받을 수 있습니다.

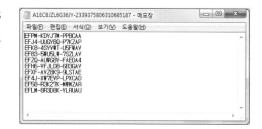

2-4 % 가격 할인

가격 할인 프로모션은 아마존 셀러들이 가장 많이 사용하는 프로모션으로 페이스북 등의 소셜 미디어의 팔로워들에게 할인 프로모션 코드를 배포하고 코드를 받은 고객에게만 할인을 적용할 수 있도록 하는 제일 효과적인 마케팅 프로모션입니다.

01 프로모션 생성 페이지에서 가격 할인의 [생성]을 클릭 후 가격 할인 프로모션을 위한 내용을 입력 후 [검토] 버튼을 클릭합니다.

❶ 앞서 프로모션 진행을 위해 선정한 상품의 관리 명칭을 선택합니다.

❷ 프로모션 할인율을 입력합니다.

❸ 최소 구매 수량과 할인율이 적용된 사항을 확인합니다. 현재 설정은 1개 구매 시 50% 할인을 적용한 예제입니다.

❹ 시작 날짜와 종료 날짜를 선택합니다.

❺ 프로모션 관리 명칭을 입력합니다.

❻ 가격 할인의 경우 중복 할인이 되는 경우가 있기 때문에 꼭 [일회성]과 [고객당 1회 사용], [우선 처리]를 선택하는 것이 좋습니다.

02 프로모션 검토에서 작성된 가격할인 프로모션을 확인 후 [제출] 버튼을 클릭합니다.

03 프로모션 관리 탭에서 [보류 중]을 선택 후 [검색]을 클릭하여 시작 대기 중인 가격 할인 프로모션을 확인 후 관리 명칭을 클릭합니다.

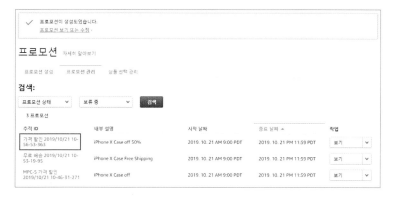

04 프로모션 세부 페이지에서 [클레임 코드 관리]를 클릭합니다.

05 가격 할인 프로모션 그룹 이름 및 할인 코드 생성 수량을 입력 후 [생성]을 클릭하여 프로모션 코드를 생성하고 생성된 프로모션 코드를 [다운로드] 버튼을 클릭하여 다운로드합니다.

06 다운로드한 프로모션 코드를 확인 후 SNS 등에 배포합니다. 발생된 각 코드로 구매자는 결제 시 할인 혜택을 받을 수 있습니다.

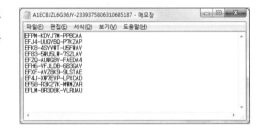

2-5 원 플러스 원(Buy One Get One)

원 플러스 원 프로모션은 국내 온라인이나 오프라인 매장에서 많이 볼 수 있는 형태의 프로모션으로 1개를 구매 시 1개를 더 증정하는 형식으로 프로모션입니다. 아마존 셀러들은 잘 사용하지는 않지만 상품에 따라서는 아주 유용한 마케팅이 될 수 있습니다.

01 프로모션 생성 페이지에서 원 플러스 원(Buy One Get One)의 [생성]을 클릭하고 원 플러스 원(Buy One Get One) 프로모션을 위한 내용을 입력 후 [검토] 버튼을 클릭합니다.

❶ 구매자 구매 수량을 입력합니다.

❷ 앞서 프로모션 진행을 위해 선정한 상품의 관리 명칭을 선택합니다.

❸ 구매자 혜택 적용 수량을 입력합니다.

❹ 시작 날짜와 종료 날짜를 선택합니다.

❺ 프로모션 관리 명칭을 입력합니다.

❻ [일회성] 코드로 고객당 1회 사용으로 선택합니다.

02 프로모션 검토 페이지에서 원 플러스 원 프로모션 내용을 확인 후 [제출] 버튼을 클릭합니다.

03 프로모션 관리 탭에서 [보류 중]을 선택 후 [검색]을 클릭하여 대기 중인 원 플러스 원 프로모션 명칭을 클릭합니다.

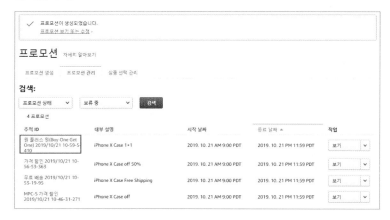

04 프로모션 세부 페이지에서 [클레임 코드 관리]를 클릭합니다.

05 원 플러스 원 프로모션 그룹 이름과 코드 발생 수량을 입력 후 [생성]을 클릭하여 코드를 생성합니다. 생성된 코드를 [다운로드] 버튼을 클릭하여 다운로드한 후 프로모션 코드를 SNS 등에 배포하여 구매자가 구매 시 사용할 수 있도록 합니다.

프로모션 코드를 페이스 북 등의 SNS에 사용하는 방법은 상품의 이미지와 프로모션의 내용을 포스팅하여 여러 팔로워가 볼 수 있도록 하는 것입니다. 또한, 페이스 북 등의 소셜 미디어에 해외 팔로워 들을 늘려 가시는 것도 하나의 방법이라 할 수 있습니다.

02 _ 보고서(Reports) 활용하기

아마존의 보고서는 굉장히 강력한 기능을 선보이고 있습니다. 셀러마다의 맞춤형 데이터를 제공함으로써 셀러가 아마존에서 성공할 수 있는 방법에 대해 알려주는데 그 기능에는 재고 관리, 가격 관리, 상품 트래픽 분석 등 다양한 데이터가 무료로 제공되며 CSV 파일이나 TXT 파일로 다운로드할 수 있습니다. 그럼, 보고서의 세부 내역에 대해 살펴보겠습니다.

1 _ 아마존 셀링 코치(Amazon Selling Coach)

아마존의 셀링 코치는 개인 맞춤형 권장 사항을 제공하여 셀러가 아마존에서 성공할 수 있는 기회를 늘려줍니다. 이 기능은 프로페셔널 셀러만 이용할 수 있는데 재고 관리, 상품 추천, FBA 추천, 가격 책정, 광고 등의 데이터를 제공합니다.

1) 재고 추천

재고 추천 보고서는 FBA 또는 FBM(MFN)으로 배송되는 모든 상품에 대해 재고 예측 상황을 알려주어 재고가 소진되는 것을 방지할 수 있는 보고서입니다. 예를 들어 FBA에 입고된 상품이 갑자기 많은 판매가 될 때 판매된 내역을 토대로 FBA에 입고해야 하는 권장 수량을 예측해 주기 때문에 과잉 재고 입고를 방지할 수 있습니다.

2) 상품 추천

상품 추천 보고서는 고객 수요 신호와 현재 상품 리스팅의 조합을 사용하여 아마존에 추가할 수 있는 좋은 기회가 될 수 있는 상품을 추천합니다. 이러한 권장 사항은 비즈니스에 맞게 사용자 별로 지정되며 매주 업데이트됩니다. 여러 비즈니스 고객 수요 신호를 현재 아마존에서 제공하는 상품에 대한 데이터와 결합하여 이 작업을 수행합니다. 내 상품 판매하기를 클릭하면 도구의 상위 10개 권장 사항에 대한 상품 등록을 쉽게 할 수 있습니다. 다운로드 가능한 보고서 생성을 클릭하여 상위 1,000개의 권장 사항 목록을 다운로드 하도록 선택할 수도 있습니다.

3) 주문 처리 추천

주문 처리 보고서는 셀러 직접 배송(FBM/MFN)으로 처리되는 상품에 대해 아마존 주문 처리(FBA)로 변경 시 얻을 수 있는 기회에 대해 알려 주는 보고서입니다. 예를 들어 FBM으로 발송하는 상품을 FBA로 전환 시 증가할 수 있는 판매량 등을 예측해 주기 때문에 셀러 입장에서는 FBA로 전환하는 것을 긍정적으로 선택할 수 있게 도와주는 보고서입니다.

4) 가격 추천 보고서

가격 추천 보고서는 현재 판매하고 있는 상품에 대해 바이 박스(Buy box) 가격 + 배송료를 알려주어 상품별 최저가 설정을 도와주는 보고서입니다. 예를 들어 다음 그림과 같이 바이 박스(Buy box) 가격은 $14.23인데 판매하는 가격은 $31.60이고 최근 오퍼 개수가 10개를 알려주어 최저가 설정 시 판매할 수 있는 오퍼 수를 예측해 주는 것입니다.

5) 광고 추천 보고서

광고 추천 보고서는 캠페인(Sponsored Products)을 진행하지 않는 상품에 대해 어떠한 키워드를 사용하면 검색 노출량을 높일 수 있는지 알려주는 보고서입니다.

2 _ 비즈니스 보고서(Business Reports)

비즈니스 보고서는 판매 대시보드, 상품의 트래픽 현황, 월 판매 현황 등의 데이터를 볼 수 있는 보고서입니다. 그 중 ASIN별 트래픽 현황은 상품별 페이지 뷰 수, 페이지 조회 수 비율 등 다양한 데이터를 볼 수 있기 때문에 판매를 늘리기 위해 해야 하는 상황들을 예상할 수 있습니다. 예를 들어 페이지 뷰가 낮다면 상품이 노출되지 않고 있다는 것이기 때문에 상품 노출을 위한 콘텐츠 최적화를 해야 할 것이고 페이지 뷰가 높은데 상품의 구매 전환율이 낮다면 가격적인 부분에 문제가 있다고 예측할 수 있기 때문에 "가격 할인" 프로모션 등을 활용해 판매를 높이는 작업을 할 수 있을 것입니다.

1) 판매 대시보드

판매 대시 보드에서는 일별, 월별 판매량을 그래프로 확인 할 수 있으며 언제 판매량이 많고 언제 낮은지를 예측할 수 있어 재고 현황이나 광고 진행에 전략적인 의사 결정을 내릴 수 있기 때문에 판매를 더욱 높일 수 있는 방향을 잡을 수 있을 것입니다.

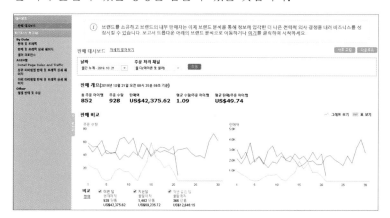

2) 판매 및 트래픽 현황

판매 및 트래픽 현황에서는 일별 주문 수량, 판매액, 바이 박스 점유율 등을 확인할 수 있어 바이 박스 점유율에 따라 판매량의 변동, 요일별 판매량 등을 확인할 수 있기 때문에 광고 전략에 대한 의사결정 등에 활용할 수 있으니 자세히 살펴보는 것이 좋습니다.

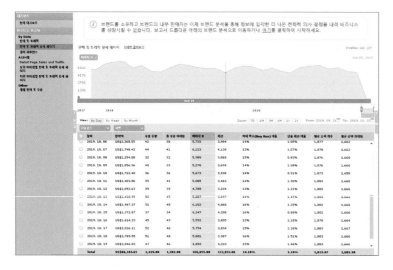

3) ASIN 별 트래픽 현황

ASIN 별 트래픽 현황은 상품별 페이지 뷰, 바이 박스 점유율 등의 정보를 확인할 수 있는 보고서입니다. 이 보고서를 통해 얻을 수 있는 정보는 선택한 기간 동안 상품별로 방문한 수를 알 수 있기 때문에 어떠한 상품이 잘 노출되고 있으며 그로 인해 판매량과 판매액은 어떠했는지를 확인할 수 있어판매가 잘 되는 상품에 더욱 광고를 실어 줄 수 있고 노출이 잘 안되는 상품의 경우에는 문제점을 찾아볼 수 있기 때문에 아주 유용한 보고서라 할 수 있습니다. 판매하는 상품별로 확인해 보고 문제점을 찾아 개선해 나가길 추천드립니다.

3 _ 주문 처리(Fulfillment)

주문 처리 보고서는 아마존 주문 처리(FBA)에서 처리되는 재고, 판매, 보관 수수료, 재고 처분 등에 관련된 전반적인 내역을 확인할 수 있는 보고서입니다. 특히, 결제 부분의 월 보관 수수료, 장기 보관 수수료 내역은 중요하게 보아야 하는데 FBA에 오랫동안 보관되고 있는 재고가 있는지 확인하여 빨리 할인 행사 등으로 재고를 소진해야 수수료를 적게 낼 수 있는 방법이기에 유심히 살펴봐야 합니다. 또한, 주문 처리 보고서는 CSV 또는 TXT 파일로 다운로드가 가능하기 때문에 데이터를 다운로드해 수요 예측에 활용하여 FBA 추가 입고 등의 계획을 수립하는 데 도움을 받을 수 있습니다.

아마존 계정
정지 해결하기

01 _ 아마존 계정 정지 관련

이번 장에서는 아마존 셀러들이 겪게 되는 계정 정지에 대해 알아보겠습니다. 아마존 계정 정지에 대한 내용은 저자의 오랜 아마존 판매 경험과 아마존 운영대행, 강의 경험을 토대로 집필한 것으로 그동안 겪어온 계정 정지 유형과 해결 방법에 대해 설명하도록 하겠습니다.

1 _ 아마존 계정 정지 이해하기

아마존 계정 정지의 경우 한국 셀러뿐만 아니라 전 세계 셀러들이 종종 겪게 되는 사항입니다. 계정 정지의 사유를 보면 셀러 퍼포먼스 하락, 금지 상품 리스팅, 가품으로 의심되는 상품, 지적재산권 침해 등 많은 유형의 정지 사유를 볼 수 있습니다. 그중 가장 위험한 것이 "셀러 퍼포먼스 하락"으로 인한 정지인데 이 경우 일시 정지가 아닌 영구적으로 판매 자격을 박탈될 수 있는 사항입니다. 예를 들어 다음 그림과 같은 어카운트 헬스 상태라면 셀러 퍼포먼스 하락으로 인한 계정 정지를 받을 수 있는 상황입니다.

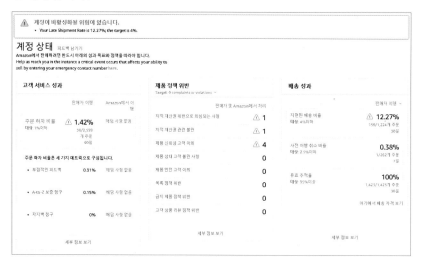

어카운트 헬스의 각 부분에 아래 기준을 충족해야 합니다. 만약 기준을 충족하지 못할 경우 다음 평가 시 계정이 정지될 수 있으니 아래의 평가 기준과 평가 기간을 확인하여 다음 평가 시에 회복 할 수 있도록 노력해야 합니다.

내용	평가 기준	평가 기간
주문 하자(Order Defect Rate) 비율	1% 이하 유지	60일
반품 불만족(Return Dissatisfaction Rate) 비율	10% 이하 유지	30일
부정적인 피드백(Negative feedback) 비율	1% 이하 유지	60일
A-to-Z 보증 청구(A-to-z Guarantee claims) 비율	1% 이하 유지	60일
차지백 청구(Chargeback claims) 비율	1% 이하 유지	60일
배송 지연(Late Shipment Rate) 비율	4% 이하 유지	10일 / 30일
사전 이행 취소(Pre-fulfillment Cancel Rate) 비율	2.5% 이하 유지	7일
유효 추적(Valid Tracking Rate) 비율	95% 이상 유지	30일
적시 배송(On-Time Delivery Rate) 비율	97% 이상 유지	30일
제품 정책 위반(Product Policy Compliance) 비율	0 개 유지	180일

2 _ 셀러 퍼포먼스 하락 탈출하기

셀러 퍼포먼스 하락으로 인한 정지는 다음 평가 시까지 개선이 안 되는 경우 계정을 정지하고 Seller Performance 팀에서 요구하는 정보를 제공하여야 합니다. 셀러 퍼포먼스 하락으로 인한 정지를 예방하기 위해서는 다음 평가 전에 평가 기준에 맞게 충족하면 되는데 예를 들어 다음 그림과 같이 "지연된 배송 비율" 기준이 4% 이하인데 12.27%로 평가 기준보다 높기 때문에 계정이 정지될 수 있습니다. 이런 경우에는 다음 평가 전까지 할인 프로모션 등을 사용하여 판매량을 늘려 배송 비율을 4%로 이하로 낮추면 계정이 정지되는 일은 없을 것입니다.

3 _ 지적 재산권 침해 탈피하기

아마존에서는 지적 재산권 침해에 대한 부분을 매우 심각하게 생각합니다. 예제와 같이 "지적 재산권 위반으로 의심되는 사항"이 발생하였을 경우에는 우선 판매하는 상품을 "비활성화" 시키고 침해된 내용을 확인하여 상품을 수정하여야 합니다.

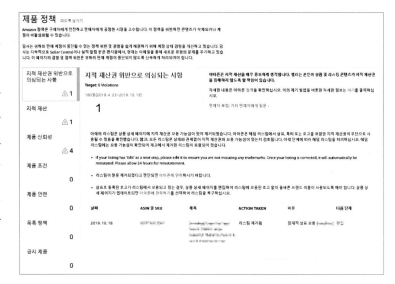

만약, 지적 재산권 침에 대한 통지 또는 경고가 오류라고 생각되는 경우에는 클레임에 대해 이의를 제가하거나 반론을 제시할 수 있습니다.

통지 또는 경고의 유형	취할 수 있는 조치
아마존에 리스팅하지 않은 상품	수신한 통지에 회신하고 보고된 상품을 리스팅한 적이 없음을 아마존에 알려 주십시오. 아마존에서 조사하여 오류가 발생했는지 확인합니다.
권리 소유자와 확립된 관계가 있는 경우	통지에 명시된 IP를 사용할 수 있는 라이센스 또는 기타 계약이 있는 경우 불만 사항을 제출한 권리 소유자에게 연락하여 철회를 요청합니다. 권리 소유자의 철회를 아마존에서 수신하면 콘텐츠를 복구할 수 있습니다.
제품 또는 포장에 대한 상표 또는 위조품 침해	판매 계정에 있는 아카운트 헬스 대시보드를 사용하여 제품의 진위 여부를 나타내는 송장 또는 주문 ID를 제공합니다. 그러면 아마존에서 통지를 다시 평가하고 콘텐츠를 복구할 수 있습니다.
상품 상세 페이지에 상표 또는 위조품 침해	상품 상세 페이지를 수정하여 상표를 침해하지 않도록 확인하고 notice-dispute@amazon.com으로 이메일을 보내십시오. 또는 리스팅이 오류로 제거되었다고 생각되는 경우, 증빙 서류(예, 승인서, 라이센서 계약서)를 포함하여 notice-dispute@amazon.com으로 이메일을 보내십시오. 그러면 아마존에서 통지를 재평가하고 콘텐츠를 복구할 수 있습니다.
저작권 침해	디지털 밀레니엄 저작권법에 따라 이의 제기를 제출할 수 있습니다. 이의 제기는 저작권 경고에 포함된 이메일에 보내야 하며 다음과 같은 사항을 포함해야 합니다. • 실제 서명 또는 전자 서명. 서명 표시인 "/s/ 셀러 이름"으로 이름을 입력하여 전자 서명을 할 수 있습니다. • 제거되었거나 액세스가 비활성화된 저작물의 식별, 그리고 저작물이 제거되거나 액세스가 비활성화되기 전에 있던 특정 위치. 일반적으로 ASIN 하나면 충분합니다. • 저작물이 제거되거나 비활성화되어야 한다는 착오 또는 실수로 저작물이 제거되었거나 비활성화되었다고 진심으로 믿는다고 위증했을 때 처벌을 받겠다는 진술. • 이름, 주소 및 전화 번호와 셀러 주소가 위치한 사법 구역의 연방 지방 법원 재판관할권에 동의한다는 진술, 또는 미국 외 국가에 위치하는 경우에는 워싱턴 서부 지구의 미국 지방 법원 재판관할권에 동의한다는 진술, 그리고 저작권 침해 주장을 제공한 사람 또는 그 대리인으로부터 처리 서비스를 승낙하겠다는 진술.

상품 또는 콘텐츠에 대한 지적 재산권 침해의 동지로 인해 계정이 일시 중단된 경우, 실현 가능한 실행 계획서(POA)를 아마존에 제출하여야 합니다. 계정 대시보드를 통해 실행 계획서를 보내거나 계정 일시 중단 알림 메일에 회신하여 제출 할 수 있습니다. 이 때 아마존에서 실행 계획서를 평가하고 계정의 복구 여부를 결정합니다. 또한, 아마존에서는 지적 재산권 침해를 반복하는 계정은 폐지할 수 있습니다.

4 _ 가품으로 의심되어 일시 정지된 계정 복귀 하기

아마존에서는 주기적으로 상품을 검열하거나 고객의 불만 제기 또는 고객의 신고로 가품 판매가 의심되는 경우 셀러의 계정을 일시 정지할 수 있습니다. 아래 예제 그림의 경우 고객 불만으로 발생한 가품 여부 확인 메일입니다. 메시지 내용은 해당 ASIN에 대한 거래명세서를 제출하라는 요청 메일을 받은 것입니다.

이런 경우에는 공급 업체에서 구매한 거래명세서 또는 구매를 증명할 수 있는 세금계산서 등을 제출 하여야 합니다. 아래 내용은 아마존에서 제출을 요청한 거래명세서에 포함되어야 하는 내용입니다.

Please send the following information for the items listed at the end of this email:
이 이메일 끝에 나열된 항목에 대해 다음 정보를 보내주십시오.
—— Supplier information(name, phone number, address, website)
—— 공급 업체 정보(이름, 전화 번호, 주소, 웹 사이트)
—— Buyer information(name, phone number, address, website)
—— 구매자 정보(이름, 전화 번호, 주소, 웹 사이트)
—— Item descriptions(for ease of our review, you may highlight or circle the ASIN(s) under review)
—— 항목 설명(쉽게 검토하기 위해 검토중인 ASIN을 강조 표시하거나 동그라미로 표시 할 수 있음)
—— Item quantities
—— 품목 수량
—— Invoice date(must be issued in the last 365 days)
—— 송장 날짜(최근 365 일에 발행되어야 함)

위의 내용이 포함된 거래명세서를 최대한 빨리 제출해야 계정이 빨리 복구되니 공급 업체에 요청하여 거래명세서를 발급 받아 제출하여야 합니다. 이때 아마존에서 공급 업체에 구매 내역을 확인할수 있기 때문에 정상적으로 발행된 거래명세서를 제출하여야 합니다. 만약, 가짜 거래명세서를 제출하여 적발 시에는 계정이 즉시 삭제될 수 있으니 유의하시기 바랍니다.

02 _ 아마존 계정 정지에 따른 POA 작성

아마존에서 행동 계획서(POA, Plan Of Action)를 제출해야 하는 경우는 일반적으로 셀러 퍼포먼스가 하락하여 계정이 정지되거나 아마존 판매 정책 위반으로 인한 계정 정지일 것입니다. 판매 권한을 복구하려면 17일 내에 이의 제기 및 POA를 Amazon Seller Performance에 제출해야 합니다. 그럼, POA 및 작성 방법에 대해 알아보겠습니다.

1 _ 아마존 POA 이해하기

앞서 설명한 것처럼 셀러 퍼포먼스 또는 정책 위반으로 인해 계정이 정지되었다면 아래 내용을 기준으로 행동 계획서(POA)를 작성하여 제출해야 합니다.

❶ 문제를 초래한 근본 원인.
❷ 이 문제의 해결을 위해 취한 조치.
❸ 향후 문제를 예방하기 위해 취한 조치.

다음은 판매 계정 복구를 위한 몇 가지 조치 방법입니다.

판매 자격이 박탈된 이유	조치
높은 주문 결함률	고객 메트릭을 확인하여 퍼포먼스 목표를 충족하지 않는 항목을 파악합니다. 예를 들어 부정적인 피드백이 구매자 이메일에 대한 답변 부족에 기인했다면 매일 특정 시간에 일정을 잡아 모든 구매자의 커뮤니케이션에 응답할 수 있습니다.
높은 배송 지연율	피드백 및 주문 처리 방식을 검토합니다. 배송 리드 타임을 너무 촉박하게 설정했다면 귀하의 주문 처리 절차에 적합한 현실적인 기준으로 변경합니다.
높은 사전 처리 주문 취소 비율	재고 관리 및 재고 조절 프로세스를 점검합니다. 리스팅된 상품의 재고가 만성적으로 품절 상태인 경우 즉시 배송할 수 없는 상품을 리스팅하지 않도록 매일 재고 상태를 모니터링합니다.
유효 추적률 저조	미국에서 발송된 패키지의 추적 배송 라벨을 구매하는 데 배송 구매 서비스를 사용하면 추적 정보가 자동으로 업로드됩니다. 어떤 이유로든 배송 구매 서비스를 사용할 수 없는 경우 지원되는 배송사를 통해 배송하고 각 배송을 확인해 추적 정보를 업로드합니다.
비정품 관련 불만	귀하의 재고가 제조업체 또는 공인 셀러에서 구매한 것임을 입증하기 위해 송장을 제공합니다. 정기적으로 재고를 점검하여 어떻게 정품임을 확인할지 또는 긍정적인 구매자 경험을 보장하도록 재고를 제거할지 설명하고 다른 공급업체에서 상품을 공급받을 것을 명시할 수도 있습니다.
상품 상태 관련 불만	귀하의 재고가 제조업체 또는 공인 리셀러에서 구매한 새 상품 상태인 것을 입증하기 위해 송장을 제공합니다. 상품이 예상된 상태로 수령되지 못한 이유를 파악하고 설명하는 계획을 제공합니다. 또한, 향후 이러한 문제를 해결하기 위해 취할 모든 조치를 기술합니다. 상품은 다음과 같을 수 있습니다. ・중고/손상된 아이템이 새 상품으로 판매됨 ・수령한 아이템이 구매한 아이템과 다름 ・수령한 아이템이 손상되었음 ・아이템이 불완전하거나 수령해야 하는 수량보다 적음

침해 고지	불만이 제기된 상품을 다시 리스팅해서는 안 되며 귀하의 상품이 타인의 지적 재산권을 침해하지 않게 하도록 어떠한 조치를 취할 것인지 명시합니다.
안전사고	상품 결함이나 제조 결함을 확인한 방법과 이를 해결한 방법을 설명합니다. 안전 관련 정보를 상품 상세 페이지에 업데이트합니다.
안전에 대한 우려(중고 상품이 새 상품으로 판매됨, 광고와 다른 상품)	중고 또는 반품된 상품이 다시 배송되는 것을 방지하기 위해 어떤 방식으로 재고를 정리하는지 설명합니다. 귀하의 상품이 상품 상세 페이지에 나와 있는 정보와 일치하는지 확인합니다.
상품 유통 기한에 대한 불만	상품 배송 전 해당 상품의 유통 기한을 충분히 확보하기 위해 취한 조치와 함께 재고 상품을 정기적으로 점검하는 방법을 설명합니다.
프로모션용 미디어 판매	재고 및 재고 입수 프로세스를 검토합니다. 귀하의 공급업체에서 배송물에 프로모션용 CD를 포함하는 경우 재고에서 해당 상품을 제거하고 정기적으로 재고를 점검해 프로모션 미디어를 처분합니다.
배송 삭제 또는 배송 계획에 따라 상품을 발송하지 않음	승인된 배송 계획을 검토합니다. 목적지가 여러 곳인 승인된 배송 계획의 일부분에 속한 상품이 삭제되었거나 계획에 명시된 지정한 아마존 주문 처리 센터로 발송되지 않은 이유를 설명합니다. 문제가 재발하지 않도록 문제를 식별하고 해결한 방법을 설명합니다.

아마존 셀러 계정 정지 알림 수신 ——— 17일 데드라인 ——— 행동 계획서(POA) 함께 이의제기 신청 ——— 48시간(추정치) 60일 이상 (판매자 평가에 따름) ——— 항소와 관련하여 아마존으로부터 답변 받기

2 _ 행동 계획서(POA) 작성하기

2-1 정확한 정지 사유 파악하기

정확한 계정 정지 사유를 파악하기 위해서는 셀러 센트럴의 [퍼포먼스] – [퍼포먼스 통지]를 클릭하여 정확한 정지 사유를 파악하는 것이 중요합니다. 계정 정지 사유가 퍼포먼스 하락으로 인한 것인지 아님, 정책 위반으로 인한 것인지 등에 따라 POA를 작성하는 형식이 틀리기 때문입니다.

• 셀러 퍼포먼스 하락으로 인한 계정 정지

아마존에서 계정을 정지한 사유가 셀러 퍼포먼스 하락으로 인한 계정 정지의 경우에는 셀러 센트럴의 [퍼포먼스] – [어카운트 헬스]를 클릭하여 아마존의 기준에 충족하지 않는 내용을 확인합니다. 충족되지 않은 내용을 파악하였으면 그 내용을 기준을 POA를 작성하여야 합니다.

❷ 판매 정책 위반으로 인한 계정 정지

판매 정책 위반으로 인해 계정이 정지된 경우에는 아마존 정책을 다시 확인하여야 합니다. 변경된 정책이 있는지를 확인하고 정확한 아마존 정책에 부합되는 POA를 작성하여 제출하여야 합니다.

❸ 상품 하자로 인한 계정 정지

상품의 하자로 인해 계정이 정지 되었다고 아마존에서 통지를 받았다면 상품을 구입한 과정과 현재 재고 현황 등을 파악하여 앞으로의 상품 운영에 대한 내용으로 POA를 작성하여 제출하여야 합니다.

2-2 POA 작성 요령

계정 정지가 어떠한 사유로 인하여 정지되었는지를 파악하였다면 이제는 그 내용에 맞추어 행동 계획서를 작성하는 것이 중요합니다. POA 작성 방법에는 특별한 양식이 있거나 규정이 있는 것이 아닙니다. 파악한 문제 점에 대해 설명하고 개선을 위해 조치한 내용들을 서술하여 작성하면 됩니다. 몇 가지 명심해야 하는 사항에 대해서 설명하겠습니다.

❶ 구체적으로 작성하여야 합니다. 행동 계획서에는 정확한 문제점 파악과 개선 방법에 대해 내용을 자세하게 설명하여야 합니다. 예를 들면 "상품을 포장하는 인력이 부족하여 배송이 지연되는 문제가 있었으며 앞으로 배송 지연을 개선하기 위해 추가로 직원을 더 충원하였다"라는 형식으로 문제점이 어떠한 사항이 있었는데 개선을 위해 취한 조치 사항을 자세히 설명하는 것이 중요합니다.

❷ 간략하게 설명하여야 합니다. 행동 계획서를 자세하게 설명해야 한다고 해서 반드시 논문과 같이 작성해야 하는 것은 아닙니다. 아마존은 수많은 셀러의 행동 계획서를 접수 받기 때문에 너무 장황하게 작성하면 심사자가 자세히 읽지 않고 넘길 수 있기 때문에 최대한 포인트만 간결하게 작성하는 것이 중요합니다.

❸ 감정적으로 작성하지 말아야 합니다. 셀러로서 실수를 했지만 그렇다고 해서 너무 감정적으로 "나는 죄인이로소이다"라는 형식으로는 작성하지 않는 것이 좋습니다. 사람은 누구나 실수를 합니다. 그 실수를 거울삼아 개선해 나가는 방향에 대해 구체적이고 간결하게 설명하면 되니 너무 저자세의 내용 작성하지 않는 것을 추천 드립니다.

❹ 책임을 전가하지 말아야 합니다. 간혹 계정이 정지되어 POA를 제출한 셀러가 작성한 내용을 보면 자신의 잘못이 아닌 배송사나 아마존의 문제점을 작성하는 경우를 보게 되는데 이는 계정 회복을 포기한 경우라 생각합니다. 예를 들어 배송 지연된 사유가 "우리가 배송을 늦게 보내서 그런 것이 아니라 한국 우체국에서 배송이 지연되었다"라는 형식의 책임 전가나 또는, "아마존 시스템에 문제가 있어 주문 취합이 늦어졌다. 나는 계정 정지 사유가 불공평하다"라는 형식의 글도 아마존에서는 굉장히 싫어하는 내용입니다. 이런 내용의 POA는 아마존에서 보았을 때는 셀러가 아직 문제점에 대해 파악하지 못하고 있다고 파악하여 계정을 회복시켜 주지 않습니다. 아마존은 이미 셀러가 실수를 저지른 것으로 판명했기 때문에 허위로 고발된 이유를 증명하는 대신 행동 계획서에 문제점을 받아들이고 개선하겠다는 의지를 보여주는 것이 중요합니다.

2-3 POA 샘플

다음에 작성된 POA는 배송 지연으로 인한 계정 정지로 인해 작성했던 POA 샘플입니다. 이 샘플 POA의 핵심 내용은 배송 지연이 발생한 문제점이 있었으며 개선을 위해 배송 방식을 DHL과 FBA를 활용하고 인력을 더 충원하겠다는것 입니다. 샘플 내용을 확인하시고 POA 작성에 참고하시기 바랍니다.

3 _ 아마존 POA 제출하기

행동 계획서(POA) 작성을 완료하였다면 아마존에 제출하는 방법에 대해 알아보겠습니다. 만약, 아마존 정지 사유 중에 특정적인 ASIN에 대해 거래 명세서를 제출하라고 했으면 공급 업체의 정보(이름, 전화번호, 주소, 웹 사이트, 이메일)가 포함된 거래 명세서를 같이 첨부하여야 하니 미리 스캔 받아 준비하여야 합니다.

01 셀러 센트럴에 로그인 후 [퍼포먼스] – [퍼포먼스 통지]를 클릭 후 계정 정지에 대한 메시지 옆의 [이의 제기]를 클릭합니다.

02 계정 재활성화에서 각 내용에 대한 POA 작성 내용을 입력 후 [문서 추가]를 클릭합니다.

03 공급 업체의 거래명세서 등의 추가로 제출해야 하는 서류가 있으면 문서를 업로드 후 [제출]을 클릭합니다.

04 계정 재 활성화를 위한 POA 및 거래 명세서 제출을 완료 하였습니다. 아마존에서 심사 후 1–2일안에 회신이 올 것입니다. 퍼포먼스에 큰 문제만 없다면 보통 2일안에 계정 정지가 해지될 것 입니다.

아마존 글로벌로 확장하기

01 _ 아마존 B2B(Business Price) 확장하기

아마존 비즈니스(Amazon Business)는 2015년 아마존이 런칭한 'B2B 거래 전용 마켓 플레이스'입니다. 아마존 비즈니스 셀러 프로그램에 참여하려면 프로페셔널 셀러를 이용해야 하며, 프로페셔널 셀러의 월 이용료 및 기타 판매 수수료가 적용됩니다. 한시적으로, 아마존 비즈니스 셀러 프로그램에 참여하는 셀러는 추가 프로그램에 대한 월 이용료를 지불하지 않으며 아마존 주문 처리(FBA) 비즈니스 주문 건은 FBA 수수료가 적용됩니다. 아마존 비즈니스(Amazon Business)는 미국 내 기업이나 공공기관에서 이용하는 'B2B 거래 전용 마켓 플레이스'로 수백만 개의 기업 및 공공 기관 회원을 보유하고 있으며 연 100억 달러 이상의 거래량이 발생하는 검증된 B2B 이커머스 플랫폼입니다.

1 _ 아마존 비즈니스 셀러 프로그램 신청

아마존 비즈니스(B2B)는 아마존에서 판매를 하고 있는 셀러가 신청을 통해 아마존 비즈니스에 가입할 수 있습니다. 아마존 비즈니스에 신청하고 나면 기존 셀러 센트럴과 MWS-API를 통해 자동으로 "B2B" 메뉴가 활성화되고 비즈니스 구매자만의 가격과 수량 등을 설정하기만 하면 바로 판매를 진행할 수 있습니다. 아마존 비즈니스는 아래 기준을 충족하는 셀러만 신청할 수 있으니 신청 기준을 확인 후 신청하시길 추천 드립니다.

1) 아마존 비즈니스 셀러 가입 조건 및 메뉴
아마존 비즈니스 셀러 가입 조건은 아래와 같습니다.

아마존 판매	아마존 비즈니스 셀러 프로그램
• 주문 결함률(ODR) 1% 이하. • 취소 비율 2.5% 이하. • 배송 지연율 4% 이하.	• 주문 결함률(ODR) 5% 이하. • 배송 전 취소 비율 1% 미만. • 배송 지연율 2% 미만. • 지불 거절, A-to-Z 보증 요구 및 부정적인 피드백이 거의 없을 것.

아마존 비즈니스 셀러 프로그램에 가입하고 나면 아래의 기능을 사용할 수 있습니다.

• 비즈니스 가격 책정 및 수량 할인 : 대량 구매를 간소화하는 가격 책정 및 결제 기능입니다.
• 비즈니스 전용 오퍼 : 비즈니스 고객만 구매할 수 있는 상품을 제공하는 기능입니다.
• 비즈니스 전용 선택항목 : 아마존에서 비즈니스 전용으로 지정한 상품에 오퍼를 추가하는 기능입니다.
• 고급 콘텐츠 : 사용 설명서, 물질안전보건자료(MSDS)와 같은 고급 상품 콘텐츠를 여러 카테고리에서 제공하는 상품에 대해 업로드할 수 있습니다.
• 셀러 자격 증명 프로그램 : 품질, 다양성, 소유권의 자격 증명 및 인증서를 통해 아마존 비즈니스 고객에게 비즈니스 차별성을 부각시킬 수 있습니다.

- 비즈니스 셀러 프로필 : 기업의 로고, 설립 연도, 비즈니스 유형 등 비즈니스와 관련된 추가 정보를 프로필에 추가할 수 있습니다. 이러한 특징들은 공개 프로필 페이지에서 비즈니스 고객에게 표시됩니다.
- 비즈니스 보고 : 비즈니스 고객이 주문을 접수한 시점, 구매 중인 고객 수 데이터 등이 포함된 다양한 보고서를 활용할 수 있습니다.

2) 아마존 비즈니스 판매 수수료

아마존 비즈니스 판매 수수료 목록에 나와 있는 상품 판매 수수료는 아래의 카테고리에 해당하는 상품 관련 비즈니스 거래(해당 아마존 사이트에서 아마존 비즈니스 셀러가 아마존 비즈니스 고객에게 판매한 경우)에 적용됩니다. 아래의 카테고리에 해당하지 않는 비즈니스 거래에는 아마존 판매 수수료가 적용됩니다.

카테고리	상품 판매 수수료	적요 가능한 최소 상품 판매 수수료
전자제품**	• 총 상품 가격 중 $1,000.00 이하 금액에 대해 8% • 총 상품 가격 중 $1,000.00 초과 금액에 대해 6%	$0.30
사무용품	• 총 상품 가격 중 $1,000.00 이하 금액에 대해 15% • 총 상품 가격 중 $1,000.01 이상 $3,000.00 이하 금액에 대해 10% • 총 상품 가격 중 $3,000.00 초과 금액에 대해 6%	$0.30
공구/주택개조용품	• 총 상품 가격 중 $1,000.00 이하 금액에 대해 15% • 총 상품 가격 중 $1,000.01 이상 $3,000.00 이하 금액에 대해 10% • 총 상품 가격 중 $3,000.00 초과 금액에 대해 6% 기본 장비 전동 공구 • 총 상품 가격 중 $1,000.00 이하 금액에 대해 12%(아이템당 최소 상품 판매 수수료 $1.00 적용) • 총 상품 가격 중 $1,000.01 이상 $3,000.00 이하 금액에 대해 8% • 총 상품 가격 중 $3,000.00 초과 금액에 대해 6%	$0.30
산업/과학*	• 총 상품 가격 중 $1,000.00 이하 금액에 대해 12% • 총 상품 가격 중 $1,000.01 이상 $3,000.00 이하 금액에 대해 8% • 총 상품 가격 중 $3,000.00 초과 금액에 대해 6%	$0.30

아마존 비즈니스 고객에게 판매된 사무용품의 상품 판매 수수료 예

판매 가격	아이템당 판매 수수료	예 1 : $100.00 서류 캐비닛 1개에 대한 상품 판매 수수료	예 2 : $100.00 서류 캐비닛 20개에 대한 상품 판매 수수료
총 상품 가격	해당 사항 없음	$100.00	$2,000.00
총 판매 가격 중 $1,000.00 이하 금액에 대해	15%와 아이템당$0.30 중 높은 금액	$15.00	$150.00
총 상품 가격 중 $1,000.00 초과 금액에 대해	10%	$0.00	$100.00
상품 판매 수수료		$15.00	$250.00

예 1: 아마존 비즈니스 등록 고객이 주문한 $100.00 서류 캐비닛 1개에 대해 $15.00의 상품 판매 수수료가 적용됩니다. 이는 총 상품 가격의 15% 또는 아이템당 상품 판매 수수료 $0.30 적용 시 더 큰 금액입니다.

예 2: 아마존 비즈니스 등록 고객이 주문한 $100.00 서류 캐비닛 20개에 대해 $250.00의 상품 판매 수수료가 적용됩니다. 총 상품 가격 중 $1,000.00 이하 금액에 대해 15%의 상품 판매 수수료 $150.00가 적용되고 총 상품 가격 중 $1,000.00 초과 금액에 대해 10%의 상품 판매 수수료 $100.00가 적용됩니다.

3) 아마존 비즈니스 셀러 신청하기

아마존 비즈니스 셀러 가입 조건에 충족 된다면 아래의 신청하는 방법에 따라 신청하시기 바랍니다. 아마존 비즈니스 셀러에 신청 후 바로 가입이 완료되고 "B2B" 메뉴가 셀러 센트럴에 활성화 됩니다.

01 셀러 센트럴에 로그인 후 셀러 유니버시티(https://sellercentral.amazon.com/learn/courses?courseId=20&moduleId=89&modLanguage=English&videoPlayer=youtube)에 접속 후 [Register for ABS]를 클릭합니다. 또는 B2B 신청 페이지(https://sellercentral.amazon.com/business/b2bregistration)로 접속하셔도 바로 확인 가능합니다.

02 아마존 비즈니스 셀러 가입 기준에 충족하는 대상자인지의 여부가 확인되면 [계정 등록]을 클릭합니다.

이때 가입 대상에 충족되지 않으면 [계정 등록] 버튼이 비활성화 되며 비대상자로 표시가 됩니다. 비대상자일 경우 계정 어카운트 헬스를 비즈니스 셀러 프로그램 요건에 충족될 수 있게 노력 후 다시 신청하실 수 있습니다.

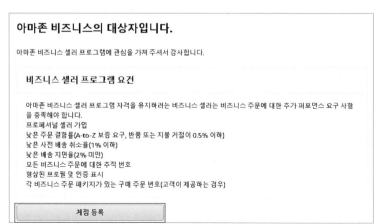

03 최종적으로 아마존 비즈니스 셀러에 가입이 완료되었으며 상단 메뉴에 [B2B] 메뉴가 활성화 되었습니다. [B2B] – [B2B Central]에 접속하시면 비즈니스 셀러 관련 메뉴를 확인 하실 수 있습니다.

2 _ 비즈니스 셀러 프로필 등록

비즈니스 프로필은 비즈니스 고객이 바이 박스(Buy box), 상품 상세 페이지의 출고처 및 판매자 줄 또는 상품의 추가 구매 선택 및 오퍼 리스팅 페이지에서 귀하의 셀러 이름을 클릭하면 프로필이 표시됩니다. 프로필 페이지에서는 셀러의 정보 및 비즈니스에 대한 기본 정보가 비즈니스 고객에게 표시됩니다. 비즈니스 프로필을 입력 후 최대 24시간 안에 정보가 표시됩니다. 그럼, 비즈니스 프로필 설정 방법에 대해 알아보겠습니다.

01 셀러 센트럴에 로그인 후 [B2B] – [B2B Central] – [비즈니스 프로필]을 클릭합니다.

02 프로필 부분에 비즈니스 정보와 로고 등을 입력합니다.

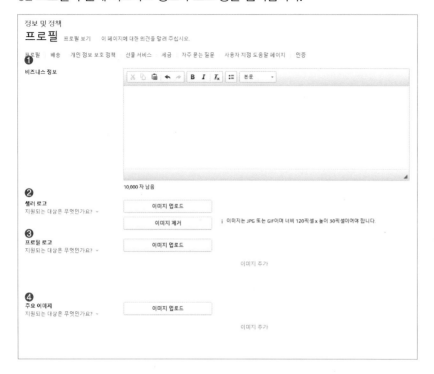

❶ 비즈니스 정보 : 비즈니스를 소개하고 브랜드와 상품에 대한 홍보 내용을 입력합니다.

❷ 셀러 로고 : 아마존의 셀러 프로필 페이지에 표시될 비즈니스 로고를 추가합니다.

  • JPG/JPEG 또는 GIF 파일
  • 너비 120픽셀, 높이 30픽셀(애니메이션 불포함)
  • 최대 파일 크기: 20,000바이트 이하
  • 웹사이트 또는 이메일 주소 등을 입력하면 안됩니다. (판매를 리디렉션하는 것으로 간주됨)

❸ 프로필 로고 : 셀러 프로필 페이지에서 셀러 이름 옆에 표시될 로고를 추가합니다.

  • PNG, JPG/JPEG 또는 GIF 파일
  • 최대 크기 10MB
  • 너비 150픽셀, 높이 150픽셀 이상(애니메이션 불포함)

❹ 주요 이미지 : 셀러 프로필 페이지에 표시할 이미지를 추가합니다.

  • PNG, JPEG/JPG 또는 GIF 파일
  • 최대 크기 10MB
  • 너비 640픽셀, 높이 480픽셀 이상(애니메이션 불포함)

03 회사의 정보를 입력 후 [Save] 버튼을 클릭합니다. 필수 사항은 아니니 원하시는 정보만 입력하실 수 있습니다.

❶ 주요 비즈니스 활동 : 제조업체, 소매업자 등에 대한 정보를 선택합니다.

❷ 설립 연도 : 회사가 설립된 연도를 선택합니다.

❸ 연간 수익 : 회사의 연간 매출 범위를 선택합니다. 답변 안 함을 선택하면 셀러 프로필 페이지에 아무것도 표시되지 않습니다.

❹ 직원 수 : 회사의 직원 수를 선택합니다. 답변 안 함을 선택하면 셀러 프로필 페이지에 아무것도 표시되지 않습니다.

❺ DUNS 번호 : 해당되는 경우 DUNS(Data Universal Number System) 번호를 입력합니다.. DUNS 번호는 숫자만 포함된 9자리 숫자입니다. 자세한 내용은 dun&bradstreet(https://www.dnb.com/duns-number.html)를 참조하시기 바랍니다.

❻ 회사 주소 : 비즈니스 구매자에게 회사 주소를 표시하려면 이 확인란을 선택합니다.

❼ 연방세 분류 : 연방세 분류를 비즈니스 구매자에게 표시할지 선택합니다. 미국 IRS(Internal Revenue Service) 규정으로 인해 미국의 제3자 정산 기구 및 결제 처리업체(아마존 포함)는 한 해 기준으로 아래 기준액을 충족하는 미국 납세자 셀러에 대해 1099-K 양식을 제출해야 합니다.

• 조정되지 않은 총 판매액이 $20,000를 초과하는 경우

• 거래가 200건을 초과하는 경우

04 [배송] 탭을 클릭하여 배송 정책을 입력 후 [Save]를 클릭합니다.

05 [개인 정보 보호 정책] 탭에서 개인 정보에 대한 취급 방침에 대해 입력 후 [Save]를 클릭합니다.

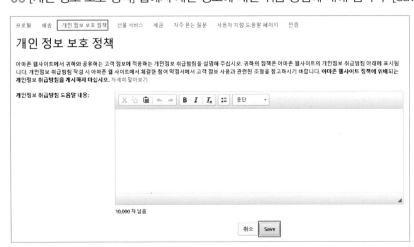

06 [세금] 탭에서 세금 부과에 대한 내용을 입력 후 [Save]를 클릭합니다.

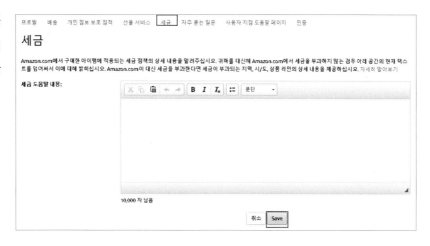

3 _ 상품별 보유 인증서 등록

인증 페이지에서 아마존 비즈니스 고객들이 관심을 가질 만한 상품의 인증을 요청할 수 있습니다. 아마존 비즈니스 고객의 기본 설정과 일치하는 인증 내용이 아마존 비즈니스 고객에게 표시됩니다. 아마존이 인정하는 인증만 요청할 수 있는데 2018년 3월부터 다음과 같은 국가, 주 인증 및 품질 인증이 지원됩니다.

국가 다양성 인증	유형
경제적 약자 여성 소유 소규모 사업체	국가 다양성
성소수자 기업	국가 다양성
소수민족 소유 기업	국가 다양성
SBA 인증 8(a) 회사	국가 다양성
SBA 인증 저개발 지역 회사	국가 다양성
SBA 인증 약자 소유 중소기업	국가 다양성
상이군인 소유 소규모 사업체	국가 다양성
소규모 사업체	국가 다양성
재향 군인 소유 소규모 사업체	국가 다양성
여성 소유 소규모 사업체	국가 다양성
여성 기업	국가 다양성
AS 9100 – 품질 시스템 – 항공	품질
AS 9120 – 품질 시스템 – 항공 – 유통업체	품질
ISO 13485: – 의료 기기 표준	품질
ISO 14001: – 환경 관리 시스템	품질
ISO 22000 / HAACP – 식품 품질 표준	품질
ISO 9001:2008 – 품질 관리 시스템	품질
ISO 9001:2015 – 품질 관리 시스템	품질
ISO/TS 16949: – 품질 관리 시스템 – 자동차	품질

인증서 등록 방법에 대해 알아보겠습니다.

01 셀러 센트럴에 로그인 후 [B2B] – [B2B Central] – [비즈니스 프로필]을 클릭합니다.

02 프로필 페이지에서 [인증] 탭을 클릭합니다.

03 인증 페이지에서 [인증 추가]를 클릭합니다.

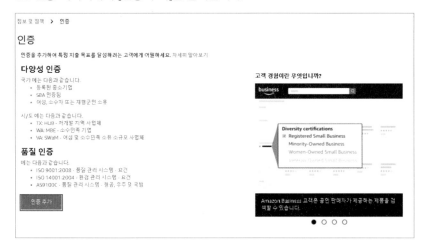

04 업로드 할 인증서를 선택 후 인증서를 업로드합니다.

4 _ 비즈니스 가격 또는 수량 할인 설정

아마존에 등록된 상품의 재고 수량과 아마존 비즈니스의 재고는 동일하게 표시되지만 가격 책정은 달라질 수 있습니다. 아마존 비즈니스 셀러는 아마존 비즈니스 고객을 위해 별도의 비즈니스 가격 또는 등급별 수량 할인을 생성할 수 있습니다. 비즈니스 고객의 경우 구매율은 높고 반품률은 낮은 편이기 때문에 아마존 비즈니스 고객은 일반 소비자보다 낮은 가격에 구매할 수 있습니다.

비즈니스 고객만의 가격과 수량 할인을 설정하여 대량 구매를 유도하는 것이 중요합니다. 그럼, 비즈니스 가격과 수량 할인 설정 방법에 대해 알아보겠습니다.

01 B2B Central에 접속 후 [비즈니스 가격 또는 수량 할인 설정]을 클릭합니다. B2B Central은 셀러 센트럴 로그인 후 [B2B] – [B2B Central]을 클릭하면 접속 가능합니다.

02 재고 관리 페이지에서 "비즈니스 가격" 설정을 위해 [기본 설정 00개 열 숨김]을 클릭합니다.

03 열 표시에서 [Business Price(권장)]을 선택 후 [변경 사항 저장]을 클릭합니다.

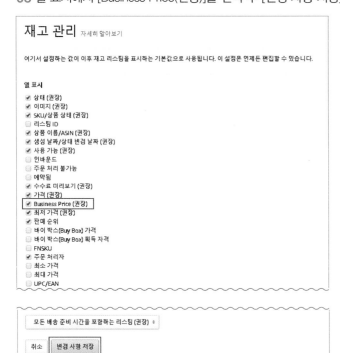

04 재고 관리 페이지에 "Business Price + 배송"이 새로 생성되었으니 아마존 비즈니스 고객에게 판매할 가격을 입력 후 [저장] 또는 [모두 저장]을 클릭합니다.

05 비즈니스 가격을 설정하였으면 최소 수량과 수량에 따른 할인 %를 설정 후 [가격 설정]을 클릭합니다.

06 비즈니스 가격 및 수량 할인 설정이 모두 완료 되었습니다. 이제 비즈니스 고객에게 비즈니스 판매 가격이 보여지며 비즈니스 고객이 구매 또는 오퍼(Offer)를 할 수 있게 되었습니다.

5 _ 견적 요청 확인 및 승인

아마존 비즈니스 고객은 상품 상세 페이지의 대량 구매 링크를 클릭하여 특정 ASIN에 대한 수량 할인을 요청할 수 있습니다. 이때 구입하려는 상품의 개수를 입력하면 해당 ASIN을 판매하는 모든 아마존 비즈니스 셀러에게 요청 및 상세 내용이 발송됩니다. 셀러는 견적 관리 페이지의 판매 아이템에 대한 요청 탭을 사용하여 요청에 응답할 수 있습니다. 설정된 할인은 모든 아마존 비즈니스 고객에게 제공됩니다. 비즈니스 고객이 요청한 대량 구매 오퍼에 대해 비즈니스 셀러는 응답 기한 날짜 내에 할인을 설정하여 판매 할 수 있습니다. 견적 관리 페이지의 판매 상품에 대한 요청 탭에 다음과 같은 정보가 제공됩니다.

열	설명
응답 및 상태	비즈니스 고객이 요청을 제출하면 48시간 이내에 응답하고 할인을 설정해야 합니다. 응답 기한날짜가 되면 고객은 아마존 비즈니스 셀러가 제공하는 모든 새로운 수량 할인에 대한 알림을 받게 됩니다. • 응답 필요 : 셀러가 이 요청에 아직 응답하지 않았습니다. • 응답함 : 셀러가 응답 기한 내에 수량 할인을 설정하여 이 요청에 응답했습니다. • 기한 경과 : 셀러가 응답 기한 내에 이 요청에 응답하지 않았습니다. 기한이 지났더라도 고객 요청에 응답할 수 있으나, 이 경우 요청을 제출한 고객에게 알림이 전송되지 않습니다. 응답 기한이 지난 후에 할인을 설정해도 다른 비즈니스 고객에게 판매할 가능성을 높이는 데 도움이 될 수 있습니다.
요청 수량	고객이 상품 상세 페이지에서 요청한 단품의 수량입니다.
판매 가능 재고	인바운드, FC 이동, 예비 및 주문 처리 불가능 재고를 제외한 셀러의 현재 판매 가능 재고입니다. • Note ; 재고가 고객이 요청한 단품 수량보다 적을 경우, 판매 가능 재고 옆에 경고 표시가 나타납니다. 요청 수량 모두에 수량 할인을 적용할 수 있도록 재고를 추가하여야 합니다.
요청 수량에 대한최저 오퍼 단가(배송비 미포함)	요청 수량에 대한 마켓플레이스의 최저 단가입니다. 셀러의 배송료는 이 가격에 추가로 더해집니다. • Note ; 최저 오퍼 단가를 제공하는 셀러가 비즈니스 가격 또는 수량 할인을 설정한 경우, 요청 수량에 대한 총 최저 단가는 단품 표준 가격보다 낮을 수 있습니다.
단가(배송비 미포함)	총 최저 단가입니다. 셀러의 배송료는 이 가격에 추가로 더해집니다. • Note ; 셀러가 비즈니스 가격 또는 수량 할인을 설정한 경우, 요청 수량에 대한 셀러의 총 최저 단가는 셀러의 단품 표준 가격보다 낮을 수 있습니다.
조치	• 할인 설정: 새로운 수량 할인을 설정할 수 있습니다. • 할인 편집: 기존의 수량 할인을 편집할 수 있습니다. • 거부: 수량 할인 설정을 원하지 않을 경우, 요청을 거부하여 해당 요청을 고객 요청 내역에서 영구 제거할 수 있습니다.

그럼, 비즈니스 구매자가 요청한 견적을 확인하는 방법과 설정 방법에 대해 알아보겠습니다.

01 셀러 센트럴 로그인 후 [B2B] – [B2B Central] – [견적 관리]를 클릭합니다.

02 견적 관리에서 요청이 들어온 상품을 확인 후 [할인 관리]를 클릭합니다.

03 정해진 가격으로 수량 할인을 설정할 경우에는 [고정 가격]을 선택 후 "최소 수량" 및 "단가"를 입력 후 [할인 업데이트]를 클릭하면 고정 가격으로 할인이 적용됩니다.

04 할인율로 가격을 설정할 경우에는 [할인]을 클릭하여 "최소 수량"과 "할인율"을 입력 후 [할인 업데이트]를 클릭합니다.

이렇게 설정한 모든 비즈니스 할인 수량과 가격은 모든 비즈니스 구매자에게 노출이 되니 유의하시기 바랍니다.

6 _ 아마존 추전 제품 확인

아마존 비즈니스 구매자는 빠르게 증가하고 있으며 새로운 B2B 상품에 대한 수요도 급증하고 있습니다. B2B Central의 [제품 기회] 탭은 아마존에서 구매 트렌드 및 수량 할인 요청 등의 데이터를 기반으로 판매해볼 만한 상품을 추천해 주는 도구 입니다.

1) 추천 상품 보고서

이 보고서는 수요가 많은 제품을 찾고 상품을 아마존에 추가할 수 있는 도구로 사용할 수 있습니다.

2) 아직 아마존에 없는 상품 보고서

이 보고서는 현재 아마존 B2B에서 판매하지 않고 있는 상품에 대해 수요가 있는 상품들을 보여주는 도구입니다.

02 _ 나만의 브랜드를 만들어 보자

유통 업체의 형태는 상품을 공급 받는 방식에 따라 "중개 유통 업체"와 "제조 유통 업체"로 구분할 수 있습니다. 예를 들어 도매 업체에서 상품을 매입하여 판매하는 형식은 "중개 유통 업체"라 하고 제조, OEM, ODM 등을 통해 직접 생산하여 판매하는 형식을 "브랜드 소유자(Brand Owner)"라 합니다. 아마존에서 Sell yours를 통해 판매를 하다 보면 여러 가지 제한 사항들이 있고 사업을 영위하는데도 한계가 있기 때문에 어느 정도 판매를 해본 셀러라면 자신만의 브랜드를 만들어 판매를 하고 싶을 것입니다. 이런 경우 알리바바(https://www.alibaba.com/) 등을 통해 OEM 또는 ODM으로 생산하여 자신만의 브랜드를 구축할 수 있는 방식에 대해 설명하겠습니다.

아래 표는 상품 공급 방식에 따른 유통 업체 형태를 구분하였으며 장점과 단점, 판매 전략 등에 대해 간단히 정리한 표입니다.

구분	중개거래(Arbitrage)		브랜드 소유자(Brand Owner)		
	소매 차익 거래RA(Retail Arbitrage)	온라인 차익 거래 OA(Online Arbitrage)	제조 · 유통업체 (Manufacturer)	OEM 생산 방식 (Original Equipment Manufacturer)	ODM 생산 방식 (Original Development Manufacturing)
설명	도매로 구매하여 소매 차익을 남기는 유통 방식, 대량 구매를 통해 이익을 남기는 유통 방식	온라인 쇼핑몰 등에서 구매하여 판매하는 유통 방식, 지역과 시간의 차이를 이용한 유통 방식	제품 개발과 생산, 유통을 직접 하는 방식	생산자가 주문자로부터 설계도를 받아 제품을 위탁하여 생산하는 방식	생산자가 주문자로부터 제품의 생산 위탁을 받아 제품을 자체 개발하여 생산하는 방식
장점	• 다양의 카테고리의 상품을 판매 가능 • 소규모 자본으로 창업 가능 • 별도의 마케팅 비용 없이 판매 가능 • 빠른 사업 성장 가능		• 직접 생산을 통한 독점적 판매 가능 • 브랜드 및 상품 가치 향상을 통한 매출 확대 가능 • 독점 판매를 통한 높은 마진 가능		
단점	• 지적재산권 및 판권에 대한 제한 있음 • 상품 검색과 소싱에 대한 비용과 시간이 많이 소요됨 • 경쟁이 심한 경우 마진이 별로 없음		• 생산에 필요한 자본 필요 • 브랜드 및 상품 홍보 필요 • 재고 상품에 대한 부담감 상승		
소싱방법	• 도매 업체를 통한 상품 공급 • 온라인 구매를 통한 상품 공급		• 판매가 많은 상품에 대해 리서치를 통한 상품 생산 • 제조업체 발굴을 통한 자체 브랜드 상품 생산		
판매전략	• Sell yours를 통한 상품 등록 • 바이 박스(Buy box) 차지하기		• Add a Product을 통한 상품 등록 • Influence & SNS 마케팅 등을 통한 브랜드 홍보 • 캠페인 매니저(Campaign Manager) 등을 통한 광고 진행		

1 _ PL(Private Label) 상품 찾기

PL(Private Label)이란 제조, OEM, ODM 등을 통해 직접 생산하여 자신의 브랜드로 판매하는 방식을 말합니다. 그럼, 아마존에서 어떤 형식으로 상품을 검색하고 PL 상품으로 진행이 가능한지 등에 대해 알아보겠습니다.

우선 아마존에서 판매가 잘되고 있는 상품을 검색해 보려면 제일 먼저 봐야 할 곳이 Amazon Best Sellers(https://www.amazon.com/Best-Sellers/zgbs/)일 것입니다. 또는, 판매를 하고 싶은 상품이 있다면 상품을 검색해 보는 것도 좋은 방법입니다. 그럼 2가지 방법에 대해 전부 설명해 보겠습니다.

1) PL 상품 기준

아마존에서 성공할 수 있는 PL 상품의 기준은 무엇일까요? 해외의 많은 전문가들이 PL 상품에 대한 여러 가지 성공 기준들을 말합니다. PL 상품의 경우 틈새(Niche) 시장을 노려서 경쟁자가 많지 않고 하루에 최소 5-10개 사이에 판매되는 상품을 찾으라는 것입니다. 그 내용을 정리하면 아래와 같습니다.

❶ 하루에 최소 5-10개 사이에서 판매 되는 상품 : 상품을 분석 했을 때 하루에 최소 5-10개 판매가 되어야 마진이나 재고에 부담이 없기 때문입니다.

❷ 메이저 브랜드가 해당 마켓플레이스에 진출하지 않은 상품인지 확인 : 예를 들어 "Wireless LED Puck Light" 상품을 아마존이 자체 브랜드인 "Amazon Basics"로 생산하여 판매를 한다면 가격 경쟁력이 떨어져 PL 상품으로 진행하기가 어려울 것 입니다.

❸ 무게가 가볍고 FBA의 소형 표준 크기의 상품 : 부피가 크고 무게가 많이 나가는 상품의 경우 FBA 수수료가 많이 발생하기 때문입니다.

❹ 상품 판매 가격이 $15~$60인 상품 : 아마존 발표에 따르면 평균 판매가격이 $15~$60사이의 제품이 가장 많이 팔린다고 하니 고객도 부담 없이 구매가 가능할 것입니다.

❺ 상품 마진율이 최소 30%~40%가 가능한 상품 : 개당 상품의 마진율이 최소 30%는 되어야 캠페인 매니저 같은 광고와 할인 행사를 진행할 수 있기 때문입니다.

위와 같은 기준으로 아마존에서 상품을 검색하고 알리바바닷컴을 통해 ODM 방식으로 상품 제작하는 것입니다.

2) 상품 검색 툴 설치하기

아마존에서 상품을 찾고 나면 그 상품이 가격 변동은 어떠했는지, 상품 랭킹은 어떠한지, 월 판매량은 어떠한지 등을 확인해 볼 수 있는 무료 툴들이 있습니다. 구글 크롬의 [맞춤설정 및 제어] – [도구 더보기] – [확장 프로그램]에서 이런 무료 툴들을 크롬에 추가하여 크롬에서 사용하는 방식입니다.

2-1) AMZ Seller Browser

AMZ Seller Browser는 상품의 랭킹 변화(BSR History), 상품 가격 변동(Price History), 브랜드의 다른 상품 보기(brand) 등을 빠르게 볼 수 있게 해주는 툴입니다. 아마존 미국(amazon.com)과 영국(amazon.co.uk)에서 활용하실 수 있습니다.

설치 방법은 크롬 "확장 프로그램"에서 "AMZ Seller Browser" 검색 한 후 [Chrome에 추가]를 클릭 후 팝업 창에서 [확장 프로그램 추가]를 클릭하면 설치가 완료됩니다.

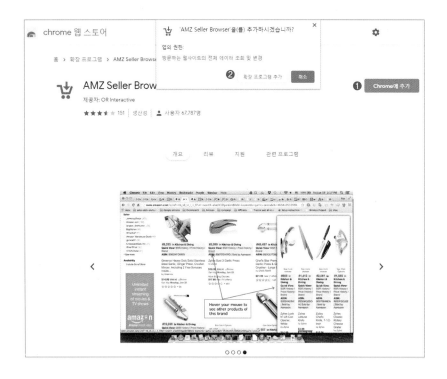

크롬 메뉴 바 상단 부분에 AMZ Seller Browser가 설치된 아이콘을 확인할 수 있습니다. AMZ Seller Browser를 클릭 후 아마존에서 상품을 검색합니다.

검색된 화면 결과 페이지에서 다음 그림과 같이 그림과 상품명 사이에 AMZ Seller Browser가 작동된 화면을 볼 수 있으며 보고 싶은 메뉴에 마우스를 올리면 팝업 창으로 결과를 보여 줍니다. 아래 예제 화면은 양말(Socks)로 검색 후 [Price History]를 확인한 결과 화면입니다. 처음 $10.00으로 판매를 시작 했다 판매 전략을 위해 가격을 $7로 낮추고 어느 정도 리뷰가 쌓이고 판매량이 늘기 시작하니 다시 가격을 $10로 올린 것을 확인할 수 있습니다.

2-2) FBA Calculator Free Extension

AMZScout의 FBA Calculator Free Extension을 사용하면 한 번의 클릭으로 FBA 수수료, 판매량 및 수익 등에 대한 정보를 확인할 수 있습니다. 100%를 정확한 데이터는 아니니 참고만 하는 것으로 활용 하셔야 합니다.

설치 방법은 크롬 "확장 프로그램"에서 "FBA Calculator Free Extension" 검색 한 후 [Chrome에 추가]를 클릭 후 팝업 창에서 [확장 프로그램 추가]를 클릭하면 설치가 완료됩니다.

크롬 메뉴 바 상단 부분에 FBA Calculator Free Extension이 설치된 아이콘을 확인할 수 있습니다. 아마존에서 상품을 검색 후 FBA Calculator Free Extension 아이콘을 클릭합니다.

그럼, 상품 상세페이지에서 다음 그림과 같이 팝업 창이 나타나고 상품의 판매가, 무게, 사이즈, 최초 등록 날짜를 확인할 수 있으며 가장 중요한 "월 판매량(Est Monthly Sales)"을 확인할 수 있습니다. 아래 예제 상품의 경우 월 판매량이 "4,900"개나 되는 상품입니다.

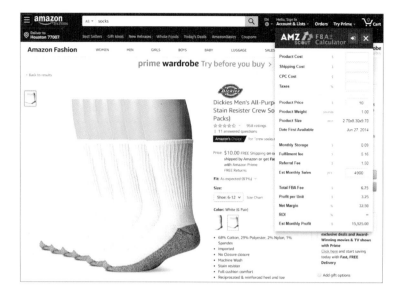

이제 상품 조사에 필요한 툴들을 설치하였으니 아마존에서 상품을 검색해 보겠습니다.

3) 아마존 Best Sellers를 통한 상품 조사 방법

Amazon Best Sellers에 접속 후 좌측에 표시된 카테고리 중 관심이 있는 카테고리를 클릭합니다. Amazon Best Sellers에 좌측에 표시되는 카테고리 순서는 아마존 내에서 인기가 많은 순으로 정렬이 되기 때문에 천천히 원하는 카테고리의 상품을 살펴보는 것이 중요합니다.

카테고리를 검색하다 보니 평상 시 판매를 진행해 보고 싶었던 "Room Lighting"에 대한 카테고리를 찾아 들어 왔습니다. "Under-Cabinet Lights" 카테고리에 들어와 보니 일전에 코스트코에서 보았던 "Wireless LED Puck Light" 들이 눈에 들어옵니다.

"Under-Cabinet Lights" 카테고리에서 1위를 하고 있는 상품을 클릭하고 들어오니 리뷰도 "4,894"개나 등록되어 있고 "Amazon's Choice" 마크도 달려 있는 것이 판매량이 많은 상품인 것 같습니다.

FBA Calculator Free Extension를 실행하여 월 판매량을 확인하니 3,668개가 판매되고 있습니다. 월 판매액은 판매가격 $34.98×월 판매량 3,668개를 계산하니 이 상품 하나만으로 월 매출이 $128,306.64(₩150,696,149) 입니다. 1개의 상품으로 매출액이 엄청납니다. Amazon Best Sellers 에서는 FBA Calculator Free Extension을 사용하여 판매량과 매출액을 예측할 수 있고 아마존의 FBA 수수료 등도 확인할 수 있습니다.

4) PL 상품 조사 방법

이번에는 아마존에서 키워드 검색을 통해 상품 조사하는 방법에 대해 설명하겠습니다. 키워드를 통한 상품 조사에는 AMZ Seller Browser와 FBA Calculator Free Extension 모두를 사용하고 추가로 JungleScout(https://www.junglescout.com/)를 사용하는 방법에 대해 설명하겠습니다.

4-1) JungleScout

정글 스카우트는 아마존 시장분석, 키워드 리서치, 타이틀 분석 등의 데이터 분석할 수 있는 유료 프로그램 입니다. 정글 스카우트는 웹 버전과 크롬 확장 프로그램 버전으로 되어 있으며 아마존 미국, 캐나다, 유럽(5개국), 인도 시장에 대해 데이터를 분석할 수 있습니다. 정글 스카우트로 통해 분석할 수 있는 내용은 상품의 월 평균 판매량, 평균 판매 순위, 평균 가격, 평균 리뷰 수 등을 분석 할 수 있습니다.

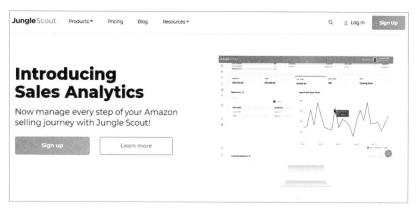

정글 스카우트는 유료 프로그램으로 월 $39인 "Extension" 버전만 사용하여도 충분히 데이터를 확인할 수 있습니다.

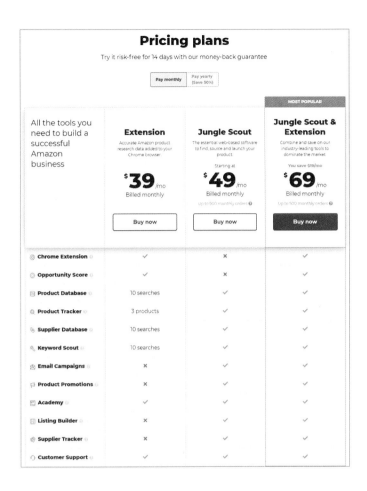

정글 스카우트에 회원가입 및 결제를 완료하고 나면 크롬 확장 프로그램에서 "junglescout" 검색하여 [Chrome에 추가] – [확장 프로그램 추가]를 클릭하여 확장 프로그램을 설치합니다.

크롬에 정글 스카우트 확장 프로그램을 설치하고 나면 다음 그림과 같이 정글 스카우트 아이콘이 생성됩니다.

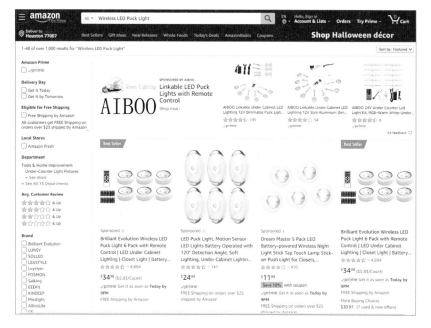

이제 아마존에 접속하여 판매해 보려는 상품을 키워드로 검색합니다. "Wireless LED Puck Light"를 예제로 설명하겠습니다. 아마존에 접속하여 검색 바에 ""Wireless LED Puck Light"를 입력하여 검색합니다. 예제로 검색한 상품은 아마존에 등록된 상품이 1,000개 이상이기 때문에 어쩌면 PL로는 어려울 수도 있는 상품일 수 있습니다. 그래도 아직은 속단은 이른 것 같습니다. 소싱처의 상품과 같은지 같으면 어느 정도 같으며 같은 상품은 몇 개나 등록되어 있는지 등을 고려해야 하기 때문입니다.

검색 결과 페이지에서 크롬 확장 프로그램인 "AMZ Seller Browser"를 실행시켜 아마존에 등록된 상품의 랭킹 및 랭킹 변화, 가격 변화 등을 참조하여 그 중 랭킹이 높고 PL 상품 기준에 충족될만한 상품을 클릭합니다.

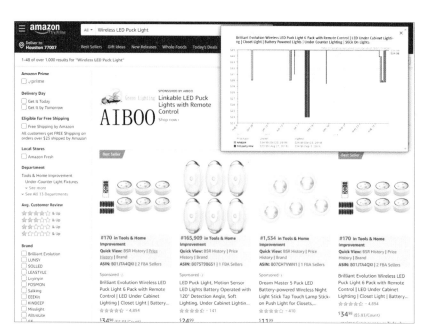

선택한 상품의 상세 보기 페이지에서 월 판매량 분석 툴인 "FBA Calculator Free Extension"을 실행하여 월 판매량 등을 확인합니다.

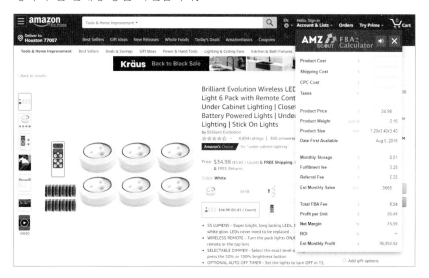

다음으로 JungleScout 확장 프로그램을 실행하여 일일 판매 수량을 확인합니다. 예제 상품의 경우 일 판매 수량이 203개나 되는 상품 입니다.

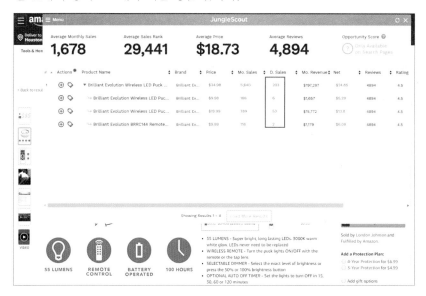

마지막으로 상품의 무게와 사이즈, 정확한 상품의 랭킹 등을 확인하여 PL 상품으로 적합한지를 판단합니다.

Technical Details		Additional Information	
Brand	Brilliant Evolution	ASIN	B01JTA4QXI
Part Number	BRRC136	Customer Reviews	★★★★☆ ~ 4,894 ratings
Item Weight	2.56 ounces		4.4 out of 5 stars
Product Dimensions	3.4 x 3.4 x 1.2 inches	Best Sellers Rank	#160 in Tools & Home Improvement (See Top 100 in
Item model number	BRRC136		Tools & Home Improvement)
Batteries	1 Lithium Metal batteries required		#1 in Under-Counter Light Fixtures
Assembled Height	1.26 inches	Shipping Weight	2.06 pounds (View shipping rates and policies)
Assembled Length	3.4 inches	Date First Available	August 5, 2016
Assembled Width	3.4 inches	**Warranty & Support**	
Item Package Quantity	1	**Product Warranty:** For warranty information about this product, please click here	
		Feedback	

예제로든 상품의 경우 아마존에서 "Wireless LED Puck Light" 키워드로 검색 시 1,000개 이상의 상품이 검색 결과로 나왔지만 그 중 "6 Pack" 짜리의 상품이 가장 많이 판매가 된다는 것을 조금 더 검색하면 알 수 있을 것 입니다. 그럼 키워드를 바꾸어 "Wireless LED Puck Light 6 pack"으로 검색해 보면 총 777개 정도의 상품이 등록되어 있는 것을 확인할 수 있으며 다시 "wireless led puck light 6 pack with remote control"로 키워드를 추가하여 검색하면 451개의 상품이 등록되어 있다는 검색 결과가 나옵니다.

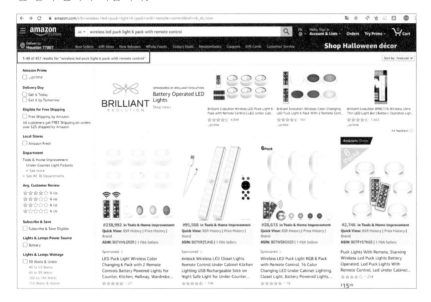

결론, 이렇게 상품을 검색해 보면 판매량도 많고 판매되고 있는 상품 수는 그나마 적기 때문에 PL 상품의 조건으로는 부합되는 것으로 판단하였습니다. 그럼, 이제 이와 비슷한 상품이나 똑같은 상품을 ODM 방식으로 소싱할 수 있는 방법을 알아보겠습니다.

2 _ 알리바바(Alibaba)를 통한 제품 검색

아마존 셀러들이 보통 상품을 국내 또는 중국에서 소싱 하는 경우가 많습니다. 중국에서 소싱하는 경우 어떤 셀러들은 타오바오(taobao.com)를 통하거나 1688(1688.com)를 통해 하는 경우들이 많은데 대개는 알리바바(alibab.com)에서 소싱하는 경우가 가장 많을 것 입니다. 알리바바닷컴은 중국의 제조업체, 무역업체 들이 B2B로 판매하기 위해 등록하는 B2B 플랫폼 입니다. 요즘 알리바바닷컴은 여러 가지 보증 제도를 더욱 확대 하면서 안심하고 무역 거래를 진행할 수 있도록 하였습니다.

사이트	배송 범위	무역 보증	지원언어
taobao.com	수출입 불가(내수)	불가	중국어
1688.com	수출입 가능	가능	중국어
alibab.com	수출입 가능	가능	한국어 등 다국어 지원

알리바바닷컴은 한국어 및 다국어를 지원하며 간단한 정보만 입력 하면 회원가입이 가능하기 때문에 사용하기가 편하게 되어 있습니다.

1) 알리바바닷컴의 제조사 및 무역업체 등급 제도

알리바바닷컴은 무역거래 바이어들이 안심하고 거래할 수 있도록 제조사 및 무역업체 등을 인증 및 등급 제도를 도입하고 있습니다.

Trade Assurance는 Alibaba.com을 통해 지불 할 때 온라인 주문을 보호 받을 수 있다는 무역 보증 마크 입니다. Trade Assurance 마크를 달고 있는 업체에서 구매 후 배송이 완료되었을 때 문제가 발생하면 최대 30일 동안 알리바바닷컴으로부터 보호를 받을 수 있는 보증 제도로 공급 업체마다의 보증 한도가 정해져 있습니다.

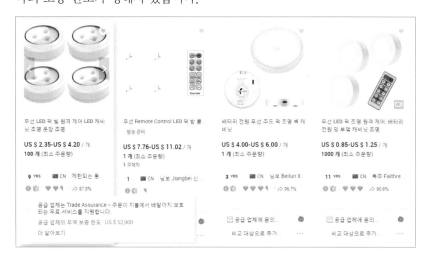

또한, Gold Supplier와 Verified Supplier라는 공급업체 인증 제도도 있습니다.

마지막으로 거래 건에 따라 평가를 하는 평가 점수 제도도 진행하고 있습니다.

알리바바닷컴에서 거래 시 공급업체의 인증과 평가 등급을 확인하여 진행하면 안전한 거래를 진행할 수 있습니다. 그럼, 알리바바닷컴에서 상품을 검색하고 공급자에게 연락하는 방법에 대해 알아보겠습니다.

알리바바닷컴에 접속 후에 "Wireless LED Puck Light"로 검색 후 믿을 만한 공급업체 중 아마존에서 확인한 상품과 비슷하거나 같은 상품을 클릭합니다.

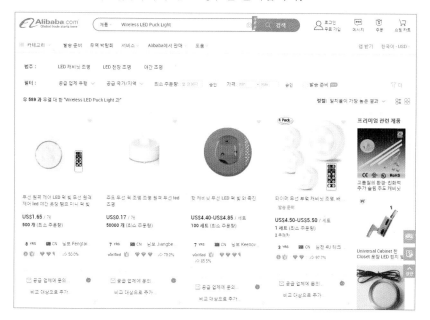

검색한 상품 중 아마존에서 받던 상품과 똑 같은 상품을 다음 그림과 같이 찾았습니다. 공급업체 평가를 보니 Trade Assurance 마크와 Gold Supplier 회원에 97.7%의 응답률, 81.8%의 정시 납품 정보를 보면 믿을 만한 공급업체인 것 같습니다.

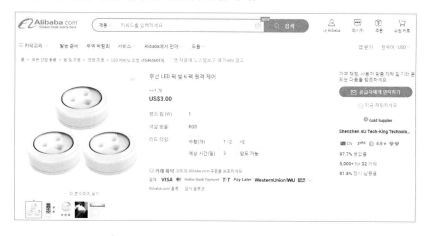

[공급자에게 연락하기]를 클릭하여 공급업체에 구매 수량에 따른 할인 조건과 결제 방법, 배송 방법, 원산지 증명서 발급, 원산지 라벨(MADE IN CHINA) 부착 등에 대해 문의하고 추가로 포장 이미지와 샘플 구매에 대행 문의 합니다.

공급업체에서 제시한 내용이 만족스럽다면 신용카드 등으로 결제하고 구매를 진행하면 완료됩니다. 이때 꼭 상품의 HS CODE를 공급업체에 문의하는 것이 수입 통관 시에 도움이 되니 필수적으로 확인해야 합니다.

3 _ 수입 및 통관 진행하기

알리바바닷컴을 통해 공급업체에서 구매한 상품을 한국에 들여오기 위해서는 필히 수입 통관을 진행하여야 합니다. 수입 통관에 필요한 서류는 B/L(선화증권), INVOICE, PACKING LIST, 운임인보이스 등으로 이 서류를 공급업체에서 받아 관세사에 보내면 수입신고 및 통관 진행하게 됩니다. 이때 통관에 필요한 라벨(MADE IN CHINA)가 제품마다(상품 포장이 아니 현품에 부착) 붙어 있지 않을 경우 별도로 보수작업을 진행해야 통관이 이루어지니 미리 공급업체에 요청을 해야 합니다.

통관이 완료되면 관·부가세(관세+부가가치세)를 납부해야 하는데 상품에 대한 HS CODE별 국가 간 협정에 따라 관세가 정해 집니다. 예로 들었던 "Wireless LED Puck Light"의 경우 관세법령정보포털(https://unipass.customs.go.kr/clip/index.do)에서 HS CODE를 확인 하면 램프·조명기구 "9405.92.1000"로 2019년 기본 세율은 8%이고 한·중국 FTA협정에 따라 원산지 증명서를 제출 시 세율은 4%에 해당됩니다.

이때 관·부가세 계산 방법은 아래와 같습니다.

• 관세 = 물품 구매비 * 관세율 4%
• 부가가치세 = (물품 구매비 + 관세) * 부가가치세율 (10% 고정)

이렇게 관·부가세까지 납부를 완료하고 나면 최종 수입 통관이 완료되고 상품을 수령 하실 수 있습니다. 예로 들었던 "Wireless LED Puck Light"는 아마존이 아닌 한국에서 유통하기 위해서는 "전기용품 안전 인증"을 받아야 판매를 하실 수 있습니다. "전기용품 안전 인증"은 한국전파진흥협회 (http://www.rapatcl.or.kr/)에서 진행하고 있으니 아래 내용을 참고하여 진행하시기 바랍니다.

4 _ PL(Private Label) 상품 진행 시 주의사항

알리바바 등의 통해 상품을 소싱 시 주의해야 하는 사항들이 있습니다. 그 중 첫 번째는 상품의 판매가격 설정인데 수입할 때 들어가는 비용과 아마존의 수수료 등을 계산하여 판매가를 설정해야 합니다. 두 번째로는 지적재산권에 관련한 사항으로 제작 판매하려는 상품이 혹시 디자인 등록이나 특허 등록 등이 되어 있지 않은지 등을 파악하는 것입니다. 그럼, 단계별로 내용을 알아보겠습니다.

1) 상품 판매가 설정하기

처음 아마존에서 "Wireless LED Puck Light"를 검색하고 분석할 때 예로 들어 들인 상품의 경우 가장 많이 판매되고 어느 정도 브랜드 인지도가 쌓여 있는 PL 상품 이였기 때문에 판매가격이 $34.98 이었지만 다른 상품들의 판매가격은 평균 $22 정도였습니다. 이런 사항들을 감안하여 판매가격을 설정해야 하고 제작하는데 들어간 모든 비용들도 계산하여 판매가격을 설정해야 하는 것입니다. 아래 표는 알리바바를 통해 상품을 제작하여 한국으로 들여와 FBA 라벨을 부착해서 아마존 FBA 창고까지 입고하고 각종 아마존 수수료 등을 계산해서 판매가와 예상 이익액 등을 계산 표입니다. 아래 표를 참고해서 상품의 판매가격을 설정하시기 바랍니다.

No.	내용 = 수신(No. 기준)	금액($)
1	예상 판매가	$33.50
2	구입 수량	500
3	개당 구입 단가	$2.00
4	상품 총 구입비 = 2 * 3	$1,000.00
5	물류비	$150.00
6	관세 4% = 4 * 4%	$40.00
7	부가가치세 10% = (4 + 6) * 10%	$104.00
8	관세사 비용	$30.00
9	매입 총 비용 = 4 + 5 + 6 + 7 + 8	$1,324.00
10	개당 총 매입 비용 = 9 / 2	$2.65
11	개당 재 포장비용 2% = 10 * 2%	$0.05
12	재 포장 총 비용 = 11 * 3	$26.48
13	개당 FBA 라벨 부착비 1% = 10 * 1%	$0.03
14	라벨 부착 총 비용 = 13 * 2	$13.24
15	FBA 총 발송 비용 = DHL 배송료	$200.00
16	개당 FBA 발송 비용 = 15 / 2	$0.40
17	FBA 발송 총 비용 = 9 + 12 + 14 + 15	$1,563.72
18	개당 총 FBA 총 발송 비용 = 17 / 2	$3.13
19	개당 아마존 수수료 15% = 1 * 15%	$5.03
20	FBA 주문 처리 수수료 (대형 표준 10~16oz)	$3.28
21	개당 CPC 광고 비용 20% = 1 * 20%	$6.70
22	월간 예상 판매 수량	3,000
23	**개당 예상 이익액 = 1 − (10 + 18 + 19 + 20 + 21)**	**$12.72**
24	개당 마진율 = 23 / 1	38%
25	월간 예상 이익액 = 22 * 23	$38,158.68

2) 지적재산권 침해 관련

아마존에서 상품을 조사해서 알리바바 등을 통해 PL 상품을 제작할 때 고려하여야 하는 것이 디자인 등록이나 특허 등록에 따른 지적 재산권 침해 입니다. 알리바바에서 거래되고 있는 상품 중에는 아마존의 지적 재산권 정책에 위배되는 상품들이 간혹 있는데 아마존에서 상품을 열심히 조사해 알리바바를 통해 주문 제작하였더니 지적 재산권 위반으로 인해 판매를 할 수 없게 된다면 정말 큰 낭패일 것 입니다. 아마존은 지적 재산권이 등록되어 있는 브랜드나 상품에 대한 어떠한 내용도 공개하지 않고 있으면 누군가 지적 재산권 신고를 한 경우에는 상품을 중지 시키고 셀러에게 해명할 것을 요구하는 형식으로 진행 됩니다.

지적 재산권 문제를 피할 수 있는 방법은 아마존에서 같은 상품을 판매하는 셀러가 얼마나 되고 브랜드는 어떤 것들이 등록되어 있는지를 수십 번 수백 번 검색해 보는 수밖에는 없다는 말씀을 드리고 싶습니다. 예를 들어 같은 상품을 판매하는 셀러가 많고 브랜드가 서로 다르다면 지적재산권에 있어서는 안전한 제품일 것입니다. PL 상품으로 진행할 계획이시라면 시간을 들여 충분히 조사해 보고 진행하시길 추천 드립니다.

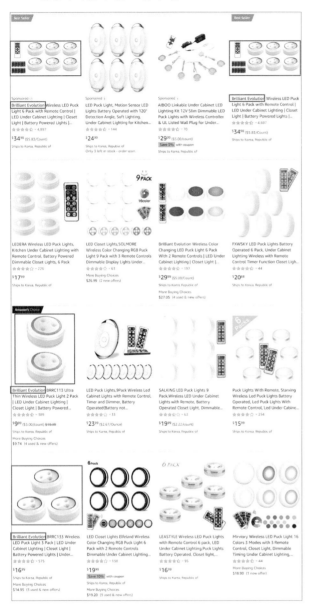

마지막으로 PL 상품 진행 계획하실 때 가능 하시면 ODM(생산자가 주문자로부터 제품의 생산 위탁을 받아 제품을 자체 개발하여 생산하는 방식)보다는 OEM(생산자가 주문자로부터 설계도를 받아 제품을 위탁하여 생산하는 방식)으로 진행하시는 걸 추천 드리고 싶은데 OEM으로 진행 하는 경우에는 초기 비용과 시간이 오래 들지만 퀄리티 좋은 상품을 제작하고 브랜드 홍보나 상품광고만 잘한다면 안전하게 매출을 발생 시킬 수 있기 때문입니다.

03 _ 마드리드 국제상표권 등록하기

미국은 다른 국가에 대해 상표 등록이 까다로운 편입니다. 미국은 "선자용주의"라는 제도를 채택하고 있는 국가이기 때문에 미국 현지에서 사업을 진행하고 있어야 상표등록을 허가해 주고 있습니다.

미국은 다른 국가에 비해 상표 등록이 까다로운 편입니다. 미국은 "선사용주의"라는 제도를 채택하고 있는 국가이기 때문에 미국 현지에서 사업을 진행하고 있어야 상표등록을 허가해 주고 있습니다. 그렇다고 미국에 사업자등록을 해야 상표를 등록해 주는 것만은 아닙니다. 미국 내 사용 근거를 제출하면 등록을 허가해 주는데 5년마다 사용증명을 해야 하기 때문에 불편한 점은 발생할 수 있습니다. 미국에 상표를 등록하는 방법은 아래 2가지 방식이 있습니다.

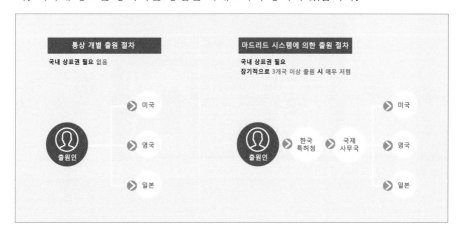

❶ 미국 특허청을 통한 개별 출원

미국 특허청에 상표를 개별 출원하는 방법은 미국 변호사를 선임하여 진행하거나 미국 특허청 사이트를 통해 직접 개별 출원 할 수 있습니다. 하지만, 보정명령이 나왔을 때에는 여러 가지 절차가 복잡해지기 때문에 가능 하시면 변호사를 선임하여 진행하시길 추천 드립니다.

❷ 마드리드 시스템을 통한 국제 출원

마드리드 국제 출원은 미국 외 2개국 이상의 국가에 상표 등록을 할 경우에 진행하는 방식으로 국내에서 상표권이 등록되어 있어야 진행이 가능하다는 단점이 있으나 각 국가별 개별 출원에 비해 비용이 매우 저렴하다는 장점도 있습니다.

앞으로 아마존에서 PL 상품을 판매할 계획이라면 유럽 시장이나 일본, 호주 시장도 진출하는 것이 좋으니 미국 또는 유럽이나 일본에도 상표 보호를 위해 상표 등록을 하시는 것이 좋을 것 같습니다. 여러 나라에 한번에 상표를 등록하는 방법으로는 마드리드 시스템을 사용하는 방법이 있으니 마드리드 국제 상표 등록에 대해 설명하겠습니다.

1 _ 마드리드 국제상표 이해하기

마드리드 국제상표제도란 본국관청에서의 상표등록 또는 상표등록출원을 기초로 하여 당해 상표를 보호받고자 하는 국가를 지정한 국제출원서를 본국관청을 경유하여 스위스 WIPO 국제사무국에 제출하면 국제사무국은 국제출원에 대하여 심사를 한 후 이를 국제등록부에 등재하고 국제공보에 공고한 다음 지정국 관청에 등록하는 방식 입니다.

지정국 관청에서는 국제출원을 심사하고, 심사 결과 거절이유를 발견한 경우에는 국제등록 일부터 12개월(18개월까지 연장 선언 가능) 이내에 국제사무국에 거절통지를 하여야 하며, 만약 지정국 관청이 국제사무국에 대하여 거절통지를 하지 않았을 때에는 지정국은 그 지정국에 등록된 것과 동일한 효력을 당해 상표에 부여하게 됩니다.

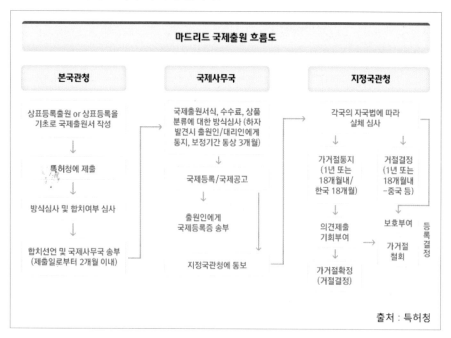

1) 마드리드 의정서 가입국 현황 및 특징

2019년 12월 9일 기준 총 122개국이 마드리드 의정서에 가입하고 있으며, 최근 들어 의정서 가입국이 계속 증가하고 있습니다. 마드리드 의정서 체제는 「다국가 1출원 시스템」입니다. 동시에 마드리드 의정서 체제는 「User-Friendly System」으로 절차의 간소화 및 비용절감으로 상표제도의 최종 수요자인 출원인의 편익을 제고시키는 제도입니다.

2) 마드리드 의정서 시스템의 장점

• 해외 상표출원절차가 간편
• 비용 절감 및 권리취득 여부의 명확
• 지정국 추가 가능
• 상표권 관리의 일원화

2 _ 국제상표 등록 비용은?

미국의 개별 상표 등록 제도는 상당히 특이한 구조를 가지고 있는데 한국 같이 특허 대리인(Patent Agent)나 특허 변호사(Patent Attorney)가 상표출원을 대리하지 않고, 상표 전문 변호사들이 업무 처리를 하기 때문에 출원 절차도 복잡한 편입니다. 미국 상표 등록의 경우 상표의 의미나 색상 등에 대해 정의해야 하고, 식별력이 없는 부분에 대해서는 권리를 포기한다는 취지의 서류(Disclaimer)도 제출해야 하며, 상표 사용 증거를 준비해서 사용 선언서를 제출해야 합니다. 또한 보정 명령이 나왔을 경우 수정하여 다시 제출을 해야 하기 때문에 최종 상표 등록증을 발급 받기까지 소소하게 비용이 들어가게 되는데 평균 총 비용이 300만 원 정도이지만 보정 명령이 있을 시 추가 금액이 발생될 수 있습니다.

반면, 마드리드 시스템의 경우 출원 기본료는 평균 150만원 정도이고 상표를 등록하려고 하는 나라를 선택할 때마다 각 국가별 심사비용(약 50만원)과 등록 비용(약 50만원)이 별도로 추가되는 구조입니다. 예를 들어 미국, 유럽, 일본을 지정하여 마드리드 상표 출원을 진행하게 되면 대략 450만원에서 500만원 정도가 발생하게 됩니다.

3 _ 국제상표 등록증

개별 출원 또는 마드리드 출원이든 최종적으로 국제 상표 등록을 완료하고 나면 지정국에서 최종 상표 등록증을 받게 됩니다. 다음 그림과 같이 최종 상표 등록증을 수령하여 "Reg. NO."가 있어야 아마존에 브랜드 등록이 가능합니다.

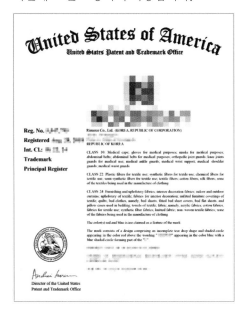

04 _ 아마존에 내 브랜드 등록하기

브랜드 등록(Brand Registry)이란 아마존 내에서 브랜드의 지적재산권 침해 사례를 방지하고 브랜드 등록 기업에게만 제공되는 A+ 콘텐츠 관리자, 헤드라인 검색 광고, 아마존 스토어, 위반 신고 기능(Report a Violation)을 활용하여 고객에게 브랜드 신뢰도를 높일 수 있는 프로그램 입니다. 그럼, 브랜드 등록 방법과 브랜드 등록자만 사용할 수 있는 기능들에 대해 알아보겠습니다.

1 _ 아마존 brand registry

Amazon Brand Registry를 이용하려면 각 국가에서 등록하려는 상표가 Amazon IP(지적 재산권) Accelerator를 통해 출원 중이거나 출원중인 상태여야 합니다. 브랜드의 상표는 텍스트 기반 마크 또는 단어, 문자 또는 숫자가 포함 된 이미지 기반 마크의 형태여야 합니다. 현재 등록 할 수 있는 상표의 예는 다음과 같습니다.

그럼, 아마존에 브랜드를 등록하는 방법에 대해 알아보겠습니다. 브랜드 등록 회원가입은 한국어를 지원하지 않습니다.

01 아마존 브랜드 등록(https://brandservices.amazon.com/) 홈페이지에 접속 후 [Get started]를 클릭합니다.

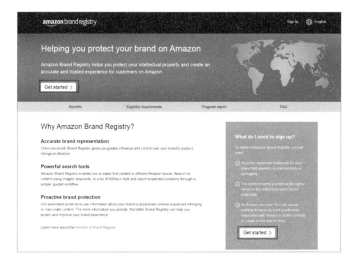

02 자격 요건 확인 페이지에서 [Enroll now]를 클릭합니다.

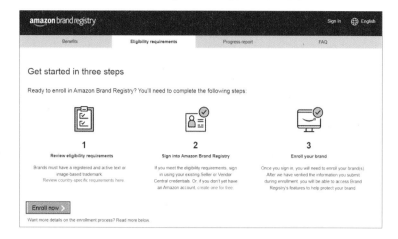

03 브랜드를 등록할 마켓 플레이스를 선택합니다.

04 브랜드를 등록자의 이름과 주소를 입력합니다.

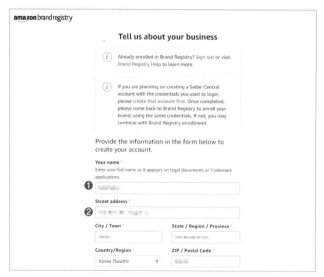

05 다음으로 회사명과 문자 인증 및 휴대폰 인증을 진행합니다.

06 문자 인증 및 휴대폰 인증을 완료하고 나면 [Create account]를 클릭합니다.

07 Amazon Brand Registry에 회원가입이 완료 되었습니다. [새 브랜드 등록]을 클릭하여 브랜드 등록을 진

행합니다.

08 브랜드 자격에 대한 정보를 입력 후 [다음]을 클릭합니다.

09 상표권에 대한 정보를 입력 후 [다음] 버튼을 클릭합니다.

❶ 상표 등록 타입을 선택합니다.

❷ 앞서 등록한 상표명이 자동으로 입력됩니다.

❸ 미국 특허청에 출원한 출원 번호를 입력합니다.

❹ 상표를 등록한 국가를 선택합니다.

❺ 상표 이미지를 등록합니다.

10 브랜드에 대한 정보를 기재합니다.

❶ 등록하려는 브랜드 상품의 바코드 EAN 또는 UPC 등이 있는지를 선택합니다. 상품의 바코드가 없는 경우 GTIN 면제 신청을 통해 바코드 면제 신청을 할 수 있습니다.

❷ 등록하려는 브랜드의 상품 카테고리를 선택합니다.

❸ 상품을 온라인에서 판매하는 웹사이트를 기재합니다. 옵션이므로 없는 경우 작성하지 않아도 됩니다.

❹ 등록하려는 브랜드와 연관된 셀러가 있는지 선택하는 란에서는 [셀러]를 선택합니다.

❺ 등록하려는 브랜드를 판매하고 있는 셀러의 아마존 계정(이메일 주소)을 입력합니다. 브랜드를 등록하고 판매하려는 당사자는 본인이니 본인의 아마존 계정을 입력합니다.

11 제조 및 라이선스 정보를 입력 후 [신청서 제출]을 클릭합니다.

❻ 상품 제조에 대한 질문이니 [예]를 선택합니다.

❼ 다른 유통업체에서 판매에 대한 질문이니 [아니오]를 선택합니다.

❽ 다른 제조 업체에서 상표를 사용하는지의 문의이니 [아니오]를 선택합니다.

❾ 상품을 제조하는 국가를 선택합니다.

❿ 상품을 판매하고 있는 국가를 선택합니다.

12 브랜드 등록 신청서 제출이 완료 되었습니다. 신청된 사항을 확인하기 위해 [완료] 버튼을 클릭합니다.

13 신청한 브랜드가 검토 중으로 표시됩니다. 아마존에서 검토가 완료되면 브랜드 등록 승인 메일이 오게 됩니다.

브랜드 신청이 완료된 후부터는 브랜드 스토어 등 브랜드 등록자만의 기능을 사용할 수 있게 됩니다.

2 _ 아마존 브랜드 혜택

아마존에 브랜드를 등록하고 나면 셀러 센트럴의 새로운 메뉴을 사용할 수 있게 됩니다. A+ 콘텐츠 관리자, 헤드라인 검색 광고, 아마존 스토어 등의 기능을 통해 PL 브랜드의 인지도를 상승시키고 구매 전환율을 높일 수 있습니다.

2-1 A+ 내용 관리자(A+ Content Manager)

브랜드 강화 콘텐츠 이름이 2019년 9월 A+ 내용 관리자로 명칭이 변경 되었습니다. A+ 내용 관리자를 사용하면 상품 상세페이지에 이미지와 텍스트 등을 추가하여 상품 설명을 보다 더 자세히 보여줄 수 있습니다. 아마존 발표 자료에 따르면 A+ 내용 관리자를 이용한 경우 5% 이상의 판매 증가를 가져온다고 발표 하였습니다. 다음 그림은 A+ 내용 관리자를 통해 제작한 상품 상세 페이지 예제 입니다. 그럼, A+ 내용 관리자 사용법에 대해 알아보겠습니다.

01 셀러 센트럴에 로그인 후 [광고] – [A+ 내용 관리자]를 클릭합니다.

02 A+ 내용 관리자 페이지에서 [A+ 콘텐츠 만들기 시작]을 클릭합니다.

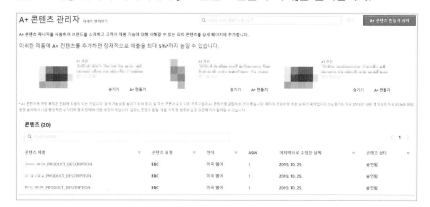

03 A+ 콘텐츠 상세 내용 틀은 상단에 로고(Logo)를 입력할 수 있는 기본 틀과 상품을 설명할 수 있는 상세 설명 틀로 구성되어 있습니다. "상품 설명 텍스트"의 [모듈 추가]를 클릭합니다.

04 A+ 콘텐츠는 아마존의 정해진 틀에서 여러 가지 모듈을 추가해서 제작 할 수 있습니다. 아마존에서 A+ 콘텐츠를 사용하여 제작된 상세 페이지를 많이 찾아보고 판매하려는 상품에 맞는 모듈을 선택하여 제작하시기 바랍니다.

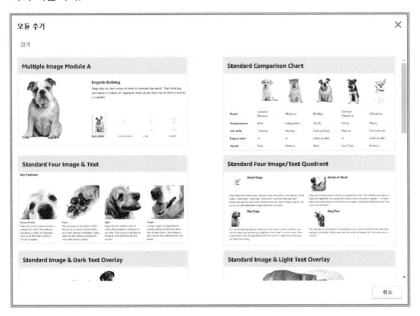

2-2 브랜드 스토어(Stores)

아마존 브랜드 스토어는 국내 오픈마켓의 미니샵과 비슷한 개념 입니다. 자신만의 브랜드를 소개할 수도 있고 목적에 따라 카테고리/인기상품/개별상품별 페이지 생성이 가능하며 최대 3개의 서브 페이지를 제작할 수 있습니다. 또한, 인사이트(Insights)를 통해 브랜드 스토어의 방문자와 매출 현황 등을 확인할 수도 있습니다. 그럼, 브랜드 스토어 제작 방법에 대해 알아보겠습니다.

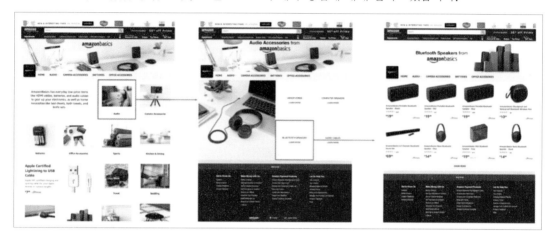

01 셀러 센트럴에 로그인 후 [스토어] – [스토어 관리]를 클릭합니다.

02 등록된 브랜드 명과 스토어 URL을 확인할 수 있으며 스토어 제작을 위해 [스토어 편집]을 클릭합니다.

03 스토어 빌더를 통해 각 영역별로 원하는 디자인을 추가 할 수 있습니다. 타일 관리에서 새로운 디자인 타일을 추가하기 위해 [새 섹션 추가]를 클릭합니다.

04 타일 관리에서 원하는 디자인의 타일을 사용하여 상품을 독보이게 디자인 할 수 있습니다.

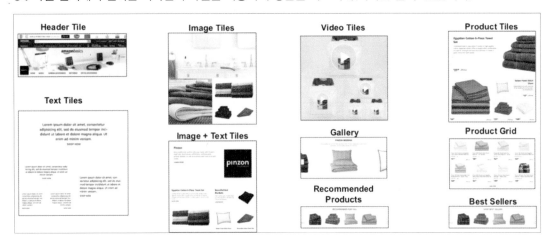

2-3 헤드라인 검색 광고(headline search ads)하기

헤드라인 검색 광고는 아마존 검색 결과 가장 상단에 등록 브랜드와 제품을 노출시킬 수 있는 배너 광고 기능입니다. 클릭 시 아마존 스토어 또는 상품 페이지로 이동시킬 수 있고 키워드 타겟팅 기반 의 CPC 광고 상품으로 고객이 클릭 시에만 비용을 청구 됩니다.

01 셀러 센트럴 로그인 후 [광고] – [캠페인 매니저]를 클릭합니다.

02 헤드라인 검색 광고 설정을 위해 [Sponsored Brands] – [계속]을 클릭합니다.

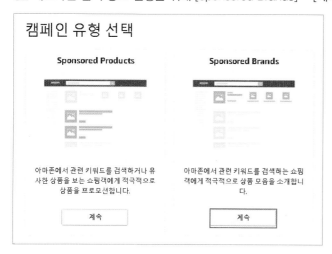

03 캠페인 생성 페이지에서 설정과 아마존 스토어를 선택합니다.

❶ 캠페인의 관리 명칭을 입력합니다.

❷ 캠페인 시작일과 종료일을 선택합니다.

❸ 일별 광고비 사용 금액을 입력합니다.

❹ 광고 클릭 시 이동할 페이지를 선택합니다.

❺ 광고를 연결한 브랜드 스토어를 선택합니다.

04 크리에이티브에서 광고 카피라이트와 상품 등을 선택합니다.

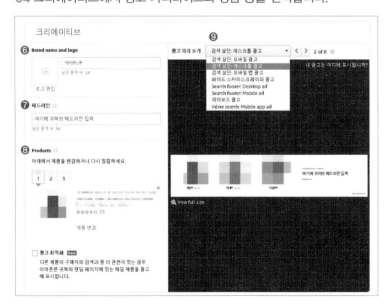

❻ 광고에 사용할 브랜드 로고와 브랜드 명을 입력합니다.

❼ 헤드라인 카피라이트를 입력합니다. 고객이 어떠한 광고인지 한눈에 알아볼 수 있도록 작성하는 것이 중요합니다.

❽ 헤드라인 검색 광고에 노출한 상품을 선택합니다. 최대 3개까지 선택 가능합니다.

❾ 디자인된 모바일과 데스크톱 광고 디자인을 미리 볼 수 있습니다.

05 타겟팅에서 키워드 타겟팅 또는 상품 타겟팅을 선택합니다.

❶ 키워드 타겟팅은 고객 검색 및 상세 페이지에 상품을 표시하기 위한 키워드를 선택할 수 있습니다. 쇼핑객이 셀러의 상품과 유사한 상품을 검색하기 위해 사용하는 키워드를 알고 있는 경우 키워드 타겟팅을 사용하는 것을 추천 드립니다. 예를 들어 상품이 휴대폰 케이스인 경우 "휴대폰 케이스" 키워드를 설정하고 쇼핑객이 "휴대폰 케이스"라는 검색어로 상품을 검색하면 셀러의 광고가 검색 결과 및 상세 페이지에 표시됩니다.

❶ 상품 타겟팅은 광고의 상품과 유사한 특정적인 상품, 카테고리, 브랜드 또는 기타 상품 기능을 선택할 수 있습니다. 예를 들어 쇼핑객이 상세 페이지와 카테고리를 탐색할 때 또는 아마존에서 상품을 검색할 때 셀러의 특정 상품이 노출될 수 있도록 하려면 상품 타겟팅을 추천 드립니다.

06 키워드 타겟팅을 선택한 경우 기본 입찰액과 키워드를 선택하거나 [키워드 입력]을 클릭하여 키워드를 입력합니다.

07 제외할 키워드를 직접 입력 할 수 있습니다. 모든 사항을 입력 하였다면 [검토를 위해 제출]을 클릭합니다.

08 최종적으로 캠페인 설정이 완료되며 다음 그림과 같이 헤드라인 검색 광고가 노출됩니다.

2-4 브랜드 로고 등록

아마존에 브랜드 로고를 등록하면 다음 그림과 같이 상품 상세 페이지에서 브랜드 로고를 노출할 수 있으며 일반 고객뿐만 아니라 비즈니스 고객들에게도 브랜드를 각인시킬 수 있기 때문에 브랜드 홍보에 많은 도움을 받을 수 있습니다. 브랜드 로고 등록 방법에 대해 알아보겠습니다.

아마존에 브랜드 로고를 등록하는 방법은 [설정] – [개인 정보 및 정책] – [배송] – [이미지 업로드]를 클릭하여 브랜드 로고를 등록하고 [Save]를 클릭하여 저장하면 브랜드 로고 등록이 완료됩니다.

브랜드 로고 기준은 아래와 같습니다.

- JPEG 또는 GIF 포맷만 등록 가능.
- 최대 2MB 용량 제한
- 너비 120픽셀, 높이 30픽셀(애니메이션 사용 안됨)

브랜드 로고를 등록하여 브랜드 인지도를 상승시키고 구매 전환율을 높일 수 있도록 설정하시기 바랍니다.

2-5 동영상 업로드 및 관리(Upload & Manage Videos)

동영상 업로드는 상품을 이미지나 텍스트만으로 설명하기 어려운 상품이거나 브랜드 또는 상품 홍보를 위해 제작한 동영상이 있는 경우 브랜드 등록자에 한해 상품 관련 동영상을 등록하고 다음 그림과 같이 상품 이미지 부분에 동영상을 보여줄 수 있는 서비스입니다. 동영상 등록이 승인된 상태임에도 해당 상품의 상세 페이지에 보이지 않는 경우에는 상품에 대한 이미지 수가 6개보다 많으면 몇 개를 제거하여 동영상이 썸네일 부분에 보여질 수 있도록 하여야 합니다. 동영상이 나타날 때까지 최소 24시간이 걸릴 수 있습니다.

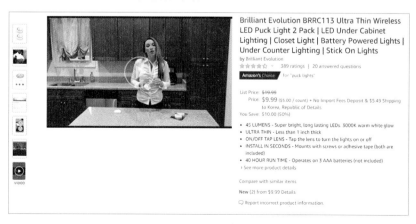

등록하는 동영상은 고객이 상품 상세 페이지에서 벗어나도록 하는 웹 링크, URL 또는 행동 유도 문구를 포함할 수 없습니다. 아마존은 등록된 동영상을 확인 후 정책에 위반되는 사항이 있을 경우 동영상 등록을 거부 할 수 있습니다.

만약 등록한 동영상이 아마존에 의해 등록 거부가 되었을 경우에는 동영상 관리 페이지에서 [관리]를 클릭하여 거부된 이유를 확인 후 문제된 동영상 부분의 편집하여 다시 업로드를 해야 합니다. 그럼 동영상 등록 방법에 대해 알아보겠습니다.

01 셀러 센트럴에 로그인 후 [재고] – [동영상 업로드 및 관리]를 클릭합니다.

02 동영상 관리 페이지에서 [동영상 업로드] 버튼을 클릭합니다.

03 등록할 동영상을 업로드하고 제목과 관련 상품 등을 입력합니다.

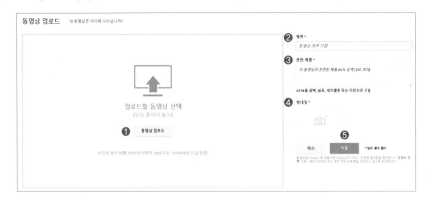

❶ 동영상 파일 : 가능한 최고 화질(최대 1080p)로 파일을 업로드 하는 것이 좋습니다. 현재 허용되는 파일 형식은 mov 및 mp4입니다.

❷ 동영상 제목 : 동영상 옆에 표시되는 제목입니다.

❸ 관련 ASIN : 해당 동영상과 관련된 상품의 ASIN을 입력합니다. 동영상이 승인되면 선택한 상품의 상품 상세 페이지에 동영상이 표시됩니다.

❹ 썸네일 이미지 : 고객이 동영상 재생을 시작하기 전에 보게 되는 미리 보기 이미지입니다.

04 동영상을 등록하고 나면 동영상의 썸네일은 자동으로 생성 됩니다. 썸네일을 변경하길 원한다면 [썸네일 교체]를 클릭하여 이미지를 등록할 수 있습니다. 썸네일 요구사항은 5MB 이하의 JPG, PNG, GIF, BMP 등의 이미지 파일, 최소 폭 640px(16:9의 1280 X 720 권장) 입니다.

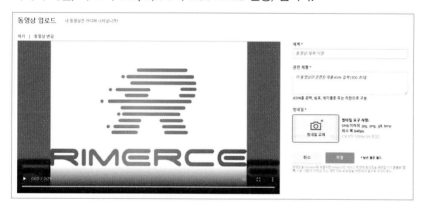

05 동영상을 등록하고 나면 아마존에서 검토를 합니다. 동영상에 문제가 없으면 등록 승인되고 최대 24시간 내에 상품 썸네일 부분에 동영상이 노출됩니다.

05 _ 아마존 유럽(EU) 및 일본(Japan) 시장 진출

아마존 미국에 진출 후 많은 분들이 이런 질문을 합니다. "유럽과 일본은 언제쯤 진출하는 것이 좋은가요?" 그럼, 저는 언제나 "지금이요."라고 대답을 합니다. 그러면 어떤 분들은 "아직 미국도 제대로 못하는데 어떻게 유럽하고 일본을 진행하겠어요." 라고 하십니다. 이왕 힘들게 시작하는데 나중에 어디 있을까요? 요즘 미국 계정 가입하기가 힘들어지면서 제출 서류로 여러 가지 서류를 번역·공증을 받으셨을 텐데 나중에 유럽이나 일본에 진출하시려면 또다시 번역·공증 비용을 지불하셔야 하는 상황이 발생하실 수도 있습니다. 가능하시면 서류가 준비되었을 때 유럽이나 일본도 계정 개설만이라도 해두시면 추후에 진행하실 때 빨리 진행하실 수 있으니 지금 하시라고 설명을 드립니다. 판단은 각자의 몫이기는 하나 가능하시면 같이 진행하시길 추천 드립니다.

1 _ 아마존 유럽은?

아마존 코리아에서 발표한 자료에 따르면 유럽 연합은 중국에 이어 세계 2위의 경제 공동체입니다. 이커머스 산업 규모는 6,010억 달러에 달해 유럽 전체 GDP의 4.91%를 차지하며 미국의 2.21%보다 높은 수치입니다. 유럽의 총 인구수는 약 5억 1천명으로 미국의 3억 1천명보다 2억명 정도가 더 많습니다. 현재 아마존은 유럽에 아마존 UK(영국), 아마존 DE(독일), 아마존 FR(프랑스), 아마존 ES(스페인), 아마존 IT(이탈리아) 5개의 마켓플레이스를 가지고 있으며 영국에 회원 가입을 하면 나머지 나라도 자동 가입되어 상품을 판매할 수 있습니다. 또한, 해외 리스팅 생성(BIL, Build International Listings) 통해 영국에 등록한 상품을 다른 EU 국가에도 자동으로 등록할 수 있습니다. 그럼 아마존 유럽(EU) 진출에 대해 알아보겠습니다.

1-1 유럽 진출 시 준비사항

아마존 유럽의 경우 영국에 회원 가입을 완료하면 나머지 국가들도 자동적으로 회원 가입이 완료됩니다. 회원 가입하는 방식은 아마존 미국과 비슷하지만 준비해야 하는 서류가 차이가 있습니다. 또한, FBA 진행 시에는 VAT(부가가치세 납부) 번호와 EORI(유럽연합(EU)의 수출입업자 세관 등록 번호)가 필수로 있어야 합니다. 그럼 아마존 영국 가입에 필요한 서류에 대해 알아보겠습니다.

❶ 유효기간이 유효한 여권

❷ 아마존 수수료 등을 결제를 위한 해외 사용 가능 신용카드(체크카드도 가능)

❸ 유럽 계정용 이메일 주소

❹ 기본증명서 : 출생 도시 확인을 위해 필요한 서류로 주민센터, 구청 또는 온라인에서 발급 받으실 수 있으며 한국어로만 발급되므로 별도 영국 대사관이 인증한 업체를 통해 번역 · 공증이 필요합니다.

❺ 영문 사업자 등록증 : 홈택스(https://www.hometax.go.kr/)에서 영문 사업자등록증 발급 받을 수 있습니다.

❻ 영문 주민등록 등본 : 정부24(https://www.gov.kr/)에서 영문 주민등록등본 발급 받을 수 있습니다.

❼ 번역 · 공증된 신용카드 명세서(아마존에 등록한 신용카드 명세서)

1-2 유럽 수수료 및 VAT 등록

아마존 영국은 아마존 미국과 다른 수수료 체계를 가지고 있으며 유럽의 다른 나라들 또한 수수료 체계가 다르므로 유심히 체크하여 상품을 등록하여야 합니다. 그 중 VAT의 경우 나라마다 매출 규모에 따라 등록하는 기준이 다르니 셀러의 상황에 따라 VAT 넘버를 꼭 발급 받아 진행하시길 추천 드립니다. 유럽의 다른 나라들의 판매 수수료는 아마존 판매 수수료 목록(https://sellercentral. amazon.co.uk/gp/help/help.html?itemID=G200336920)에서 확인 하실 수 있습니다. 유럽의 대표 국가인 영국에 대해 알아보겠습니다.

1) 아마존 영국 수수료

아마존 영국은 상품이 판매되면 아마존에서는 구매자가 지불한 금액(아이템 가격, 배송료, 선물 포장비 또는 기타 비용 포함)을 집계합니다. 아마존 배송료는 일반 셀러가 판매하는 모든 상품에 적용되며 선물 포장은 프로페셔널 셀러만 제공할 수 있습니다.

❶ 프로페셔널 셀링 플랜과 일반 셀링 플랜의 차이점

아마존 영국의 판매자 플랜은 미국과 같이 프로페셔널 플랜과 일반 셀링 플랜으로 나누어져 있습니다. 일반 셀링 프랜의 경우 한 달에 35개 미만의 상품만을 판매할 수 있으며 상품 1개당 판매 수수료가 £0.75 추가로 발생하지만 프로페셔널 셀링 플랜의 경우 월 플랫폼 사용료와 판매 수수료만이 적용 됩니다.

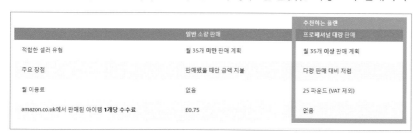

	일반 소량 판매	추천하는 플랜 프로페셔널 대량 판매
적합한 셀러 유형	월 35개 미만 판매 계획	월 35개 이상 판매 계획
주요 장점	판매됐을 때만 금액 지불	다량 판매 대비 저렴
월 이용료	없음	25 파운드 (VAT 제외)
amazon.co.uk에서 판매된 아이템 **1개당 수수료**	£0.75	없음

❷ 판매 수수료

아마존에서 상품이 판매되고 나면 발생하는 유럽 국가의 판매 수수료는 영국 판매 수수료와 비슷하니 아래 표를 참조하여 판매하려는 카테고리의 수수료를 확인하시기 바랍니다.

새 상품 판매 수수료 목록(2019년 6월 5일부터 적용)		
카테고리	상품 판매 수수료	아이템당 최소 상품 판매 수수료
적층 가공	12%	£0.25
아마존 디바이스 악세사리	45%	£0.25
유아 용품(유아 의류 제외)	총 판매 가격이 £10.00 이하인 상품에 대해 8%	£0.25
	총 판매 가격이 £10.00 초과인 상품에 대해 15%	
화장품	총 판매 가격이 £10.00 이하인 상품에 대해 8%	£0.25
	총 판매 가격이 £10.00 초과인 상품에 대해 15%	
맥주, 와인, 증류주	10%	해당 사항 없음
도서, 음악, VHS, DVD	15%*	해당 사항 없음
산업재, 산업/과학 용품	15%	£0.25
자동차 및 오토바이	15%	£0.25
컴퓨터	7%	£0.25
컴퓨터 악세사리	12%	£0.25
전자제품	7%	£0.25
DIY 및 공구	12%	£0.25
교육 용품	15%	£0.25
전자제품 악세사리	12%	£0.25
유량 제어 및 필터	12%	£0.25
유체 이송	12%	£0.25
식료품 서비스	15%	£0.25
가구	총 판매 가격 중 £175.00 이하 금액에 대해 15%	£0.25
	총 판매 가격 중 £175.00 초과 금액에 대해 10%(매트리스 제외, 매트리스는 총 판매 가격에 대해 15% 청구)	
식료품 및 고급식품	총 판매 가격이 £10.00 이하인 상품에 대해 8%	해당 사항 없음
	총 판매 가격이 £10.00 초과인 상품에 대해 15%	
건강/개인 관리 용품***	총 판매 가격이 £10.00 이하인 상품에 대해 8%	£0.25
	총 판매 가격이 £10.00 초과인 상품에 대해 15%	
산업용 전자제품	12%	£0.25
산업용 공구 및 기기	12%	£0.25
쥬얼리	총 판매 가격 중 £225.00 이하 금액에 대해 20%	£0.25
	총 판매 가격 중 £225.00 초과 금액에 대해 5%.	
가전제품(악세사리, 전자레인지 및 레인지후드 제외)	7%	£0.25
자재 관리	12%	£0.25
금속 가공	12%	£0.25
악기 및 DJ	12%	£0.25
개인 관리 용품***	15%	£0.25
재생 에너지 용품	12%	£0.25

소프트웨어	15%*	해당 사항 없음
스포츠/아웃도어 용품	15%	£0.25
타이어	7%****	£0.25
비디오 게임 – 게임 및 악세사리	15%*	해당 사항 없음
비디오 게임 – 콘솔	8%*	해당 사항 없음
시계	총 판매 가격 중 £225.00 이하 금액에 대해 15%	£0.25
	총 판매 가격 중 £225.00 초과 금액에 대해 5%	
핸드메이드	12%**	£0.25
기타	15%	£0.25

- 제반 수수료 : 셀러는 판매된 미디어 상품마다 £0.50의 제반 수수료를 지불합니다. 미디어 카테고리에는 도서, 음악, DVD, 비디오, 비디오 게임(게임, 악세사리 및 콘솔) 및 소프트웨어가 해당됩니다.

- 대량 상품 운영 수수료 : 미디어 외 활성 SKU당 £0.0003가 발생합니다. 2015년 2월 1일부터 아마존 영국에서 판매하기 위해 제공한 미디어 외 활성 SKU 수에 따라 월별 대량 상품 운영 수수료가 계산됩니다. 대량 상품 운영 수수료는 해당 월에 2백만 개의 SKU를 초과하는 경우에만 청구되며, 해당 월 어느 시점에든 2백만 개를 초과하는 SKU의 가장 높은 수를 기준으로 청구됩니다.

- 환불 처리 수수료 : 이미 판매 대금을 받은 주문을 고객에게 환불하는 경우, 아마존은 해당 상품에 셀러가 지불한 상품 판매 수수료 금액을 환불해 드립니다. 이때 해당되는 환불 처리 수수료 (GBP5.00 또는 적용되는 상품 판매 수수료의 20% 중 낮은 금액)는 제외됩니다. 예를 들어, 총 판매 가격이 GBP10.00이고 상품 판매 수수료가 15%인 카테고리의 아이템을 고객에게 환불하는 경우, 환불 처리 수수료는 GBP0.30(GBP10.00 x 15% 상품 판매 수수료 = GBP1.50)가 됩니다.

❸ 승인이 필요한 카테고리 및 상품

승인이 필요한 카테고리	추가 승인이 필요한 상품
• 맥주, 와인, 증류주 • 귀금속 • 완구/게임의 홀리데이 기간 판매 요건 • 시계 • 이탈리아에서 제작 • 음악 및 DVD • Amazon Handmade에 가입 • 스트리밍 미디어 플레이어	• 아마존 디바이스 악세사리 • 제세동기 • 피짓 스피너 • 화재 및 연기 마스크 • 휴대용 소화기 • 유아용 카시트 및 부스터 시트 • 유아용 수면 포지셔너 • 보이지 않는 잉크 펜 • 버보드 • 연기, 일산화탄소 및 발화성 가스 경보기 • 스쿼시 완구 • 플러그 장착형 스트링 라이트 • 착용형 개인 구명동의 장비

❹ FBA 수수료

아마존 유럽은 FBA 방식에 따라 FBA 수수료가 다르게 측정 됩니다. 예를 들어 다음 그림과 같이 표준 크기의 토스터기를 FBA로 판매할 경우 영국 FBA 창고에 상품이 있고 영국에 있는 구매자에 게 판매할 경우는 FBA 이행 수수료가 £4.65이지만 다른 유럽 국가에 판매할 경우에는 £11.00이 발생하게 되니 FBA 수수료를 자세히 확인 후 진행하여야 합니다. 자세한 아마존 유럽 국가들의 FBA 이행 수수료 등은 Fulfilment fee(https://services.amazon.co.uk/services/fulfilment-by-amazon/pricing.html)에서 확인 하실 수 있습니다.

2) VAT넘버 및 EORI 넘버

아마존 유럽에 판매를 하기 위해서는 각 나라별로 부가가치세를 납부하기 위한 VAT(부가가치세) 넘버와 EU 회원국이 역내 수출을 희망하는 제3국의 기업에 부여하는 EU 공동의 세관등록 번호인 EORI(Economic Operator Registration and Identification) 넘버 등이 필수로 있어야 합니다.

❶ VAT 등록 기준

VAT는 EU(유럽) 내에 살고 있는 구매자가 EU 내에 있는 물건을 구매하면 부과하는 세금으로 셀러 는 EU 내에 상품이 있는 경우 VAT 넘버를 필수로 등록해야 하며 상품 판매 가격에 VAT 금액을 포함하여 판매가격을 설정해야 하고 구매자가 선납한 부가가치세에 대해 해당 국가에 매출 신고 후 VAT를 환급 받는 형식입니다.

No.	국가	EU 원거리 판매 임계 값	자국 시장에 설립 된기업에 대한 등록 기준	부가가치세율(VAT)
1	영국	£ 70,000	£ 85,000	20%
2	독일	€ 100,000	€ 17,500	19%
3	프랑스	€ 35,000	€ 82,800	20%
4	이탈리아	€ 35,000	없음	22%
5	스페인	€ 25,000	없음	21%

예를 들어 한국에 사업자등록을 하고 아마존 영국 FBA에 상품을 입고하여 판매하는 경우에 매출액이 £ 70,000(파운드)를 초과하면 VAT를 등록해야 하며 영국에 사업자등록을 하고 아마존 영국 FBA에 상품을 입고하여 판매하는 경우에는 £ 85,000를 초과하면 VAT를 등록해야 합니다. 셀러 직접 배송(FBM/MFN)으로 EU(유럽)에 판매하는 경우에는 VAT 등록이 필요하지 않습니다.

❷ 아마존의 VAT(부가가치세) 서비스

아마존 VAT 서비스를 이용하면 국가별로 연간 단 £400에 셀러 센트럴을 통해 VAT 등록, 신고, 제출 및 환급 등을 완료할 수 있습니다. 아마존은 글로벌 세무 서비스 제공업체인 Avalara와 협력하여 영국, 독일, 프랑스, 이탈리아, 스페인 및 체코에서 VAT 서비스를 제공하고 있습니다. 자세한 사항은 아래와 같습니다.

- 연간 이용료를 내면 VAT 등록 번호는 무료로 제공됩니다.
- 매 달마다 VAT 신고서를 몇 분 만에 제출할 수 있습니다.
- 아마존 상의 거래에 대한 VAT 신고서는 연간 400유로입니다.
- 아마존 상의 거래가 아닌 거래도 포함하려면 100유로가 추가됩니다.
- 영국, 독일, 프랑스, 이탈리아, 스페인, 폴란드, 체코 등의 나리에서 지원됩니다. (각 니라별 등록)

아마존 VAT 서비스 신청 방법은 VAT Services on Amazon(https://sellercentral-europe.amazon.com/gc/vat-services)에 방문 후 [Start Now]를 클릭하여 신청 할 수 있습니다.

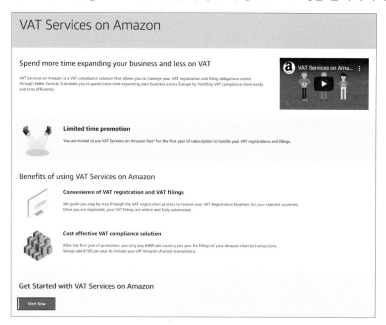

❸ EORI 번호

EORI란 Economic Operator Registration Identification란 뜻으로 우리나라의 통관 고유부호와 같은 제도 입니다. 2009년 7월 1일부터 EU 수출입업자는 통관과 관련된 서류에 EU 공동의 세관등록번호인 EORI를 의무적으로 사용해야 합니다. 영국에서 EORI 번호를 받으면 전 EU 회원국에서 공동으로 통용되므로 다른 회원국 수출입 시 해당 회원국 세관에 다시 세관등록번호를 받을 필요가 없습니다.

EORI 신청 방법은 영국 정부포탈(https://www.gov.uk/eori)를 통해 신청할 수 있습니다.

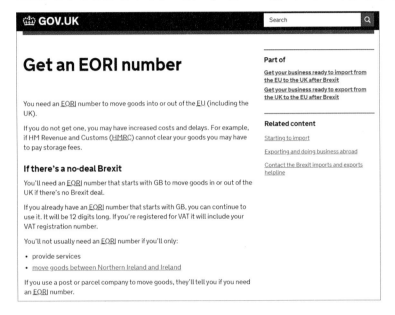

1-3 Expand to International을 활용한 유럽 확장

해외로 오퍼 확장(Expand to International)을 사용하면 재고 로더 파일(Flat File Inventory Loader)을 다운받아 다른 나라 아마존에 대량으로 상품을 등록할 수 있습니다. 해외로 오퍼 확장은 셀러 센트럴 로그인 후 [재고] - [글로벌 셀링] - [해외로 오퍼 확장]을 클릭하여 접속할 수 있습니다.

1-4 BIL(Build International Listings)을 통한 오퍼 확장

해외 리스팅 생성(BIL, Build International Listings) 도구를 사용하면 단일 소스 마켓플레이스에서 하나 이상의 대상 마켓플레이스에 오퍼를 생성하고 업데이트할 수 있습니다. 한 마켓플레이스에서 오퍼를 관리하여 시간과 노력을 절감할 수 있으며 소스 마켓플레이스에서 이 도구는 사용자가 지정한 설정 및 환율을 기반으로 대상 마켓플레이스에 적합한 오퍼와 가격을 업데이트합니다.

해외 리스팅 생성은 여러 마켓플레이스(유럽과 북미 등)가 있는 지역 내에서 사용 가능하며 연결된 계정을 사용하여 계정을 연결한 경우 여러 지역에서도 사용할 수 있습니다. 해외 리스팅 생성은 셀러 센트럴 로그인 후 [재고] – [글로벌 셀링] – [해외 리스팅 생성]을 클릭하여 접속할 수 있습니다.

1-5 아마존 유럽 FBA(Fulfillment by Amazon)

아마존 유럽은 3가지 형태의 FBA 시스템을 사용할 수 있습니다. 3가지 형태의 FBA는 유럽 주문 처리 네트워크(EFN, European Fulfillment Network), 다 국가 재고(MIC, Multi-Country Inventory), 범 유럽 FBA(Pan-European FBA)으로 나뉩니다. 유럽 FBA에 대해 알아보겠습니다.

EFN(European Fulfillment Network)	MCI(Multi-Country Inventory)	Pan-European
주문 처리 센터 하나로 배송하면, 아마존이 유럽 전역에 배송합니다.	재고를 어디에 보관할지 직접 정할 수 있습니다.	아마존이 재고를 어디에 보관할지 최적화합니다.
재고를 유럽에 있는 주문 처리 센터 아무 곳이나 한 곳으로 배송하면, EFN(European Fulfillment Network)이 다섯 개 마켓플레이스 전부의 주문을 처리합니다.	MCI(Multi-Country Inventory)를 이용하면 다섯 개 마켓플레이스 전부에 있는 주문 처리 센터 중 어디에 재고를 보관하고 싶은지 설정할 수 있습니다. 제품이 각각 국가에 있는 고객들에 가까이 있기 때문에, 고객은 더 빨리 물건을 배송 받을 수 있고, 셀러는 국가 간 배송 수수료를 아낄 수 있습니다.	Pan-European FBA를 사용하면 수요에 따라 아마존이 직접 재고를 이동시켜 더 적은 시간과 비용으로 주문을 처리할 수 있습니다. Pan-Eurepean FBA를 이용하면 아마존 프라임에 해당될 수 있습니다

2 _ 아마존 일본은?

일본은 세계에서 3번째로 큰 시장이며, 특히 한국 제품은 2017년 기준 수입액 4위일 정도로 일본에서는 한국 제품이 많은 사랑을 받고 있습니다. 아마존 일본은 방문자 수 기준 온라인 상거래 업계 1위 사이트입니다. 또한 아마존 일본의 FBA 서비스는 전체 물량의 98%를 일본 전역에 당일 배송되고 있습니다. 아마존 일본의 경우 다른 마켓플레이스와 다르게 카테고리 승인에 대한 제한이 적기 때문에 진입 장벽이 낮은 편 입니다. 그럼 아마존 일본에 대해 알아보겠습니다.

2-1 아마존 일본 입점 준비 사항

아마존 일본 또한 셀러 회원 가입 방법은 미국과 비슷합니다. 하지만, 미국 보다는 회원가입 절차가 간략하고 서류도 간편한 편입니다.

• 일본 아마존에서 사용할 이메일 주소
• 신용카드 정보 : 카드 번호, 유효기간, 소유주 이름
• 2단계 인증 시 사용할 휴대폰
• 서명된 여권 컬러 사본
• 가상 계좌의 은행 계좌 명세서 Bank Statement

2-2 아마존 일본 수수료

아마존 일본의 모든 리스팅과 판매 상품은 현지 법률을 준수해야 합니다. 상품을 판매할 때 일본 현지 법률을 이해하는 것이 중요합니다. 모든 셀러는 모든 일본 관세, 법률 및 규정을 준수할 책임이 있으며 특정 아이템에는 관세가 적용됩니다. 각 주문과 배송에 부과되는 모든 세금(소비세와 관세를 포함하되 이에 국한되지 않음)을 납부할 의무가 있습니다.

1) 프로페셔널 셀링 플랜과 일반 셀링 플랜

아마존 일본의 판매자 플랜은 미국과 같이 프로페셔널 플랜과 일반 셀링 플랜으로 나누어져 있습니다. 일반 셀링 프랜의 경우 한달에 50개 미만의 상품만을 판매할 수 있으며 상품 1개당 수수료와 판매 수수료가 발생하지만 프로페셔널 셀링 플랜의 경우 월 플랫폼 사용료와 판매 수수료만이 적용 됩니다.

	프로페셔널	일반
적합한 셀러 유형	월 50개가 넘는 아이템을 판매하려는 셀러	월 50개 미만의 아이템을 판매하려는 셀러
월 이용료	4,900엔	없음
수수료	상품 판매 수수료	아이템당 수수료, 상품 판매 수수료

※ 계정이 완전히 등록되면 신용카드에 계정 확인을 위해 1엔이 청구됩니다.
※ 프로페셔널 계정 가입 즉시 4,900엔이 청구됩니다.

▲ 자료 : 아마존 코리아

2) 판매 수수료

판매된 각 상품에 대해 상품 판매 수수료를 지불합니다. 일부 카테고리의 상품에는 아래와 같이 아이템당 최소 상품 판매 수수료를 적용합니다. (예: 상품 판매 수수료 또는 상품당 최소 상품 판매 수수료 중 큰 금액을 지불합니다.)

카테고리	현재 상품 판매 수수료 목록	새 상품 판매 수수료 목록	
	상품 판매 수수료	상품 판매 수수료	최소 수수료
도서	15%	15%	해당 사항 없음
음악	15%	15%	해당 사항 없음
DVD	15%	15%	해당 사항 없음
비디오	15%	15%	해당 사항 없음
전자제품(AV 장비, 휴대폰)	8%	8%	30 JPY
카메라	8%	8%	30 JPY
컴퓨터	8%	8%	30 JPY
(전자제품, 카메라 및 컴퓨터) 악세사리	10%(최소 상품판매 수수료 : 50 JPY)	10%	30 JPY
아마존 디바이스 악세사리	45%	45%	30 JPY
악기	8%	8%	30 JPY
건강/개인 관리 용품	10%	• 총 판매 가격이 1500 JPY 이하인 상품에 대해 8% • 총 판매 가격이 1500 JPY를 초과하는 상품에 대해 10%	30 JPY

화장품	10%	• 총 판매 가격이 1500 JPY 이하인 상품에 대해 8% • 총 판매 가격이 1500 JPY를 초과하는 상품에 대해 10%	30 JPY
스포츠 용품	10%	10%	30 JPY
자동차	10%	10%	30 JPY
완구	10%	10%	30 JPY
비디오 게임	15%	15%	해당 사항 없음
소프트웨어	15%	15%	해당 사항 없음
애완용품	15%	• 총 판매 가격이 1500 JPY 이하인 상품에 대해 8% • 총 판매 가격이 1500 JPY를 초과하는 상품에 대해 15%	30 JPY
사무용품	15%	15%	30 JPY
가정용품(인테리어, 주방용품)	15%	15%	30 JPY
가구	15%	• 총 판매 가격 중 20,000 JPY 이하 금액에 대해 15% • 판매 가격 중 20,000 JPY 초과 금액에 대해 10%	30 JPY
소형 가전	15%	15%	30 JPY
가전제품	8%	8%	30 JPY
공구/주택 개조 용품	15%	15%	30 JPY
산업/과학	15%	15%	30 JPY
식료품 및 음료수	10%	• 총 판매 가격이 1500 JPY 이하인 상품에 대해 8% • 총 판매 가격이 1500 JPY를 초과하는 상품에 대해 10%	해당 사항 없음
시계	15%	• 총 판매 가격 중 10,000 JPY 이하 금액에 대해 15% • 판매 가격 중 10,000 JPY 초과 금액에 대해 5%	30 JPY
쥬얼리	15%	• 총 판매 가격 중 10,000 JPY 이하 금액에 대해 15% • 판매 가격 중 10,000 JPY 초과 금액에 대해 5%	30 JPY
유아 및 임부용품	15%	• 총 판매 가격이 1500 JPY 이하인 상품에 대해 8% • 총 판매 가격이 1500 JPY를 초과하는 상품에 대해 15%	30 JPY
의류 및 액세서리	15%	15%	30 JPY
신발 및 가방	15%	15%	30 JPY
기타 상품	15%	15%	30 JPY

3) 일본 판매 관련 규정

아마존 일본에 판매하는 상품 중 아래에 해당하는 상품의 경우 관련 규정을 준수 하여야 합니다.

❶ 전자 제품 및 각종 용품 관련 일본 판매 규정

- EAMSA(Electrical Appliance and Material Safety Act)(PSE 표시) : AC 어댑터, 헤어드라이어, 전기 다리미, 전기 블렌더, 전기 면도기 등
- 무선 장비 기술 규정 준수 인증(기술 규정 준수 표시) : 무선 헤드폰, 무선 스피커, 블루투스 장비 등
- 소비재 안전법 : 가정용 압력밥솥/멸균기, 헬멧(자동차, 자전거 등), 등반용 로프, 휴대용 레이저 적용 장비, 세탁기, CRT TV 등
- 가정용품 품질 라벨 부착 법 : 수건/식탁보 등의 직물 상품, 전기 블렌더/전기 커피 메이커/전기 포트 등의 전자제품, 정수기/젖병 등의 플라스틱 제조 상품 등
- 식품 위생법/식품 라벨 부착 : 젖병, 식사 도구, 접시, 유아/아동용 완구 등

❷ 패션 상품 관련 일본 판매 규정

• 가정용품 품질 라벨 부착 법 : 드레스, 셔츠, 수영복 등의 직물 소재 의류 등

❸ 소비재 관련 일본 판매 규정

• 식품 위생법/식품 라벨 부착 : 커피, 차, 초콜릿 등의 사탕류 및 기타 식료품 등
• 약사법 : 건강 보조 식품, 화장품, 의료 기기 등
• 가정용품 품질 라벨 부착 법 : 젖병, 접시, 식사 도구, 완구 등의 플라스틱 제조 상품 등

4) 환불 처리 수수료

이미 판매 대금을 받은 주문을 고객에게 환불하는 경우, 아마존은 해당 아이템에 셀러가 지불한 상품 판매 수수료 금액을 아마존에서 환불 합니다. 이때 해당되는 환불 처리 수수료(500 JPY 또는 적용되는 상품 판매 수수료의 10% 중 낮은 금액)는 제외됩니다.

예를 들어, 총 판매 가격이 1,000 JPY이고 상품 판매 수수료가 15%인 카테고리의 아이템을 고객에게 환불하는 경우, 환불 처리 수수료는 150 JPY(1,000 JPY x 15% 상품 판매 수수료 = 150 JPY)이 됩니다.

2-3 BIL(Build International Listings)을 통한 오퍼 확장

해외 리스팅 생성(BIL, Build International Listings) 도구를 사용하면 단일 소스 마켓플레이스에서 하나 이상의 대상 마켓플레이스에 오퍼를 생성하고 업데이트할 수 있습니다. 한 마켓플레이스에서 오퍼를 관리하여 시간과 노력을 절감할 수 있으며 소스 마켓플레이스에서 이 도구는 사용자가 지정한 설정 및 환율을 기반으로 대상 마켓플레이스에 적합한 오퍼와 가격을 업데이트합니다.

해외 리스팅 생성은 여러 마켓플레이스(북미와 일본 등)가 있는 지역 내에서 사용 가능하며 연결된 계정을 사용하여 계정을 연결한 경우 여러 지역에서도 사용할 수 있습니다. 해외 리스팅 생성은 셀러 센트럴 로그인 후 [재고] – [글로벌 셀링] – [해외 리스팅 생성]을 클릭하여 접속할 수 있습니다. 해외 리스팅 연결 방법에 대해 알아보겠습니다.

01 셀러 센트럴에 로그인 후 [재고] – [글로벌 셀링]을 클릭합니다.

02 해외 리스팅 생성 탭에서 [대상 마켓플레이스 추가]를 클릭합니다.

03 리스팅을 복제할 나라를 선택 후 [저장 및 계속]을 클릭합니다.

04 모든 상품을 일본으로 복제 합니다. 복제할 상품을 별도로 설정하고 싶은 경우에는 [오퍼 변경]을 클릭
하여 별도로 설정 할 수 있습니다. 설정이 완료되면 [저장 및 계속]을 클릭합니다.

05 가격 규칙에서 소스 마켓플레이스와 가격을 동일하게 할 것인지 %로 상승시켜 진행할 것인지를 선택 후 [저장 및 계속]을 클릭하여 완료하면 최대 4시간 후 상품이 복제되어 등록됩니다.

2-4 아마존 일본 FBA(Fulfillment by Amazon)

일본 FBA 요금은 판매 시 출하/포장/배송에 대해 부과되는 "배송 대행 수수료"와 상품을 보관/관리하는 저장 공간에 대해 부과되는 "재고 보관 수수료" 2가지로 구성되어 있습니다. 또한 편지 봉투 크기의 저 단가 상품은 저렴한 수수료로 FBA를 이용할 수 있는 「FBA 소형 경량 제품 프로그램」도 있습니다. 일본 FBA를 진행하기 위해서는 일본 내에 수입자 지정을 해야 하는데 아마존 코리아 일본 외부사업자(https://services.amazon.co.kr/jp-marketplace.html)를 확인하여 진행하기 바랍니다. 그럼 아마존 일본 FBA 수수료에 대해 알아보겠습니다.

1) FBA 요금 체계 및 제품 구분

아마존 일본은 FBA 수수료에 VAT가 포함되며 다음 그림과 같이 상품을 포장 했을 시의 사이즈와 무게로 수수료가 측정 됩니다.

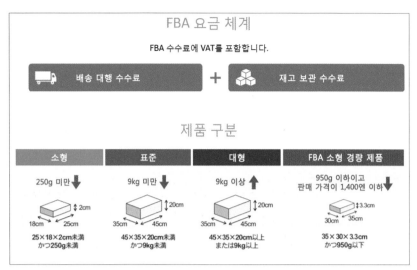

※ 제품(포장재 포함)의 세 변의 크기를 긴 변의 다음 긴 쪽 짧은 변의 순서대로 나열했을 때, 3면 모든 기준을 충족해야 합니다.

※ 3변의 합이 200cm를 초과(170cm 이상의 경우는 1 변이 90cm를 초과하는 것) 또는 무게가 40kg을 초과 한 상품은 FBA를 사용할 수 없습니다.

2) 배송 대행 수수료(수량 기준)

주문 상품의 포장, 배송, 고객 서비스 요금이 포함됩니다.

소형 표준 크기		대형 크기	
소형 크기 : 25×18×2.0cm 미만 무게 : 250g 미만	257엔	대형 사이즈 구분 1 크기 : 60cm 미만 무게 : 2kg 미만	575엔
표준 사이즈 구분 1 크기 : 33×24×2.8cm 미만 무게 : 1kg 미만	361엔	대형 사이즈 구분 2 크기 : 80cm 미만 무게 : 5kg 미만	691엔
표준 사이즈 구분 2 크기 : 60cm 미만 무게 : 2kg 미만	404엔	대형 사이즈 구분 3 크기 : 100cm 미만 무게 : 10kg 미만	778엔
표준 사이즈 구분 3 크기 : 80cm 미만 무게 : 5kg 미만	427엔	대형 사이즈 구분 4 크기 : 120cm 미만 무게 : 15kg 미만	905엔
표준 사이즈 구분 4 크기 : 100cm 미만 무게 : 9kg 미만	499엔	대형 사이즈 구분 5 크기 : 140cm 미만 무게 : 20kg 미만	957엔
		대형 사이즈 구분 6 크기 : 160cm 미만 무게 : 25kg 미만	1,001엔
		대형 사이즈 구분 7 크기 : 180cm 미만 무게 : 30kg 미만	1,419엔
		대형 사이즈 구분 8 크기 : 200cm 미만 무게 : 40kg 미만	1,598엔

※ 제품은 크기와 무게 중 기준을 충족해야 합니다.

※ 요금표에 기재되어있는 무게는 출하 제품의 무게와 포장 재료의 중량의 합계입니다. 포장재의 무게는 소형 표준 구분 1은 50g, 표준 구분 2–4 및 대형 구분 1–3는 150g, 대형 구분 4는 550g, 대형 구분 5는 700g, 대형 구분 6 및 7은 1.2kg 대형 구분 8은 1.4kg입니다.

3) 재고 보관 수수료(부피 기준)

제품 크기(부피 기준) 및 보관 일수로 계산됩니다. 보관 기간은 Amazon 이행 센터에 제품을 보관한 날로부터 구매자에게 상품을 선적 한 날까지의 기간을 나타냅니다.

한달 기준 액			
소형 표준 크기		대형 크기	
1월~9월	5,160엔	1월~9월	4,370엔
10월~12월	9,170엔	10월~12월	7,760엔

아마존 세무 신고하기

01 _ 아마존 셀러의 세무 신고

기업을 운영하거나 아마존 셀링을 하는 등 본인이 사업을 하게 되면 납부해야 할 세금 종류가 다양해집니다. 물론 사업을 하지 않아도 납세의 의무는 모든 국민이 똑같이 가지긴 하지만 그 종류에 차이가 있습니다. 사업을 하는 대표의 입장에서는 사업이 잘되고 높은 수익을 올리는 것도 중요하겠지만 그 보다 더 중요하게 생각해야 하는 것이 바로 세금의 납부입니다. 그럼 사업자가 납부해야 하는 세금 종류에 대해 알아보겠습니다.

1 _ 어떤 세금을 내나요?

아마존 셀러의 경우 부가가치세는 영세율 적용으로 환급을 받지만 소득세(법인세), 지방세 등은 납부할 의무를 가집니다. 대표적인 세금 종류로는 국세와 지방세로 나눌 수 있는데 쉽게 말해 국세는 국가에 납부하는 세금을 말하고 지방세는 지방자치단체에 납부하는 세금을 말합니다.

1) 국세

국세 중 대표적인 것으로는 직접세인 종합소득세(법인세)와 간접세인 부가가치세로 구분 할 수 있습니다. 법인세는 법인 사업자가 1년 동안 얻은 소득에 대해 납부하는 세금을 말하며 종합소득세는 개인이 1년 동안 얻은 소득을 합산해 5월 한 달 동안 신고 및 납부해야 하는 세금 말합니다. 그 외에도 원천징수세는 기업에 직원이 있는 경우 급여를 지급하게 되는데 급여에서 직원의 소득세를 미리 공제해 납부하는 것을 말합니다.

아마존 셀러가 납부해야 하는 세금은 직접세 중 개인 사업자의 경우 소득세를 법인 사업자의 경우 법인세를 납부하여야 하고 직원이 있는 경우에는 원천징수세 또한 납부하여야 합니다.

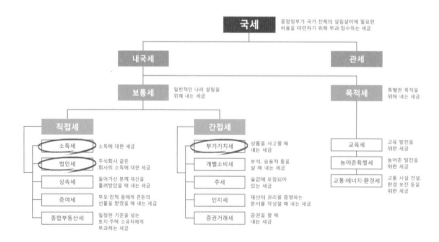

2) 지방세

다음으로 납부해야 하는 세금으로는 지방세 중 주민세가 있습니다. 주민세에는 균등분과 재산분이 있는데 균등분은 자치단체내에 주소를 둔 개인 또는 법인에 대하여 균등하게 부과하는 주민세이며, 재산분은 사업소 연면적을 과세표준으로 하여 부과하는 주민세를 말합니다.

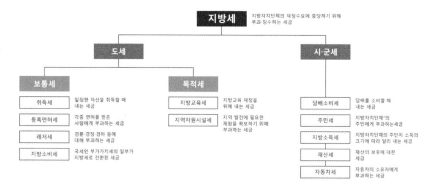

2 _ 언제 세금을 내나요?

그럼, 이러한 세금에 대해 언제 납부해야 하는지에 대한 내용을 아래 표에 정리하였으니 참고 하시기 바랍니다.

구분		신고 · 납부 의무자	신고 · 납부 기한		신고 · 납부할 내용
납부세액	법인세	법인사업자	확정신고	사업년도 종료일로부터 3개월 이내	회계기간의 각 사업년도 소득금액
			중간예납	반기의 2개월이내	반기의 각 사업년도 소득금액
	종합소득세	개인사업자	확정신고	다음해 5. 1~5. 31(성실신고 대상자 6.30까지)	1. 1~12. 31의 연간소득금액
			중간예납 11. 15고지	11. 1~11. 30	중간예납기준액의 1/2
	지방소득세	법인사업자 및 개인사업자	법인세분	회계기간의 4개월 이내	0.1%~2.2% 초과누진세율적용
			개인소득세분	다음해 5월	0.6%~3.8% 초과누진세율적용
	주민세	지방자치단체에 주소를 둔개인 및 사업소를 둔 법인	종업원분	급여를 지급한 달의 다음달 10일까지	종업원이 50인이 초과하는 경우 급여총액의 0.5%
			재산분	7. 1~7. 31	사업장면적이 330㎡ 초과하는 경우 사업장 연면적 1㎡당 250원
환급세액	부가가치세	법인사업자	1기 예정	4. 1~4 .25	1. 1~3. 31의 사업실적
			1기 확정	7. 1~7. 25	4. 1~6. 30의 사업실적
			2기 예정	10 .1~10. 25	7. 1~9. 30의 사업실적
			2기 확정	1. 1~1. 25	10. 1~12. 31의 사업실적
		개인사업자(일반 과세자)	1기 확정	7. 1~7. 25	1. 1~6. 30의 사업실적
			2기 확정	1.1~1.25	7.1~12.31의 사업실적

3 _ 영세율 적용요건

아마존에서 판매(FBA/FBM 포함)한 매출은 영세율로 매입한 상품의 부가가치세를 환불 받을 수 있습니다.

영세율이란 일정한 재화 또는 용역의 공급에 대하여 부가가치세 과세표준에 "0"의 세율을 적용하는 제도를 말합니다. 따라서 매출에 대해서는 부가가치세의 단일 세율인 10%가 적용되지 않아 내야 할 부가가치세가 없게 되는 것이고 아마존에서 판매할 재화(상품 등)를 구매할 때에는 부가가치세를 포함한 금액으로 매입하기 때문에 매입 상품의 부가가치세는 환급을 받아야 하는 것입니다.

영세율 부가가치세 환급 = 매출세액(0%) − 매입세액(10%)

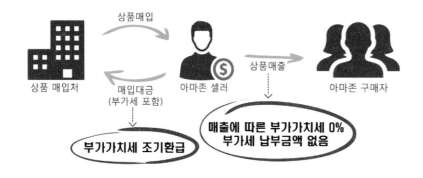

이와 같이 아마존을 통해 해외로 상품을 수출하는 경우에는 직수출로 인정 되며 영세율 첨부 서류로는 우체국(K-Packet 또는 EMS)을 통해 발송 시에는 우체국장이 발행하는 소포수령증을 제출하고, 국제특송업체를 이용한 경우에는 외화획득명세서에 외화획득내역을 입증할 수 있는 증명서류를 첨부하여 제출하면 됩니다.

영세율 적용 대상	영세율 첨부 서류
직수출 및 대행 수출	• 수출실적명세서(수출 신고서) • 휴대반출시 간이수출 신고 수리필증 • 소포우편 수출의 경우 소포수령증

수출 거래에 해당할 경우 영세율을 적용받기 위해서는 영세율 첨부서류를 관할 세무서에 제출하여야 부가가치세를 환급 받을 수 있습니다.

4 _ 부가가치세 환급 받기

아마존의 매출에 대한 부가가치세액은 없으나 상품을 매입한 매입 부가가치세액이 있을 때에는 납부했던 부가가치세가 마이너스로 처리되기 때문에 환급을 받는데 이것을 "부가가치세 환급"이라 합니다.

1) 부가가치세 조기 환급 제도

납부세액을 계산함에 있어 매출세액을 초과하는 매입세액이 발생하게 되면 그 초과된 금액을 납세자에게 돌려주는 것을 부가가치세 환급이라고 설명하였습니다. 그 중 일반 환급보다 빠른 환급을 신청할 수 있는데 이것을 "조기 환급"이라 합니다.

1-1) 부가가치세법 제59조 [환급]

❶ 납세지 관할 세무서장은 각 과세기간별로 그 과세기간에 대한 환급세액을 확정신고한 사업자에게 그 확정신고기한이 지난 후 30일 이내(제2항 각 호의 어느 하나에 해당하는 경우에는 15일 이내)에 대통령령으로 정하는 바에 따라 환급하여야 한다.

❷ 제1항에도 불구하고 납세지 관할 세무서장은 다음 각 호의 어느 하나에 해당하여 환급을 신고한 사업자에게 대통령령으로 정하는 바에 따라 환급세액을 조기에 환급할 수 있다.
- 사업자가 제21조부터 제24조까지의 규정에 따른 영세율을 적용받는 경우
- 사업자가 대통령령으로 정하는 사업 설비를 신설·취득·확장 또는 증축하는 경우
- 사업자가 대통령령으로 정하는 재무구조개선계획을 이행 중인 경우

1-2) 부가가치세법시행령 제107조 [조기환급]

❶ 관할 세무서장은 법 제59조 제2항에 따른 환급세액을 각 예정신고기간별로 그 예정신고 기한이 지난 후 15일 이내에 예정신고한 사업자에게 환급하여야 한다.

1-3) 부가가치세 조기환급 신고 기간

예정신고기간 중 또는 과세기가 최종 3개월 주 매월 또는 2개월 단위로 신고할 수 있습니다. 예를 들어, 1월분을 2월 25일에 신고하여 환급을 받을 수 있고 1, 2월분을 3월 25일에 신고하여 환급을 받을 수도 있으며 예정신고기간 단위(분기별)로 하여 4월 25일에 신고하여 환급 받을 수도 있습니다.

1-4) 부가가치세 조기환급 첨부 서류

조기환급을 신고할 때에는 영세율 등 조기환급신고서에 매출 및 매입처별 세금계산서합계표를 첨부하여 제출하고 조기환급 신고를 하면 신고기한이 경과한 날로부터 15일 이내에 사업자에게 환급을 해줍니다.

2) 아마존 매출 자료 준비하기

아마존에서 판매된 내역을 매출로 신고하고 부가가치세를 환급 받기 위해서는 아마존에서 판매되었던 내역을 정리해서 세무사 또는 세무대리인에게 전달하여 매출 신고를 하여야 합니다. 그럼 아마존에 매출 내역을 다운 받는 방법에 대해 알아보겠습니다.

01 셀러 센트럴에 로그인 후 [보고서] – [결제]를 클릭합니다.

02 결제 페이지에서 [날짜 범위 보고서] 탭을 선택 후 [보고서 생성]을 클릭합니다.

03 날짜 범위 보고서 생성 팝업 창에서 [보고 범위 선택] 또는 [사용자 지정]을 날짜를 지정 후 [생성] 버튼을 클릭합니다.

04 보고서가 생성되면 다운로드 할 수 있는 버튼이 생성되고 [다운로드]를 클릭하여 엑셀로 내역을 다운 받습니다.

05 다운 받은 매출 내역서에 판매 제품과 판매 수량, 판매 가격, 수수료 내역 등이 표시됩니다. 이를 통해서 매출 신고를 하실 수 있습니다. 이 경우 영세율 매출은 "기타영세율매출"로 구분 됩니다.

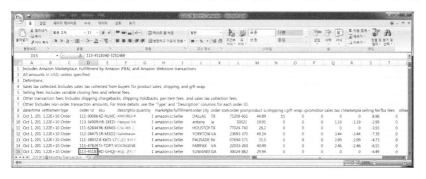

3) 수출 신고 필증

아마존에서 판매된 내역을 수출 신고를 통해 수출 신고필증이 있는 경우에는 부가가치세법상 직수출에 해당하는 수출 재화로 전표 입력이 되어 매출 신고를 할 수 있습니다. 수출 신고 필증은 관세청 유니패스(https://unipass.customs.go.kr/)를 통해 출력 또는 PDF 파일로 다운로드 받을 수 있습니다. 수출 신고 필증에 나와 있는 선적일자의 서울외국환 중개의 매매기준율을 기준으로 하여 물품의 외화가액을 원화로 평가한 후 매출로도 신고하실 수 있습니다.

02 _ 아마존에 한국 사업자번호 입력하기

2019년 9월 1일부터 대한민국 거주자들을 대상으로 '국외사업자의 전자적 용역'에 대한 대한민국 부가가치세(VAT)를 징수하도록 기존 법률을 개정하면서 아마존에 한국 사업자 등록번호를 입력해야 아마존 글로벌 셀링 서비스 수수료의 10%에 해당하는 부가가치세가 부과되지 않습니다.

1 _ 셀러 센트럴에 사업자 등록 번호 입력하기

2019년 9월 1일 이전에 아마존 계정을 개설한 셀러의 경우 아마존에 한국 사업자 등록번호를 입력하여야 합니다. 입력하는 방법은 아래와 같습니다.

01 셀러 센트럴에 로그인 후 [설정] – [계정 정보]를 클릭합니다.

02 셀러 계정 정보에서 세금 정보 부분의 [VAT 정보]를 클릭합니다.

03 VAT/GST 등록 번호에서 [새 VAT/GST 등록 번호 추가]를 클릭합니다.

04 사업자 등록 번호와 사업자 주소를 확인 후 [저장] 버튼을 클릭합니다.

❶ 나라를 "대한민국"으로 선택 후 사업자 등록 번호를 입력합니다.

❷ 등록된 사업자 주소가 맞는지 확인합니다.

❸ 동의 란에 체크합니다.

05 한국 사업자등록 번호가 아마존 등록 되었습니다.

2 _ 글로벌 셀링 서비스 수수료의 부가가치세 10%를 징수

2019년 9월 1일부터 대한민국 정부는 현행 부가가치세 징수 대상을 확대하기로 결정하였으며, "전자적 용역"을 제공하는 국외사업자로 하여금 대한민국 거주자들을 대상으로 해당 서비스를 제공하는 경우, 대한민국 부가가치세(VAT)를 징수하도록 기존 법률을 개정하였습니다. 해당 규정에 따르면, 아마존에서 제공하는 전자적 용역에는 현재 아마존 판매 수수료(리스팅/판매 수수료), 월 이용료 및 Sponsored Ads가 포함됩니다. 새 규정은 2019년 9월 1일자로 그 효력이 발효 되었습니다.

한국 셀러들의 경우, 대한민국 법률에 따라 사업자 등록이 되어 있음을 증명하는 대한민국 사업자 등록 번호(BRN)를 아마존에 제공하여야 합니다. 만약 대한민국 사업자 등록 번호가 없으시거나, 2019년 8월 31일까지 제공하지 않은 경우 아마존은 해당 법률에 따라 셀러에게 지급하는 글로벌 셀링 서비스 수수료의 10%(표준 세율)에 해당하는 금액을 대한민국 부가가치세로 징수하여 관련 기관에 납부하게 됩니다.

아마존에 대한민국 사업자 등록 번호를 제공한 대한민국 셀러에게는 아마존 글로벌 셀링 서비스 수수료의 10%에 해당하는 부가가치세를 징수하지 않습니다.

❶ 사업자 등록번호가 있고 아마존에 정보를 제공하는 경우 : 한국 사업자 등록 번호를 제공하는 한국 셀러에게는 아마존 글로벌 셀링 서비스 수수료의 10%에 해당하는 부가가치세를 징수하지 않습니다.

❷ 사업자 등록 번호가 없는 경우 혹은 아마존에 정보를 제공하지 않은 경우 : 사업장 등록번호가 없거나 2019년 9월 1일 전까지(이전에 계정을 개설한 경우) 사업자 등록 번호를 제공하지 않는 경우 아마존은 해당 법률에 따라 셀러가 지급하는 아마존 글로벌 셀링 서비스 수수료의 10%(표준 세율)에 해당하는 금액을 아마존이 부가가치세로 징수하여 관련 기관에 납부 합니다.

❸ 부가가치세 징수 대상인 아마존 서비스
• 아마존 판매 수수료(리스팅 및 판매 수수료)
• 프로페셔널 계정 월 이용료
• 키워드 광고료(Sponsored Ads)

저자 추천 사항

1 _ 저자 커뮤니티

책을 보면서 궁금한 사항은 리머스 카페(https://cafe.naver.com/rimerce)의 [문의하기] 게시판에 남겨 주시면 답변 드리겠습니다. 그 외 아마존 교육, 아마존 판매에 필요한 내용을 확인하실 수 있습니다.

2 _ 저자 강의

저자의 아마존 강의는 초급과정, 중급과정, 고급과정(PL 상품과정)으로 나누어져 있습니다. 자세한 사항은 저자가 운영하는 커뮤니티인 리머스 카페를 참고 하시기 바랍니다.

3 _ 주식회사 리머스 소개

리머스(http://rimerce.com/)는 15년 이상의 글로벌 판매 노하우를 바탕으로 한 amazon 운영대행 전문기업입니다.
해외 판매를 하며 쌓아온 노하우를 바탕으로 10년째 강의 및 컨설팅을 진행하고 있으며, 중소기업의 해외 진출을 도와드리고 있습니다.

4 _ 주식회사 리머스 서비스 소개

리머스에서는 아마존 셀러들에게 필요한 카테고리 승인부터 FBA 발송 대행, 컨설팅 등의 서비스를 진행하고 있습니다. 서비스 신청은 네이버 예약을 통해 간편하게 신청하실 수 있습니다.

혼자서도 할 수 있는 실용서 시리즈

IT, 쇼핑몰, 홈페이지, 창업, 마케팅 등의 실무 기능을 혼자서도 배울 수 있도록 차근차근 단계별로 설명한 실용서 시리즈이다.

혼자서도 할 수 있는

이베이 해외판매 역직구 with 페이팔

전문 글로벌셀러 실전 창업 입문

최일식 저 | 19,000원

한 권으로 끝내는

타오바오+알리바바 직구

정민영, 백은지 공저 | 17,500원

혼자서도 할 수 있는

알리바바 도소매 해외직구[개정판]

무역을 1도 몰라도 바로 시작하는, 알리바바 해외
직구로 창업하기

이중원 저 | 16,500원

혼자서도 할 수 있는

아마존 월 매출 1억 만들기
[3판_아마존 JAPAN 추가]

무재고 무자본으로 바로 시작하는 아마존 판매!

장진원 저 | 17,500원

혼자서도 할 수 있는 실용서 시리즈

혼자서도 할 수 있는
블로그마켓[개정판]
창업준비 | 만들기꾸미기 | 구매력 높이는 글쓰기
| 단골고객 판매처 늘리기

정하림, 강윤정 공저 | 21,000원

쇼핑몰/오픈마켓/네이버 스마트스토어/종합쇼핑몰
상세페이지 제작[개정 3판]

김대용, 김덕주 공저 | 17,500원

혼자서도 할 수 있는
오픈마켓 창업 & 마케팅 핵심전략
[개정 2판]
G마켓 | 옥션 | 11번가 | 스마트스토어

김덕주 저 | 16,500원

네이버쇼핑 상위노출에 강한
스마트스토어 창업+디자인+마케팅
실전! 스마트스토어 테마 디자인 제작과 꾸미기

강윤정, 박대윤 공저 | 18,800원